U0496866

全国司法警官院校"十二五"规划教材

总主编　王恒勤

劳动教养学

主　　编　周盛军
副 主 编　曹化霞　周　瑞　周世军
参编人员　(以撰写章节先后为序)
　　　　　周盛军　周　瑞　周世军
　　　　　毛晓燕　王淑华　曹化霞
　　　　　胡月英

中国检察出版社

图书在版编目（CIP）数据

劳动教养学/周盛军主编 . —北京：中国检察出版社，2010. 11
全国司法警官院校"十二五"规划教材
ISBN 978 - 7 - 5102 - 0390 - 9

Ⅰ.①劳… Ⅱ.①周… Ⅲ.①劳动教养 – 高等学校 – 教材 Ⅳ.①D916.8

中国版本图书馆 CIP 数据核字（2010）第 212573 号

劳动教养学

周盛军　主编

出版发行：	中国检察出版社
社　　址：	北京市石景山区鲁谷西路 5 号（100040）
网　　址：	中国检察出版社（www. zgjccbs. com）
电　　话：	(010)68650028(编辑)　68650015(发行)　68636518(门市)
经　　销：	新华书店
印　　刷：	三河市西华印务有限公司
开　　本：	720mm×960mm　16 开
印　　张：	23 印张
字　　数：	433 千字
版　　次：	2011 年 1 月第一版　　2011 年 1 月第一次印刷
书　　号：	ISBN 978 - 7 - 5102 - 0390 - 9
定　　价：	39.00 元

检察版图书，版权所有，侵权必究
如遇图书印装质量问题本社负责调换

全国司法警官院校"十二五"规划教材
编 委 会

主 任

    王恒勤　　中央司法警官学院党委书记、院长、教授

副主任

    王明泉　　中央司法警官学院党委副书记、副院长、教授

    章恩友　　中央司法警官学院副院长、教授

委 员

    闫 　立　　上海政法学院副院长、教授

    张卫华　　山东政法学院副院长、教授

    张文彪　　广东司法警官职业学院院长、教授

    叶群声　　江西司法警官职业学院党委书记、院长、教授

    张建明　　河北司法警官职业学院党委副书记、院长、副教授

    何如一　　湖南司法警官职业学院院长、教授

    闫绪安　　山西警官职业学院院长

    刘友江　　武汉警官职业学院党委书记、院长、教授

    韦 　军　　广西政法管理干部学院院长、副教授

    吉少堂　　内蒙古警官学校党委书记、校长

    李祖辉　　福建警官职业学院副院长、副教授

    张 　峰　　河南司法警官职业学院副院长、教授

    杨 　梓　　宁夏司法警官职业学院副院长、教授

    朱绵茂　　海南政法职业学院副院长、教授

    胡爱国　　安徽警官职业学院副院长、副教授

    由明语　　吉林司法警官职业学院副院长、研究员

薄锡年　河北司法警官职业学院副院长、副教授

刘志刚　四川司法警官职业学院党委副书记

陈志林　四川司法警官职业学院副院长、副教授

肇启军　辽宁警官高等专科学校副校长、副教授

周云伟　云南司法警官职业学院副院长

段战平　陕西警官学院副院长、教授

张　伟　新疆兵团警官高等专科学校副校长、副研究员

胡配军　江苏省司法警官高等职业学校副校长、副教授

周桂祥　黑龙江司法警官职业学院院长助理

李永清　湖南司法警官职业学院司法系主任、副教授

总　　序

王恒勤[*]

　　为深入贯彻落实科学发展观，实现经济社会又好又快发展，促进社会主义和
谐社会建设，我国制定了国民经济和社会发展第十二个五年规划。这一规划，对
于继承和发扬新中国成立 60 年以来的成就，巩固和发展改革开放 30 年以来的成
果，加快推进社会主义现代化建设，实现全面建设小康社会的宏伟目标，具有十
分重大的意义。当前，各行各业都在设计和描绘未来中国社会发展的美好蓝图。
在教育领域，国家已经制定了符合中国国情和时代要求的《国家中长期教育改
革和发展规划纲要（2010—2020 年）》，为办好人民满意的教育作出不懈努力。
在司法行政领域，司法行政机关作为政府的重要部门，担负着执行国家法律、为
社会提供法律服务、开展法制宣传等重要职责。党和国家历来高度重视司法行政
工作，特别是近年来，在构建社会主义和谐社会的伟大进程中，司法行政工作在
维护社会稳定、实现社会公平正义方面发挥着越来越重要的作用，司法行政的职
能不断拓展，任务越来越艰巨。适应司法行政事业的发展和司法警官队伍专业
化、职业化建设的需求，我国迅速崛起了以中央司法警官学院为代表，各省司法
警官职业学院为基础的具有学历教育性质的司法警官教育体系。为主动适应新时
期司法行政工作对司法警官队伍建设的要求，满足我国司法警官院校培养高素质
人才的需要，探索、建设适应这种需要的教材体系，便成为当前司法警官院校教
学改革和教材建设中面临的一项重要任务。鉴于此，我们面向全国司法警官院
校，遴选、组织了一批学术水平高、治学作风严谨、教学经验丰富、注重理论联
系实际的专家学者，在充分吸收已有的优秀教改成果、认真探讨和研究教学内容

---

　　[*] 作者为第十届、第十一届全国人大代表，中央司法警官学院党委书记、院长、教授。

劳动教养学

改革的基础上，编写了一套具有司法警官教育专业特色的、适应性强的"全国司法警官院校'十二五'规划教材"。

编写本套教材的指导思想是：以中国特色社会主义理论体系为指导，全面贯彻落实科学发展观，贯彻党的教育方针，坚持社会主义法治理念，以我国现行法律法规为依据，以司法警官院校人才培养目标为导向，在认真总结我国司法工作实践经验的基础上，强调理论联系实际，突出继承性、前沿性和应用性，同时有选择地吸收国外的相关理论和经验，全面、系统、科学、规范地反映我国司法实践的全貌。本套教材具有以下几个突出特点：

第一，具有整合性。主要是指学科内容和学科队伍的整合。本套教材包括司法警官教育相关专业所确定的主要专业课程和专业基础课程。刑事司法活动，涉及侦查、审判与执行的各个方面，对这些内容需要整体把握和系统考虑，需要运用多学科的知识，多视角、多层面地进行综合研究。为此，必须通过学科整合的方式才能达到理想的效果。参加本套教材编写的主编及作者，涉及法学、犯罪学、监狱学、侦查学、心理学、社会学等领域的专家学者，也涉及监狱、公安、检察、法院、司法行政等部门的领导和专家，他们学术功底扎实，学风踏实，且绝大多数是各学科的学术骨干，专业理论造诣较为深厚，教学实践经验较为丰富，形成了实力较强、朝气蓬勃的编写阵容。

第二，具有继承性和创新性。本套教材首先注重总结和吸纳改革开放以来我国司法实践中已经取得的成功经验和形成的理论体系，贴近司法实践，体现司法改革，反映司法成果。在此基础上，突出创新性，把握各学科的知识前沿。特别是通过教材中的"延伸阅读"部分，将各学科研究的前沿成果介绍给未来的司法警官们，让他们在学习基本知识、掌握学科体系的同时，把握学科研究的最新方向，了解最新研究成果。这样，既注意创新，又注意守恒，将知识的系统性、学术性、新颖性有机结合起来，很好地适应了新时期司法警官教育教学的需要和学生的特点。

第三，具有应用性。本套教材在强调知识的继承与创新的同时，更加注重对司法实践工作的指导价值。以实现高等司法警官教育人才培养目标为导向，强调理论联系实际，突出应用性和操作性。为了更好地促进司法系统应用型高级专门人才的培养，根据现代司法活动运作机制与司法实践的需要，注重学生实际操作能力的训练和提高。特别是教材中"实验安排"和"实训设计"两个板块，目的就是促进学生对所学知识的掌握，培养学生的业务技能和实践能力。

　　这套"全国司法警官院校'十二五'规划教材"的出版，从某种意义上讲，是近年来各司法警官院校在教学和科研中所取得成果的一次集中展示，也是对各司法警官院校在专业教材编写上的一次综合检验。组织编撰和编辑出版大规模的规划教材，是一项十分繁重的工程。我们首先要感谢各位主编和参编的专家学者，是他们的艰辛努力和无私奉献，使得本套丛书的研究任务得以完成。同时，我们要感谢中国检察出版社的领导和编辑，尤其是法学理论书编室副主任李薇薇同志、发行部主任庞建兵同志，是他们将本套教材列入检察出版社的出版规划，使之成为奉献给新世纪司法警官教育的精品教材。我们相信，在今后的教学实践中，这套教材将会不断完善，并对提高我国司法警官院校的教育教学质量，培养高素质的专门人才发挥积极的作用。

劳动教养学

前　言

　　《劳动教养学》是为司法警官学院的本、专科学生学习劳动教养基础知识而编写的。《劳动教养学》是专门介绍有关劳动教养人员、劳动教养机关对劳动教养人员的管理和教育理论，以及对于劳动教养人员进行心理矫治和回归社会后的社会保护等内容，具有法律性、政策性、科学性和实践性的特点。因此，在编写本教材时我们本着劳动教养理论与实际工作相结合的原则，力求将新知识和新方法引入，为我国劳动教养制度的发展提供了理论基础。另外，我们围绕司法警官学院本、专科学生对掌握劳动教养基础知识及运用要求进行了重点阐述。在编写时，在每章中编写了案例导入、典型人物介绍、至理名言、延伸阅读、实训设计、实务训练等相关内容，补充了相关的法律法规，并附有主要的参考资料，以方便学生学习、使用。

　　本书既可作为司法警官院校的教材，也可作为司法工作者自学的参考书。

　　《劳动教养学》由周盛军任主编，曹化霞、周瑞、周世军任副主编。全书经周盛军审查、修改定稿。各章撰稿人为（以撰写章节先后为序）：

　　周盛军（黑龙江司法警官职业学院）：第一章、第三章、第四章。

　　周　瑞（黑龙江司法警官职业学院）：第二章、第六章。

　　周世军（湖南司法警官职业学院）：第五章、第八章。

　　毛晓燕（河南司法警官职业学院）：第七章、第十三章。

　　王淑华（辽宁警官高等专科学校）：第九章、第十章。

　　曹化霞（山西警官职业学院）：第十一章、第十二章、第十四章。

　　胡月英（河北司法警官职业学院）：第十五章、第十六章、第十七章。

劳动教养学

目　　录

劳动教养学

劳动教养学

劳动教养学

第一章 绪 论

【案例导入】

2008 年 8 月 12 日，刘某与某小区保安杨某因小区管理问题发生争执，并扭打在一起，厮打中刘某拿过路边水果摊上的水果刀刺向杨某，致使杨某左手臂受伤，刘某还将前来劝阻的郭某刺伤，杨某与郭某均受伤住院，花去住院治疗费用数千元。

案发后，某区公安分局认为刘某的行为"不够刑事处罚"，遂建议对其进行劳动教养。某市劳动教养管理委员会作出决定，将刺伤杨某、郭某的刘某劳动教养 2 年。被害人杨某与郭某均认为对刘某处罚过轻，其行为应该构成故意伤害罪，因此向有关部门提出重新处理的意见。

请思考：刘某的行为是否属于被劳动教养的范围？劳动教养与治安管理处罚、刑事处罚的区别是什么？

第一节 劳动教养学的概念

一、劳动教养

（一）劳动教养的概念

劳动教养，是指通过劳动、教育感化等手段引导违法行为人或轻微犯罪人矫正行为恶习、促其悔过自新、形成良好品德的过程，是由国家法定机关按照法定程序对被劳动教养的人实行的一种强制性教育改造的行政措施。

我国的劳动教养制度是在 20 世纪 50 年代中期社会主义生产关系形成与发展的基础上，党中央根据当时阶级斗争的形势与惩办与宽大相结合的政策提出创建的，具有一定的社会适应性。当时是为了收容机关、企事业单位内部清查出来的反革命分子及坏分子，而且在当时具有安置就业的性质。劳动教养由此经历了创建、发展、停顿、恢复发展、改革创新发展等阶段。而劳动教养的收容对象也由机关、企事业单位内部扩大到社会，由收容反革命分子、坏分子演变为收容违法行为人或轻微犯罪人，劳动教养的期限也从不定期演变为对被劳动教养的人员

1—3 年（必要情况下可以延长 1 年）的处罚措施，劳动教养的性质也历经变化与发展，劳动教养的法律依据也几经变化，既包括政策性的，也包括法律性的，既包括行政法规，也包括部门规章，其内容随着社会的发展变化而不断变化。总体来说，我国劳动教养制度的创建与发展，在维护国家政治和社会稳定、预防和减少违法犯罪、保障社会主义经济发展以及为社会治安综合治理工作作出的突出贡献是不可替代的。

（二）劳动教养的含义

1. 劳动教养由国家法定机关具体实施

劳动教养作为国家的强制性教育改造的行政措施，作为剥夺及限制公民人身自由的强制措施，具有国家的法定强制力，理应由国家法定机关组织实施。从劳动教养制度的产生看，我国劳动教养是根据 1957 年 8 月 1 日第一届全国人大常委会第七十八次会议批准的《国务院关于劳动教养问题的决定》和 1979 年 11 月 29 日第五届全国人大常委会第十二次会议批准的《国务院关于劳动教养问题的补充规定》实施的。1957 年《国务院关于劳动教养问题的决定》第 3 条规定："需要实行劳动教养的人，由民政、公安部门，所在机关、团体、企业、学校等单位，或者家长、监护人提出申请，经省、直辖市、自治区人民委员会或者它们委托的机关批准。"第 5 条规定："劳动教养机关，在省、自治区、直辖市一级设立，或者经省、自治区、直辖市人民委员会批准建立。劳动教养机关的工作，由民政、公安部门共同领导和管理。"1979 年的《国务院关于劳动教养问题的补充规定》对审批机关作出了规定，"省、自治区、直辖市和大中城市人民政府成立劳动教养管理委员会"。"对于需要实行劳动教养的人，由省、自治区、直辖市和大中城市劳动教养管理委员会审查批准。"可见，劳动教养在建立之初就规定了具体负责的机关，虽然程序还不十分完善，但是反映了当时党中央对劳动教养制度的高度重视。国家的法定机关确定合理，具有鲜明的时代特点。在进入 21 世纪以后，劳动教养的申请、审查、审批、执行，均由具体的法定机关来负责，分工明确，权责清晰。

2. 劳动教养只适用于违法或轻微犯罪人

劳动教养的适用对象随着我国劳动教养制度的变化而变化，在不同的历史阶段有不同的适用对象及适用范围。具体来看，1957 年《国务院关于劳动教养问题的决定》中规定了四种人作为劳动教养的适用对象；1979 年的《国务院关于劳动教养问题的补充规定》中对劳动教养适用范围限定在大中城市；1982 年《劳动教养试行办法》又明确规定劳动教养的适用对象为六种人；以后根据不同的法律法规的规定，劳动教养的适用对象逐步增加，2002 年《公安机关办理劳动教养案件规定》中进一步明确了劳动教养适用对象约为十类人，相应的适用范围也在进一步扩大。从现实意义角度看，劳动教养的现行适用对象概括来说主要是违法行为人和轻微犯罪人两大类，确定了具体的适用对象才能够做到依法处罚。

3. 劳动教养是一种强制性教育改造的行政措施

劳动教养的教育改造是带有强制性的，这种强制性源于劳动教养对被劳动教养人的强制性劳动、教育改造及感化挽救，是由国家法定机关、国家强制力赋予的。对被劳动教养人员的教育改造与罪犯的教育改造有所不同，两者关押的对象、关押的条件、管理方式及方法均有所区别。同时，它的教育也与一般的学校教育有所区别，从教育对象、方式方法上看，劳动教养人员的教育具有改造、挽救的目的，同时也具有普通教育本身的目的及积极意义。

二、劳动教养学

（一）劳动教养学的概念

劳动教养学是研究劳动教养制度、执行原理及对劳动教养人员实行强制性教育改造这一社会现象及其规律的学科。它是我国几十年劳动教养工作的总结和理论的概括，是社会主义法制建设中创立并逐步发展起来的新兴学科。

劳动教养学作为一门新兴学科，作为我国在社会主义建设与发展中起到重要作用的学科，已经越来越在劳动教养实践中发挥着基础性的指导作用。劳动教养作为我国的一种行政措施，在对劳动教养人员进行教育、感化、挽救的过程中，既涉及对劳动教养人员的管理，也涉及对劳动教养人员的教育，还包括对劳动教养人员的心理矫治。从劳动教养人员的行为训练上看，组织劳动教养人员的劳动也成为劳动教养学重要的研究对象。劳动教养学研究的内容具有针对性及特殊性，劳动教养学在研究中虽然与其他学科有一定的联系，但是这种联系是相互依托的，劳动教养学是在基本的法律法规等法学理论支持下进行研究的应用性学科，它的研究以指导劳动教养工作实践为根本出发点。

（二）劳动教养学的创立及发展

劳动教养学的创立来源于实践经验的总结及完善，更是广大劳动教养人民警察集体智慧的结晶。它的创立及发展是社会治安综合治理的需要，是社会发展的需要，也是社会主义法制建设的需要，它为研究及发展劳动教养其他方面的学科提供了基础。劳动教养学是在劳动教养理论形成后，随着劳动教养工作的开展而创立及发展起来的。

我国的劳动教养制度创立于 1955 年，正式确立是在 1957 年。但是劳动教养制度在创立后发展的一段时间内遇到了一些阻力，理论研究及实践工作一度停滞不前，直到 1978 年 12 月中国共产党十一届三中全会的胜利召开，确立了解放思想、实事求是的思想路线，这才为劳动教养制度的真正发展提供了保障。各项研究工作顺利开展。

十一届三中全会后，随着劳动教养的恢复、整顿及发展，随着劳动教养人员规模的不断扩大，劳动教养工作也面临着许多新情况、新问题，需要通过理论研究作为实践工作的指导，劳动教养的理论研究正式开展。1980 年 9 月，公安部劳教局主办了《劳教工作简报》；1981 年 6 月，公安部组织编写《劳教工作》作为培训教材；1982 年，公安部劳教工作干校主办《劳改劳教教学研究》；学术氛围日趋浓厚。进入 20 世纪 80 年代中后期，劳动教养在预防犯罪、促进社会治安综合治理系统工程中的职能和作用进一步加强，劳动教养人员收容数量持续增长，场所规模不断扩大。党和国家对劳动教养工作的改革及发展提出了更高的要求，以现在的中央司法警官学院为龙头（以前被称为中央劳改劳教管理干部学院），相继有相关院校开设劳动教养方面的课程，中央劳改劳教管理干部学院还成立了劳动教养专业，这些由教育部批准的院校在研究劳动教养理论方面作出了突出贡献。此后各省也相继成立劳改警校为监狱、劳教所培养专门人才。这些学校的建立成为研究劳动教养基本理论的基地，《劳改劳教理论研究》、《劳教工作通讯》、《劳动教养报》等刊物也发表了与劳动教养方面有关的文章，政法院校及相关研究部门也相继出版了《劳动教养学》、《劳动教养基础知识》等教材及专著。到 20 世纪 90 年代初，劳动教养学作为一门独立的学科正式创立起来。

（三）劳动教养学学科体系的建立

劳动教养创立以后，随着劳动教养工作的发展和培养专门人才的需要，劳动教养学科建设也在向纵深发展，如今以中央司法警官学院劳动教养管理专业为主，开展了进一步的专业建设，其他院校也进一步建立了劳动教养专业。劳动教养学的学科体系初步形成，如今已经建立起以下分支学科：

1. 劳动教养学基础理论；

2. 劳动教养法学；

3. 劳动教养管理学；

4. 劳动教养教育学；

5. 劳动教养心理学；

6. 劳动教养经济管理学；

7. 劳动教养应用文；

8. 劳动教养比较学；等等。

除了以上学科建设外，还出版了一些有代表性的专著，如《中国劳动教养特色理论与实践》、《劳动教养制度改革问题研究》、《理性与秩序——中国劳动教养制度研究》等。2001 年中国劳动教养学会的成立，对劳动教养理论研究与学科建设起到了积极的推动作用，学会作为桥梁和纽带在开展劳动教养学科建设上发挥了积极作用。①

第二节 劳动教养学的研究对象

劳动教养学的研究对象是以劳动教养基本理论为主，结合劳动教养工作实践，从劳动教养制度的实践研究领域出发而确立的。学科的确定性取决于学科独有的研究对象。劳动教养学的主要研究对象与劳动教养工作的主要任务基本相同，劳动教养学的研究对象是在劳动教养制度不断创新与发展中而完善的。

一、研究劳动教养基本理论

劳动教养的基本理论包括劳动教养制度的创建及发展、改革及创新；劳动教养的性质、特征、作用；劳动教养的方针、任务、基本原则。这些基本理论构成了劳动教养研究的主要出发点，它可以为我们了解劳动教养制度打下基础，也能够全面把握劳动教养的内涵。

劳动教养作为对被劳动教养的人进行的强制性教育改造的手段之一，具有强制性，而这种强制性的实现是以国家机器作为保障实施的。纵观劳动教养的发展，可以看出劳动教养在不断适应新的形势，解决社会突出的问题方面作出了一定的贡献，也为社会治安综合治理工作的开展提供措施支持。实践证明，劳动教养适应了不同阶段社会形势的需要，在净化社会风气、打击违法犯罪方面的作用不可低估。劳动教养在教育改造被劳动教养的人员上是以劳动教养现行法律法规为基础，从劳动教养工作的方针、任务的落实及遵循的原则上看与其他教育方式存在明显的差异性。

二、研究劳动教养的法律制度及适用

劳动教养作为一种法律关系，在研究中必然从法学理论出发，研究劳动教养法律体系，研究劳动教养法律与其他法律体系的关系。明确劳动教养法律体系及法律关系可以为研究劳动教养实体法律应用提供理论基础。劳动教养作为一种法律制度，并不仅仅局限于研究劳动教养人员的执行问题，从研究广度上看，应包括劳动教养的提请、审核、聆询、审批及执行若干程序，每一个环节涉及的部门不同，程序要求也不一样，而且随着劳动教养的发展，其对象、适用范围也在发生着变化，这要求在研究中对变化的部分要做深入调研。

---

① 夏宗素主编：《劳动教养学》，群众出版社 2003 年版，第 7—9 页。

劳动教养法律制度明确了劳动教养的法律理论问题，劳动教养的适用则解决了劳动教养的制度的整体性，为全面研究劳动教养制度奠定基础。劳动教养学主要研究对被劳动教养人员的执行问题，即执行中的法律适用问题。但是，如果不了解执行前的各个环节，尤其是执行前涉及的法律的适用、被劳动教养人员的罪错情况，违法犯罪事实情况，就无法对被劳动教养人员进行有效的管理教育及挽救，就无法在劳教所更好地保障被劳动教养人员的合法权利。法律在适用中也规定了对劳动教养人员的法律救济途径及法律监督问题，被劳动教养的人员合法权利被侵犯后，可以通过法律途径如提起行政复议或行政诉讼等方式维护自身的合法权益，同时对维权问题也规定了相应的监督方式。

三、研究劳动教养机关及人员

劳动教养机关及劳动教养人员是劳动教养法律关系的主体及客体。劳动教养机关具体负责执行劳动教养相关事宜，而直接负责执行的主体是劳动教养人民警察，被执行者是劳动教养人员。在建设现代化文明劳教所的过程中，起主要作用的是劳教人民警察如何提高自身素质，提高队伍整体水平的问题。而主体与客体本身就是一对矛盾的两个方面，劳动教养人民警察承担着管理人、教育人、改造人、挽救人的多重责任。顺利回归社会，不致重新违法犯罪，成为守法公民是对劳动教养人员教育改造的目的所在。这不仅仅是劳动教养人民警察追求的目标，也是绝大多数被劳动教养的人员期盼实现的"愿望"，如何实现两者的共同目标就是当前急需解决的实际问题。

四、研究劳动教养人员的管理及教育

对劳动教养人员的管理及教育是劳动教养的重要任务，劳动教养作为剥夺及限制公民人身自由的措施，如何实现在劳教所内的有效管理，保障劳教所的安全和稳定，对劳动教养人员进行多形式、多方法的教育，是提高劳动教养质量的关键。

强制性的管理是对劳动教养人员有效的执行，维护劳教所的安全及稳定，预防及制止劳动教养人员重新违法犯罪的重要手段。在管理中通过运用各种管理方式方法，执行各种管理制度，强化被管理者的行为习惯养成，加强自律意识，以此提高管理的力度及质量。管理可以有效地缓解劳动教养人员的压力，转移劳动教养人员的注意力，变消极对抗为积极劳动，通过劳动使其认识自身的行为的错误，端正改造态度，树立改造信心，养成良好的行为习惯。

教育是促进劳动教养人员的思想改造的基本手段之一，要综合运用集体教育与个别教育、所内教育与所外教育，因人施教、分类教育、以理服人，促使劳动

教养人员自觉接受教育，通过多种教育形式的运用使劳动教养人员增长知识，加强法律意识及法律修养，重塑"灵魂"，更好地接受各种教育。

五、研究劳动教养人员的劳动及心理矫治

劳动创造了人本身。实践证明，劳动可以矫正错误的好逸恶劳的行为恶习，使自己有一技之长，为将来劳动教养人员顺利回归社会打下基础。在劳教所，有效地组织劳动教养人员的劳动，充实劳动教养人员的生活是劳动教养人民警察的主要工作，尤其是"多进宫"人员，在劳动方面应加强管理，强化劳动行为习惯养成，形成自觉劳动的习惯。通过劳动手段的运用，结合教育等形式，丰富劳动教养人员的日常生活。

心理矫治在现今社会对特殊类型的违法犯罪人员的心理疏导、心理辅导、心理咨询等都有较好的促进作用。如今，在对劳动教养人员心理矫治中，心理的不定期辅导、劳动教养人员的心理危机干预、心理宣泄与排解、心理状况的测量与诊断已经成为了心理矫治研究的课题。劳动教养人员的主观罪错并不像严重犯罪行为那样顽固不化，许多劳动教养人员对自己的罪错行为悔恨有加，正确地引导、及时的心理矫治将为这些劳动教养人员解除心理之忧。

六、研究劳动教养人员的社会保护

劳动教养人员经过一段时间的挽救后，必然会回归社会，社会保护问题成为劳动教养研究对象的"后续工程"。如果解决不了大多数劳动教养人员的社会保护问题，他们将失去在劳教所接受的改造成果，转而实施新的违法或犯罪行为，给社会造成新的负担，为社会治安综合治理平添混乱。社会保护应立足劳教所实际，结合社会安置的方式方法，多方协调，分工明确，以期减少不稳定因素的发生。

第三节 劳动教养学的学科地位

一门学科的地位能够突出学科的研究范围与应用价值，学科地位也能够为学科研究奠定基础。劳动教养学作为劳动教养专业研究的理论学科，在指导劳动教养相关学科方面起重要作用。

一、劳动教养学的学科地位

（一）劳动教养学是研究劳动教养制度的基础性学科

劳动教养的性质决定了劳动教养在研究上的主要方向。劳动教养制度经过了

几十年的发展及探索，已经积累了宝贵的实践经验，为社会主义现代化建设作出了突出贡献。在长期的研究中，劳动教养的基本理论得到了丰富及发展，劳动教养学本身就是根据现行的法律法规，总结以往实践经验，对最基本的劳动教养理论进行总结，为其他劳动教养的相关学科的研究奠定基础。劳动教养相关学科的研究是以劳动教养学作为基础，作为基本理论开展的。

（二）劳动教养学是研究劳动教养制度的实践性学科

劳动教养制度的发展历经艰辛，但是也在实践检验的基础上不断成熟与完善。劳动教养学是在总结经验及教训的过程中得到进一步发展的。许多劳动教养研究专家与学者在这方面作出了突出贡献，尤其是在劳动教养法律、法规不够完善的情况下，学者对基本理论进行抽象总结，找出及探索适应劳动教养制度的方式及方法，并通过实践不断检验，在修正中不断完善。

劳动教养的实践性可以通过劳动教养人员的管理、教育、挽救等实践工作得到体现。尤其是我国挽救劳动教养人员的生产劳动、心理矫治等手段的运用更是对实践经验的积累。劳动教养通过挽救违法或轻微犯罪人员，从最基本的社会治安角度出发，为维护治安秩序的稳定作出了一定的贡献。劳动教养的实践性为劳动教养学学科的存在提供了实践基础，也使这一学科与其他学科有所区别。

（三）劳动教养学是研究劳动教养制度的重要学科

劳动教养学的重要性体现在它是对劳动教养制度进行研究的基础。没有劳动教养学就难以真正开展劳动教养其他学科的研究。劳动教养学也是对劳动教养制度中最根本的、通用性强的、理论与实践指导价值高的内容进行总结，对劳动教养制度的内容进行理论研究，能够指导劳动教养的实际工作。任何社会科学的研究都脱离不了理论体系的建立。劳动教养学为劳动教养的开展建立了理论体系，并对理论体系进行抽象、概括及发展，完善了我国的法制体系，并丰富了马克思主义学说。

（四）劳动教养学是体现劳动教养制度发展与完善的学科

劳动教养制度的发展是经过实践检验的，进入 21 世纪后，我国的法律制度日趋完善，劳动教养制度作为一种剥夺及限制人身自由的处罚措施，在法律意义上也得到了高度重视，《公安机关办理劳动教养案件规定》、《劳动教养戒毒工作规定》、《未成年劳动教养人员管理教育工作规定（试行）》等文件的出台，丰富了劳动教养学的研究内容。劳动教养的理论研究始终具有前瞻意识，并随着劳动教养法律制度的完善而不断完善。

二、劳动教养学与其他学科的关系

（一）劳动教养学与法学的关系

法学是以法律现象为研究对象的各种科学活动及其认识成果的总称。[①] 作为一门系统的社会科学，既研究法的产生、发展及规律，也研究各种不同的法律制度、特点及相互关系；既研究法的内部联系及调整机制，也研究法与其他社会现象的区别、联系及其作用。法学也是社会科学中的重要学科，实践应用性较强。法学包括的门类及范围较广，尤其是刑事法学方面与劳动教养学联系紧密，如刑法学、刑事诉讼法学等，另外，如行政法学、治安管理处罚法、行政处罚法、民法及若干的司法解释均与劳动教养制度有关。劳动教养学从广义上讲也是法学的分支学科，应该包括在法学研究的范围内。在实际研究中，劳动教养学与刑事法学、治安法学研究经常联系在一起，而劳动教养的适用对象、劳动教养的适用程序等也在相关法律法规中得到体现。

（二）劳动教养学与管理学的关系

管理是指管理者为实现预定的目标，依照一定的原则、程序和方法，对管理对象诸要素以及运动过程进行的计划、组织、指挥、协调和控制等一系列活动。它是人类社会组织进行活动的最基本的手段，广泛存在于一切领域和各种社会活动中。随着社会的不断发展，管理的地位与作用更加突出，它与科学、技术、教育共同成为世界文明的重要支柱。劳动教养学的研究目的是促进对劳动教养人员的规范化管理，提高管理水平及管理的方式方法，实现以管理促进教育挽救违法犯罪人的目的。而管理学在理论层面上为劳动教养学提供了实践方法，管理的基本理论也为劳动教养学的理论提供研究基础。劳动教养的管理必须遵循基本的管理理念，不能与管理学的理论发生冲突，两者相辅相成，管理学的内容更丰富了劳动教养人员的管理制度和管理艺术。

现代管理水平的高低往往成为衡量社会发展和进步的重要尺度。向管理要效率、向管理要质量、向管理要效益已经成为人们的共识和追求的目标，随着现代管理理论、现代管理技术、现代管理手段和现代管理方法日趋成熟与完善，管理的现代化、科学化、高效化已经成为当今各行业一切管理活动的基本趋势。因此，对于劳动教养管理人员来说，只有系统地学习和掌握现代管理知识，熟练地运用现代管理技能，提高自身的专业化水平，才能适应劳动教养现代化管理的要求。

[①] 引自于国务院学位委员会办公室编：《法学学科综合水平考试用书》，高等教育出版社 2009 年版，第 95 页。

（三）劳动教养学与社会学的关系

社会学是与自然科学相对应的学科。其研究范围广泛，社会学从理论上介绍社会现象、社会活动规律等内容，劳动教养这种对特殊人的处罚手段的运用是以在社会环境中进行管理为载体，必然要遵循社会学的基本活动规律，两个学科都是基础性学科，但是社会学的基础性更广泛，能够提供的研究空间更大。劳动教养作为一种社会现象，作为一种法律制度，在学科研究中应以社会学作为基础，研究中应立足社会，用历史的、发展的、联系的眼光看问题，用当今社会学理论解决实际问题，尤其应立足于我国国情，立足于我国目前的社会主义初级阶段的具体情况，同时借鉴社会学的研究方法作为工作的指导。

（四）劳动教养学与教育学的关系

教育学是以研究教育方式方法为主，探寻适应不同类型、不同层次的教育为主要内容的学科。对劳动教养人员的教育本身是在遵循基本教育理论的基础上，在实践中不断探索、不断创新的过程。劳动教养人员的期限不同，采取的教育方式方法也不同；劳动教养人员的违法犯罪类型不同，其教育内容的针对性也有区别。但是在教育中教育学的理论尤其是一些教育方法、教育手段可以为劳动教养的工作提供实践动力。劳动教养教育学作为教育学的分支学科、研究具体问题的学科，理应从教育学基本理论研究入手，找出两者与实践结合的最佳切入点，做到解决劳动教养教育工作实际的目的。两者都有一定的理论性，但是都能够与实践紧密结合，这要求既不能忽视理论的基础作用、奠基作用，更不能脱离实际、脱离教育的根本进行无目的的教育。

（五）劳动教养学与心理学的关系

心理学是研究心理现象及其规律的学科。劳动教养学研究劳动教养人员的管理、教育等问题，对劳动教养人员的行为习惯的养成通过规范性训练可以完成，但是心理治疗及矫治需要一个长时间不间断的训练，才能促进劳动教养人员的不良心理向良性方向转化，避免思想的恶性转化。而心理学可以为劳动教养人员的心理教育、心理障碍治疗及相关心理问题的研究提供心理学方面的依据。因此，心理学为劳动教养学的实践研究提供理论基础，劳动教养学也丰富及发展了心理学的内容，进一步开拓了心理学的研究范围。对劳动教养管理者、教育者尤其是心理矫治工作者而言，掌握必要的心理学知识能够进一步推动劳动教养人员心理问题研究，对于劳动教养实际工作有重要的指导作用。

第四节 劳动教养学的指导思想及研究方法

一、劳动教养学的指导思想

劳动教养学的研究，应该坚持马克思列宁主义、毛泽东思想、邓小平理论、"三个代表"重要思想，坚持及落实科学发展观，认真落实社会主义法治理念教育内容。劳动教养的研究领域及范围也应从实际出发，为构建社会主义和谐社会作出贡献。劳动教养学的研究是以劳动教养基本原理为基础，用科学的、辩证的哲学基础及思想基础分析及解决问题。在实践过程中，应坚持以下基本指导思想：

第一，坚持辩证唯物主义及历史唯物主义，用科学的理论指导工作，反对唯心主义、形而上学。用依法治国、执法为民、公平正义、服务大局、坚持党的领导的社会主义法治理念教育理论指导实际工作。顺应时代发展潮流，在实践中不断改革创新，为社会主义现代化建设作出贡献。

第二，坚持实事求是、一切从实际出发的思想。研究劳动教养应正确分析违法犯罪人的犯罪原因、犯罪动机、社会危害性的大小，科学合理地确定劳动教养的适用，杜绝以劳动教养代替刑罚或以刑罚代替劳动教养，做到以事实为根据，以法律为准绳。我国的劳动教养是适应我国基本国情，在特殊的历史阶段为解决社会问题而提出的，对不同类型的劳动教养人员的教育改造更应从实际出发，避免一刀切，避免形式主义。

第三，坚持理论联系实际，用理论指导劳动教养的工作。理论研究应立足于我国的社会主义初级阶段的基本国情，尤其是党的第十七次全国代表大会对基本国情作出了重要论述，劳动教养的研究应从国情、法律层面出发，为社会治安综合治理作出贡献。随着我国立法步伐的加快及加入 WTO 后，为劳动教养的研究提出了新的课题，开展这些研究更应注重实际情况。

二、劳动教养学的研究方法

任何一门学科的研究都离不开研究方法，劳动教养学的研究方法是以社会学科研究方法为基础的。研究方法不一定是本学科所独有，但是对学科建设及长远发展有指导作用。

（一）调查研究法

调查研究是研究劳动教养制度较为有效的方法。对某一问题在进行研究时先开展调查，收集第一手资料，并对资料进行分析及整理，然后提出具体的解决方案。如在管理中，对某一罪错类型的劳动教养人员研究其管理方法时，可以先进行这种类型的劳动教养人员的相关调查，可以从本省或本地区开展调研，必要情况下也可以到其他地区进行调研，既可以对劳动教养人民警察进行调查，也可以对劳动教养人员进行调查，对收集到的所有有价值的信息进行分类整理，从感性认识上升为理性认识，去粗取精，去伪存真，由此及彼，由表及里，得出具有实践指导意义的研究报告。

调查研究在开展中可以进行一定阶段的考察，一定阶段的调查研究，且不可操之过急，更不能以偏赅全，"一叶障目，不见泰山"。应该坚持辩证唯物主义的观点，多进行调查了解，了解越多越接近真相，尤其是对劳动教养人员的教育、感化及挽救方式方法的探索更是如此。

（二）比较借鉴法

比较借鉴法是指通过横向或纵向的对比关系，找出可比较事物间的联系，作为事物间进行研究的桥梁。它是一种收效快、适用性强、能够迅速提高学科层次及水平的研究方法。这种研究方法通常是从纵横两个方面进行的，纵向比较是从我国劳动教养的理论与实践发展进行比较研究，在反复比较反复研究的基础上，认真进行筛选，从中吸收和借鉴前人总结出的成功经验，取其精华，摒弃过时、错误的部分；横向比较是对与劳动教养相关、相类似的理论知识进行研究，开阔视野，取人之长，补己之短。劳动教养制度与监狱管理制度、治安管理处罚制度、行政处罚制度、行政强制措施等制度有一定的联系，但是又存在着一定的区别，对比可以发现它们之间的共性与个性。而劳动教养又与国外的保安处分、轻罪等制度有一定的相似性，通过对比可以借鉴国外在处理类似问题时的方式方法，为我国的劳动教养的研究开拓思路。

我国的劳动教养制度在自身发展的过程中，各省、自治区、直辖市也有一些成功的做法可以相互借鉴，相互吸收先进的研究成果。尤其是经过实践检验的，能够促进劳动教养制度完善及发展的应该借鉴，并加强对实践经验的研究及开发。

（三）分析综合法

分析综合法是将劳动教养制度的研究对象逐一进行分析研究，找出每一子研究部分的研究重点，将各研究重点逐渐组成有机联系的统一整体，通过整体研究得出相应结论。分析综合法遵循了哲学研究的辩证观点，从量变到质变，从简单到复杂，将研究整体做细分，最后又回到整体，运用事物间普遍联系及发展的规律，剔除错误部分，远离糟粕。它的方法论性质主要表现在基本原理与方法是从系统、整体的观点出发，也就是从整体与组成部分之间，整体与外部环境之间的相互联系和相互作用出发，综合、精确、定量地处理它们之间的相互关系。分析

劳动教养学

综合法在研究劳动教养的各研究对象的理论中发挥着重要作用。

（四）经验总结法

经验来源于实践，是经过实践检验的，正确的经验是哲学研究中的真理部分。经验更是研究者智慧的结晶，经验经过实践检验后有的会成为教训，教训也来源于实践，虽经实践证明是不可行的，但是它可以为我们指明将来研究的方向，避免今后再走弯路。成功的经验为开展工作奠定基石，为理论研究开拓视野，因此，经验总结法经常在劳动教养的各环节中被加以运用。通过对劳动教养历史研究，我们可以看到劳动教养发展的轨迹及未来的发展前景，历史可以给我们提供更多的可借鉴的经验，现实工作中更需要不断地开拓创新，没有经验的积累是不行的。经验总结是劳动教养制度发展及改革的动力之一。

【延伸阅读】

我国劳动教养制度简介

我国的劳动教养制度是根据 1957 年 8 月 1 日第一届全国人大常委会第七十八次会议批准颁布的《关于劳动教养问题的决定》，以及有关法律、法规建立的。依照法律规定，劳动教养不是刑事处罚，而是为维护社会治安，预防和减少犯罪，对轻微违法犯罪人员实行的一种强制性教育改造的行政措施。

对需要收容劳动教养的人，由省（区、市）和大中城市人民政府下设的劳动教养管理委员会审查批准。被决定的劳动教养期限大多数为一年，少数为一年半左右，极少数为三年。被决定劳动教养的人对决定不服的，可以提出申诉，请求复议，也可以依据《行政诉讼法》向人民法院提起行政诉讼。提起诉讼的被劳动教养人可以请律师辩护。各级劳动教养管理委员会，在审查和决定劳动教养时，严格遵循法定程序，接受人民检察院的监督。

被决定劳动教养的人，由司法行政部门的劳动教养管理所收容并进行教育改造。劳动教养管理所凭《劳动教养决定书》和《劳动教养通知书》等法律文书接收劳动教养人员。对没有这些法律文书或者文书所载内容与实际不符的，以及劳动教养法规规定不应收容的精神病人、呆傻人、盲、聋、哑等严重残疾、病患者，怀孕或者哺乳自己婴儿未满一年的妇女等，不予收容。

劳动教养管理所依法保障劳教人员的合法权益，劳教人员可以依法行使选举权，宗教信仰自由，人格尊严不受侮辱，人身不受体罚和虐待，个人合法财产不受侵犯，通讯自由；家属可以经常来所探视，劳教所可以提供住处允许劳教人员夫妇同居；家里有特殊情况和有悔改表现的劳教人员，经批准可以回家探视或休假；劳教人员对劳动教养管理所的工作有提出批评、建议的权利，对国家机关及其工作人员的违法、失职行为有提出申诉、控告和检举的权利等。

　　我国的劳动教养工作实行"教育、感化、挽救"的方针，立足于教育，着眼于挽救。要求劳教工作干警对劳教人员做到"三像"，即像老师对待学生、父母对待子女、医生对待病人那样，耐心地帮助劳教人员改恶从善。劳动教养管理所也是教育人、挽救人的特殊学校（绝大多数已办成了劳动教养学校）。劳动教养管理所按比例配备专（兼）职教师，对劳教人员开展法律常识、道德、时事和文化知识等教育，提高他们的法制观念和文化素质，教育时间平均每天不少于3小时。

　　为有利于劳教人员回归社会，解除劳动教养后就业，劳动教养管理所还对劳教人员进行职业技术教育，不少劳动教养管理所办有电脑、裁剪、缝纫、电器维修、木工、烹调、理发、汽车驾驶和维修等职业技术培训班。劳教人员学习文化和职业技术经考试合格的，发给社会承认的文化或技术等级证书。

　　由于不少劳教人员是因为好逸恶劳，通过非法手段获取他人财产而走上违法犯罪道路的，所以劳动教养管理所还组织他们进行习艺性的生产劳动，以转变劳教人员不劳而获的恶习，帮助他们学习劳动技能，培养他们自食其力的能力和习惯。劳动时间和强度低于社会平均水平，在安排劳动时照顾劳教人员的性别、年龄、体力、技术水平等情况，建立安全生产制度，坚持文明生产，严防发生工伤事故，按照国有同类企业标准发给劳动保护用品和保健食物，生产所得的收益除发给劳教人员一定报酬外，主要用于改善劳教人员的生活和学习条件。

　　劳动教养管理所依照法律和法规的规定，对劳教人员施以文明、科学、比较宽松的管理。要求绿化美化环境，完善教育、生产、生活设施，使他们在和谐、优美的环境下陶冶情操，矫正恶习。劳动教养管理所对劳教人员实行民主管理，建立"劳教人员民主管理委员会"，协助管理人员进行学习宣传生活卫生以及文体活动等方面的事务性工作。劳动教养管理所对表现好并有帮教条件的劳教人员，可以安排到社会上"试工、试农、试学"；对表现较好，符合所外执行条件和身患疾病、符合所外就医条件的，可以决定所外执行和所外就医，这两类人员约占劳教人员总数的10%左右。对在劳动教养期间确有悔改表现的，可以给予减少劳教期或提前解除劳教的奖励，受奖励人数在60%以上。

　　劳教人员在劳动教养期间享有必要的生活待遇。劳教人员的生活费、医疗费由国家供给。生活标准相当于当地居民的平均生活水平。劳教所设立劳教人员食堂，在生活标准内尽量调剂、改善劳教人员伙食，保证他们吃得够标准、吃得卫生。要求食堂按月向劳教人员公布伙食账目，严禁克扣。对少数民族劳教人员在生活习惯上还给予照顾。劳教人员宿舍要求采光、通风良好，有适合当地气候条件的保暖、降温设施。劳动教养管理所设置医院或卫生所，配备必要的医疗设备，有病及时治疗。劳教人员病重的，可以依照法定程序办理所外就医。保证劳教人员有充分的休息时间，节假日休息。劳动教养管理所还设有图书阅览室和文体活动场所。劳教人员可以看书看报、看电视、电影，听广播，开展有益于身心健康的文艺、体育活动。

为保证劳动教养管理所严格执法和做好对劳教人员的教育、挽救工作，国家对劳教工作干警有严格的要求和纪律、法律约束。劳教工作干警必须具有较高的文化素养和一定的专业知识，从事劳教工作前要接受岗位培训，掌握劳教工作法规和有关业务知识，工作期间还要定期进行业务培训，以适应工作需要。对侵犯劳教人员合法权益及有其他违法违纪行为的干警，依法进行严肃处理，对此，《刑法》、《劳动教养试行办法》以及《劳改劳教工作干警行为准则》等法律、法规和规章中均有相应的规定。根据劳动教养的法律规定，人民检察院在劳动教养场所设驻所检察组，对劳动教养管理所的执法活动进行监督。

为有利于劳教人员的罪错矫治和解教后的安置就业，劳教所还积极与劳教人员的家属、原工作单位和原居住地的政府及有关单位建立联系，采取"请进来"、"走出去"以及签订"联合帮教协议"等方法，对劳教人员共同进行帮助教育，促进他们改正错误，解决他们家庭生活中的困难，帮助他们解决解教后的就业安置问题；劳动教养管理所还邀请社会上的党政领导、知名人士以及一些改正恶习、作出成绩的"回头浪子"来所里作报告进行规劝或"现身说法"，使劳教人员体会到党和政府及社会公众对他们的期望和要求，增强改正错误的信心。对解除劳动教养的人，回原居住地落户，就业、升学等不受歧视。劳动教养制度建立40多年来，使那些处于犯罪边缘的人避免了继续违法和走向犯罪，起到了维护社会治安和预防犯罪的作用，使他们中的绝大多数人认识了罪错，不良行为习惯得到了矫治。据调查统计：经过劳教的人员返回社会后，他们中的90%左右的人能够遵纪守法、自食其力，有的还成了先进模范，成了国家建设的有用之才。

（引自司法部劳动教养管理局）

劳动教养学

第二章 劳动教养的历史发展

【至理名言】

☆法律就是秩序，有好的法律才有好的秩序。

—— [古希腊] 亚里士多德

☆在民主的国家里，法律就是国王；在专制的国家里，国王就是法律。

—— [德] 马克思

☆法律必须被信仰，否则它将形同虚设。

—— [美] 伯尔曼

☆法律的生命不在于逻辑，而在于经验。

—— [美] 霍姆斯

第一节 劳动教养制度的创建

一、劳动教养制度创建的历史背景

我国劳动教养制度创立于 1955 年 8 月。这是新中国成立初期的阶级斗争形势和中国共产党的刑事政策所决定的。

1949 年 9 月 21 日至 30 日在北京召开的政治协商会议颁布了《中国人民政治协商会议共同纲领》，其中明确规定：中华人民共和国必须镇压一切反革命活动，严厉惩罚一切勾结帝国主义、背叛祖国、反对人民民主事业的国民党反革命战争罪犯和其他怙恶不悛的反革命首要分子。对于一般的反动分子，封建地主、官僚资本家，在解除其武装、消灭其特殊势力后，仍须依法在必要时期内剥夺他们的政治权利，但同时给予生活出路，并强迫他们在劳动中改造自己，成为新人。根据《共同纲领》精神，针对新中国成立之初国民党残余分子组织武装暴动、抢劫公款物资、破坏工厂铁路、杀害党员干部等反革命活动，1950 年 3 月 18 日，中共中央发出《关于镇压反革命活动的指示》，开始了轰轰烈烈的"镇反"运动。1951 年 2 月 21 日，中央人民政府正式公布《中华人民共和国惩治反革命条例》。"镇反"运动经过了三个阶段，到 1953 年，大量地消灭了地痞、恶霸、特务、反动党团、反动会道门等五个方面的反革命骨干分子，并按照罪恶程度、民愤大小，分别依法给予他们以杀、关、管的各种制裁。"镇反"运动剥夺了反革命残余势力阴谋复辟和大规模地进行反革命破坏、残害人民的各种条件，充分发挥了人民民主专政的巨大威力，巩固了人民民主专政的革命秩序，彻底解除了反动统治所残留下来的对广大人民的政治压迫。

经过清匪反霸、镇压反革命运动，基本上解决了社会上的反革命残余势力，但是暗藏在机关、企业、事业单位内部的反革命分子和坏分子，也是社会主义革命和建设的隐患。由于新中国成立之初面临着庞大的国家机构要重新建立，面临着对国家的行政管理和组织生产、发展国民经济的重任。在长期的战争环境下，中国共产党有作战经验，却缺乏行政管理的经验，而且干部数量也远远不能适应需要，因此，国家对一部分机关、企业、事业单位的原有公职人员采取"包下来"的政策，予以留用。留用人员中绝大多数是好的，是拥护中国共产党和新政权的，但其中也暗藏着极少数有反革命历史身份和反革命罪行在镇反时漏网的分子以及其他的坏分子。他们有的潜伏下来伺机而动，有的配合社会上被打倒的反动阶级、反革命分子，以各种方式从事破坏和捣乱。为了巩固人民民主专政的国家政权，顺利进行社会主义革命和建设，根据党中央 1955 年 7 月 1 日《关于开展对暗藏的反革命分子清查打击的指示》，又开展了清除暗藏在内部的各种反革命分子的运动。对于运动中清理出来的反革命分子和其他坏分子，罪状轻微、坦白彻底或有立功表现的还继续留用；罪大恶极不杀不足以平民愤者判处死刑；一部分判处徒刑劳动改造，还有一部分不够判刑而政治上不适应继续留用的需要特殊处理。从机关、企业、事业单位清理出来的不够判刑的反革命分子和其他坏分子，对他们应如何处理，放到社会上会增加失业人口，而当时国家正致力于解决社会上大批失业人员的劳动就业问题，再解决这部分人就会增加社会就业压力，继续留用他们又会担风险，甚至会影响革命和建设的顺利进行。于是在这两难之间选择了一种办法——既不留用，又不开除到社会上，而采取集中劳动教养的办法。这就是我国劳动教养制度创建的特殊历史背景。

二、劳动教养制度创建的依据

我国劳动教养制度创建的政策依据是党中央 1955 年 8 月 25 日发出的《关于彻底肃清暗藏的反革命分子的指示》，该《指示》明确规定，对在肃反运动中"清查出来的反革命分子和其他坏分子，除判处死刑的和因为罪状较轻、坦白彻底或因为立功而应继续留用的以外，分两种办法处理。一种办法是判刑后劳动改造。另一种办法是不能判刑而政治上又不宜继续留用，放到社会上又会增加失业的，则进行劳动教养，就是虽不判刑，虽不完全失去自由，但亦应集中起来，替国家做工，由政府发给一定的工资。各省市应即自行筹备，分别建立这种劳动教养的场所。全国性的劳动教养场所，由内务部、公安部立即筹备设立"。该《指示》发出后，党中央于 1956 年 1 月 10 日专门就劳动教养问题发出《关于各省、市均应立即着手筹办劳动教养机构的指示》，要求各省、市立即筹办一个相当规模的劳动教养机构，并就劳动教养的性质、任务、指导原则、审批权限、领导和管理等方面的问题作了原则规定，明确了政策界限。自此以后，各省、市陆续建立了劳动教养机构，开展劳动教养。

三、劳动教养制度创建初期的特点

我国劳动教养制度在创建之初不仅与国外的劳动教养制度有明显的区别，而且与现行的劳动教养制度也有不同的特点。

（一）劳动教养收容对象单一

所谓"单一"，一是从收容范围看，仅限于机关、企业、事业单位内部；二是从人员看，仅限于内部肃反运动中清查出来的有一定罪恶必须给予管制处罚的反革命分子和坏分子，以及虽然只有轻微罪恶不够管制但必须实行劳动教养的其他坏分子。

（二）劳动教养是一种安置就业的措施

中共中央 1955 年和 1956 年两次《指示》中关于创办劳动教养政策的一个重要精神，就是为了不增加社会失业人员。即"采取劳动教养的办法，把这些人集中起来，运到国家指定的地方，组织他们劳动生产，替国家做工，自食其力"。并明确规定，对劳动教养人员，要根据他们的劳动发给一定的工资。这说明当时的劳动教养是在处分后采取的安置就业措施。

四、劳动教养制度创建的历史意义

在 20 世纪 50 年代中期特殊的历史条件下创建起来的劳动教养制度，对巩固人民民主专政的国家政权、保障社会主义建设的顺利进行，对维护社会治安秩序、解决社会失业问题，对改造反革命分子和坏分子、化消极因素为积极因素以及建立具有中国特色的劳动教养制度，都具有特殊的意义。[①]

（一）劳动教养制度的创建有利于巩固人民民主专政国家政权和保障社会主义建设顺利进行

新中国的成立，彻底推翻了美帝国主义和蒋介石集团在中国大陆上的统治，中国人民建立了人民民主专政的人民共和国，在政治上获得了真正的独立自主，

---

① 《建国以来主要文献选编》（第 7 册），中央文献出版社 1993 年版。

在经济上结束了长期停滞落后的状态。到了 20 世纪 50 年代中期，中国正处在由新民主主义社会过渡到社会主义社会的历史时期，开始进行社会主义建设和社会主义改造，正在实施着发展国民经济的第一个五年计划。这个时期，不仅需要一个安定的外部环境，也需要一个安定的内部环境，不仅需要打击社会上的敌对势力，也需要肃清暗藏在内部的反革命分子，把那些破坏、阻挠社会主义革命和建设的反革命分子和坏分子清理出来，才能进一步巩固人民民主专政的国家政权，保障社会主义建设的顺利进行。劳动教养制度的创建，既是在当时处理从内部肃反中清查出来的反革命分子和坏分子的一种办法，也是体现党的惩办和宽大相结合及区别对待政策的具体措施。在巩固人民民主专政，保障社会主义建设中，它与劳动改造制度一起发挥着各自特殊的作用。

（二）劳动教养制度的创建有利于维护社会治安秩序，解决社会失业问题

良好的社会治安秩序是国家政权和社会稳定的重要保障，而减少失业人员又是确保良好社会治安秩序的重要方面。因为社会失业人员增多必然会带来不安定的因素，一些人由于失业而产生对新政权的不满；一些人由于失业生活无着落而流浪社会，有的甚至走上违法犯罪的道路。新中国成立后，中国共产党就采取各种措施解决社会失业和劳动就业问题，经过多年努力取得了显著成效。其中实行劳动教养制度正是为了减少社会失业人口的重要举措。试想，从内部肃反中清查出来的一批不够判刑又不能送劳动改造的反革命分子和坏分子，继续留在机关、企业、事业内部，政治上不允许；把他们开除到社会上去不仅要增加失业人口，更会使他们产生对新政权的不满，这在政策上也不允许。因此，通过劳动教养，使这批人参加生产劳动并获得一定的劳动工资，生活有了保障，减少了社会失业，也减少了他们对新社会的抵触情绪，在客观上更有利于维护社会治安秩序。

（三）劳动教养制度的创建有利于教育改造反革命分子和其他坏分子

劳动教养制度的创建，组织生产劳动解决安置就业的问题。这仅仅是一个方面的作用，它的另一个重要作用是通过生产劳动结合政治思想教育对被劳动教养的反革命分子和其他坏分子进行改造，化消极因素为积极因素。周恩来总理早在第一届全国人大的政府工作报告中就指出："经验说明，国家的劳动改造政策，不仅可以把许多犯罪分子改造过来，而且也是消灭反革命残余势力的重要手段之一。"劳动教养虽然不是判处徒刑后的劳动改造，但它的对象仍然是反革命残余势力的一部分。通过劳动教养使这部分反革命分子和坏分子受到教育改造，消除其与新生革命政权的抵触对立情绪，使他们拥护中国共产党、拥护人民民主专政的国家政权，走社会主义道路，也从根本上消灭了反革命残余势力，将消极因素变为积极因素，将敌对势力变为社会主义的建设力量。

（四）为建立具有中国特色的劳动教养制度打下了基础

20 世纪 50 年代中期的劳动教养创建阶段，虽然由于特殊的历史背景决定了它的特殊形态，但是，它在创建过程中积累的宝贵经验为后来的劳动教养制度建设奠定了基础，特别是中央明确规定了劳动教养的基本政策、审批权限、经费渠道等，成为劳动教养立法和制度建设奠定的基本前提，也为建立具有中国特色的劳动教养制度准备了条件。如果没有 20 世纪 50 年代的创建阶段，就不可能有后来的劳动教养制度，更不可能有现在的规模和发展水平。

第二节　劳动教养制度的发展

我国劳动教养制度创建后，从 1957 年中期进入发展阶段，迄今为止，主要经历了四个发展阶段。

一、初期发展阶段（1957 年 8 月—1966 年 5 月）

进入到 1957 年，我国敌我斗争形势发生了根本变化，国内剥削阶级已经基本消灭，国内反革命残余势力已经基本肃清。正如党的八大指出的："全国人民的主要任务，是集中力量发展社会生产力。"经济形势也很好，发展国民经济的第一个五年计划提前实现。随着政治、经济的发展，各项社会制度也逐步建立起来。劳动教养制度创办以来，经过一年多的时间也积累了一定的经验，取得了较好的效果。但是，由于我国社会关系的复杂性和社会矛盾的多样性，不仅有反革命分子和各种刑事犯罪分子，而且还有一些游手好闲、有业不就、违法乱纪、不务正业、破坏社会秩序的人。为进一步发挥劳动教养制度在巩固人民民主专政、维护社会治安秩序和保障国民经济发展中的作用，党中央指示，劳动教养不仅要办，而且还要办得规模更大一些，不仅要收容肃反运动中需要劳动教养的分子，而且要收容改造更大量的社会上的流氓、坏分子。为适应劳动教养发展的需要，1957 年 8 月 3 日，国务院公布了《关于劳动教养问题的决定》（以下简称《决定》）。这一《决定》是第一届全国人民代表大会常务委员会第七十八次会议批准的具有法律效力的重要法律文件。《决定》明确规定了劳动教养的目的、性质、工作方针、收容对象、报批程序、批准机关以及劳动教养工作的领导和管理机关等。

劳动教养工作的发展促进了《决定》的颁布施行；反之，有了《决定》，有了法律、法规，又进一步促进了劳动教养工作，使劳动教养作为一项独立的社会事业得到了发展，收容的劳动教养人员大量增加。由于劳动教养当时未定期限，只进不出，加之"左"倾思潮的影响及为了处理"反右"运动中的极右派分子和农村中的反社会主义的反动分子，一些地方不仅地、市办劳教，甚至搞了县办劳教，人民公社也办起劳动教养，致使全国劳动教养人数一度高达数十万人。直到1961年4月，公安部作出《关于当前公安工作十个具体政策问题的补充规定》，提出收缩和清理劳动教养人员，才纠正了"左"的做法，使劳动教养工作走上正轨。这一阶段的劳动教养工作具有以下特点：

（一）劳动教养开始纳入社会主义法制轨道

《决定》是我国关于劳动教养问题的一个重要法律文件，它把党中央的内部指示用国家法律的形式肯定下来，使劳动教养制度开始走向定型化、规范化、法律化，成为我国社会主义法制建设的组成部分。

（二）明确了劳动教养在初期发展阶段的目的和性质

我国创建劳动教养制度的一个重要因素是为了解决内部肃反中清理出来的反革命分子和坏分子的劳动就业问题。而进入到1957年后的初期发展阶段的劳动教养目的有了新的内容，《决定》明确规定："为了把游手好闲、违反法纪、不务正业的有劳动能力的人，改造成为自食其力的新人；为了进一步维护公共秩序，有利于社会主义建设。""两个为了"使劳动教养制度具有更为广泛的社会意义。

随着收容对象范围的扩大，劳动教养的性质也发生了变化。《决定》明确规定："劳动教养，是对于被劳动教养的人实行强制性教育改造的一种措施，也是对他们安置就业的一种办法。"这里首先强调劳动教养是强制性教育改造的一种措施，然后才规定是一种安置就业的办法。

（三）劳动教养的收容对象和范围开始社会化

劳动教养制度创建时仅限于收容机关、事业、企业内部清查出来的反革命分子和坏分子，而进入初期发展阶段，收容对象由两种人变为四种人，收容范围由内部扩大到社会。既有机关、团体、企业、学校等单位开除出来的不追究刑事责任的反革命分子、反社会主义的反动分子，也有社会上不务正业，有流氓行为或者有盗窃、诈骗等行为，不追究刑事责任的违反治安管理的违法犯罪人员；既有机关、团体、企业、学校等单位内有劳动能力却长期拒绝劳动或者破坏纪律、妨害公共秩序，受到开除处分无生活出路的，又有不服从工作分配、就业转业安置或不接受从事劳动生产的劝导，不断无理取闹、妨害公务、屡教不改的人。

（四）劳动教养由不定期发展到定期

劳动教养制度创建时，由于是一种安置就业的措施，劳动教养是没有期限的，1957年的《决定》中明确规定"劳动教养"也是安置就业的一种方法，所以没有规定劳动教养的期限。但毕竟劳动教养就业不如社会就业自由度大，时间长了，劳动教养人员就感到前途暗淡，无生活出路，加之有的劳教单位在管理处遇上没有把劳改劳教区别开来，使劳动教养人员感到劳教不如劳改，劳改有期，劳教无期。到 1961 年 3 月 17 日全国第十一次公安会议才明确规定劳动教养的期限一般为 2—3 年，表现好的可提前，表现坏的可延长，这就使劳动教养人员看到了前途和希望。

二、遭受破坏、基本停顿阶段（1966 年 5 月—1978 年 12 月）

20 世纪 60 年代初，通过整顿、收缩和清理劳动教养人员措施的逐步落实，纠正了工作中一些"左"的做法，使劳动教养工作重新走上正轨，并在劳动教养管理模式上进行了初步的探索，比如对劳动教养人员在警戒、活动范围、通讯接见、请假等问题上实行较宽的管理办法，在经济上实行有偿劳动；在劳动教养人员中开展评选先进、召开积极分子会议，实行一定的民主生活制度；等等。但是，好景不长，1966 年开始了全国性的"文化大革命"运动，"文革"十年实际上是十年内乱，全面否定十七年，全盘否定监狱、劳动教养工作。在砸烂公、检、法的灾难中，我国劳改工作遭到了严重破坏，同样，劳动教养工作也遇到了严重浩劫，广大劳动教养工作干部遭受迫害，劳动教养单位的一些领导干部被揪斗，一些劳动教养人员和就业人员也起来"造反"，劳动教养场所被诬为"资敌养敌"的避难所。在法制遭到严重践踏的混乱当中，劳动教养停办了，大多数劳动教养场所被迫撤销，到 1969 年，全国仅剩下 5000 多名劳动教养人员。大部分劳动教养工作干部也被迫调离了劳动教养单位。

1971 年 8 月，周恩来总理主持召开第十五次全国公安工作会议，中共中央批转了"十五公会"的会议纪要。《纪要》指出："大中城市要恢复、整顿劳动教养和强制劳动。"会后，部分省、市开始做恢复劳动教养的筹备工作，但是，由于"四人帮"的干扰、破坏，劳动教养工作并没有在全国各省、市、区得到全面恢复整顿。即使在 1976 年 10 月粉碎"四人帮"后，最初两年限于当时百废待兴，加之未完全摆脱"左"的思想观念的桎梏，劳动教养工作也没有提上议事日程，未能得到及时恢复。

三、恢复发展阶段（1978 年 12 月—1988 年 12 月）

1976 年 10 月，中国人民粉碎了"四人帮"，结束了 10 年内乱，特别是 1978 年 12 月召开的党的十一届三中全会，拨乱反正，恢复和发展了党的正确路线、方针、政策，使我国进入了以四化建设为中心的新的历史时期。在加强社会主义民主、健全社会主义法制的大好形势下，劳动教养工作也开始恢复整顿。首先，制定了一系列法律法规。如 1979 年 12 月经全国人民代表大会常务委员会批准公布了《关于劳动教养的补充规定》（以下简称《补充规定》）；1980 年 2 月重新公布了《关于劳动教养问题的决定》，同月，国务院发出了《关于将强制劳动和收容审查两项措施统一于劳动教养的通知》；1981 年 6 月，全国人大常委会作出了《关于处理逃跑或者重新犯罪的劳改犯和劳动教养人员的决定》；1982 年 1 月 21 日，国务院又转发了公安部《劳动教养试行办法》。其次，组织上加强了对劳动教养工作的领导和管理。各省、自治区、直辖市人民政府相继成立了劳动教养管理委员会，完善了劳动教养的审批程序；公安部成立了劳动教养工作管理局，各省、市、区也设立了劳动教养管理机构。最后，场所全面恢复整顿。在收回原有场所的基础上改建和扩建了部分场所；一些地方还新建了一批劳动教养场所；充实和加强了劳动教养工作干部队伍。

1983 年"严打"后劳动教养人员收容数量增加，达到了 23 万人。劳动教养规模的扩大，场所的增加，促进了劳动教养工作的发展。为适应改革、开放、搞活的新形势和劳动教养工作发展的需要，管理教育工作也实行了一系列改革措施：一是提出将劳动教养场所办成特殊学校；二是实行管教、生产双承包责任制，实行管教、生产成果与民警工作奖惩直接挂钩的制度；三是对劳动教养人员管理上执行"双百分考核"制。恢复发展阶段的劳动教养工作具有以下特点：

（一）劳动教养的法规制度日趋健全

既有国务院公布的《关于劳动教养问题的决定》和《补充规定》，还有经国务院转发的公安部制定的《劳动教养试行办法》，使劳动教养工作有法可依，逐步走上法制化、正规化轨道。

（二）劳动教养的收容范围和对象进一步扩大

《补充规定》规定："劳动教养收容大中城市需要劳动教养的人。"《劳动教养试行办法》中则进一步规定收容劳动教养的对象为六种人，这六种人的基本特点是社会上的违法或轻微犯罪行为，不够刑事处分的人员。

（三）明确劳动教养性质，是对被劳动教养人员实行强制性教育改造的行政措施，是处理人民内部矛盾的一种方法

这样不仅使劳动教养工作的方向明确了，也使劳动教养人员的身份和法律地位明确了。

（四）劳动教养人员的成分发生了变化

由创建初期的反革命分子和坏分子为主体变为以违法和轻微犯罪人员为主体，而且青少年占了大多数。

（五）加强对劳动教养工作的统一领导和管理

1983 年 7 月，根据中共中央决定，劳动教养工作由原来的公安部门移交给司法行政部门领导和管理，司法部设立劳动教养管理局，省、自治区、直辖市司法厅（局）设立劳动教养管理局。劳动教养场所明确为县团级建制单位。进一

劳动教养学

步加强了对劳动教养工作的领导和管理。

四、改革发展阶段（1988 年 12 月至今）

1988 年 12 月，司法部党组决定劳动教养与劳改在管理体制上彻底分开。这是劳动教养工作管理体制上的一次改革。此后，各省、自治区、直辖市都先后成立了劳动教养管理局。随着管理体制的逐步理顺，进一步推动了劳动教养工作的改革和发展，主要体现在以下几方面：

（一）初步形成了具有中国特色的劳动教养制度的发展模式

为了深化改革，全面、正确、深入地贯彻劳动教养工作方针，1989 年 7 月，在大连市召开了全国劳动教养管教工作会议，明确提出在新的形势下，深化改革，积极探索，努力办出劳教工作特色。1990 年 10 月，在山东省第一劳教所召开了全国探索劳教工作特色经验交流会。在总结各地经验的基础上，系统地提出了劳教场所办出特色的六条总体构想和要达到的十二项具体要求，初步形成了具有中国特色的劳动教养制度的发展模式。各地以办特色为中心，探索并实行了一系列改革措施，如对劳教人员的分类分级管理、劳教人员民主管理制度、"两公开一监督"、"三试"、劳教人员家属探视同居、劳教人员凭证就餐、奖励工资等改革措施；并积极开展查治性病和劳教戒毒工作，加强生活卫生管理，搞好场所规划和基础设施建设，以军营式和校园式为标准创造良好的教育改造环境等。

（二）加强劳动教养的法制建设，制定适应各项管理工作的行政规章

1991 年至 1993 年，司法部先后发布了 7 个有关劳动教养的行政规章。其中有：1991 年 8 月 12 日司法部 16 号令《劳动教养人员生活卫生管理办法》；1991 年 9 月 10 日司法部 17 号令《劳改劳教工作干警行为准则》；1992 年 8 月 10 日司法部 21 号令《劳动教养管理工作执法细则》；1992 年 8 月 10 日司法部 27 号令《劳动教养管理工作若干制度》；1992 年 8 月 10 日司法部 23 号令《劳动教养人员守则》；1993 年 8 月 9 日司法部 27 号令《劳动教养教育工作规定》等。

为了加强监狱劳教管理工作，1995 年 2 月，国务院发出了《关于进一步加强监狱管理和劳动教养工作的通知》，其中就完善监狱管理和劳动教养制度、保障监狱、劳动教养场所的经费供给和狱（所）的建设投资，改革监狱、劳教生产经营管理体制，搞好监狱、劳动教养所民警队伍建设，切实加强对监狱管理和劳动教养工作的领导等作了明确规定。

为了保证劳动教养管理机关公正、文明执法，1999 年 5 月 31 日，司法部作出了《关于执行劳动教养管理机关执法活动"两公开一监督"制度的规定（试行）》，并制定了《监狱劳教人民警察执法过错责任追究办法（试行）》。

（三）开展创建现代化文明劳教所活动

1994 年 1 月，司法部根据国务院的指示精神，在全国司法厅（局）长会议上提出了创建现代化文明劳教所的奋斗目标。即在今后一个时期，逐步将全国劳教所建设成为用现代化先进科学技术武装起来的，用当代人类社会文明和进步思想教育改造劳教人员的场所。从 1996 年开始考察评审，经过几年的创建工作，成绩是显著的。1999 年，司法部党组再次肯定了创建现代化文明监狱、劳教所的工作，并提出了创建工作要贯彻"坚持、总结、完善、提高"的八字方针。

【延伸阅读】

国务院关于劳动教养问题的决定

（1957 年 8 月 1 日全国人民代表大会常务委员会
第七十八次会议批准 1957 年 8 月 3 日国务院命令公布）

根据中华人民共和国宪法第一百条的规定，为了把游手好闲、违反法纪、不务正业的有劳动力的人，改造成为自食其力的新人；为了进一步维护公共秩序，有利于社会主义建设，对于劳动教养问题，作如下决定：

一、对于下列几种人应当加以收容实行劳动教养：

（1）不务正业，有流氓行为或者有不追究刑事责任的盗窃、诈骗等行为，违反治安管理、屡教不改的；

（2）罪行轻微，不追究刑事责任的反革命分子、反社会主义的反动分子，受到机关、团体、企业、学校等单位的开除处分，无生活出路的；

（3）机关、团体、企业、学校等单位内，有劳动力，但长期拒绝劳动或者破坏纪律、妨害公共秩序，受到开除处分，无生活出路的；

（4）不服从工作的分配和就业转业的安置，或者不接受从事劳动生产的劝导，不断地无理取闹、妨害公务、屡教不改的。

二、劳动教养，是对于被劳动教养的人实行强制性教育改造的一种措施，也是对他们安置就业的一种办法。

对于被劳动教养的人，应当按照其劳动成果发给适当的工资；并且可以酌量扣出其一部分工资，作为其家属赡养费或者本人安家立业的储备金。

被劳动教养的人，在劳动教养期间，必须遵守劳动教养机关规定的纪律，违反纪律的，应当受到行政处分，违法犯罪的，应当依法处理。

在教育管理方面，应当采用劳动生产和政治教育相结合的方针，并且规定他们必须遵守的纪律和制度，帮助他们建立爱国守法和劳动光荣的观念，学习劳动生产的技术，养成爱好劳动的习惯，使他们成为参加社会主义建设的自食其力的

劳动教养学

劳动者。

三、需要实行劳动教养的人，由民政、公安部门，所在机关、团体、企业、学校等单位，或者家长、监护人提出申请，经省、自治区、直辖市人民委员会或者它们委托的机关批准。

四、被劳动教养的人，在劳动教养期间，表现良好而有就业条件的，经劳动教养机关批准，可以另行就业；原送请劳动教养的单位、家长、监护人请求领回自行负责管教的，劳动教养机关也可以酌情批准。

五、劳动教养机关，在省、自治区、直辖市一级建立或者经省、自治区、直辖市人民委员会批准建立。劳动教养机关的工作，由民政、公安部门共同负责领导和管理。

国务院关于劳动教养的补充规定

（1979 年 11 月 29 日第五届全国人民代表大会常务委员会第十二次会议通过）

为了更好地贯彻执行一九五七年八月一日第一届全国人民代表大会常务委员会第七十八次会议批准的国务院关于劳动教养问题的决定，作如下补充规定：

一、省、自治区、直辖市和大中城市人民政府成立劳动教养管理委员会，由民政、公安、劳动部门的负责人组成，领导和管理劳动教养的工作。

二、劳动教养收容大中城市需要劳动教养的人。对于需要实行劳动教养的人，由省、自治区、直辖市和大中城市劳动教养管理委员会审查批准。

三、劳动教养的期限为一年至三年。必要时得延长一年。节日、星期日休息。

四、劳动教养人员解除劳动教养后，就业、上学不受歧视。对劳动教养人员的家属、子女不得歧视。

五、人民检察院对劳动教养机关的活动实行监督。

劳动教养试行办法

（1982 年 1 月 21 日国务院转发、公安部发布 国发〔1982〕17 号）

第一章 总 则

第一条 根据《国务院关于劳动教养问题的决定》及其《补充规定》和全国人大常委会《关于处理逃跑或者重新犯罪的劳改犯和劳教人员的决定》，结合劳动教养工作的具体经验，特制定本办法。

第二条 劳动教养，是对被劳动教养的人实行强制性教育改造的行政措施，是处理人民内部矛盾的一种方法。

劳动教养学

第三条　对被劳动教养的人，实行教育、挽救、改造的方针，教育感化第一，生产劳动第二。在严格管理下，通过深入细致的政治思想工作、文化技术教育和劳动锻炼，把他们改造为遵纪守法，尊重公德，热爱祖国，热爱劳动，具有一定文化知识和生产技能的建设社会主义的有用之材。

第四条　省、自治区、直辖市和大中城市人民政府组成的劳动教养管理委员会，领导和管理劳动教养工作，审查批准收容劳动教养人员。劳动教养管理委员会下设办事机构，负责处理日常工作。公安机关设置的劳动教养工作管理机构，负责实施对劳动教养人员的管理、教育和改造工作。

劳动教养场所，是对被劳动教养的人，实行强制性教育改造的机关，是改造人，造就人的特殊学校，也是特殊事业单位。

第五条　劳动教养所需经费，列入地方财政预算。基本建设，列入地方基建计划。劳教生产，列入地方计划，接受有关生产部门指导。

第六条　劳动教养机关的活动，接受人民检察院的监督。

第二章　劳动教养场所

第七条　省、自治区、直辖市和大中城市的劳动教养场所的设置，由省、自治区、直辖市人民政府根据需要确定。

劳动教养场所的名称，为××省（市、自、治区）××（地名）劳动教养管理所。生产单位的命名，应根据生产类型确定。

办得好的劳动教养场所，经过省、自治区、直辖市劳动教养管理委员会批准，可以改名为劳动教养学校。劳动教养管理所的设置、撤销，须报公安部备案。

第八条　劳动教养管理所，分为县团级、区营级两种。县团级的可下设大队或中队；区营级的可下设中队或小队。中队150人左右，小队50人左右。劳动教养管理所设所长、政委或指导员各1人，副职1—2人，并设置相应的工作机构。劳动教养工作干部，按劳动教养人员15%的比例配备（其中教员1/3左右）。中队的干部应占干部总数的60%以上。

第三章　收容审批

第九条　劳动教养收容家居大中城市需要劳动教养的人。对家居农村而流窜到城市、铁路沿线和大型厂矿作案，符合劳动教养条件的人，也可以收容劳动教养。

第十条　对下列几种人收容劳动教养：

（一）罪行轻微，不够刑事处分的反革命分子、反党反社会主义；

（二）结伙杀人、抢劫、强奸、放火等犯罪团伙中，不够刑事处分的；

（三）有流氓、卖淫、盗窃、诈骗等违法犯罪行为，屡教不改，不够刑事处分的；

（四）聚众斗殴、寻衅滋事、煽动闹事等扰乱社会治安、不够刑事处分的；

（五）有工作岗位，长期拒绝劳动，破坏劳动纪律，而又不断无理取闹，扰乱生产秩序、工作秩序、教学科研秩序和生活秩序，妨碍公务，不听劝告和制止的；

（六）教唆他人违法犯罪，不够刑事处分的。

第十一条　需要实行劳动教养的人，均由省、自治区、直辖市和大中城市的劳动教养管理委员会审查决定。

第十二条　对需要劳动教养的人，承办单位必须查清事实，征求本人所在单位或街道组织的意见，报请劳动教养管理委员会审查批准，做出劳动教养的决定，向本人和家属宣布决定劳动教养的根据和期限。被劳动教养的人在劳动教养通知书上签名。

被决定劳动教养的人，对主要事实不服的，由审批机关组织复查。经复查后，不够劳动教养条件的，应撤销劳动教养；经复查事实确凿，本人还不服的，则应坚持收容劳动教养。

第十三条　劳动教养期限，根据需要劳动教养的人的违法犯罪事实、性质、情节、动机和危害程度，确定为1—3年。劳动教养时间，从通知收容之日起计算，通知收容以前先行收容审查或羁押的，1日折抵1日。

第十四条　收容劳动教养人员时，必须凭劳动教养管理委员会的"劳动教养决定书"、"劳动教养通知书"。对没有上述文件或文件与实际不符的，不予收容。

对精神病人，呆傻人员，盲、聋、哑人，严重病患者，怀孕或哺乳未满1年的妇女，以及丧失劳动能力者，不应收容。

劳动教养管理所发现不够劳动教养条件或罪应逮捕判刑的，应提出建议，报请审批机关复核处理。

第十五条　被收容的劳动教养人员要填写登记表。记载他们的姓名、性别、年龄、民族、职业、家庭情况、住址、学历、社会关系、违法犯罪事实、审批机关、劳动教养期限等，并按捺指印，贴附免冠半身相片。

第十六条　对决定劳动教养的职工，因有特殊情况原单位请求就地自行负责管教的，劳动教养管理委员会可以酌情批准"所外执行"。负责管教的单位，应将管理教育情况和本人表现，定期向本单位的保卫组织和当地公安派出所报告，表现不好的，仍送劳动教养管理所执行。劳动教养期满时，由劳动教养管理委员会办理解除手续。

第四章 行政管理

第十七条 对劳动教养人员应按照处理人民内部矛盾的原则，实行严格管理，并规定他们必须严格遵守的纪律和制度。

第十八条 对劳动教养人员，应当按照性别、年龄、案情性质等不同情况，分别编队，分别管教。对女劳动教养人员，派女干部管理。

第十九条 劳动教养人员在劳动教养期间停止行使选举权和被选举权，但应当让他们过一定的民主生活。每个中队应当选定表现好的劳动教养人员组成宣传、文体、生活卫生小组。允许他们对管理、教育、生产、生活等提出改进意见；允许他们给国家机关和领导人写信反映情况，申诉自己的问题；允许他们控告他人的违法乱纪行为。劳动教养管理所对劳动教养人员申诉、控告等信件不得拆检和扣压。

第二十条 劳动教养人员应遵守下列"五要、十不准"守则。

五要是：

（一）要认罪认错，遵纪守法，服从管教；

（二）要努力学习政治和技术；

（三）要积极参加生产劳动；

（四）要遵守社会公德，讲究文明礼貌；

（五）要拥护共产党领导和社会主义制度。

十不准是：

（一）不准随便离开规定的活动范围；

（二）不准谈论案情、传习作案手段；

（三）不准留长发、胡须；

（四）不准阅读、传抄黄色书刊，散布淫乱思想；

（五）不准损坏公物；

（六）不准消极怠工、抗拒劳动；

（七）不准拉帮结伙、打架斗殴；

（八）不准酗酒、赌博、偷盗；

（九）不准敲诈勒索、相互馈赠；

（十）不准相互包庇、栽赃陷害。

第二十一条 劳动教养人员的班、组长，应当物色表现好的劳动教养人员担任，并由中队干部集体选定。班、组长的任务是：协助干部搞好本班、组的劳动、学习、生活、卫生等事务性工作。对班、组长应当经常教育考核，对称王称霸，为非作歹的，随时撤换，严肃处理。

第二十二条 劳动教养管理所不准使用劳动教养人员管钱、管账、管仓库、管档案卡片，充当采购员，或外出公干、代写文件材料。

第二十三条　劳动教养人员在节、假日，原则上就地休息；劳动教养期执行半年以上，表现好的，或者有特殊情况的，经劳动教养管理所批准，可以准假或放假回家探望，路费自理。

第二十四条　劳动教养人员的现金、票证和贵重物品，由劳动教养管理所代为保管，解除劳动教养时发还。

第二十五条　劳动教养人员档案，实行分级管理。劳动教养管理所管理劳动教养决定书、劳动教养通知书、提前解除劳动教养、延长劳动教养期限等批示和综合、结案材料；中队管理劳动教养期间的考核、评比、奖惩、鉴定和解除劳动教养通知书等材料。

第二十六条　劳动教养管理所的护卫武装由人民武装警察担任。

护卫武装的任务是：（一）负责维护劳动教养场所的秩序和安全，防御外部坏人捣乱、袭击和破坏；（二）协助劳动教养场所制止劳动教养人员闹事和逃跑；（三）配合劳动教养管理所做好护送成批劳动教养人员的工作。

发现劳动教养人员聚众闹事、逃跑等情况，经口头警告制止无效时，及时报告劳动教养管理所领导处理，不得开枪。

当遇有劳动教养人员行凶、抢夺执勤人员的武器或威胁执勤人员生命安全，采取其他措施不能制止时，可按《人民警察使用武器和警械的规定》执行。

护卫武装的负责人应参加劳动教养管理所的领导。劳动教养管理所对护卫武装实行业务指导。

第二十七条　对逃跑的劳动教养人员，应当立即追回，并通知原住地公安机关。追回途中可以押解，路途远的可以临时寄押在行政拘留所或看守所。

对在劳动教养期间行凶、煽动闹事或有其他现行危险行为的，经劳动教养管理所领导批准，可以禁闭。禁闭不得超过 10 天。其中个别情节严重的，可以使用戒具，戴戒具不得超过 7 天。严禁戴背铐、脚镣。

第五章　教育改造

第二十八条　对劳动教养人员应当以政治思想为主，结合进行文化科学教育，生产技术教育。坚持理论联系实际，因人施教，疏通引导，以理服人的原则，使他们转变思想，改邪归正。

第二十九条　对劳动教养人员的政治教育，应当以社会主义法制、道德品质和革命人生观教育为中心，进行"五讲（讲文明、讲礼貌、讲卫生、讲秩序、讲道德）、"四美"（心灵美、语言美、行为美、环境美）教育，开展"学雷锋，做新人"的活动，采取上课、讨论、个别谈话、举办展览、外出参观等方法，并运用社会力量，组织家属劝教，邀请原单位、街道组织、社会知名人士、英雄人物、劳动模范和解除劳动教养后表现好的人给劳动教养人员作报告等多种方式，进行教育。

第三十条 文化教育，应当根据劳动教养人员的实际文化程度，分别编班，参照一般中小学的课本，进行语文、数理化等教育。定期测验，考察学习成绩。

第三十一条 劳动和生产技术教育，应当结合劳动生产进行讲授。有条件的单位，可以结合生产进行职业教育。

第三十二条 教育时间，在一般情况下，每天不少于3小时，劳动不超过6小时。

第三十三条 劳动教养管理所设立教育机构。大中队设教育干事和若干专职教员，还可以选择劳动教养人员中文化技术较高、表现较好的进行讲课。

第三十四条 劳动教养人员政治教材和教育计划，由省、自治区、直辖市公安机关劳动教养工作管理机构编写和制定，劳动教养管理所具体安排实施。定期研究劳动教养人员的思想动态，检查教育效果，总结工作经验。

第三十五条 劳动教养管理所应当设置教室、图书馆、阅览室，运用电影、电视、广播等进行辅助教育。经常组织劳动教养人员文体活动，编写墙报，自编自演有教育意义的文艺节目。

第三十六条 在劳动教养人员中，应当经常劳动、学习、体育、卫生评比活动，定期评选劳动教养积极分子。

第三十七条 劳动教养人员入所时，要进行认罪认错教育，所规纪律教育；出所前，要进行遵纪守法和前途教育，并作出鉴定。

第六章 劳动生产

第三十八条 组织劳动生产，应当从有利于劳动教养人员的教育改造和期满后就业的目的出发。生产计划指标应当低于同类国营企业。

第三十九条 劳动教养的生产，应当因地制宜。主要从事劳动密集性的、操作简便的农业、手工业和加工工业、建材工业。从事农业的，应当积极多种经营，发展工副业生产。

第四十条 对劳动教养人员的生产工种和劳动定额，应当按照他们的性别、年龄、体力、技术条件，适合确定，并注意发挥他们的技术专长。

第四十一条 劳动教养管理所必须严格遵守国家的财经纪律和制度，有权拒绝任何机关或个人擅自抽调、占用、挪用劳动教养管理所的设备、土地、劳力、物资、产品和资金。

第四十二条 劳动教养管理所应当贯彻勤俭办事业的方针，实行经济核算，建立健全各项生产规章制度。根据劳动教养生产的特点，加强计划管理、财物管理、劳动管理，建立劳动教养人员的生产岗位责任制。

劳动教养学

第四十三条　劳动教养管理所应当建立安全制度，设置安全设置，严格防止发生工伤事故，搞好文明生产。按照国家规定的同类国营企业的标准，发给劳动保护用品和保健食物。

第七章 生活待遇

第四十四条　劳动教养人员中原是职工的，在劳动教养期间，一般保留公职，但不计工龄。

第四十五条　劳动教养管理所应当根据劳动教养人员从事的生产类型、技术高低和生产的数量、质量，发给适当工资。劳动教养人员的工资，由省、自治区、直辖市和大中城市的公安机关单独编造计划，报请同级人民政府审查批准后下达执行。劳动教养人员逃跑、旷工、抗工的日期，不计算劳动教养期限，并扣发工资。

第四十六条　劳动教养人员的被服自理。布票、棉花票，按当地居民定量供应标准发给。对无家或确有困难的，可由劳动教养管理所提出需要补助的人数及所有布匹、棉花的数量，报请当地商业部门予以供应。

第四十七条　劳动教养管理所应设立生活管理机构，各级都要有 1 名领导干部主管生活、卫生工作。

劳动教养人员的食堂应单独设置，口粮、副食品按照国营企业同工种定量标准供应；在规定范围内，尽量调剂改善，保证他们吃够标准，吃熟、吃热、吃得卫生。按月公布伙食账目，严禁克扣。应当照顾少数民族的生活习惯。

第四十八条　劳动教养人员的宿舍，应光线明亮，空气流通。住房面积，每人不得少于 3 平方米。

建立卫生制度，定期检查评比。劳动教养人员应当定期理发、洗澡、洗晒衣被，每天打扫卫生，定期大扫除，消灭臭虫、虱子，经常保持室内外整洁。并注意做好劳动教养场所的整修和绿化。

注意劳逸结合，保证劳动教养人员每天睡眠 8 小时。

第四十九条　劳动教养管理所设置医院或卫生所，购置必要的医疗设备。要贯彻"预防为主"的方针，定期对劳动教养人员进行检查。对患病人员的生活要适当照顾。病重的，经主管劳动教养机关批准，征得家属同意，通知当地公安派出所，可以所外就医。所外就医人员，除工伤外，医药费用由本人自理。要经常检查了解所外就医人员的治疗情况和表现，病愈后应当及时收回。

第五十条　劳动教养人员在劳动教养期间因公和非因公致残，在解除劳动教养时，其残废补助费，是保留公职的，按国家职工对待；原无工作的，参照国家有关规定执行。

第五十一条　劳动教养人员正常死亡的由医院做出死亡鉴定；非正常死亡的

由法医做出鉴定，报告当地人民检察院检验后，通知其家属或原工作单位，共同研究处理，并报告原审批机关。家属或原单位不来的，由劳动教养管理所处理。其遗留财物，在半年内不领的上交国库。

第八章　通信、会见

第五十二条　劳动教养人员的通信，不检查。会见家属时，不旁听，家属当天不能返回的，应当安排食宿；有居住条件的，允许夫妇同居。

第五十三条　劳动教养人员与国外亲属会见和通电话，经劳动教养管理所批准。

第五十四条　劳动教养人员家属送来的衣物和食品，一般不应限制。

第九章　考核、奖惩

第五十五条　建立劳动教养人员的考核手册，记载他们遵守纪律制度、学习、劳动等现实表现。实行周检查、月小结、半年评比、年终鉴定的考核制度。

第五十六条　对劳动教养人员应当实行赏罚严明的奖惩制度。奖励面要大，惩罚面要小。

第五十七条　劳动教养人员在劳动教养期间有下列表现之一的，分别给予表扬、记功、物质奖、减期或提前解除劳动教养等奖励：

（一）一贯遵守纪律，努力学习，积极劳动，对所犯罪错确有悔改表现的；

（二）一贯努力改造，并帮助他人改造有显著成效的；

（三）揭发和制止他人的违法犯罪行为，经查明属实的；

（四）在抢救国家财产，消除灾害、事故中有贡献的；

（五）经常完成或超额完成生产任务的；

（六）厉行节约，爱护公物有显著成绩的；

（七）在生产技术上有革新或发明创造的；

（八）有其他有利于国家和人民的突出事迹的。

提前解除劳动教养，一般不超过原劳动教养期限 1/2。

第五十八条　劳动教养人员有下列行为之一的，应根据不同情节给予警告、记过、延长劳动教养期限等惩罚；

（一）散布腐化堕落思想，妨碍他人改造的；

（二）不断抗拒教育改造，经查证确系无理取闹的；

（三）不断消极怠工，不服从指挥，抗拒劳动的；

（四）拉帮结伙，打架斗殴，经常扰乱管理秩序的；

（五）拉拢落后人员，打击积极改造人员的；

（六）传授犯罪伎俩或教唆他人违法，情节较轻的；

（七）逃跑、组织逃跑或逃跑作案情节较轻的；

（八）有流氓、盗窃、诈骗等行为，情节较轻的；

（九）造谣惑众、蓄意破坏或行凶报复，情节较轻的；

（十）有其他违法犯罪行为的。

延长劳动教养期，累计不得超过 1 年。

第五十九条 对劳动教养人员实施奖惩的批准权限：

（一）表扬、记功、物质奖励、警告、记过，由劳动教养管理所批准；

（二）提前解除劳动教养，延长和减少劳动教养期限，由劳动教养管理委员会批准。

第六十条 劳动教养人员在劳动教养期间进行犯罪活动，触犯刑律的，由主管公安机关侦查，报请人民检察院审查批捕、审查起诉。

第十章 解教、安置

第六十一条 劳动教养管理所对劳动教养期满的人，应当按照解除劳动教养，发给"解除劳动教养证明书"和路费。原住地公安机关应当凭"解除劳动教养证明书"给予落户。

第六十二条 解除劳动教养人员的档案，由省、自治区、直辖市和大中城市的劳动教养工作管理局、处统一保管。劳动教养鉴定材料可以随人转出。

第六十三条 劳动教养人员解除劳动教养后，原来有工作的，介绍回原单位；原来没有工作的，回户口所在地街道进行就业登记，生活确有困难的，由当地民政部门给予社会救济；家住农村的，介绍回原生产队，参加劳动。

第六十四条 劳动教养管理所对解除劳动教养的人，应当有计划地重点审查了解，考核教育改造效果，总结工作经验。

第六十五条 下列五种人劳动教养期满后，除确实已经改造好的以外，应注销本人城市户口，留场就业。

（一）劳动教养解除劳教后，3 年内犯罪重新劳动教养的；

（二）劳动教养人员逃跑后，5 年内犯罪延长劳动教养期限的；

（三）刑满释放后，又违法犯罪，处以劳动教养的；

（四）在劳动教养场所继续违法犯罪，延长过劳动教养期限 1 年的；

（五）屡次逃跑，延长过劳动教养期限 1 年的。

家居农村，小城市和大中城市市辖县的劳动教养人员，解除劳动教养后，不留场就业。

解教留场就业已满确实改造好的，应当准予返回原住大中城市。

解教留场就业的，准予返回原住大中城市的，均由劳动教养所提出意见，报请主管劳动教养管理委员会审查批准。

第十一章　干部

第六十六条　劳动教养工作干部必须认真贯彻执行劳动教养工作的方针和政策，严格遵守国家法律。

处理任何问题，都要坚持调查研究，实事求是，防止主观片面，草率从事。

第六十七条　劳动教养工作干部要建立岗位责任制。要深入现场，组织和检查劳动教养人员的学习、生产、生活情况；认真执行夜间值班、查铺制度，做到24小时有人管；切实了解和掌握劳动教养人员的思想动态，发现问题，及时处理。加强请示报告制度。一切重大问题，要及时上报。

第六十八条　劳动教养工作干部，要苦练基本功。

中、小队的干部必须做到"四知道"，熟悉本队劳动教养人员的下列情况：

（一）姓名、住址和体貌特征；

（二）简历、主要违法犯罪事实和劳动教养期限；

（三）家庭情况和主要社会关系（包括同伙）；

（四）现实表现。

大队的干部和管教干事对本大队好坏典型人物，应当做到"四知道"。

第六十九条　劳动教养工作干部必须认真执行"党政干部三大纪律、八项注意"，"公安人员八大纪律、十项注意"，并遵守下列纪律：

（一）不准打骂、体罚、侮辱、虐待劳动教养人员；

（二）不准克扣、挪用、侵吞国家供应劳动教养人员的口粮、财物；

（三）不准使用劳动教养人员干私活；

（四）不准接受劳动教养人员及其家属亲友的馈赠；

（五）不准违反国家财经纪律，弄虚作假，请客送礼，假公济私。

劳动教养学

第三章　劳动教养的性质、特征、作用

【案例导入】

2009 年 5 月 10 日，某市无业人员小张受某人指使，利用夜晚在城市大街小巷乱贴小广告，被某区公安分局工作人员当场抓住。经调查，小张乱贴小广告2000 余张，在公安民警抓获后主动交代相关事实，并将作案用的刷子等工具如数上交，所获利 300 余元也交给了公安民警，但是拒不交代指使他贴小广告的人是谁。

案发后，某区公安分局王民警认为小张的行为不应处理，而应该以教育为主，并应责令小张限期内将张贴的小广告在民警的监督下立即清除；李民警认为按照市公安局制定的相关管理办法，对不够刑事责任的乱贴小广告人员可以批准其劳动教养的规定，应该对其进行劳动教养，以示惩罚。

对以上两位民警的意见，你如何看待？如何对小张的行为进行认定？

第一节　劳动教养的性质

一、劳动教养性质的发展历程

（一）劳动教养性质的总体认识

事物的性质是事物存在与发展的质的规定性，是一事物区别于其他事物的内在根据。劳动教养的性质是其本身所具有的根本属性，是区别于其他社会事物尤其是法制形式的内在根据和根本标志。研究劳动教养的性质，应该从事物特殊性的矛盾运动中辨析质的规定性，揭示质的显著特征。劳动教养的性质是指劳动教养制度在本质方面确定劳动教养的依据、价值体系及相关的表现形式。劳动教养的性质历来是一个颇受争议的话题，从劳动教养诞生之初到现在，不同的历史阶段劳动教养的性质几经变化，随着法制现代化步伐的加快，研究及确定劳动教养的性质是对劳动教养全面认识的前提，它可以揭示劳动教养的活动规律，理解劳动教养法律关系的形成及发展变化过程，完善劳动教养法律制度。劳动教养制度完善的前提及基础是劳动教养性质的最终确定。

劳动教养学

劳动教养的性质自 1955 年劳动教养制度创建后在相应的法律文件中均有体现，认识劳动教养的性质应立足于历史发展过程，明确历史发展规律中的价值及意义，全面分析处于不同历史阶段劳动教养的历史沿革过程及其特殊规律，从辩证唯物主义原理出发，找出事物运动形式所具有的本质，并通过研究不同阶段劳动教养制度的发展体现劳动教养的性质，最终得出现阶段对劳动教养制度的性质的合理定位。

（二）劳动教养性质的文件规定

1. 1957 年 8 月 1 日第一届全国人民代表大会常务委员会第七十八次会议批准公布了国务院《关于劳动教养问题的决定》。在决定中，对劳动教养的表述为："劳动教养，是对于被劳动教养的人实行强制性教育改造的一种措施，也是对他们安置就业的一种办法。"

劳动教养在当时的年代其性质具有双重属性，即既是对被劳动教养的人的强制性教育改造的措施，也具有安置就业的性质。这种性质的提出有其深刻的历史背景。因为当时在维护国家法制和整顿社会秩序方面遇到了矛盾，根据中共中央《关于彻底肃清暗藏的反革命分子的指示》文件精神，为了解决肃反运动中清理出来的不能判刑而政治上不适于留用，放到社会上又增加失业的反革命分子和坏分子的改造问题，明确了劳动教养可以将以上人员收容起来置于特定处所，实行强制性的教育改造，解决了这部分人流向社会，给社会增加负担的弊端。同时，当时的一段时期对劳动教养的管理与现今社会有较大的区别，当时还发给劳动报酬，同时解决了就业安置的问题。可见，劳动教养最初阶段的诞生是为了解决历史特殊问题而设立的。其性质的确定也为今后劳动教养的性质打下了基础。劳动教养的强制性、教育改造性、安置就业性成为这一时期劳动教养性质的标志。

2. 1980 年中共中央、国务院批转公安部《关于做好劳动教养工作的报告》中表述为"劳动教养是一种强制性的教育改造措施，是处理人民内部矛盾的一种办法"。1982 年 1 月 21 日，国务院转发了公安部《劳动教养试行办法》中表述为："劳动教养是对被劳动教养的人实行强制性教育改造的行政措施，是处理人民内部矛盾的一种方法。"两个文件表述中明显的区别是由 1980 年的"措施"变化为 1982 年的"行政措施"，强调了劳动教养的行政性。另外，对劳动教养的性质的重大变化在由原来的安置就业性质变化为处理人民内部矛盾的一种方法。

正是因为劳动教养的行政属性的确定，劳动教养的性质认识在根本上与监狱管理、与对罪犯的刑罚执行区别开来，也成为今后劳动教养性质研究的重要内容。在行政法制领域，通过完善规范依据、改革管理体制、改革管理教育模式构建不同于以社会危害程度为基础，建立以客观归责和责罚相适应为核心的制裁体

劳动教养学

系的强制处分制度。而解决人民内部矛盾的方法的认识与敌我矛盾明显区别开。敌我矛盾应该采取专政的方法来解决，而人民内部矛盾则可以采取批评教育等方式解决。随着劳动教养执行场所的确定，执行中管理人员独立建制的形成，劳动教养逐渐趋于规范化。但是管理模式、管理方法上的相对严厉使得其行政性未得到充分的发挥。

3. 1991 年 11 月 1 日国务院新闻办公室在《中国的人权状况》白皮书中表述为"劳动教养不是刑事处罚，而是行政处罚"。这也是关于劳动教养的行政处罚性质的首次提出，这里继续延续了劳动教养的行政性作为劳动教养的性质认识的基础。（必须指出的是，《中国的人权状况》白皮书不是规范性法律文件，虽然不属于法律法规，却是代表我国政府向世界公布的具有权威性的文件）

4. 1995 年 2 月 8 日国务院在《关于进一步加强监狱管理和劳动教养工作的通知》中表述为"劳动教养所是国家治安管理处罚的执行机关"。这里将劳动教养的性质确定为治安管理处罚的性质。

基于以上对劳动教养的性质在不同历史阶段的表述可以看出，劳动教养的性质变化很大，有一定的差异性。如何认识劳动教养的性质就成了必须解决的实际问题。

二、劳动教养的性质解析

从劳动教养的性质变化上看，劳动教养的性质可以以现行法律法规为性质解析的基本出发点，从以下方面分析：

（一）劳动教养不是刑罚

刑罚在《中国大百科全书·法学》中表述为"刑罚是统治阶级维护其阶级利益和统治秩序的一种重要手段，它规定在刑法中由法院以国家名义依法适用，用以同各种犯罪作斗争的最严厉的强制处分"。著名刑法学家马克昌提出"刑罚是国家权力机关在刑法中制定的赋予刑罚名称，用以惩罚犯罪行为人，由法院依法判处，特定机构执行的最为严厉的强制方法"。[①] 从以上两种表述中可以看出，刑罚应规定在《刑法》中，而劳动教养未规定在《刑法》中，也不属于刑罚的种类；刑罚由法院依法适用，而劳动教养未纳入司法程序，也没有经过法院的适用；刑罚是一种最为严厉的强制方法，但是劳动教养显然不是。基于以上认识，劳动教养不是刑罚。

（二）劳动教养不是行政处罚

行政处罚是指行政主体为达到对违法者予以惩戒，促使其以后不再犯，有效

---

① 马克昌：《论刑罚的本质》，载《法学评论》1995 年第 5 期。

实施行政管理，维护公共利益和社会秩序，保护公民、法人或其他组织的合法权益的目的，依法对行政相对人违反行政法律规范尚未构成犯罪的行为（违反行政管理秩序的行为），给予人身的、财产的、名誉的及其他形式的法律制裁的行政行为。① 有学者认为劳动教养是最为严厉的行政处罚手段。我国 1996 年 3 月 17 日公布、1996 年 10 月 1 日施行的《行政处罚法》第 8 条规定：行政处罚的种类有七种情形，分别是：警告；罚款；没收违法所得、没收非法财物；责令停产停业；暂扣或者吊销许可证、暂扣或者吊销执照；行政拘留；法律、行政法规规定的其他行政处罚。这七种行政处罚没有关于劳动教养的提法。又有学者认为，行政处罚的种类的最后一种是"法律规定的其他情形"应该包括或特指劳动教养。我们认为这种观点不成立。因为在《行政处罚法》的七个种类中，以行政拘留为例，行政拘留的最长时限为 15 日。试想，最长期限 15 日的行政拘留可以作为独立的一种行政处罚的种类在法律中明确规定，而劳动教养这种剥夺限制人身自由长达 1—3 年的制度却以"其他情形"的方式加以规定，似乎不符合法律条文的规定格式，更不合法理。

（三）劳动教养不是治安管理处罚

治安管理处罚，是指公安机关对违反治安管理、尚不够刑事处罚的行为人依法剥夺其人身自由、财产或其他权利的行政处罚。《治安管理处罚法》由中华人民共和国第十届全国人民代表大会常务委员会第十七次会议于 2005 年 8 月 28 日通过，自 2006 年 3 月 1 日起施行。《治安管理处罚法》第 10 条规定：治安管理处罚的种类分为：警告；罚款；行政拘留；吊销公安机关发放的许可证。对违反治安管理的外国人，可以附加适用限期出境或者驱逐出境。可见，治安管理处罚虽然从适用对象上看与劳动教养有相同之处，但是在《治安管理处罚法》中没有关于劳动教养适用的论述。因此，劳动教养不属于治安管理处罚。

三、现阶段劳动教养性质的定位

现阶段劳动教养性质的认识，应立足于对当前法律规定的准确把握与劳动教养的现实工作。在进入到 20 世纪 90 年代以后，对劳动教养的性质的把握随着新的法律的出台而渐渐清晰。我们认为，从现有的法律规定及现实需要出发，劳动教养的性质应确定为"对被劳动教养的人实行强制性教育改造的行政措施"。

从劳动教养的历史发展看，劳动教养的强制性，剥夺及限制人身自由的程度以及在劳动教养所的执行，都无一例外地体现出劳动教养的基本特征，把它确定

① 姜明安主编：《行政法与行政诉讼法》，高等教育出版社、北京大学出版社 1999 年版，第 220 页。

为行政措施是符合现实需要及劳动教养制度的发展。劳动教养的性质必然体现劳动教养制度的特征。在我们分析后否定了劳动教养的上述性质后，从历史的角度看，劳动教养适用的几十年时间内其强制性、教育改造性始终未发生变化。尽管劳动教养的收容对象变化较大，变化是因为社会形势的需要及社会治安综合治理的实际需要，但是并未突破违法行为人或轻微犯罪人的界限，对这一类型的人的挽救应更多地考虑运用行政手段加以解决，而不是刑事手段或其他类似的手段来解决。而用行政手段解决是由不能用简单的处罚或采取一定的强制措施处理，应该通过国家强制力作为保障，才能有效地从源头上遏制此类案件的发生。违法行为较犯罪行为为轻，但是不能不处理，处理应合乎法理，处理要适当、适度，对发生了违法行为的人有所警示，从根本上杜绝今后再违法犯罪的条件及心理准备。随着劳动教养法律法规的进一步完善，我们相信，劳动教养的性质会更加明确而具体，对劳动教养工作的定位会更加准确。

第二节　劳动教养的特征

劳动教养作为具有中国特色的挽救违法犯罪嫌疑人的制度，根据自身所具有的本质属性及特定内涵，从分析劳动教养制度的法律适用出发，劳动教养具有行政性、强制性、教育矫治性。其中，行政性是劳动教养的适用对象及适用条件的具体体现；强制性是对劳动教养适用对象剥夺及限制人身自由，促其悔改、自新的必然要求；教育矫治性是对劳动教养行为人进行思想、行为矫治，实现劳动教养的目的的根本途径。

一、行政性

从劳动教养的适用条件、适用对象及审批程序上看，根据现行的《劳动教养试行办法》及《公安机关办理劳动教养案件规定》的内容，劳动教养从申请、审查、聆询、审批及执行程序等整个环节看，均是由国家行政机关行使，而劳动教养的具体执行工作由司法行政机关负责。从目前劳动教养方面适用的规范性法律文件看，大部分均是由国家行政机关制定的，从法律体系上归类，应该属于行政法律体系研究的范畴。公安机关负责劳动教养案件的前期工作，也是劳动教养案件发生的原处理机关，劳动教养管理委员会、劳动教养管理局分别是劳动教养的审批机关与执行机关的管理机关，它们在行使相关权力的时候都是在行使行政管理权或执法权。正是因为行政性的存在，使得劳动教养与刑事处罚区分明显。而这种行政性的作用为教育挽救绝大多数违法犯罪分子提供了可能。

从历史的角度看，劳动教养在管理上基本上由行政机关来行使，这充分地体

劳动教养学

现了行政性的特点。但是在劳动教养法律关系中，劳动教养法律关系的产生、变更、消灭的全过程，涉及劳动教养的诸多权力的行使，多种行政机关支配劳动教养这种特殊行政权的格局由此产生了多重的权利与义务关系。而劳动教养法律关系主体的不对等性，使得行政权力的行使根本不需要征得行政相对人的同意，劳动教养机关可以通过行政手段的综合运用，强制劳动教养人员履行法律义务，当出现不履行法律义务的情况时，劳动教养机关有权实施惩戒措施，以保障行政权力的威严。在确保劳动教养决定合法性的前提下，劳动教养机关有权对劳动教养决定的内容优先执行，这些权力的行使都体现了一定的行政权力的特性，当然，劳动教养机关在行使权力的时候也必须接受来自不同机关尤其是司法机关的监督，以保障行政权力正确、合法、有效地行使。

二、强制性

劳动教养的强制性是由国家法律所赋予的，法律本身具有的强制性使劳动教养执行机关的工作得以正常有序地开展。而劳动教养的性质是劳动教养人员必须服从法律所规定的命令性规范与禁止性规范，通过规范的管理教育达到挽救的目的。劳动教养机关在对劳动教养人员进行的管理、教育、组织劳动、学习等内容如果没有国家强制力的保证，劳动教养将无法执行。将劳动教养人员置于固定、统一的场所进行，保证了劳动教养执行的统一性。劳动教养对劳动教养人员的人身自由的限制也是按照法律规定执行，劳动教养人员在劳动教养所有更多的活动自由与活动内容，在管理、教育方式方法上有着特定性。惩罚性不是劳动教养对劳动教养对象进行强制的必然要求，挽救劳动教养人员才是劳动教养工作的根本目的。为了实现这一目的，使劳动教养工作顺利开展，强制其参与对身心健康发展有益的工作是强制性的直接体现。

对劳动教养人员的强制不具有惩罚的特性，而是对其进行教育改造的前提条件和客观需要。从必要性上看，劳动教养人员以身试法，公然对社会道德、社会秩序及法律规范进行挑衅，采取强制手段是必需的，是改造现实的需要；对于劳动教养人员中恶习较深，反改造倾向严重，在劳动教养管理所有一定的人身危险性的，必须采用强制手段解决，让其意识到法律的威严；劳动教养人员在改造中形成的共同的消极思想倾向与行为特征，极易使劳动教养人员形成交叉感染，结成团伙，通过相互间的影响强化个体的违法犯罪意识，对教育改造工作产生阻力，必须采用强制手段才能解决这一问题；在劳动教养人员中的习惯犯，屡教不改的犯罪分子的心理结构根深蒂固，不可能在短时间内消除，如果不采取强制的手段将无法实现挽救的目的，强制的施加压力使其变为动力，才能使这样的劳动教养人员有所感悟，促进其自觉地接受改造与转化。

三、教育矫治性

目前，劳动教养的适用对象归结起来主要是有违法行为或轻微犯罪行为的人，其主观恶性不大，悔改的可能性较大，其中有许多屡教不改、多次违法犯罪的行为人，如果不能够对他们进行有效的管理、教育、矫治，可能会使其滑入犯罪的深渊不能自拔。通过劳动教养人民警察耐心细致的思想教育工作的开展，通过多种教育矫治手段的综合运用，区分不同的矫治对象，采取不同的矫治方法，使劳动教养人员实现劳动教养的目的是现实的。教育矫治性既是劳动教养工作方针的具体体现，也是劳动教养能够实现限制人身自由而积极悔改，不致违法犯罪的主要手段。

劳动教养人民警察在工作中对劳动教养人员要努力做到"三像"，即要像父母对待患了传染病的孩子、医生对待病人、老师对待犯了错误的学生那样满腔热情（1981 年彭真视察秦皇岛市劳教所时所说）。劳动教养人民警察在教育中，融思想教育、文化教育、技术教育于一身，采用不同的教育方法，因人施教，尤其是对劳动教养的屡教不改的人，更应坚定信念，相信改造是可能的。"人是可以改造的"，既然可以改造，在教育手段的运用下，我们应尽最大努力，将劳动教养人员真正改造好，"一个都不能少，一个都不能放弃"，找准突破口，实现教育矫治的真正价值。

第三节　劳动教养的作用

劳动教养是具有中国特色的社会主义法律制度，它的作用充分体现在劳动教养的历史贡献较为突出，在现实生活中又为社会治安综合治理作出了突出贡献。综观劳动教养的发展变化，劳动教养的积极意义使劳动教养制度得以存在及发展。

一、劳动教养在维护国家政治和社会稳定方面作出了突出贡献

劳动教养制度自诞生之日起，为巩固人民民主专政的政权，解决特定问题，维护社会秩序的稳定，尤其是对违法行为人的挽救作用突出。劳动教养作为我国同违法犯罪作斗争的手段之一，在实现社会治安综合治理方面成就显著，从源头上避免了违法行为人走上犯罪的道路。劳动教养在"严打"整治、"禁毒"、"扫黄"等专项斗争中，不仅完成了收容、教育挽救违法者的任务，还在预防犯罪方面作出了贡献。劳动教养作为震慑违法犯罪人的手段，起到了告诫、警示犯罪人的作用。在进入 20 世纪 90 年代以后，劳动教养机关收容的对象结构上发生了变化，吸毒、卖淫嫖娼、因痴迷"法轮功"危害社会秩序等各类人员在劳动教

养所占较大的比重，劳动教养在积极探索新的教育改造方法、帮助劳动教养人员真正转化方面做了许多有益的探索。实践证明，劳动教养在转化这些社会危害性大的违法犯罪行为人，为维护社会主义政治、经济秩序的稳定作出了贡献。

劳动教养的经验证明，绝大多数劳动教养人员在解除劳动教养后，利用学习到的技能、原有的技术、新掌握的知识、培养出的良好行为习惯，使劳动教养人员能够适应社会的需要，能够自食其力，转变成为社会主义的守法公民，为社会主义经济建设的发展作出贡献，这也是劳动教养制度存在的最有力的证明。劳动教养人员在消除了原有的违法犯罪动机后，通过在劳动教养所的改造，在思想、行为、学习、技能方面都有一定程度的提高，劳动教养起到了解决刑法边缘犯罪人避免犯罪的作用，减少了社会不稳定因素的发生。

二、劳动教养成功地挽救了大批违法犯罪的青少年

劳动教养在建立之初，主要针对反革命分子及部分坏分子。随着历史任务的完成，劳动教养主要在挽救大批违法犯罪青少年方面作出了重要贡献。青少年违法问题目前是世界上一个越来越严重的社会问题，我国也在通过各种途径解决青少年违法犯罪，而通过劳动教养从根本上、从源头上解决了他们的心理、行为方面较为敏感的问题。由于青少年自身在生理上、心理上还不成熟，对其进行过早的、过重的处罚是不适合的，甚至会出现逆反心理，过于悲观绝望，使其丧失自信心，消极情绪严重，抵触心理形成，往往会不自觉或故意走上犯罪道路，劳动教养这种行政措施的制裁方法适宜于挽救违法犯罪青少年。

劳动教养的制裁方式给了违法犯罪青少年更多的自省空间，加上在劳动教养所通过正规的训练、促进行为养成，通过劳动创造物质财富，使他们感到劳动成果的来之不易，培养他们珍惜劳动成果，热爱劳动并通过劳动实现社会价值的良好品德，能够增强劳动教养人员改过自新的信心与勇气。许多劳动教养人员解除劳动教养后都通过诚实劳动为社会默默无闻地做着贡献。违法犯罪青少年的可塑性强，虽然他们有时有一定的抵触心理，但是通过多年劳动教养人民警察的经验总结，尊重违法犯罪青少年的思想，认真倾听，心灵沟通，避免其滑入犯罪的深渊是完全可能的。事实证明，适用劳动教养所挽救的违法犯罪青少年中再犯罪的比例较低。

三、劳动教养为社会创造物质财富的同时，也锻炼了劳动教养人员的劳动能力

劳动教养通过组织劳动教养人员的生产劳动，不仅使行为习惯得以强化养成，而且使劳动教养人员通过劳动，重新看到了自身的"闪光点"，树立了改造

的信心及决心，坚定了改造的方向。当然，通过劳动也为社会创造了一定的物质财富，从经济上减轻了国家对于执行劳动教养的财政负担，弥补了劳动教养经费不足，并为改善所政设施及创建现代化文明劳动教养所创造了条件。劳动教养人员通过劳动在改造自身客观世界的同时，主观世界也得到了净化，使其认识到了人生的重要意义，树立追求人生的最高价值的目标，进一步增强了劳动观念、组织纪律观念、遵纪守法观念、社会道德观念，并为学好一定技能奠定了基础。当然，劳动是教育改造违法犯罪行为人的重要手段，不是对劳动教养人员的一种惩罚手段，我们要通过劳动化消极因素为积极因素，既要通过劳动实现对劳动教养人员转化的目的，同时要着眼于培养劳动教养人员的劳动技能，使其掌握一技或多技，为适应社会需要做准备。

四、劳动教养的改革发展丰富了马列主义改造学说，进一步推进了我国社会主义的法制进程

马列主义学说是我们研究劳动教养基础理论的重要指导思想。马克思主义认为，无产阶级要实现共产主义社会制度，不仅要改造社会，还要改造人；不仅要改造敌对阶级分子，还要改造从自己队伍中分化出来的违法犯罪分子。而实现改造人这一历史使命必须采取多种手段，诸如监狱的刑罚执行、其他强制性措施的实行，包括劳动教养都是为实现政治稳定、经济发展、社会进步，为实现伟大奋斗目标而努力的手段。正如列宁所指出的："无产阶级专政是对旧社会的势力和传统进行的顽强斗争，流血的和不流血的，暴力和和平的，军事的和经济的，教育的和行政的斗争。"[①] 我国的劳动教养正是通过教育的与行政的强制性手段实现无产阶级改造社会、改造人这一历史使命的。通过劳动教养制度的改革与发展，尤其是适应社会形势的需要，及时调整适用对象，顺应时代发展潮流，进一步深化及发展了马克思主义学说，我们不仅用马克思主义学说丰富头脑，更重要的是用来解决实际问题。劳动教养的发展、劳动教养方面的各项改革都是以马克思主义学说为基本理论基础，并在此基础上进行发展及完善的。

劳动教养制度在进入 20 世纪 90 年代后得到了突飞猛进的发展，尤其是司法部提出建设现代化文明劳教所的目标后，劳动教养工作向规范化、科学化发展，劳动教养的法制建设也得到了进一步推动。劳动教养方面的法律、行政法规、部门规章及其他规范性文件得到完善，司法部也针对劳动教养问题颁布部门规定，研究劳动教养的理论基地也逐步形成，劳动教养专业方面的教材也进一步完善。这些都得益于劳动教养在转化违法犯罪人方面取得的突出成就。劳动教养的发展

---

① 《列宁选集》（第 4 卷），人民出版社 1977 年版，第 201 页。

为法律学科的研究提供了更广阔的空间，也带动了我国的法制建设的进程。和劳动教养有联系的部门法得到完善，劳动教养也通过法律的不断完善进一步规范了法律程序、对象、范围等一系列问题，劳动教养的实践经验为制定劳动教养方面的法律文件提供了实践依据，也为研究基本理论提供了基础。随着我国法制化进程的加快，劳动教养必将在社会主义现代化建设中发挥更大的作用。

【延伸阅读】

劳动教养制度与《违法行为矫治法》

2005 年 3 月的十届全国人大三次会议上，《违法行为矫治法》（现《违法行为教育矫治法》）即被列入全国人大常委会 2005 年立法计划。而后，因种种原因进展缓慢。2009 年 3 月，部分十一届全国人大代表再提关于制定违法行为矫治法的议案，该法于当年列入十一届全国人大常委会立法规划。《违法行为矫治法》先后被十届、十一届全国人大常委列入立法规划。2010 年全国人民代表大会和中国人民政治协商会议上，30 多位人大代表和政协委员呼吁：出台《违法行为矫治法》还应快点再快点。

研讨会上，与会代表委员及部分学者认为，我国劳动教养制度在维护社会治安秩序和预防犯罪方面发挥了一定作用。随着社会发展，该制度存在一些需要解决的问题，劳动教养的对象范围、审批程序、期限和管理方式等存在明显的制度性缺陷。如劳教时限偏长，最长可达 4 年等。目前还出现了劳动教养制度被部分地方政府用于惩罚上访人员、"不听话群众"等情况。因此，有必要通过制定《违法行为矫治法》，对违法行为教育矫治的对象、期限、执行方式、决定和监督程序作出法律规定，加强对违法行为教育矫治工作的监管制约。

回答记者关于《违法行为教育矫治法》的规范领域以及立法进度等问题时，全国人大代表、全国人大常委会法制工作委员会副主任李飞说，这部法律主要是对有违法行为，特别是一些屡教不改，但又不是按照刑法进行处罚的，针对特定的情况，采取教育矫治的办法，使他们能够改变自己过去的一些屡教不改行为，减少和预防犯罪。特别是维护社会的治安秩序，维护更多人的正常生活和安全秩序。

按预想，该法生效后，"劳动教养"这一称呼将被"违法行为教育矫治"取代，"劳教所"也有望更名为"违法行为教育矫治场所"，这里将不再有铁窗、铁门，将实行更人性化的管理。

（引自 2010 年"两会"相关报道）

劳动教养学

第四章　劳动教养工作的方针、任务及原则

【案例导入】

2010 年 3 月，某劳教所迎来了被劳教人员张某解教的日子。这个 22 岁年轻人的手拉着劳教民警的手，久久不愿松开。因为他知道，这里是真正使其改过自新，重新做人的地方，这里的劳教民警也是真正让他感受到家的温暖的人。因为他曾经 3 次劳教，但是劳教后又犯错，成了真正的"错了再改，改了再犯，千锤百炼"的"多进宫"人员。而这里的民警对他谆谆教导、循循善诱的说教、规劝、感化、挽救，最终使其下定决心重新做人。

请回答：作为劳教人员，尤其是"多进宫"人员，应如何在工作中贯彻好劳教工作的方针？作为劳教民警，你又应如何理解劳教工作的原则？

第一节　劳动教养工作的方针

劳动教养工作方针，是党和国家在不同的历史时期为实现劳动教养工作的目标而制定的指导原则。它对特定历史时期的劳动教养工作具有一定的指导意义。决定着劳动教养将来的发展方向及前途命运。

一、劳动教养工作方针的历史发展

劳动教养的工作方针是根据不同历史时期的历史任务，结合劳动教养工作实际，针对劳动教养的特点及发展规律而制定的。在不同的历史时期，劳动教养的方针也在变化中。劳动教养工作方针对当时的劳动教养工作具有指导意义，它为劳动教养工作的开展指明了方向，并对劳动教养工作中突出的问题作出宏观的指导，有效地推动了劳动教养工作的进程。

（一）劳动生产与政治教育相结合的方针

劳动教养制度在创立时，为了有效地安置在肃反运动中被清除的反革命分子和其他坏分子，使其不致危害社会，同时又要减少失业人员，1956 年 1 月，中共中央《关于各省、市应立即筹办劳动教养机构的指示》中明确指出"在肃清一切暗藏的反革命分子的运动中，将清查出一批不够逮捕判刑而政治上又不适于

继续留用，放在社会上又会增加失业的反革命分子和其他坏分子，需要进行适当的处理。为了妥善解决这个问题，中央决定，采取劳动教养的办法，把这些人集中起来，送到国家指定的地方，组织他们劳动生产，替国家做工，自食其力，并对他们进行政治、思想改造工作，使他们逐渐成为国家的真正有用的人"。在以上论述中可以看出，虽然在筹备阶段没有明确在文件中提出劳动生产与政治教育相结合的方针，但是对组织劳动生产，完成生产任务做出了规定，同时也注重对该类人的政治、思想改造工作，做到两个方面兼顾。可以说这是这一方针的萌芽。

1957 年 8 月 1 日第一届全国人民代表大会常务委员会第七十八次会议批准公布的国务院《关于劳动教养问题的决定》明确规定："对被劳动教养的人在教育管理方面，应当采用劳动生产和政治教育相结合的方针，并且规定他们必须遵守的纪律和制度，帮助他们建立爱国守法和劳动光荣的观念，学习劳动生产的技术，养成爱好劳动的习惯，使他们成为参加社会主义建设的自食其力的劳动者。"这是劳动教养方针的首次提出。

1961 年 4 月，中共中央批准的第十一次全国公安工作会议《关于当前公安工作十个具体政策问题的补充规定》指出，"一切劳动教养机关，必须坚持劳动生产与政治教育相结合的方针，坚持改造第一，生产第二的原则"。

劳动生产与政治教育相结合的方针是在特定的历史阶段提出的，对当时的劳动教养工作具有一定的指导意义。尤其是劳动教养的法律指导性文件当时不多，这一方针对以后劳动教养的发展奠定了理论基础与实践应用价值。

（二）教育、挽救、改造的方针

1980 年 9 月，中共中央、国务院批转的公安部《关于做好劳动教养工作的报告》中指出，"劳动教养是一种强制性教育改造措施，是处理人民内部矛盾的一种方法。对劳动教养人员必须实行教育、挽救、改造的方针，在严格管理的条件下，通过艰苦细致的政治思想工作、文化技术教育和生产劳动锻炼，把绝大多数人改造成为建设社会主义的有用之材"。这是这一方针的首次提出。

1981 年 6 月，中央政法委召开的会议中，在《京、津、沪、穗、汉五大城市治安座谈会纪要》中指出，"对劳动教养人员，实行教育、挽救、改造的方针，教育第一，生产第二，加强政治、劳动、文化和技术教育，使他们真正感到党和国家是在关心他们，挽救他们"。这是关于这一方针的再次论述。

1982 年 1 月，国务院转发公安部《劳动教养试行办法》规定，"对被劳动教养的人，实行教育、挽救、改造的方针，教育感化第一，生产劳动第二。在严格管理下，通过深入细致的思想政治工作、文化技术教育和生产劳动锻炼，把他们改造成为遵纪守法，尊重公德，热爱祖国，热爱劳动，具有一定文化知识和生产

劳
动
教
养
学

技能的建设社会主义的有用之材"。这是在劳动教养行政法规文件中的首次提出。

（三）教育、感化、挽救的方针

这一方针是在 20 世纪 80 年代以后提出的。1982 年 1 月《中共中央关于加强政法工作的指示》指出"劳动教养工作必须坚持教育、感化、挽救的方针，着眼于挽救"。

1991 年 11 月，国务院新闻办公室公布的《中国的人权状况》白皮书也指出"劳动教养机关对被劳动教养的人实行教育、感化、挽救的方针，着眼于挽救"。

1992 年 8 月，司法部制定的《劳动教养管理工作执法细则》规定"劳动教养机关对于劳动教养人员按照教育、感化、挽救的方针，实行强制性的教育改造"。

1995 年 2 月，国务院《关于进一步加强监狱管理和劳动教养工作的通知》指出"劳动教养所是国家治安行政处罚的执行机关，要贯彻教育、感化、挽救的方针。对劳动教养人员重在教育，立足挽救，把劳动教养所办成教育、挽救他们的特殊学校"。

教育、感化、挽救的方针是现阶段劳动教养工作的指导方针。方针针对性强，目的明确，主次清晰，对当前及今后劳动教养工作的顺利开展提供了指引方向。

劳动教养工作的方针具有一定的科学性，它是经过实践检验的，客观地反映了劳动教养工作的特点及规律，是对劳动教养工作实践精华的浓缩。三个方面互为补充，形成了有机统一的整体。

二、现阶段劳动教养方针的内涵

现阶段劳动教养工作的方针是"教育、感化、挽救"。如何结合劳动教养自身工作实际理解这一方针的内容是全面把握方针实质的前提之一，对方针的理解应从历史与现实的角度进行分析。劳动教养现行方针自制定之日起，对劳动教养工作的指导针对性强，与监狱管理制度、治安管理制度、行政处罚制度中的部分措施的运用相区别，方向性、原则性强，更体现出了自身的存在价值。

（一）教育的理解

教育是教育者根据教育目的与教学目标，有效地组织教学活动，培养被教育者在德、智、体、美、劳等方面健康、全面地发展的活动。教育活动的开展在于教育者要充分调动被教育者的学习主动性、积极性及创造性，使接受教育的过程由被动地接受转化为主动地索取，提高被教育者的知识理解能力、分析综合能力。教育要从客观实际出发，尽最大可能提高教育的质量及水平，培养出适合

劳动教养学

的、能够适应社会需要的各种人才。如今我国的教育发展迅速，教育改革开展顺利，素质教育已经成为教育的主要内容与方法。教育更要根据被教育的对象情况，采取不同的教育方式及方法，使被教育者能够接受教育。

劳动教养人员的教育与其他社会教育不同，主要表现在教育的对象上有差异，劳动教养的教育对象特殊，层次不一致，接受的程度也不一样。教育者需要对这样的特殊对象进行矫治转化不良思想，矫治行为恶习，净化心灵，丰富知识，重塑自我。劳动教养的教育是强制性的，不是像其他教育那样可以选择的，这种教育可以对劳动教养人员预防再次的违法犯罪行为的发生具有积极作用。劳动教养人员的教育是劳动教养工作的根本任务与基本手段，在劳动教养工作中居于首要地位，起主导作用。劳动教养的教育要坚持因人施教、分类教育、以理服人的原则进行，保证教育的数量及质量，使教育成为被劳动教养的人转化的动力源泉。例如，在劳动教养的人员中有一部分是违法犯罪的青少年，他们正处于接受教育的关键时期，劳动教养所需要针对这类特殊的教育对象制定相应的教育方案，保证教育对他们的转化有推动作用。

（二）感化的理解

感化是指有意识、有目的地通过劝导、顿悟及行为的影响感染被感化者，使被感化者的情绪情感能够被唤起，促使其思想、行动向良性方向发展。其实感化从宏观方面来讲也是教育的一种手段。感化是由劳动教养人民警察利用自身的影响或工作的态度或人格的魅力等感染劳动教养人员，最终达到潜移默化的感染效果。感化对于提高教育挽救的质量，稳定劳动教养人员的情绪情感具有不可或缺的作用。在工作中通过物质上的关心与帮助，如劳动教养人员在生病时和常人一样，他们更需要其他人的照顾、关心及鼓励，劳动教养人民警察的一句问候，一个关注的眼神，一杯温暖的开水都会冰释劳动教养人员脆弱的内心世界，必要的物质帮助更能够打动劳动教养人员的心理，这种影响是无形的；另外，当劳动教养人员与民警间有隔阂、抵触对立情绪时，更应该用感化法谈心，多进行个别谈话教育，关心其生活的点滴，晓之以理，动之以情，让被劳动教养的人能够看到希望，内心深处受到鼓励与震撼，在特殊的氛围中感受各种复杂的情感，真正在实际行动中认识到自身存在的问题，看清自己将来的发展方向，敢于面对现实，敢于自我批评，最终能够真正地转化。

感化的运用是需要一个较长的实践过程的，是量变向质变方向发展的过程。且不可操之过急，更不能一刀切，应该讲究方式方法，尤其是多用身边发生的事例来说明问题。感化的妙用在于唤起对方的共鸣，使对方的情绪情感被及时地调动，自觉地接受某种活动或转变对某事物的看法，这种在情感中化解矛盾，在感动中寻求解决问题的途径是需要实践经验的累积的。

（三）挽救的理解

挽救是要求劳动教养人民警察在工作中把劳动教养人员从违法犯罪的边缘挽救出，帮助其改造思想，不至于重新违法犯罪。挽救注重劳动教养工作的效果及目的，是劳动教养工作的出发点及归宿。在劳动教养的方针中多次提到挽救，而且是着眼于挽救。可见，挽救意味着对劳动教养人员在出所前力争转变思想，矫正恶习，培养其自食其力的能力。首先，劳动教养的挽救应该是面向所有被劳动教养的人员，因为其主观恶性不强，对社会的危害性相比犯罪行为来说不大，是处于刑法边缘的人，是必须要挽救的，不挽救可能会使其滑向犯罪的深渊，甚至会出现更为严重的后果。其次，劳动教养人员的挽救是具有可能性的。毛泽东同志说过："人是可以改造的"，既然可以改造，挽救一个刑法边缘的行为人应该是劳动教养人民警察的职责所在。只要有挽救的希望，我们应该尽最大的努力。最后，挽救劳动教养人员是符合国家利益、社会利益、个人利益的。可以为国家节约资金，减少社会治安的不稳定因素，保证人民群众安居乐业，从劳动教养人员的个人角度考虑，挽救一个劳动教养人员等于挽救了至少一个家庭，可以保障社会更加和谐，也可以使行为人"浪子回头"，挽救人是一项灵魂重塑工程，是一项光荣而伟大的事业，更是直接体现劳动教养存在的合理价值的最好证明。

（四）教育、感化、挽救的关系

教育、感化、挽救三者互相联系，结合成有机统一的整体。教育为感化及挽救提供了前提和基础，教育和感化是对劳动教养人员进行挽救的手段，感化是开展挽救的适宜的方法，挽救是教育、感化的目的及归宿，也是劳动教养工作的最终落脚点。在实际工作中，理解及把握劳动教养的方针，全面理解相互之间的关系，应从以下几个方面进行把握：

首先，三者不可偏废，是一个有机的整体，相互之间又紧密地联系。劳动教养的目的是劳动教养人员回归社会后能够自食其力，成为合格的公民。在劳动教养所，在提高劳动教养的质量时应充分考虑劳动教养期限内的教育工作，这要求教育要细心，要有耐心，有恒心，有信心，这样才能挽救劳动教养人员。

其次，注重教育、感化手段的合理运用。教育与感化两者并不冲突，重在工作中的合理运用。劳动教养教育是一项系统工程，教育无时无刻不在继续，教育是量变的过程，是长期工作；感化是工作中尤其是教育工作中使用的手段，感化的方式方法越多，越能拉近与劳动教养人民警察的距离，感化也容易成功。但是感化使用也要注意限度，要因人而异，因时而异。

最后，挽救依托于教育和感化，挽救是对劳动教养人员的教育过程，它体现着教育的质量，也体现着劳动教养整体的工作水平，关系到劳动教养能否对行为人有预防犯罪的作用。挽救要尽最大的努力，要细致入微，用联系与发展的观点看问题，横向比较，纵向分析，实现挽救的意义及价值。

第二节　劳动教养工作的任务

劳动教养工作的任务是对劳动教养机关活动过程、结果及标准的要求，是劳动教养工作要实现的主要目标的具体体现。由于劳动教养工作任务的重点与劳动教养学的研究对象有相同的方面，因此这里对两者的相同点只做简要介绍。从法律文件上看，1957 年 8 月 1 日第一届全国人民代表大会常务委员会第七十八次会议批准公布的国务院《关于劳动教养问题的决定》中把劳动教养的任务确定为："为了把游手好闲、违反法纪、不务正业的有劳动能力的人，改造成为自食其力的新人；为了进一步维护公共秩序，有利于社会主义建设。"1982 年 1 月 21 日，国务院转发的公安部《劳动教养试行办法》中把劳动教养的任务确定为"把劳动教养人员教育改造为遵纪守法、尊重公德、热爱祖国、热爱劳动，具有一定文化知识和生产技能的建设社会主义的有用之材"。因此，依法及时收容和教育改造劳动教养人员，不断提高教育挽救质量是劳动教养工作的中心任务，具体如下：

一、依法收容劳动教养人员

劳动教养决定发生法律效力后，劳动教养的审批机关和承办单位要按有关规定将被决定劳动教养的人送往劳动教养场所收容。劳动教养场所必须严格依照有关劳动教养法律、法规所规定的劳动教养实质条件和时间条件，结合其违法犯罪事实，对其作出收容或不收容的决定，同时，对决定收容的，确定其劳动教养期限和实行劳动教养的准确起止日期。在审查过程中，如发现有触犯刑律、危害严重、构成犯罪的，依照法律制裁，绝不能把应该判刑的犯罪分子收容劳动教养。对不符合收容条件的人，绝不能收容劳动教养，不准随意扩大收容范围。收容是劳动教养人员由看守所到劳动教养所执行地点改变的活动，这不仅是羁押地点的改变，而且属于不同的法律程序和法律环节。

二、对劳动教养人员实行规范化管理

劳动教养人员的管理是在劳动教养所统一要求下进行，是依法对被劳动教养人员在执行劳动教养过程中，直接实施的教育挽救活动及日常生活事务的司法行政管理工作，也是一项行政执法活动。通过制定严格、规范的管理制度，采取切实可行的管理措施，积极探索适应管理需要的管理方法及手段，对劳动教养人员实行依法、严格、科学、文明管理，按照管理学的规律，充分体现社会主义制度的优越性和进步性，从劳动教养管理实际出发，综合运用奖惩等手段实行动态管理，区分管理层次与级别，分类、分层管理，体现管理的特色。管理是促进教育改造的方法之一，也是促使劳动教养目的实现的重要手段。

三、注重及加强对劳动教养人员的教育

劳动教养人员的教育应体现具体教育内容，分入所教育、常规教育、出所教育三个阶段，采取集体教育、个别教育、辅助教育、社会帮教等方式，矫正行为人的罪错观念，增强法制观念的养成，形成良好的个性品质，知识与技能均得到提高。教育改造作为劳动教养的基本手段，具有目的性、针对性、综合性和社会性等特点。在对劳动教养人员进行教育改造的过程中，思想政治教育是对劳动教养人员教育的核心和主要内容，是实现教育、感化、挽救劳动教养人员目的和任务的重要途径，在教育改造工作中居于主导地位，对消除劳动教养人员的违法犯罪思想，矫正各种恶习，使他们树立正确的世界观、人生观、道德观和社会主义法制观，具有十分重要的意义。而文化知识教育和职业技术教育是劳动教养教育改造工作的重要辅助手段和基本内容。

四、积极开展对劳动教养人员的劳动组织

劳动教养人员的劳动是改造人生观、价值观、道德观的手段，劳动的组织应按照法律规定进行。有劳动能力的劳动教养人员，都要参加劳动，组织劳动可以矫正其不良的行为恶习，养成良好的行为习惯，实现强化养成。通过习艺性的劳动不仅可以锻炼身体，还可以提高技能，将来成为技术人才以回报社会。通过劳动教养生产实践锻炼，有助于使劳动教养人员树立劳动观念，树立集体主义观念，培养他们的协作精神和组织纪律性，确立自食其力和为社会做贡献的劳动道德观，养成热爱劳动、珍惜社会劳动价值的品格，学会生产技能，形成新的生活方式，为解除劳动教养后的劳动就业创造条件。

五、加强对劳动教养人员的心理矫治工作

心理矫治是劳动教养机关为促进劳动教养人员的教育、挽救目的的实现，运用心理科学的原理及方法，通过对劳动教养人员开展心理评估、心理卫生及心理健康教育、心理咨询与治疗、心理预测等一系列活动，帮助其消除不良心理及其他心理障碍，维护和恢复心理平衡，保持心理健康，增强生活适应性的活动。它可以促进劳动教养人员的身心健康，缓解压力，及时解决生活、学习中的困难，有效地减少劳动教养人员在所内发生的恶性事件。心理矫治应该形成特定的制度，对每一个劳动教养人员均应进行心理测量，建立心理咨询档案，积极开展心

理健康教育及心理问题的治疗。

六、保障劳动教养所的安全与稳定，积极开展行为预防

劳动教养工作的开展，安全稳定的环境是重要的保障。"安全第一，警钟长鸣"，对劳动教养人员的转化，更应加强所内再次出现违法犯罪的预防。不仅要保证所内的良好秩序，更应积极开展对劳动教养人员的一般预防与特殊预防教育，根据实际需要积极制定突发事件应急预案，以预防及减少突发事件的发生，同时减少劳动教养人员之间违法犯罪行为的发生。在完成安全保障任务及行为预防方面，应制订详细的工作计划，做好长期的工作准备，开展切实可行的方式方法解决实际问题，对劳动教养场所进行定期与不定期的安全检查，及时排查事故隐患，发现问题及时处理。在开展预防工作中，思想预防、制度预防、技术预防、环境预防相结合，对重点的劳动教养分子、顽固分子进行措施预防，以保证劳动教养场所的安全与稳定。

第三节　劳动教养工作的原则

劳动教养工作的原则是对劳动教养人员执行过程中所遵循的各种行为准则。这些准则既是劳动教养实践工作经验的总结和劳动教养问题的指导准则，也是劳动教养工作必须遵循的法则或规范。

一、依法执法原则

社会主义法制原则的基本要求是"有法可依、有法必依、执法必严、违法必究"。劳动教养工作的开展应该在遵循这一要求的基础上，按照我国依法治国理念，严格执法，规范执法。这一原则是贯彻我国社会主义法制理念的根本要求。

劳动教养人民警察在执法中应该按照《人民警察法》、劳动教养方面的法律法规及执法执纪行为规范严格要求，执行中不能徇私枉法，必须按照法律规定执行，切实维护法律的权威与尊严；劳动教养工作的管理、教育、劳动等诸多方面必须接受法律的规范及约束，必须严格依法办事；对于劳动教养人民警察在执法中违反法律的行为，应视具体情况给予行政处分或追究刑事责任，对于属于国家刑事赔偿范围的职务违法行为，按照国家规定进行刑事赔偿；对于劳动教养人员违反法律规定，对所内安全有影响的，依法按照法律规定处理，出现新的犯罪行为的，依法追究刑事责任。

二、尊重及保障劳动教养人员合法权利的原则

社会主义法制理念中要求执法者要做到执法为民。从劳动教养工作看，贯彻执法为民应充分尊重及保障劳动教养人员的合法权利。依照我国《宪法》的规定，公民的基本权利与义务中，只要劳动教养人员的合法权利未被剥夺，即应该享有法律规定的合法权利，同时履行法律规定的义务。劳动教养人民警察应自觉维护及保障劳动教养人员的合法权利，在执行中尤其是劳动教养人员的实体权利，涉及劳动教养人员切身利益的权利，应认真按照法律规定予以保障。自劳动教养所的"所务公开"推行后，劳动教养人员对自身的合法权利更加关注，而直接管理的劳动教养人民警察更应主动、积极地维护劳动教养人员的合法权利。劳动教养人民警察执法的核心是使劳动教养人员顺利回归社会，严格、文明、规范地执法，执法的关键是对劳动教养对象的尊重。实现对劳动教养人员的合法权利的充分保障，是衡量劳动教养人民警察工作的标尺，也是我国社会主义制度优越性的体现。

三、自觉接受监督的原则

劳动教养工作是劳动教养人民警察的执法工作，执法必须接受有关机关与人民群众的监督。监督是克服权力腐败、防止权力滥用的重要途径，权力失去了监督则容易导致腐败的滋生。加强监督是预防司法腐败、严格依法办事、促进廉洁自律的重要手段，是维护劳动教养人员合法权利的重要措施，是加强劳动教养人民警察队伍建设的重要方式。目前，劳动教养机关在接受监督方面，除了人民群众以外，主要有人民检察院的检察监督及人民代表大会、人民政协等机关的监督。监督可以发现问题，有效地促进执法规范化，确保执法过程的公开、公平、公正。除了其他部门的监督外，劳动教养所的所内监督等形式也是监督的组成部分之一。作为行政执法机关自觉接受行政监察部门的监督是监督的必然要求。作为劳动教养人民警察，按照劳动教养法律法规要求，必须以身作则，从严规范，正确行使人民赋予的执法权力。

四、社会主义人道主义的原则

人道主义的核心是保障教养人员的合法权利，保障劳动教养人员在所内的基本物质需求及精神需求，具有健康的精神状态和心理状态，使其顺利地回归社会。社会主义人道主义以马克思主义世界观和历史观为基础，以集体主义原则为道德标准，按照《公民道德建设实施纲要》的基本要求，提倡尊重人、关心人、帮助人的社会主义伦理原则和道德规范，体现社会主义人与人团结互助的新型人

劳动教养学

际关系。主要包括：

（一）对劳动教养人员实行人道主义待遇是建设社会主义法治国家的要求。在物质需求方面，认真做好劳动教养人员的生活卫生管理，认真落实伙食管理、起居管理、被服管理制度，做到一视同仁，公平合理，积极开展生活卫生知识宣传及疾病的有效治疗，创造良好的文明的生活环境，关心劳动教养人员的身心健康，使他们安心改造，养成良好的习惯及道德情操。

（二）尊重劳动教养人员的人格，严禁侮辱、打骂、体罚、虐待劳动教养人员，严格按照执法执纪行为规范要求进行管理。对于违纪情况应依法追究。

（三）在组织劳动教养人员的劳动方面，既要体现劳动在改造方面的实际需要，也要区分不同情况，合理安排，根据劳动教养人员的身体状况和实际年龄，不能搞超体力劳动，做好劳动保护及安全生产，杜绝灾害事故的发生。

（四）在精神追求方面，按照要求，认真落实对劳动教养人员的思想、文化、技术教育，并积极探索劳动教养人员解教后的就业问题，做好社会安置工作。搞好思想、文化、技术教育，为提高劳动教养人员的文化知识水平，增强适应社会的能力提供条件，可以充分预防劳动教养人员重新走上违法犯罪的道路。

五、区别对待的原则

区别对待，是根据劳动教养人员的不同特点，实行不同的管理教育方法，做到具体问题具体分析，实现挽救个别化的目的。这是贯彻我党实事求是，一切从实际出发的重要体现。也可以最大限度地激励劳动教养人员的教育改造。在工作中具体体现在：

（一）管理上的区别对待

1982年《劳动教养试行办法》中规定"对劳动教养人员，应当按照性别、年龄、案情性质等不同情况，分别编队，分别管教"。可见，在管理上区分不同情况及类型，可以在最大限度内避免劳动教养人员之间的相互影响，形成良性的管理态势。在对劳动教养人员分类分级管理的基础上，也可以采取不同的动态管理与处遇措施，能够最大限度地激发劳动教养人员的改造积极性。

（二）教育上的区别对待

教育上的区别对待的原理与管理上的区别对待相同，也是为了进一步区分劳动教养人员的不同情况，根据劳动教养人员的文化程度、罪错性质、恶习程度、认错情况、行为表现等进行一定程度的个别教育。个别教育可以最大化地提高对劳动教养人员的教育质量。

（三）劳动上的区别对待

在劳动岗位上，不同的劳动教养人员适应不同的岗位，而劳动教养人员的年龄、社会经历、以前从事的劳动情况均不同，正确区分有利于发挥劳动教养人员的价值，创造更多的物质财富，为社会作出更大的贡献。而根据劳动教养人员劳动的实际需要，从其劳动兴趣与实践出发，合理安排劳动工种，对于提高劳动教养人员的劳动能力，树立正确的劳动观念，养成良好的劳动观念，顺利适应社会提供了可能。

（四）奖惩上的区别对待

奖励与惩处，是一对衡量及约束劳动教养人员改造质量好坏的标尺，更是一种有效的约束功能。适当的奖励与惩处，对调动劳动教养人员的积极性，约束劳动教养人员的行为有重要的作用。对于劳动教养人员应该多鼓励，多表扬，给劳动教养人员订立一个合理的、经过努力即可达到的目标，并对其积极引导，这样可以增强劳动教养人员的改造信心，教育改造也有了确定的目标。对不遵守规定、违反法律规定的劳动教养人员进行惩处，可以使改造不好的劳动教养人员受到教育，起到预防的作用。所以，正确地运用奖惩对维护劳动教养场所的稳定，区分不同的劳动教养人员有重要的积极作用。

劳动教养的原则之间是密切联系的统一整体，对劳动教养工作的不同层面具有重要的指导意义，我们在实际工作中应全面贯彻，认真理解及把握其精神实质，更好地为劳动教养的具体工作服务。

【延伸阅读】

亲情感化换回浪子回头

小王是"二进宫"学员，入所后妻子提出要与他离婚，这一打击使他一度陷入绝望之中不能自拔，改造情绪极为低落，并割腕自杀未遂。民警多次找其谈心，给他讲道理，谈人生，讲生命的意义，指出这一切都是你自己造成的，要想得到家人的谅解，想要妻子不和你离婚，唯一的办法就是积极改造，重新做人。但是小王仍然找不到解决问题的办法，一度相当苦恼。于是民警想到了利用亲情感化法对小王进行感化。

2009 年 8 月，民警利用亲情电话让小王多次与妻子和家人通话进行交流、沟通，民警们也在电话里开导他的妻子，讲他在所里的表现和他对以前错误的悔改之意。当了解到他们夫妻感情尚好时，大队派民警到他家中与他的家人一起做他妻子的工作。经过多次的调解、劝说，他的妻子终于同意来所里看望他。劳教所民警对这次会见非常重视，精心布置了会见室，在茶几上摆放了鲜花，并把他珍藏的与妻子的合影照片，摆放在显眼的位置上，努力营造一种温馨的氛围。民警们向他的妻子介绍了他的队内改造情况，让他和妻子进行了长谈并安排他们在

劳
动
教
养
学

一起吃中午饭。他的妻子被民警们所做的一切深深地感动了。最后经过民警的劝说和他本人的努力，他的妻子同意暂不离婚，并答应来探望他，盼他早日改好。小王动情地说："是劳教所的民警挽救了我的家庭，使我有了重新生活的勇气和信心。"

通过该案例可以看出，亲情感化法在实际工作有着较大的激励作用，这是联系劳教人民警察与被劳教人员家属的纽带，更是争取支持与理解的桥梁。因此在以后的工作中多利用，多总结经验并加以推广，这对教育感化"多进宫"劳教人员大有裨益。

劳动教养学

第五章 劳动教养法律制度

【案例导入】

2002 年 1 月间，游某从其妹、妹夫处得知卖杂志、刊物到金门可以赚钱。游某于 2002 年 5 月至 9 月从单位和家中收集《半月谈》、《党员生活》、《支部生活》、《党员特刊》、《方圆》、《中国监察》等刊物共计 40 余本。同年 6 月，游某将其中的 20 余本交给其妹夫黄某。黄某收到杂志后打电话告诉游某杂志太旧，没有用。同年 9 月，游某再次将剩余的 20 余本托人带交妹夫黄某。时隔半个月，其妹夫打电话告诉游某说杂志卖到了一些钱。2003 年，事发后，福建龙岩市人民检察院决定对游某不起诉。2003 年 6 月 4 日，龙岩市劳动教养管理委员会在接到办案单位的劳动教养呈批报告后，当日即作出对游某劳动教养一年零六个月的决定。

游某不服，在提出行政复议维持的情况下，向法院提起行政诉讼。游某诉称：1. 根据《劳动教养试行办法》第 9 条的规定，原告不符合劳动教养的地域范围条件。原告居住在城镇，不是居住在大中城市，也未流窜到城市、铁路沿线和大型厂矿；2. 原告的行为不构成为境外窃取、刺探、收买、非法提供国家秘密情报，原告提供的是向社会公开发行的刊物，不属于情报的范畴。请求依法撤销劳动教养决定。

法院审理后认为，游某收集的杂志是允许公开发行、允许公众阅读的刊物，显然不属相关司法解释规定的"国家秘密"或者"情报"情形；国务院《劳动教养试行办法》第 9 条规定："劳动教养收容家居大中城市，需要劳动教养的人。对家居农村而流窜到城市、铁路沿线和大型厂矿作案，符合劳动教养条件的人，也可以收容劳动教养。"原告家居城镇，不符合《劳动教养试行办法》所规定的可以劳动教养的地域范围条件，被告适用《劳动教养试行办法》对原告作出劳动教养决定属于适用法律法规错误。因此，判决撤销被告福建省龙岩市劳动教养管理委员会的劳动教养决定。

具体到本案来看，由于本案被告作出劳动教养决定所依据的事实在于其认为原告收集的杂志内有国家秘密或情报，实施了《刑法》第 111 条规定的行为，而根据法律规定，对于国家秘密的界定需要由国家保密工作部门或省、自治区、直辖市保密工作部门确定，被告并无权限直接对原告的行为定性，在没有获得有关部门的认定之前，被告以自己的主观臆断作为原告存在违法事实的依据属于认定事实不清；其次，法律明确规定，劳动教养收容家居大中城市需要劳动教养的人。对家居农村而流窜到城市、铁路沿线和大型厂矿作案，符合劳动教养条件的人，也可以收容劳动教养。显然原告家居城镇，不符合《劳动教养试行办法》所规定的可以劳动教养的地域范围条件，因而在本案中适用该法的行为属于适用法律错误的行为。

请思考回答：

1.《劳动教养试行办法》在劳动教养法律体系中的层次是行政法规还是规章？为什么？

2. 对于本案中原告收集的杂志是否属于国家秘密？能否由劳动教养管理委员会决定？

第一节　劳动教养法律制度概述

一、劳动教养法的概念和特征

（一）劳动教养法的概念

劳动教养法有广义、狭义之分，广义的是指由立法权的国家机关制定的有关劳动教养的所有法律规范的总和；狭义的是指由最高国家立法机关制定的统一的、完整的劳动教养法典。这样的法典目前还没有。本节所阐述的劳动教养法是指广义的。

（二）劳动教养法的特征

劳动教养法除了具有法的一般特征，如阶级性、国家意志性、强制性、规范性等之外，还具有如下显著的特征：

1. 行政性

劳动教养法调整的主要是国家行政机关（如公安机关）在行政管理特别是治安行政管理活动中与一部分违法（主要是违反《治安管理处罚法》等法律和行政法规）公民之间发生的社会关系，以及作为行政执法机关的劳动教养机关在执行劳动教养过程中与劳动教养人员之间发生的社会关系。因此，它在我国的法律部门中属于行政法部门。它是我国行政法部门中相对独立的一个分支。

2. 综合性

从现行劳动教养法律、法规的内容来看，既有实体方面（如劳动教养的适用条件、劳动教养机关和劳动教养人员的权利义务等）的规定，也有程序（如

劳动教养学

劳动教养的呈报、审批、收容等)、执行(如对劳动教养人员的管理、教育等)、组织(如劳动教养场所的设置等)方面的规定。因此，劳动教养法的综合性很强。

3. 广泛性

劳动教养法的调整范围非常广泛，除了调整劳动教养机关的活动外，还涉及公安、检察、法院、民政、劳动、财政、教育、卫生等许多部门的职能活动。由此可见，它调整的关系广泛而又复杂。

二、劳动教养法制建设

(一) 劳动教养立法现状

自 1956 年 1 月以来，我国立法机关制定和颁布了不少有关劳动教养的法律、法规，司法机关对劳动教养工作执法作出了许多司法解释，中共中央也发布了很多关于劳动教养的指示性文件。由此，我们可以看出，劳动教养立法工作一直受到党和国家的重视；劳动教养法制建设与我国的立法体制相适应，与我国社会主义法制建设基本相同步，目前已初步形成了一套以宪法为基础，由法律、行政法规、地方性法规、规章构成的劳动教养法律体系，劳动教养工作基本上做到了有法可依。

(二) 劳动教养立法缺陷

1. 劳动教养立法缺陷主要表现为我国目前还没有制定出一部比较完整地、系统地调整劳动教养各方面关系的，由最高国家立法机关制定的法典。

2. 现有的几部法律、法规是特定的历史条件下制定的，已经不适应目前我国生活现实的客观实际需要。

3. 同劳动教养的法律地位和社会作用相比，同劳动教养工作极其丰富的实践经验相比，劳动教养立法明显滞后。

4. 现有劳动教养立法的明显缺陷还表现在法的规格低、内容过时的多、立法技术和制度设计差、法与法之间冲突抵触多等方面。

(三) 劳动教养立法完善

劳动教养法典应是一部由全国人大常委会通过、国家主席公布施行的法律，而且是一部集实体、程序、执行、组织于一体的综合性法律。要完善劳动教养立法当务之急是应尽快出台一部劳动教养法典。其必要性主要表现在：

一是完善社会主义法律体系，建设法治国家，保障公民基本权利的需要；

二是建立健全司法机关在处理劳动教养案件中分工负责、互相配合、互相制约体制的需要；

三是系统总结劳动教养工作经验，把党和国家的劳动教养方针、政策上升为法律的需要；

四是适应劳动教养工作面临的新情况、新问题的需要；

五是改革劳动教养制度的需要；

六是展示我国劳动教养工作文明与人道，适应我国签署的有关国际人权公约要求的需要。

第二节　劳动教养法律体系

一、劳动教养法律体系概述

自从 1957 年 8 月劳动教养法律制度建立以来，随着劳动教养事业的发展和社会主义法制的不断健全，劳动教养法制建设已越来越受到党和国家的重视，有关国家机关已先后制定了一系列关于劳动教养的法律规范，目前已初步形成了劳动教养法律体系，但还不够健全，特别是还没有一部作为这个体系中主体法的、由最高国家立法机关制定的全面的、统一的劳动教养法典。随着劳动教养工作的进一步开展，劳动教养法律体系的内容将得到不断的充实和完善。

劳动教养法律体系是指由有关劳动教养问题的所有法律规范所构成的一个有机整体系统。它是中国特色社会主义法律体系不可缺少的组成部分。它主要由有关国家机关制定的关于劳动教养的专门法律规范构成，也包括其他法律规范中涉及劳动教养的条款。劳动教养法律体系由若干不同层次的有关劳动教养的法律形式组成，主要包括：劳动教养法律、劳动教养行政法规、劳动教养地方性法规、劳动教养规章。

此外，最高人民法院、最高人民检察院有关劳动教养的司法解释也可算为劳动教养法律体系的一个组成部分。其他规范性文件，如没有规章制定权的地方人民政府或地方人民政府有关职能部门制定发布的有关劳动教养的文件，劳动教养管理机关、劳动教养管理所制定的文件等，均不属劳动教养法律规范，因此，也不属劳动教养法律体系之列。但在实践中，由国务院和主管劳动教养工作的中央机关制定、发布的关于劳动教养或者涉及劳动教养问题的通知、意见等规范性文件在形式上虽然不能算为劳动教养法律体系的一个组成部分，但因它们包含了规范性内容，实际上起到了一定的法律指导作用，但不得与法律、法规、规章相冲突，否则是无效的。

二、劳动教养法律

（一）劳动教养法律的概念和地位

劳动教养法律是指由全国人大及其常委会制定或通过的有关劳动教养或者涉及劳动教养问题的规范性文件的总称。

劳动教养法律是劳教制度的法制基础，同时也是劳动教养行政法规、地方性法规、规章等规范性文件制定的依据，在劳动教养法律渊源中居于最高的法律地位和效力。

（二）劳动教养法律的种类和内容

以是否专门规定劳动教养问题为标准，可将劳动教养法律分为劳动教养专门法律和劳动教养相关法律两类。

1. 劳动教养专门法律。这类法律是全国人大及其常委会专门就劳动教养问题所制定或批准通过的规范性文件。它是劳动教养最主要的法源，是劳动教养法律体系中的主体法。

从 20 世纪 50 年代劳动教养制度创立以来，属于国家立法机关批准通过的劳动教养专门法律有如下两部：

（1）1957 年 8 月 1 日经第一届全国人大常委会第七十八次会议批准、1957 年 8 月 3 日国务院公布施行的《国务院关于劳动教养问题的决定》（以下简称《决定》）。《决定》是一部集实体、程序、执行、组织于一体的综合性法律。这是我国第一部有关劳动教养工作的具有法律性质的决定。它标志着劳动教养作为一项法律制度的正式建立。

（2）1971 年 11 月，第五届全国人大常委会第十二次会议批准通过的《国务院关于劳动教养的补充规定》（以下简称《补充决定》）。《补充规定》是对《决定》的补充，也是经过全国人大常委会批准的，这是我国第二部有关劳动教养工作的具有法律性质的决定。

《补充规定》是根据新时期我国政治经济社会治安形势和劳动教养工作实践经验及需要制定的。它规定了以下几个方面的问题，以对《决定》予以补充：首先，规定省、自治区、直辖市和大中城市人民政府设立劳动教养管理委员会，劳动教养管理委员会由公安、司法、民政、劳动、教育、财政、计委、共青团等部门的负责人参加；其次，明确了收容范围，即劳动教养收容大中城市需要劳动教养的人；第三，明确了劳动教养审查批准机关，即各省、自治区、直辖市和大中城市劳动教养管理委员会；第四，规定了劳动教养期限为 1—3 年；第五，维护了劳动教养人员的合法权益，作出劳动教养人员解除劳动教养后，就业、上学不受歧视，对劳动教养人员的家属不得歧视的规定；第六，规定了人民检察院对劳动教养机关活动进行监督，赋予了人民检察院对劳动教养机关实行监督的职权，加强了人民检察院对劳动教养工作的监督制约。

《补充规定》的出台，进一步丰富了劳动教养法律体系，推动了劳动教养事业沿着正确的轨道健康发展。

2. 劳动教养相关法律。它是指全国人大及其常委会所制定的涉及劳动教养工作的其他法律。这类法律虽然不是专门规定和调整劳动教养问题的法律，但它们在调整某一方面关系、问题的时候涉及了劳动教养问题，其中的某些条款与劳动教养直接相关。这些法律条款也是劳动教养法律体系的组成部分。

这类法律在我国的立法实践中虽不很多，但也占有一定比例，特别是改革开放以来国家立法机关制定的一些法律中有劳动教养条款。这类法律主要有：

（1）《中华人民共和国治安管理处罚法》（第 76 条规定："有本法第六十七条、第六十八条、第七十条的行为，屡教不改的，可以按照国家规定采取强制性教育措施。"）；

（2）《全国人大常委会关于严禁卖淫嫖娼的决定》；

（3）《全国人大常委会关于县级以下人民代表大会代表直接选举的若干规定》；

（4）《公民出境入境管理法》；

（5）《民事诉讼法》；

（6）《人民警察警衔条例》；

（7）《人民警察法》；

（8）《枪支管理法》等等。

《全国人大常委会关于禁毒的决定》也存有过劳动教养的规定，但已为《禁毒法》中的强制戒毒措施所取代。

此外，还有一些法律虽然未明确体现对劳动教养工作的规范，但其相关条款适用于劳动教养，并且对劳动教养法制建设有重大的影响，主要有《中华人民共和国行政诉讼法》、《中华人民共和国行政复议法》、《中华人民共和国国家赔偿法》等。

三、劳动教养行政法规

（一）劳动教养行政法规的概念和地位

劳动教养行政法规是指由国务院发布、批准或转发的有关劳动教养的规范性文件。

劳动教养行政法规在劳动教养法律体系中的地位仅次于劳动教养法律，它不得与劳动教养法律相抵触，它是根据劳动教养法律和为了贯彻执行劳动教养法律而制定的。

（二）劳动教养行政法规的种类和内容

同劳动教养法律一样，劳动教养行政法规也可按行政法规是否专门规定劳动教养问题而分为劳动教养专门行政法规和劳动教养相关行政法规两大类。

1. 劳动教养专门行政法规。这类行政法规是国务院制定发布或批准、转发的专门就劳动教养的某个问题、某些问题或比较全面的问题作出规定的规范性文件，主要有：1980 年 2 月的《国务院关于将强制劳动和收容审查两项措施统一于劳动教养的通知》、1980 年 9 月的《中共中央、国务院批转公安部关于做好劳动教养工作的报告》、1981 年 4 月的《国务院关于将劳动教养场所列为特殊事业单位的通知》、1982 年 1 月的《劳动教养试行办法》。其中《劳动教养试行办法》最有代表性，国务院于 1982 年 1 月 21 日以国发〔1982〕17 号文件发布《国务院关于转发公安部〈劳动教养试行办法〉的通知》。它是根据《国务院关于劳教教养问题的决定》及其《补充规定》和《全国人大常委会关于处理逃跑或者重新犯罪的劳改犯和劳教人员的决定》等劳动教养法律以及劳动教养工作的具体经验制定的一部重要的行政法规，是目前劳动教养工作最直接、最具体的法律依据。

2. 劳动教养相关行政法规，是指国务院制定、发布、批准或者转发的某些其他行政法规中，有关劳动教养工作内容的其他规范性文件。这些行政法规也是劳动教养工作的法律依据。这些行政法规主要有：《铁路运输安全保护条例》、《中华人民共和国看守所条例》、《卖淫嫖娼人员收容教育办法》等。

另外，有些行政法规中虽未明确写明"劳动教养"字样，但从其内容来看对劳动教养工作也适用，劳动教养工作中应贯彻执行。例如，1996 年 1 月 16 日国务院发布施行的《中华人民共和国人民警察使用警械和武器条例》，对劳动教养机关的人民警察在依法执行公务中的使用警械、武器行为同样适用，具有约束力。

四、劳动教养地方性法规

（一）劳动教养地方性法规的概念和地位

劳动教养地方性法规是指由地方立法机关制定的有关劳动教养的规范性文件。从立法实践来看，劳动教养地方性法规主要由省级人大及其常委会制定。

劳动教养地方性法规只在制定它的行政区域内具有法律效力，并不得与国家的劳动教养法律、行政法规相抵触。它一般是为了贯彻执行国家的劳动教养法律、行政法规，并结合本地区的具体情况和实际需要制定的。

（二）劳动教养地方性法规的种类和内容

以是否专门规定劳动教养问题为标准，劳动教养地方性法规可分为劳动教养专门地方性法规和劳动教养相关地方性法规两类。

1. 劳动教养专门地方性法规。这类专门的地方性法规目前只有个别省制定。如安徽省人大常委会曾通过《安徽省劳动教养实施条例》。

2. 劳动教养相关地方性法规。这类相关地方性法规在近些年来已陆续出台。如河南省第七届人大常委会第五次会议批准的《河南省安置教育刑满释放和解除劳动教养人员的暂行规定》；广东省第八届人大常委会第六次会议通过的《广东省安置刑满释放和解除劳动教养人员的规定》；等等。

五、劳动教养规章

（一）劳动教养规章的概念

劳动教养规章是指由依法享有规章制定权的国家行政主管机关为了贯彻执行劳动教养法律、法规而制定的有关劳动教养的规范性文件。

（二）劳动教养规章的种类和内容

以是否专门规定劳动教养问题为标准，可把劳动教养规章分为劳动教养专门规章和劳动教养相关规章两类。

1. 劳动教养专门规章。它是指依法享有规章制定权的国家行政主管机关为了执行劳动教养法律、法规而就劳动教养工作中的某个或某些特定问题发布的规章。实践中主要是公安部、司法部等发布或联合发布的。其数量很多，远远超过劳动教养法律、行政法规的数量，有代表性的主要有：

（1）1991 年 8 月 12 日司法部令第 16 号发布的《劳动教养人员生活卫生管理办法》。

（2）1992 年 8 月 10 日司法部令第 21 号发布的《劳动教养管理工作执法细则》。

（3）1992 年 8 月 10 日司法部令第 22 号发布的《劳动教养管理工作若干制度》。

（4）1992 年 8 月 10 日司法部令第 23 号发布的《劳动教养人员守则》。

（5）1993 年 7 月 30 日司法部令第 26 号发布的《关于加强劳动教养场所警戒工作的暂行办法》。

（6）1993 年 8 月 9 日司法部令第 27 号发布的《劳动教养教育工作规定》等等。

2. 劳动教养相关规章。劳动教养相关规章是指依法享有规章制定权的国家行政主管机关发布或者联合发布的具有相关劳动教养内容的其他规定。这类规章有一定的数量，例如：

（1）1991 年 9 月 10 日司法部令第 17 号发布的《劳改劳教工作干警行为准则》。

（2）1995 年 7 月 21 日司法部、国家粮食储备局联合发布的《关于保证罪犯和劳动教养人员粮食供应问题的通知》。

（3）1995 年 9 月 8 日司法部令第 40 号发布的《司法行政机关行政赔偿、刑事赔偿办法》。

（4）2001 年 6 月司法部发布的《司法行政机关行政复议应诉工作规定》等等。

六、与劳动教养工作有关的司法解释

最高人民法院、最高人民检察院在工作中对一些涉及劳动教养工作所作出的司法解释，对劳动教养工作也具有法律规范作用。

除了上述劳动教养法律、行政法规、地方性法规和规章外，在我国劳动教养工作实践中，还存在着许多关于劳动教养或涉及劳动教养的其他规范性文件，例如由公安部、司法部等部门作出的批复、答复、复函等，军队或武警部队发布或与公安部、司法部等部门联合发布的通知等文件，这些规范性文件是对劳动教养法律体系的补充，只要不与劳动教养法律、行政法规等法律规范相抵触，也具有约束力，也应在相应的劳动教养工作实践中贯彻执行。例如 1993 年 8 月 25 日司法部以司发通〔1993〕092 号文件发布的《关于印发劳动教养管理业务工作文书表簿统一式样的通知》。

第三节　劳动教养法律关系

一、劳动教养法律关系的含义

劳动教养法律关系是指由劳动教养法律规范所确定和调整的劳动教养机关同劳动教养人员在劳动教养适用过程中形成的权利义务关系。此概念包括三层含义：

（一）劳动教养法律关系是由劳动教养法律规范所调整的社会关系

没有劳动教养法律规范，也就不会有劳动教养法律关系。所以说，规定并调整劳动教养机关与劳动教养人员之间特定的社会关系的劳动教养法律规范是劳动教养法律关系产生的前提和基础。因此，劳动教养法律关系具有法所具有的许多属性。

劳动教养学

（二）劳动教养法律关系是在劳动教养机关对劳动教养人员实施劳动教养过程中发生的社会关系

劳动教养法律关系只能发生在特定的主体，即劳动教养机关和劳动教养人员之间；其运行也要在特定的时间（劳动教养期间）、特定的空间（劳动教养场所）内。

（三）劳动教养法律关系的内容是特定的

劳动教养法律关系是劳动教养机关与劳动教养人员之间发生的社会关系，是由劳动教养法律规范所确定的，以劳动教养机关对劳动教养人员实施的强制性教育改造和劳动教养人员被强制教育改造为核心的权利义务关系。

二、劳动教养法律关系的构成

与其他法律关系一样，劳动教养法律关系也由主体、客体、内容三个要素构成。

（一）劳动教养法律关系的主体

1. 劳动教养法律关系主体的种类

劳动教养法律关系主体是指劳动教养法律关系的参加者，即劳动教养法律、法规所确定的权利（力）的享有者和义务的承担者。主要包括：

（1）劳动教养机关。即由国家授权而行使劳动教养权力和承担对劳动教养人员进行强制性教育改造职责的专门机构和人员，是劳动教养法律关系的当然主体。具体包括劳动教养工作的领导机关、劳动教养工作的管理机关、劳动教养工作的执行机关及其人民警察。

（2）劳动教养人员。劳动教养人员作为被教育改造的对象，在劳动教养法律关系中处于特殊的地位。他们除了享有未被法律剥夺或限制的公民权利外，还享有某些特定的权利，如依法受奖权、会见亲属权等；除履行宪法和法律规定的公民义务之外，还必须履行某些特定义务，如认罪认错、服从管教等。

2. 劳动教养法律关系主体的特征

（1）主体的法律规定性和不可变更性。

（2）主体之间的不对等性。劳动教养法律关系主体之间的不对等性主要表现在劳动教养法律关系运行中，劳动教养机关是国家授权的专门的劳动教养权力行使机构，始终处于主导的地位，劳动教养机关依法进行管理，一方面是它的权力，另一方面也是它的责任，这种权力是劳动教养法律、法规赋予的。劳动教养法律关系主体之间的不对等性具体表现在：

①劳动教养法律关系的产生、变更和消灭取决于劳动教养机关单方意思的表示，不需要主体双方意思表示一致。

②劳动教养机关以国家的名义参与劳动教养法律关系，并以国家强制力保证其职权的行使。当劳动教养人员不履行义务时，劳动教养机关可以采取强制措施。与此相反，对劳动教养机关的行为，即使是不当或违法的行为，劳动教养人员既不能否认其效力，也不能加以抵制，而只能事后用申诉或申请复议、提起行政诉讼、申请行政赔偿等方法予以补救。

上述主体的不对等性只是主体权利义务的不对等性，并不必然导致主体法律地位的不平等。法律地位平等和权利义务对等是两个不同的概念。法律地位平等是指主体双方的权利义务都是由法律规定的，任何一方都不享有法律规定以外的特权，也不承担法律规定以外的义务，双方在法律面前是平等的。而权利义务对等，是指主体双方的权利义务完全相同，任何一方也不享有比另一方更多的权利，或者履行更多的义务。在劳动教养法律关系中，主体双方的权利义务往往是不对等的。法律往往赋予劳动教养机关比劳动教养人员更多的权利，而劳动教养人员作为被管理一方，法律要求其承担比劳动教养机关更多的义务。但这并不意味着，劳动教养法律关系主体双方的法律地位是不平等的，因为，这些权利和义务，都是劳动教养法律、法规所确定的，主体双方在法律面前是平等的。

（二）劳动教养法律关系的客体

劳动教养法律关系客体是指劳动教养法律关系主体的权利义务共同指向的对象。它是劳动教养法律关系主体发生权利义务的中介。主要包括：行为、物和精神财富三种。

1. 行为

因为劳动教养法律关系主体的权利义务大多是通过一定的行为来实现的，所以，行为是劳动教养法律关系最主要的客体。行为包括作为和不作为两种形式。作为，是劳动教养法律关系主体实现权利义务最基本的形式，包括劳动教养人民警察教育改造劳动教养人员的行为，严格管理劳动教养人员的行为；劳动教养人员认罪认错，服从管教，参加劳动的行为等。不作为，是指主体根据法律规范的要求不得实施的行为，如不准打骂、体罚、虐待劳动教养人员，不准使用劳动教养人员干私活，劳动教养人员不得有拒绝劳动、抗拒改造的行为等。

2. 物

指可以作为劳动教养法律关系主体权利义务指向的对象的物品和其他物质财富。劳动教养管理所对劳动教养人员进行教育改造必须具备一定的物质条件，否则劳动教养机关的职能就无法实现。此外，对参加劳动的劳动教养人员，应当按照规定给予一定报酬等。这些规定中所涉及的物和物质财富，都是劳动教养法律关系主体权利义务共同指向的对象，因而是劳动教养法律关系的客体。

3. 精神财富

主要指劳动教养人员从事智力活动所取得的成果，如著作权、发明权等。这些智力成果也是劳动教养法律关系的对象，因此也是劳动教养法律关系客体之一。

（三）劳动教养法律关系的内容

劳动教养法律关系内容是指劳动教养法律关系中主体享受的权利和承担的义务。劳动教养法律关系中的权利，是法定权利，即享有法定权利的主体可以自己作出或不作出一定行为，也可以要求他人作出一定行为。劳动教养法律关系中的义务，是法律关系的主体依法承担的法定义务，即由国家法律规定的，劳动教养法律关系主体必须作出一定行为或不得作出一定行为的约束。劳动教养法律关系中的权利义务一经确立，即发生法律效力，不得随意变更。这种权利义务受到法律的严格规定，因此，不能随意增加或减少劳动教养法律关系主体的权利义务。

劳动教养法律关系内容包括劳动教养机关的权力与义务和劳动教养人员的权利与义务两个方面，本书将在后面的章节中详细论述。

三、劳动教养法律关系的运行

劳动教养法律关系的运行，是指劳动教养法律关系在一定法律事实的作用下所发生的动态性变化，即劳动教养法律关系的产生、变更和消灭。

（一）劳动教养法律关系的产生

劳动教养法律关系的产生是指劳动教养法律关系主体之间形成权利义务关系的过程。劳动教养法律关系的产生除了必须存在劳动教养法律关系的主体和客体外，还必须具备两个基本条件，即必须具有一定的法律依据和相应的法律事实。在劳动教养法律关系中，劳动教养机关与劳动教养人员的行为是引起劳动教养法律关系产生的最经常、最普遍的原因。如劳动教养人员的违法犯罪行为与劳动教养机关将其收容、教育改造行为等。

（二）劳动教养法律关系的变更

劳动教养法律关系的变更是指劳动教养法律关系要素的变更，包括主体的变更、客体的变更和内容的变更三种情况。

（三）劳动教养法律关系的消灭

劳动教养法律关系的消灭是指劳动教养机关与劳动教养人员之间强制性教育改造和被强制教育改造关系的解除，也是二者之间权利义务关系的终结。如劳动教养人员死亡或解教，就可以导致劳动教养法律关系的消灭。

劳动教养学

【延伸阅读】

著名行政法专家马怀德教授答记者问

2004 年全国人大代表共提出议案 1374 件，其中大会主席团通过并交由专门委员会审议的议案达到 641 件。有媒体评述说这两个数字都达到了"历史新高"。在代表提出的议案中，同样创下"历史新高"的，还有关于改革劳动教养制度的议案。在这些议案上签名的代表达到 420 名，超过 2984 名人大代表的十分之一。

《违法行为矫治法》（以下简称"矫治法"）将促使我国现行劳教制度进行哪些方面的变革？2004 年 3 月 10 日，马怀德教授接受了本报记者专访。

一、"矫治法"对劳教制度根本性变更

劳教制度最主要的弊端在于，一家说了算，权力很容易被滥用，而且也缺乏标准。

记者："矫治法"已列入全国人大常委会 2005 年立法计划，什么时间开始审议？

马怀德：这取决于立法机关的安排，我们希望越快越好。"矫治法"还是一个法律草案，目的是要取代过去劳动教养制度，是否能在今年通过，要由立法机关做最后定论。

记者："矫治法"草案在哪些方面与现行劳教制度不同？

马怀德：第一，名称不一样了，过去叫劳动教养，以后可能就叫违法行为矫治；第二，决定是否要进行违法行为矫治的主体将发生很大的变化。

过去名义上是劳动教养委员会，实际上是由公安机关作决定。劳教制度最主要的弊端就在于，一家说了算，权力很容易被滥用，而且也缺乏标准。

从草案所反映的精神来看，（以后这个决定）将不再由公安机关直接作出。"矫治法"规定有一个从"申请"到"决定"的程序，也就是由公安机关提出申请，法院作为第三方来决定是不是要采取违法行为矫治措施以及具体时间，这样比较公平。

记者：在时间上有什么不同？

马怀德：过去是 1 到 3 年，必要时候还可以延长一年，这是个很长的期限。据我所知，"矫治法"设置的最长期限可能是 1 年半。

记者："矫治法"适用范围是否和劳教范围一样宽泛？

马怀德：在立法初衷上，劳教对象是这样的：对有违法行为尚没有构成犯罪，给予行政处罚不足以达到惩戒目的的人员。但现在演变成了凡是有违法行为的，却不能给予刑事处罚的，给予行政处罚又显得过轻的人，都可以劳教。

此外，原来规定劳教对象限于大中城市的违法者，但是后来有些省市已经扩展到了农村，对农民也采取劳教措施。"矫治法"对范围要严格限制，避免出现过去随意扩大劳动教养适用范围不当现象。

记者：有消息说，管理违法行为矫治的场所是半开放式的？

马怀德：过去劳教场所是固定的，是封闭的，是一种监所式的管理。对违法行为人不加区分地采取了一个简单化的处理方式，实际上并不利于违法行为人的改造，或者他们思想的转变。

按照该法草案，管理违法行为矫治的场所，是半开放和开放式的。半开放是指在劳教所内部开放，对外是不开放的。矫治对象在场所内可以自由活动。开放式的管理就是，矫治对象周末可以回家，平时可以请假回家。"根据你违法的严重程度，决定你白天在外面劳动、工作，晚上必须回来。或是白天在矫治所劳动，晚上回家。"

二、违法行为矫治更符合法治精神

"矫治法"一方面体现了宪法中尊重和保障人权的基本原则，另一方面也是落实宪法精神、落实宪法原则的一个具体制度。

记者：您的意思是说，如果通过了，对现行劳教制度将会是一种很大的突破？

马怀德：对。是根本性的变更。

记者：这种根本性的意义体现在哪里？

马怀德："矫治法"一方面体现了宪法中尊重和保障人权的基本原则，另一方面也是落实宪法精神、落实宪法原则的一个具体制度，以在更大的范围内，在更深远的意义上来保障人权。它的表现形式，包括具体的范围、程序、时间，都有很大的差别。

所以这不是一个一般意义上的变化，而是非常重大的变化。

记者：有学者将它上升到"法治精神"这样一个高度。

马怀德：什么是法治？法治就是每个社会成员，包括政府，包括国家机关，一体遵行制定良好的法律，才叫法治。所以法治英文里叫"Rule by law"译为"法的统治"。社会不是靠人统治，而是要靠法律统治。从这个角度看，虽然劳教在整个社会治安管理及社会秩序维护方面发挥了重大作用，但毕竟它不符合法治精神。

因为法律已经明确规定了，所有限制剥夺人身自由的强制措施和处罚要由全国人大通过立法的方式来完成，但劳教制度没有法律，没有一个相关的法律支撑，所以它不符合法治精神。把劳教制度，用违法行为矫治制度替代，并以法的形式加以固定，确实体现了法治精神，体现了依法治国的一个基本理念，保障了公民的基本人身权利。

记者：是否会有相关措施来保证它的贯彻？

马怀德：劳教制度转变成违法行为矫治制度之后，一方面要靠法律本身所规定的一些具有操作性条款来保障其实施。另一些保障措施，比如行政诉讼制度、行政复议制度，也就是说，用其他后续的法律制度使它能得到有效实施。这既是我们期待的，也是我们希望在这部法律里面能够明确下来的。

记者：除了宏观层面，"矫治法"草案中，哪个细节比较打动您？

马怀德："矫治法"增加了被劳教人员的申辩权。被公安机关决定劳教的人员对决定不服可以申辩，还可以到法院申诉，由法院来裁决是否应该劳教。同时规定当事人本人可以申辩，也可以请律师来辩护，还可以申请听证。

记者：如果通过的话，是不是意味劳动教养制度马上被替代？

马怀德：那当然，从通过那天起，所有的劳动教养都要变成违法行为矫治；所有的违法行为矫治的范围、程序、主体，各方面的要求都将按照法律解释来实施，这是很令人期待的。

（摘自：《违法行为矫治法将取代劳教　已列入今年立法规划》。http: news. qq. com/a/20050314/000018. htm）

劳动教养学

第六章　劳动教养的适用条件、对象及期限

【案例导入】

张某，男，21岁，小学文化。自幼父母离异，跟随父亲生活。后其父亲因车祸残疾，靠社会最低保障金度日。张某从小就是个懂事的孩子，学习成绩也不错。因张父无力管教，其小学毕业后就辍学在家，张某喜欢与同龄的孩子相比，上学时候的自信在辍学后变成了无限的自卑，慢慢地与一些游手好闲的人厮混，沾染了小偷小摸的习气。

2008年7月，张某因在网吧盗窃一网友手机（价值300元），被公安机关予以行政拘留10天。2009年10月，张某在盗窃香烟时被老板抓获送到公安机关，公安机关考虑张某被公安机关依法予以行政拘留执行期满后3年内又实施盗窃行为，尚不够刑事处罚，提请劳动教养审批委员会审议，作出对张某劳动教养1年的决定。现张某已被投送劳动教养场所执行。

请结合案例思考劳动教养的适用条件、对象及期限。

第一节　劳动教养的适用条件

一、劳动教养适用条件的概念

劳动教养的适用条件是指有关劳动教养的法律规范中规定的对行为人适用劳动教养时所必须具备的要件和标准。

二、劳动教养适用条件的意义和内容

劳动教养的适用条件，是劳动教养的呈报单位、审批机关、复议机关和执行机关在劳动教养的提请、审批、复议和执行工作中，必须严格掌握的标准、规格。只有对符合劳动教养条件的人，才能呈报、批准和执行劳动教养；否则，就会使无罪错的或虽有罪错但不该劳动教养的人被劳动教养，也可能使罪该判刑的犯罪分子得不到应得的刑罚惩罚。无论出现哪种情况，都违反了劳动教养的条件。可见，劳动教养的适用条件，是劳动教养制度中的重要内容，具有举足轻重

的地位，认真研究和掌握它对于及时准确地同违法犯罪行为作斗争，对于切实保障公民的人身权利等合法权益，对于健全劳动教养法制、保证劳动教养事业的健康发展等，都具有极其重要的理论意义和实际意义。

　　劳动教养的适用条件，主要是由国家立法机关制定的有关劳动教养的法律、国务院制定的有关劳动教养的行政法规，国务院有关职能部门（如公安部、司法部）发布或联合发布的有关劳动教养的规章等规范性文件，以及国务院有关职能部门与最高人民法院、最高人民检察院联合发布的有关劳动教养的规范性文件所具体规定的。根据这些法律规范规定，劳动教养的适用条件包括劳动教养的适用对象、适用范围和劳动教养的期限两个方面的内容。这两个方面的内容是适用劳动教养的两个要件，二者缺一不可，必须同时具备才能对适用对象适用劳动教养。

第二节　劳动教养的适用对象

一、劳动教养适用对象的含义

　　劳动教养适用对象的概念，不同于法律对人的效力的概念。劳动教养的适用对象是指具有违法犯罪行为应当适用劳动教养的人。而法律对人的效力是指法律作为普遍的行为规范对哪些人群有约束力的问题。

　　刑罚和治安管理处罚注重对人的行为的处罚，对违法犯罪行为采取科学的概括和列举，且要求达到一定危害程度即给予处罚的方式，不注意考虑行为人的其他状况。劳动教养作为一种强制性教育措施则侧重于行为人的人格状况，使用时考虑更多的是通过人的行为所反映出来的行为人的劣根性。劳动教养对象的行为所造成的客观损害虽不严重，但从行为中反映出来的行为人的主观恶习，对社会的安宁构成相应的威胁和危险，因此，对行为人需要加以矫正。从这方面考虑，我们不仅要研究劳动教养对象的行为，而且还要对劳动教养适用对象的主体特质加以科学地研究。

二、劳动教养适用对象确定的依据

　　确立劳动教养适用对象，通俗地说就是明确对什么样的人施以劳动教养。依据什么标准将管辖对象界定出来，有关这个问题一直是理论界争论的焦点。有人主张在劳动教养立法中，对哪一类行为达到什么程度收容劳动教养应加以具体明确地列举，参照《刑法》和《治安管理处罚法》的做法，对行为作出定性和定量的规定，以改变过去劳动教养规定比较原则、笼统的问题。有人则主张，劳动教养立法中不宜作出具体明确行为的界定，应以具有某种特质的人作为规定的对象。以上两个方面的主张，哪个更可行、更科学？要弄清楚这个问题，首先要了解劳动教养制度的两个法律特点：

一是劳动教养制度的社会防卫性特点。劳动教养作为我国特有的一项法律制度，具有鲜明的中国特色。其与惩治犯罪的刑罚措施和惩治一般违法行为的治安管理处罚比较起来，最大的特点就是它的社会防卫性。

对劳动教养人员实行劳动教养，是因为其行为已经给社会造成一定程度的危害。虽然行为后果不如犯罪行为那样严重，但行为中表现出来的不良心理结构、不良人格，不亚于犯罪人的心理结构和人格倾向。对这些人，使用治安管理处罚毫无作用，由于够不上刑法上的犯罪又无法给予刑事处罚，不给予刑事处罚又将会使其不良心理结构得到更恶性的强化。用一个形象的比喻：犯了罪的人已身陷泥潭，而应适用劳动教养的就是在泥潭边徘徊的人，不采取适当的管教和补救措施，其对社会造成的危害也将更加严重，这部分人也将在违法犯罪的道路上越走越远。劳动教养制度正是基于社会上存在的"大法不犯、小法常犯"、屡教不改、恶习较深的行为人，其他矫正措施和正常的管教方法又不起作用的情况下而存在的一项制度。适用意义直接体现于对行为人的积极预防，而不是事后的处理，达到防卫社会安全、保卫国家利益、避免社会和公民的人身与财产遭受损失的目的。

二是劳动教养措施的"弥补性"特点。《行政处罚法》与《治安管理处罚法》中规定的处罚种类并不包括劳动教养，劳动教养制度是针对违法行为人与轻微犯罪人的行为制裁而设立的，它是对刑罚和治安管理处罚的一种补充，在处罚体系中，它起到一个弥补的作用。

经以上分析，我们可以得出比较明显的结论：劳动教养适用对象不再单纯看其所实施的行为，因此确定的依据不可能像有些人强调的那样，必须是明确具体的行为，而只能规定出具有某种倾向的行为人。只有这样，才能正确地将刑罚和治安管理处罚之间被忽略的，又大量存在的一些对象概括进去。只有掌握了劳动教养所调整的是"行为人"不再单纯是"行为"这一点，才能正确地把握劳动教养存在的必要性和存在的客观依据，这是劳动教养法律制度的基点。

三、劳动教养适用对象的要件

（一）劳动教养适用对象的客观要件

劳动教养适用对象的客观要件，是指行为人必须是实施了特定的违法犯罪行为。对具体行为人处以劳动教养，必须以该行为人实施了一定违法犯罪行为为前提。这是我国社会主义法制思想的必然要求。社会主义国家不惩治所谓的思想犯罪，思想犯罪是以主观主义为基础，认为某人只要是具有违法犯罪思想或者危险性，就承担相应的法律责任，而无论他是否实施了违法犯罪行为。我们国家不承认主观归罪，对于只有违法犯罪思想，而没有违法犯罪行为的人不予处罚。适用劳动教养必须以行为人实施了某种违法犯罪的行为为基础，不能因为劳动教养注重行为人的人格的特殊性，就忽略了这一点。

与其他有关处罚的法律不同的是，劳动教养法律中强调的行为一般都实行概括性的规定，不再是详细具体行为的列举。有《刑法》和《治安管理处罚法》中规定的行为作基础，概括式的立法足以完成明确对象的目的，并且可以突出适用对象主观方面的特点。

首先，劳动教养适用对象必须是实施了违法或轻微犯罪行为的人。其中的违法行为主要是指违反了治安管理处罚法的行为，犯罪行为指违反了刑法的轻微行为，有严重犯罪行为的人不能适用劳动教养。

其次，劳动教养适用的对象必须是实施了特定的违法犯罪行为，也即有关劳动教养的法律、法规等规范性文件中规定的违法犯罪行为人。这就是说，劳动教养适用对象的行为并不是所有的违法或犯罪行为，而有其特定的范围，即：有关劳动教养的法律、法规等规范性文件中明确规定可以或应该适用劳动教养的违法或犯罪行为。劳动教养只是我国预防和治理违法犯罪的方法之一，它不可能也不应该对所有违法犯罪行为适用。对于初次违法，或虽多次违法但未被抓获教育、处理过的行为人，一般不应适用劳动教养。另外，劳动教养对象的行为也包括一部分因情节轻微而被人民法院免予刑事处分或被人民检察院不起诉的犯罪行为。对于应该适用治安管理处罚等行政处罚的违法行为人以及应该适用刑罚处罚的犯罪行为人，均不能适用劳动教养。此外，行为人的人身危险性以及犯罪或重新犯罪的可能性也应成为适用劳动教养时予以考虑的一个重要因素。

（二）劳动教养适用对象的主观要件

劳动教养适用对象的主观要件是指行为人实施违法犯罪行为时的主观心理状态应是故意，而非过失。对于过失违法犯罪的行为人，不应适用劳动教养。

行为人主观恶习的存在是适用劳动教养的决定因素。行为人的主观恶习，在构成劳动教养的必要条件中居于首要位置。对行为人是否适用劳动教养，主观恶习是关键的因素。违法犯罪行为的存在是适用劳动教养的一个必要条件，但必要条件不是充分条件。所谓必要的含义是指，劳动教养处罚必须有违法犯罪行为存在，但有了违法犯罪行为未必一定给予劳动教养处罚。对行为人是否处以劳动教养，应该将重点放在判断该行为者的主观恶性，是否已成为习惯，是否对社会共同生活构成威胁，劳动教养把人身危险性看做是该制度适用的本质条件，没有主体恶习的存在就无以论劳动教养。

（三）劳动教养适用对象的主体要件

实施了有关劳动教养的法律、法规等规范性文件中规定的违法犯罪行为的人，并不一定都是劳动教养的适用对象。这主要看其是否具备如下主体要件：

1. 必须是中国公民

根据有关文件规定，对于外国人、无国籍人及我国香港、澳门、台湾地区的居民不应适用劳动教养，也即这些人不属于劳动教养的适用对象。

2. 必须是达到法定责任年龄的人

对于违法犯罪时不满十六周岁的人，不应适用劳动教养。违法犯罪时年满十六周岁以上（含十六周岁）的人，才有可能成为劳动教养的适用对象。

3. 必须是具有责任能力、精神正常的人

对于精神病人不应适用劳动教养。

4. 必须是没有严重生理缺陷的人

对于有呆傻、盲、聋、哑这几种生理缺陷之一的人，不应适用劳动教养。

5. 必须是没有严重疾病的人

对于严重疾病患者，不应适用劳动教养。

6. 必须是具有劳动能力的人

对于丧失劳动能力的人不应适用劳动教养。

另外，对于怀孕或哺乳自己未满一周岁婴儿的妇女，也不应适用劳动教养，她们不属于劳动教养适用对象之列。

上述劳动教养适用对象的主体要件都是在劳动教养法律、法规和其他规范性文件中明确规定的，实践中必须认真掌握执行。对于不符合这些要件的人，绝不能呈报、审批、执行劳动教养。这些要件的大多数都是劳动教养措施所特有的，体现了劳动教养适用对象与刑罚、治安管理处罚等措施的适用对象的区别，也体现了劳动教养的性质和特色。

综上所述，劳动教养的适用对象应是同时具备客观要件、主观要件和主体要件的人。

四、劳动教养适用对象的调整、变化

劳动教养的适用对象不是一成不变的，而是要随着国家政治经济形势、社会治安状况的发展变化而不断进行调整和变化的。从劳动教养创办至今的历史发展来看，劳动教养的适用对象经历了多次调整、变化。

1956 年 1 月，中共中央在《关于各省、市应立即筹办劳动教养机构的指示》中规定，劳动教养的适用对象为两种人：一是有一定罪恶必须给予管制处罚的反革命分子和坏分子；二是虽只有轻微罪恶不够管制，但也必须实行劳动教养的其他坏分子。至于这两种人的具体范围，在 1956 年 3 月 10 日中共中央批准的中央十人小组《关于反革命分子和其他坏分子的解释及处理的政策界限的暂行规定》中作了明确具体规定。

1957 年 8 月《国务院关于劳动教养问题的决定》中规定劳动教养的适用对象为"四种人"：（1）不务正业，有流氓行为或者有不追究刑事责任的盗窃、诈骗等行为，违反治安管理、屡教不改的；（2）罪行轻微，不追究刑事责任的反革命分子、反社会主义的反动分子，受到机关、团体、企业、学校等单位的开除处分，无生活出路的；（3）机关、团体、企业、学校等单位内，有劳动力，但长期拒绝劳动或者破坏纪律、妨害公共秩序，受到开除处分，无生活出路的；（4）不服从工作的分配和就业转业的安置，或者不接受从事劳动生产的劝导，不断地无理取闹、妨害公务、屡教不改的。

1961 年 4 月中共中央批准的第十一次全国公安会议《关于当前公安工作十个具体政策问题的补充规定》指出，必须严格控制劳动教养的适用对象，解决县办、社办劳动教养问题，并根据《国务院关于劳动教养问题的决定》，针对当时实际工作中劳动教养适用对象的范围过宽的现象，明确规定"应当劳动教养的"，主要是大中城市和厂矿、企业、机关、学校中清理出来的三种人：（1）有轻微罪行、可以不追究刑事责任的反革命分子和有流氓、盗窃、诈骗等行为，屡教不改而又不给予刑事处分的坏分子；（2）少数极端仇视社会主义、政治上有危险而不给予刑事处分的右派分子和反动分子；（3）某些受旧社会遗毒太深，好逸恶劳，长期拒绝劳动，破坏劳动纪律，不断无理取闹，妨害公共秩序，屡教不改的分子。

1982 年 1 月《劳动教养试行办法》中规定劳动教养适用对象为"六种人"；1986 年 9 月通过的《治安管理处罚条例》第 30 条、第 32 条增加了"三种人"；1989 年 8 月国务院发布的《铁路运输安全保护条例》第 24 条增加了"四种人"；1990 年 12 月通过的《关于禁毒的决定》又增加了"一种人"。此外，近些年来的一些司法解释等规范性文件也增加了劳动教养的适用对象。

五、现阶段劳动教养适用对象的范围

根据全国人民代表大会常务委员会批准的《国务院关于劳动教养问题的决定》、《关于劳动教养的补充规定》和国务院转发的公安部《劳动教养试行办法》等法律、行政法规的规定，对年满十六周岁、具有下列情形之一的，应当依法决定劳动教养：

（一）危害国家安全情节显著轻微，尚不够刑事处罚的；

（二）结伙杀人、抢劫、强奸、放火、绑架、爆炸或者拐卖妇女、儿童的犯罪团伙中，尚不够刑事处罚的；

（三）有强制猥亵、侮辱妇女，猥亵儿童，聚众淫乱，引诱未成年人聚众淫乱，非法拘禁，盗窃，诈骗，伪造、倒卖发票，倒卖车票、船票，伪造有价票证，倒卖伪造的有价票证，抢夺，聚众哄抢，敲诈勒索，招摇撞骗，伪造、变造、买卖国家机关公文、证件、印章，以及窝藏、转移、收购、销售赃物的违法犯罪行为，被依法判处刑罚执行期满后五年内又实施前述行为之一，或者被公安机关依法予以罚款、行政拘留、收容教养、劳动教养执行期满后三年内又实施前述行为之一，尚不够刑事处罚的；

（四）制造恐怖气氛、造成公众心理恐慌、危害公共安全，组织、利用会道门、邪教组织、利用迷信破坏国家法律实施，聚众斗殴，寻衅滋事，煽动闹事，强买强卖、欺行霸市，或者称霸一方、为非作恶、欺压群众、恶习较深、扰乱社会治安秩序，尚不够刑事处罚的；

（五）无理取闹，扰乱生产秩序、工作秩序、教学科研秩序或者生活秩序，且拒绝、阻碍国家机关工作人员依法执行职务，未使用暴力、威胁方法的；

（六）教唆他人违法犯罪，尚不够刑事处罚的；

（七）介绍、容留他人卖淫、嫖娼，引诱他人卖淫，赌博或者为赌博提供条件，制作、复制、出售、出租或者传播淫秽物品，情节较重，尚不够刑事处罚的；

（八）因卖淫、嫖娼被公安机关依法予以警告、罚款或者行政拘留后又卖淫、嫖娼的；

（九）吸食、注射毒品成瘾，经过强制戒除后又吸食、注射毒品的；

（十）有法律规定的其他应当劳动教养情形的。

对实施危害国家安全、危害公共安全、侵犯公民人身权利、侵犯财产、妨害社会管理秩序的犯罪行为的人，因犯罪情节轻微人民检察院不起诉、人民法院免予刑事处罚，符合劳动教养条件的，可以依法决定劳动教养。

上述行为人即是当前劳动教养的主要适用对象，当行为人符合劳动教养的其他条件（如主体要件、适用范围条件）时，即应对其适用劳动教养。对于有关劳动教养的法律、法规及其他规范性文件中没有明确规定应当或可以劳动教养的行为人，都不属劳动教养适用对象之列，不应适用劳动教养，不得随意扩大劳动教养适用对象的范围。

第三节　劳动教养的适用期限

一、劳动教养期限的含义

劳动教养期限是指执行劳动教养的时间限制。根据现行劳动教养法律规定，劳动教养期限为 1 至 3 年；在劳动教养执行过程中可以延长，但累计延长的期限不得超过 1 年。在具体的劳动教养案件中，被决定劳动教养的人的劳动教养期限，应由劳动教养审批机关在审批决定劳动教养的同时，在 1 至 3 年的幅度内予以适当确定。

二、劳动教养期限的规定

劳动教养创办初期，因为它具有安置就业性质，所以当时的有关创办劳动教养的文件《国务院关于劳动教养问题的决定》中均没有关于劳动教养期限的规定。后来，随着我国政治经济形势的发展和社会治安状况的变化，尤其是劳动教养对象的调整，1961 年 4 月，中共中央批准的第十一次全国公安会议《关于当前公安工作十个具体政策问题的补充规定》中首次规定了劳动教养期限的问题。该《补充规定》中规定："劳动教养的期限，一般从 2 年到 3 年，这是内部规定，只在收容的时候向本人及其家属宣布，不对外公布。在劳动教养期间，表现好的，可以提前解除劳动教养；表现不好的，可以延长劳动教养期限（也必须正式向本人及其家属宣布）；有破坏行为的，应当依法判刑。"实践表明，规定劳动教养期限的政策促进了劳动教养事业的健康发展，是行之有效的。因此，1979 年 11 月全国人大常委会批准《国务院关于劳动教养的补充规定》，将这一政策进一步完善后上升为国家意志，即以立法的方式将劳动教养的期限确认、固定下来，取代了以前的内部文件规定方式。该《规定》第 3 条明确规定："劳动教养的期限为 1 年至 3 年。必要时可延长 1 年。"1982 年 1 月国务院转发的《劳动教养试行办法》第 13 条对劳动教养期限又作出了更为具体的规定："劳动教养期限，根据需要劳动教养的人的违法犯罪事实、性质、情节、动机和危害程度，确定为 1 至 3 年。"此外，它还对劳动教养期限的计算、提前解除劳动教养、减少和延长劳动教养期限等涉及劳动教养期限的问题也作出了规定。这些法律、法规中关于劳动教养期限的规定，同 1961 年 4 月中央文件的规定相比，一个重要的区别是将劳动教养期限的下限缩短了 1 年，即由原来的 2 年缩短为 1 年，从而增大了劳动教养期限的幅度。这些规定即是现阶段处理劳动教养期限问题的法律依据，实践中应严格贯彻执行。比如，劳动教养审批机关在决定对某人适用劳动教养时，只能在 1 至 3 年这一幅度内确定相应的劳动教养期限，而不能决定低于 1 年或超过 3 年的期限。

三、劳动教养期限的确定

根据劳动教养法律、法规规定和劳动教养审批权限，被决定劳动教养的人的具体劳动教养期限，由作出劳动教养决定的劳动教养审批机关在批准劳动教养的同时，根据被决定劳动教养的人的违法犯罪事实、性质、情节、动机、危害程度以及其主观恶性和人身危险性大小、恶习深浅、教育改造的难易程度等，在 1 年至 3 年的法定幅度内予以裁量确定。《公安机关办理劳动教养案件规定》规定了较为具体的劳动教养期限划分，即第 44 条规定的 1 年、1 年 3 个月、1 年 6 个月、1 年 9 个月、2 年、2 年 3 个月、2 年 6 个月、2 年 9 个月或者 3 年。该条第 2 款还特别强调，对未成年人决定劳动教养的期限，除该未成年的违法犯罪嫌疑人在强制戒毒后又吸食、注射毒品外，一般应给予 1 年或者 1 年 3 个月，最长不得超过 1 年 6 个月。

审批机关最后确定的劳动教养期限，应明确地写在《劳动教养决定书》和《劳动教养通知书》上，并应向被决定劳动教养的人及其家属宣布。当被决定劳动教养的人认为劳动教养期限不当而对劳动教养决定不服时，有权依法申请行政复议和提起行政诉讼，审批机关应明确告知其享有此权利并保障其依法行使。

四、劳动教养期限的变更

一般地说，劳动教养期限一经确定，并在《劳动教养决定书》和《劳动教养通知书》上写明，劳动教养的执行机关（即劳动教养管理所）就要严格地执行，而不得随意变动，直至劳动教养期限届满解除劳动教养为止。不过也有例外，即在执行劳动教养的过程中，有关部门可以根据劳动教养人员的改造表现，对他的原定劳动教养期限依法予以变更，而不再完全按原定劳动教养期限执行完毕。这种变更主要包括不执行完原劳动教养期限即提前解除劳动教养、减少劳动教养期限和延长劳动教养期限三种。它们也是劳动教养执行期间对劳动教养人员适用的重要奖惩措施。有关部门必须严格按照劳动教养法律、法规、规章所规定的条件、程序等予以适用。

劳动教养学

【延伸阅读】

劳动教养应依法适用

王某，今年26岁，某省G市人。大学毕业后，独自和同学来到S市谋职创业。2009年7月26日，他路过一家发廊，当看见里面一些穿着性感的女子时，就情不自禁地走了进去。他看中了一位漂亮的小姐，当即表示要到外面去"敲大背"（当地指发生性关系）。"你们就到她在外面租的房子里去，那里比较安全。"老板娘提醒。王某于是和这位小姐来到该市某路一个小区，双方议好价后发生了关系。事毕，他穿好衣服，准备到楼下的一个自动取款机取钱时，一名警察见他形迹可疑，随即将他带到派出所进行讯问。

公安机关了解到，王某已经不是初犯，在2007年，他就曾因嫖娼被S市公安局J分局行政拘留5日。2009年7月27日，P分局以王某从事嫖娼违法行为为由，决定对其作出行政拘留15天的处罚，并于同日向他送达了行政处罚决定书。考虑到王某有"前科"，7月30日，P分局又以王某犯有嫖娼行为向S市劳教委请示报批王某劳动教养一年。8月4日，S市劳教委以王某犯有嫖娼行为为由，作出劳动教养决定，决定对他劳动教养一年。8月7日，P分局决定撤销对王某的行政拘留决定。S市劳教委于同日下达了劳动教养执行通知书。

2009年11月，王某一纸诉状将S市劳教委告到G市Z区法院。在诉状中，王某称他因"嫖娼"行为已经被公安机关行政拘留15日。在执行拘留期间，S市劳教委在行政拘留决定没有撤销情况下，又以同一事实对其作出收容劳动教养一年决定。这明显违反了《行政处罚法》关于"一事不再罚"等行政基本原则，应认定为无效处罚决定。

一审法院经审理认为，对违法行为人实行劳动教养，劳教委应严格依照法律、法规的规定，依法履行其职责。在本案中，王某嫖娼违反了《治安管理处罚法》，S市公安局P分局已对其作出行政拘留15日的行政处罚决定。在该处罚决定执行期间，该局又以王某的同一违法行为向S市劳教委呈报批准劳动教养，违反了《公安机关办理行政案件程序规定》，属于对相对人同一违法事实的重复处理。S市劳教委对P分局的呈报予以批准，并决定对王某实行劳动教养显属不当，违反了"一事不再罚"原则。据此，依照有关法律规定，判决撤销S市劳教委作出的对王某的劳动教养决定书。

一审宣判后，S市劳教委不服，向G市中院提起上诉，称：劳动教养案件的诉讼标的是其作出的劳动教养决定，而非G分局作出的治安处罚决定。同时，根据《行政诉讼法》规定，该案中一审法院审理范围仅限于S市劳教委作出劳动教养决定所依据的证据、依据及是否遵守法定程序。而根据国务院《关于劳动教养问题的决定》及相关法律法规的规定，劳动教养的法定程序是请示、决定、送达。可见，无论是从诉讼标的还是审理范围来看，P 分局作出的治安处罚决定不在一审法院审理范围之列，一审法院对此审理并作出判决缺乏法律依据。

S 市劳教委认为，"一事二罚"的法律依据是《行政处罚法》的规定："对当事人的同一违法行为，不得给予两次以上罚款的行政处罚。"而《行政处罚法》未将劳动教养列为行政处罚。因此，劳动教养根本不属于行政处罚。并且，P 分局对王某先予行政拘留，但在随后的调查中发现他因嫖娼行为受过治安处罚的事实，符合劳动教养标准，即向 S 市劳教委请示劳教，并且在该劳动教养决定向王某送达生效之前，依法撤销了对他的行政拘留。在确定劳动教养期限后，S 市劳教委将王某之前被羁押的时间在劳动教养期限中全部予以折抵，并未影响王某的实体权利，所以不存在"一事二罚"的情况。

2010 年 1 月 18 日，某省 G 市中院对该案进行了二审。认为按照 2006 年 3 月 1 日实施的《治安管理处罚法》规定，"卖淫嫖娼，处 10 日以上 15 日以下拘留，可以并处 5000 元以下罚款；情节较轻的，处 5 日以下拘留或 500 元以下罚款"。而《全国人大常委会关于严禁卖淫嫖娼的决定》是于 1991 年 9 月 4 日公布实施，按照后法优于前法的法律适用原则，对卖淫嫖娼行为，应当依照《治安管理处罚法》的相关规定进行处罚。况且在 2009 年 8 月，第十一届全国人大常委会第十次会议通过了《全国人民代表大会常务委员会关于修改部分法律的决定》（以下简称《决定》），将该《决定》第 3 条、第 4 条中的"卖淫嫖娼依照《治安管理处罚条例》第 30 条规定处罚"修改为"依照《治安管理处罚法》的规定处罚"。

王某实施了嫖娼行为，违反了《治安管理处罚法》的相关规定，S 市公安局 P 分局已对其处以 15 日的治安行政拘留。现 S 市劳教委又以王某曾在 2007 年因嫖娼被处治安拘留 5 日为由，依照《决定》第 4 条和国务院《关于劳动教养的决定》第 3 条规定，对其作出劳动教养一年的决定。其作出的具体行政行为不符合上述法律规定，不具有合法性，应当予以撤销。

原审法院对本案的审判活动，均围绕 S 市劳教委作出的劳动教养决定这一具体行政行为，并未超出审理范围。一审法院判决撤销劳动教养决定的理由虽然有失准确，但实体判决撤销是正确的。据此，二审法院作出终审判决：驳回上诉，维持原判。

第七章　劳动教养的适用程序

【案例导入】

付某 2008 年 5 月 20 日因团伙盗窃作案被劳教，办案单位呈报劳动教养两年。警方告知其依法享有聆询的权利，付某的近亲属及相关人员参加了旁听。某市公安局聆询组经过聆询认为，虽然该人多次违法犯罪，屡教不改，但在这次团伙盗窃案件中没有具体实施盗窃行为，属于从犯，并且盗窃数额较小。经过聆询合议，犯罪嫌疑人付某被减去一年劳动教养期限，决定劳动教养由原来的两年减至一年。同案犯李某因盗窃被劳教，办案单位呈报劳动教养 3 年，事实清楚，证据充分。在聆询中该嫌疑人不仅认罪态度不好，而且还假装有病，想借此逃避处罚。通过聆询，决定予以维持原劳动教养 3 年的意见。聆询之后，公安机关法制部门按规定以本级劳动教养管理委员会的名义制作了《劳动教养决定书》和《劳动教养通知书》，并及时送达呈报单位按照有关规定将被劳教人员送往指定劳动教养场所执行。

请根据上述案例分析劳动教养适用程序各环节的具体操作流程。

第一节　劳动教养的提请程序

一、劳动教养提请程序的概念

劳动教养的提请程序，是指劳动教养的办案部门、呈报部门对有关案件进行调查取证后，认为符合劳动教养条件、需要适用劳动教养时，依法提请审批机关审查批准的活动次序、方式和手续。

劳动教养的提请程序，是劳动教养适用的起始和必经阶段，它为以后的审批和执行等环节提供必要的基础和条件。只有完成这一程序，才能为下一步的审批、聆询和执行等活动提供保障。同时，劳动教养提请程序也是一项严肃的执法活动，必须由法律规定的劳动教养办案单位、呈报单位进行，其他任何机关、团体、企事业单位和个人都不能对某人提出适用劳动教养的建议或请求。

二、劳动教养案件的办案单位和呈报单位

根据劳动教养的有关法规的规定和实际工作情况，劳动教养的办案单位应包括四部分：直辖市所辖区公安分局的业务部门，省或自治区辖市所属区公安分局的业务部门，县（旗、市）公安机关的业务部门和公安派出所。公安机关的业务部门，主要是指公安派出所和县级公安机关的治安部门、治安大队、刑警大队、经侦大队、禁毒大队等部门。办案单位负责案件的调查或侦查、取证、征求有关部门的意见、结案、制作文书、送审等各方面工作。

劳动教养的呈报单位，是指直辖市所辖区公安分局，省或自治区辖市所属区公安分局，县（自治县、旗、县级市）公安局。

目前，劳动教养案件的来源渠道主要是由治安案件和刑事案件转化而来的。在实践中劳动教养的案件来源主要包括四类：一是公安机关在治安案件的查处中，认为情节较重、屡教不改的，建议适用劳动教养的案件；二是公安机关在刑事案件侦查预审中，认为案情明显轻微、不够或不需要刑事处罚，建议适用劳动教养的案件；三是人民检察院决定不予起诉的，建议适用劳动教养的案件；四是人民法院判决免予刑事处罚或宣告无罪，建议适用劳动教养的案件。

三、劳动教养提请程序的主要环节

（一）调查取证

办理劳动教养案件，必须以事实为根据，以法律为准绳，做到事实清楚，证据确实充分，定性准确，量处适当，程序合法。劳动教养案件的调查取证，是依法准确适用劳动教养的前提和保证。调查取证是指办案单位在处理有关案件的过程中，查明违法犯罪事实，收集充分的证据，为是否适用及如何适用劳动教养提供事实依据的活动，调查取证是劳动教养提请程序的重要环节。主要包括案件的调查、证据的收集和证据的分析判断等程序。

1. 案件的调查

办案单位对于辖区所发生的案件，依照劳动教养的有关法律法规，开展案件的调查，查明的主要问题应包括：是否有违法犯罪事实的发生，违法犯罪的程度，案情的经过，具体时间、地点、动机、目的、手段、产生的后果等；行为人的基本情况，姓名、性别、年龄、籍贯、有无前科；是否符合劳动教养的有关条件等。

办案人员要本着实事求是的态度，进行案件的调查，可以采取讯问当事人、询问有关证人、检查、勘验等措施，调查工作要客观、全面、细致，了解案件的真实情况，为准确判断案件提供依据。

2. 证据的收集

通过调查取得准确、充分的证据，是查明案件的需要，也是准确定性劳动教养案件的前提。办案单位与办案人员，要尽可能地收集与案件有关的证据，获得的证据要尽量全面、详细、准确。在办案过程中，严禁采用刑讯逼供或威胁、引诱、欺骗等非法手段获得证据。办案单位应派两个以上的办案人员进行证据的收集和对当事人进行讯问，对证人的询问应个别进行。并将讯问、询问过程制成笔录，笔录要真实地反映事件真相，经核对无误后，由相关人员在笔录上签名或者盖章、捺按指纹。

3. 证据的分析判断

办案单位在对案件调查取证之后，要对调查的情况及收集的证据，进行综合分析和审查判断，依据劳动教养的相关法律法规，分析判断适用劳动教养定性是否准确，对事实清楚、证据确凿，符合劳动教养条件的案件，应将案件及时提交呈报单位，进入审核环节。

（二）案件的呈报

劳动教养案件的呈报，是指办案单位在调查取证的基础上，认为案件事实清楚、证据确实充分、定性准确、符合劳动教养条件后，将案件移送本级公安机关法制部门进行审核的活动。

县级公安机关办案单位对案件调查完毕后，对于符合劳动教养条件的案件，办案单位要按照有关规定制作《劳动教养呈批报告》，其内容应包括：拟劳动教养人员的基本情况，拟劳动教养的依据和理由，本人所在单位、社区的意见，办案人员及办案单位负责人的意见等内容。《劳动教养呈批报告》完成后，经办案部门负责人审核后，加盖办案部门印章，连同案卷材料报送本级公安机关法制部门审核。

地级以上公安机关办案单位对案件调查完毕后，认为违法犯罪事实已经查清，证据确实充分，符合劳动教养条件的，应当填写《劳动教养呈批报告》，经办案单位负责人审核后，加盖办案单位印章，连同案卷材料报送本级公安机关法制部门审核。

《劳动教养呈批报告》应当载明下列内容：

1. 违法犯罪嫌疑人的基本情况，包括姓名、性别、出生年月日、身份证件号码、出生地、民族、文化程度、职业、工作单位、住址、违法犯罪经历；

2. 违法犯罪事实和证据；

3. 劳动教养的理由、依据和期限；

4. 违法犯罪嫌疑人或者其家属、单位是否申请所外执行及其理由；

5. 未成年违法犯罪嫌疑人的家庭有无实际管教能力；

6. 其他有关情况。

拟对未成年人呈报劳动教养的，办案部门应当就其家庭有无实际管教能力，向其父母或者其他监护人、邻居、学校、居住地社区、居（村）民委员会或者公安派出所调查取证。

另外，呈报的案件需附有本案的案卷材料。案卷材料包括以下内容：

1. 卷内文件目录；

2. 结案报告；

3. 受理刑事案件、治安案件登记表及报案笔录、立案报告、破案报告；

4. 拘留、逮捕、拘传、取保候审、监视居住等文书（依照采取强制措施的实际情况和时间顺序排列）；

5. 传唤证（或者传唤通知书）、提讯证；

6. 讯问笔录（一般按讯问时间顺序排列，必要时可按问题的性质排列）；

7. 亲笔供词（一般按时间顺序排列，必要时可按问题的性质排列）；

8. 询问笔录（包括询问证人、被害人笔录）；

9. 物证、书证、鉴定结论、勘验、检查笔录、视听资料等证据；

10. 没收、扣押物品的决定书、清单和收据、财物退还原主的证明；

11. 造成损失物品登记清单和有关部门的作价证明；

12. 原受行政处分和处罚、刑事处罚的相应法律文件；

13. 对被呈报劳动教养的对象未满 18 周岁的应有年龄证明。

第二节　劳动教养的审核程序

一、劳动教养审核程序的概念

劳动教养的审核程序，是指县级公安机关的法制部门对本级公安机关办案单位、地级以上公安机关的法制部门，对本级公安机关的办案部门及县级公安机关法制部门，所呈报的劳动教养案件，其事实是否清楚、性质是否准确、证据是否确凿充分、办案程序是否合法及手续是否完备进行审查和复核，并作出相应处理的活动。它包括三个方面的内容：

（一）案件的呈报与审核部门

1. 案件的呈报部门是指：

（1）县级公安机关的办案单位，一般是指公安派出所、治安大队、刑警大队、国保大队、经侦大队、禁毒大队等部门；

（2）地级以上公安机关的办案部门，一般是地市级公安机关的治安、刑侦、政保、内保等部门；

　　(3) 县级公安机关的法制部门。

　　2. 案件的审核主要由县级公安机关的法制部门或地级以上公安机关的法制部门负责。

　　(二) 审核内容

　　县级公安机关及地级以上公安机关法制部门，对呈报单位呈报的劳动教养案件依法进行审核，审核内容包括以下八个方面：

　　1. 是否属于劳动教养的适用对象；

　　2. 基本违法犯罪事实是否清楚、基本证据是否确实充分，有无法定的从轻、从重情节；

　　3. 案件定性是否准确；

　　4. 适用依据是否准确；

　　5. 违法犯罪嫌疑人的年龄、责任能力、健康状况，有无违法犯罪经历；

　　6. 违法犯罪嫌疑人或者其家属、单位申请劳动教养所外执行的理由是否属实；

　　7. 未成年违法犯罪嫌疑人的家庭实际管教能力情况；

　　8. 办案程序是否合法，法律手续是否完备。

　　劳动教养是一项严肃的执法活动，对案件的审核是劳动教养适用程序中的一个重要环节，起着承上启下的作用，审核环节是否严格，定性是否准确，直接关系到劳动教养法制的严肃性和权威性，关系到公民的合法权益保障问题。因此，负责案件审核的部门，应根据国家劳动教养有关法律法规，严格、准确把握劳动教养的适用标准，不放过任何细节，对可疑案件一定要慎重，做到案件事实清楚、证据确凿，确保劳动教养案件的审批质量。

　　(三) 审核结果

　　对呈报单位报送的劳动教养案件，审核机关必须坚持以事实为依据、以法律为准绳的原则，对呈报案件进行认真把关，严格依照劳动教养有关法律法规及法定条件进行逐一审核，针对不同情况进行分别处理。

　　1. 县级公安机关法制部门对本级公安机关的办案单位呈报的劳动教养案件，审核后作出三种处理：(1) 对于事实不清、证据不足的案件，退回呈报单位进行补充调查；(2) 对于不符合劳动教养有关条件的案件，退回办案单位，建议不予劳动教养，提出其他处理意见；(3) 对于事实清楚、证据确凿、认为符合劳动教养条件的案件，报请地级公安机关法制部门进一步审核。

　　2. 地级以上公安机关法制部门对本级公安机关办案部门及县级公安机关法制部门呈报的劳动教养案件，审核之后做如下处理：(1) 对于事实不清、证据不足的案件，退回呈报单位进行补充调查；（2）对于不符合劳动教养有关条件的案件，退回办案单位，建议不予劳动教养，提出其他处理意见；（3）对于事实清楚、证据确凿、认为符合劳动教养条件的案件，提请本级劳动教养审批委员会审议决定。

二、劳动教养案件审核工作的实施

（一）县级案件的审核

1. 审阅案卷。县级公安机关法制部门接到本级公安机关办案部门报送的劳动教养案件后，应当组织二名以上民警对呈报的劳动教养案件，进行专门审核，由专人负责审阅案卷，掌握案情的基本情况，发现其中的疑点和冲突，把握案情的关键点，并根据劳动教养有关法律法规，对案情做出进一步的判断分析。尤其在案情的定性上，要做到事实清楚、证据确凿，才能定性准确。

2. 讯问违法犯罪嫌疑人。县级公安机关法制部门审核劳动教养案件，应当讯问违法犯罪嫌疑人，对其主要违法犯罪事实和证据进行复核。讯问未成年违法犯罪嫌疑人，除有碍调查或者无法通知的情形外，应当通知其父母或者其他监护人、教师到场。讯问违法犯罪嫌疑人的情况，应当制成详细的笔录，由违法犯罪嫌疑人核对并签名或者按捺指印。

3. 调查取证。经过审阅案卷、讯问违法犯罪嫌疑人等环节后，审核人员对案情仍有疑点，认为仍然缺乏翔实有力的证据时，可以采取询问证人、检验、鉴定等方法继续调查取证，以完善补充相关证据。

4. 呈请审批。对县级公安机关办案部门报送的劳动教养案件，本级公安机关法制部门应当在三日内审核完毕，并写出《审核报告》，《审核报告》的内容应包括：对主要违法犯罪事实和证据进行复核的情况；处理意见和法律依据，包括对违法犯罪嫌疑人或者其家属、单位所外执行申请的审核意见；审核人员名单；其他有关情况。根据案件情况，认为违法犯罪事实已经查清，证据确实充分，符合劳动教养条件的，在《劳动教养呈批报告》上签署意见，报经本级公安机关负责人批准后，加盖本级公安机关印章，连同《审核报告》报送地级公安机关法制部门审核；认为基本事实不清、基本证据不足，或者需要查证其他违法犯罪问题的，应当列出补充调查提纲，退回办案部门限期补充调查（必要时，法制部门也可以自行补充调查）；认为不符合劳动教养条件的，应当写明理由，依法应当追究刑事责任、予以治安管理处罚或者其他处理的，应当提出处理意见，退回办案部门依法处理。

（二）地级以上案件的审核

1. 书面审核。对县级公安机关或者本级公安机关办案部门呈报的劳动教案件，地级以上公安机关法制部门应当组成合议组进行书面审核。遇有下列情形之一的，合议组应当讯问违法犯罪嫌疑人：（1）案件事实虽然有证据证明，但违法犯罪嫌疑人不供述或者前后供述不一致，影响事实认定和定性处理的；（2）对主要违法犯罪事实及其证据的客观性、关联性和合法性有疑问的；（3）案件重大、复杂或者有疑难的；（4）其他需要当面核实的。

合议组由法制部门的三名或者五名民警组成，其中一人为组长。参加合议的民警应当具有二年以上公安工作经验和较高的业务、法律素质，合议组组长应当由公安机关法制部门的负责人担任。合议组合议后，应当制作《合议笔录》，按照少数服从多数的原则提出处理意见，并将少数人的意见记入笔录，报地级以上公安机关法制部门负责人审核。《合议笔录》应当载明合议组成员的意见和理由，并由其本人审阅确认无误后签名或者盖章。

2. 呈请审批。地级以上公安机关法制部门负责人对劳动教养案件进行审核后，应当根据案件的不同情况和有关法律规定，在《劳动教养呈批报告》上签署意见，分别作出如下处理：（1）案件事实清楚，证据确实充分，违法犯罪嫌疑人符合劳动教养条件的，连同《合议笔录》提请本级公安机关劳动教养审批委员会审议决定；（2）符合聆询条件的，连同《合议笔录》提请本级公安机关劳动教养审批委员会负责人审批；（3）案件主要事实不清、证据不足或者需要查清其他违法犯罪问题的，应当列出补充调查提纲，退回呈报单位补充调查（必要时，法制部门也可以自行补充调查）；（4）案件事实清楚，证据确实充分，依法应当追究刑事责任或予以治安管理处罚或者作其他处理的，应当退回呈报单位依法处理。

对于补充调查的案件，呈报单位应当在收到补充调查提纲之日起的5日内调查完毕；法制部门自行补充调查的，应当在决定补充调查之日起的5日内调查完毕。补充调查以1次为限。补充调查后，地级以上公安机关法制部门仍然认为案件主要事实不清、证据不足的，应当提请本级劳动教养审批机关审议后作出不予劳动教养的决定。

地级以上公安机关法制部门应当在收到县级公安机关法制部门或者本级公安机关办案部门报送的《劳动教养呈批报告》及有关材料之日起的3日内审核完毕。对于需要补充调查或者违法犯罪嫌疑人申请聆询的案件，审核时间可以延长到12日；对于需要补充调查且违法犯罪嫌疑人申请聆询的案件，审核时间可以延长到15日。

第三节　劳动教养的聆询程序

一、劳动教养聆询的概念及意义

（一）劳动教养聆询的概念

劳动教养聆询，是指在劳动教养审批机关主持下，办案部门和拟被劳动教养人当庭对劳动教养事实、证据以及决定的理由和依据等，进行陈述、质证和辩论的程序。聆询实际上属于广义上的听证程序，同时又是一种准司法审判程序。[①]

聆询制度是保障违法犯罪嫌疑人的陈述权和申辩权，维护其合法权益，保证公安机关公正文明执法的重要制度。"聆询"一词最早出现于 2002 年 6 月公安部《公安机关办理劳动教养案件规定》（以下简称《规定》），取词源于《刑事诉讼法》中的"聆讯"，内容借鉴于《行政处罚法》中的"听证"。由于长时间以来劳动教养性质的争论，劳动教养审批程序并没有直接引进听证程序，而是创新地采用"聆询"一词。聆询实际上属于广义上的听证程序。听证是指行政机关为了合理、有效地制定和实施行政决定，公开举行由利害关系人参加的，听取行政相对人的陈述、申辩，并接受行政相对人对行政机关收集的证据进行质证的程序活动。根据公众参与的方式和程度的不同，听证可以分为正式的听证和非正式的听证。所谓正式的听证，是指行政机关在制定法规和作出行政裁决时，举行正式的听证会，使得当事人可以提出证据、质证、询问证人，行政机关基于听证记录而作出决定的听证。《规定》中第四章所规定的聆询属于正式的听证，即在聆询过程中，地级以上的公安机关必须举行正式的聆询会。

（二）劳动教养聆询的意义

1. 有利于推动公正的裁决，保护当事人的合法权益

劳动教养聆询制度的建立，有利于推动公正的裁决，保护当事人的合法权益。聆询方式上借鉴了诉讼程序中的两方对抗、法官居中的构造模式，在聆询过程中，由聆询主持人主持聆询，主持人居中听取案件调查人员和聆询申请人作为控辩双方陈述事实、理由，询问证人，展开辩论，并可以提出新的事实和证据。这样，有利于主持人发现案件真实情况，从而有效防止劳动教养审批权的滥用。

2. 有利于保障行政相对人的平等、有效参与权

在劳动教养聆询过程中，申请人通过陈述自己的意见、进行申辩，并对不利于自己的证据进行反驳，从而平等地参与行政决定的作出过程；而行政主体作出

劳动教养学

---

① 程书兵：《广东行政学院学报》第 19 卷第 5 期，2007 年 10 月，第 40 页。

行政决定也必须依据聆询笔录和聆询报告，或者必须充分考虑聆询笔录和聆询报告的内容，这样，聆询申请人的意见在行政决定中能够起到一定的参考作用，在行政决定的作出上产生一定程度的影响，从而有效维护法律的公平公正性。

3. 有利于实现行政决定的合法性和适当性

在劳动教养聆询过程中，聆询合议组可以听取聆询申请人的陈述与申辩，听取聆询申请人与案件调查人员的质证与辩论，有利于全面了解案件事实，正确适用法律规范，从而提出合法、适当的处理意见，为有关机关作出正式处理决定奠定良好的基础。由于听取了聆询申请人的主张，行政决定合法、适当，在一定程度上避免和减少了行政纠纷。这样，既减轻了行政复议机关和人民法院的压力，也改善了处理案件的行政机关的形象，更缓解了行政机关与当事人之间的关系。同时在劳动教养聆询活动中，也促使劳教民警提高法律和业务素质，提高执法水平。

4. 有利于公众的监督，减少暗箱操作等腐败现象的发生

在劳动教养聆询过程中，当事人、民众和新闻界等都可以参加案件的旁听，使劳动教养审批的决定过程、决定依据及决定结果，在一定程度上为当事人或其他利害关系人乃至普通民众所了解。也可使监督机关、新闻媒体、广大民众进行有效监督，可以有效防止暗箱操作、权钱交易等丑恶现象的发生，在一定程度上对于遏制腐败的发生与蔓延具有积极作用。有利于树立劳教机关及劳教民警立警为公、执法为民的良好形象，增强社会各界对劳教执法活动的理解，提高党和政府的形象，提升劳教机关的社会地位。

总之，实行劳动教养聆询制度，能够有效监督劳教审批机关在办理劳动教养案件中是否依法办事，有无违法违规行为，以及对杜绝暗箱操作和职权滥用现象的发生都有积极作用，有利于更好地保护当事人的合法权益。同时，劳教聆询制度也充分体现了宽严相济的刑事政策，既体现了劳动教养制度的公正性和民主性，又能体现以人为本的和谐社会理念，同时，也有利于维护劳动教养法制的权威性。

二、劳动教养聆询工作的原则

劳动教养聆询工作的原则，是指劳动教养机关在实施聆询过程中必须始终贯彻执行的基本准则和要求。根据劳动教养聆询的目的，在实施聆询过程中必须坚持公开、公正、职能分离和事先告知的原则。

（一）公开原则

公开，是现代法治国家的一个基本要求，公开原则要求聆询程序公开进行。如，举行聆询之前应告知聆询申请人、呈报单位和其他参加人聆询应该注意的事

项，包括聆询的案由、举行聆询的时间、地点、聆询人员的姓名，以及聆询申请人依法享有的权利等。除涉及国家机密、个人隐私和未成年人违法犯罪的案件不公开，其他案件向社会公众和新闻媒体公开，允许旁听或者进行新闻采访和报道。这样，既有利于加强对行政主体的监督，克服官僚主义、腐败现象的出现，同时也可以使劳动教养工作获得当事人乃至社会公众的认可。

（二）公正原则

公正原则，是指合理设置聆询主体所享有的权利和应承担的义务，平等地对待聆询申请人。《规定》所规定的回避、合议等制度充分体现聆询程序的公正性。《规定》第35条明确规定，聆询申请人认为聆询人员与本案有直接利害关系的，有权申请回避；第33条规定，聆询由合议组组长主持，合议组其他人员参加；第37条规定，聆询结束后，聆询主持人应当组织聆询人员进行合议，写出《聆询报告》，根据少数服从多数的原则提出处理意见，并将少数人的意见记入报告，报送本级公安机关法制部门负责人审核。这些规定都有利于公正原则的实现。

（三）职能分离原则

职能分离原则，是指行政主体内部在同一案件处理过程中，从事调查、主持聆询和作出裁决的人员应当彼此独立、各司其职，一人只能任一种职能，不得一人兼任其中两种或三种职能。强调职能分离原则，能够克服执法职能高度合并、执法角色多重性所引起的弊端，有利于实现执法的公正性。根据《规定》第36条的规定，聆询的主持人和其他聆询人员是非本案的调查人员，即实现劳动教养案件的调查权和主持聆询权相分离；《规定》第38条规定，地级以上的公安法制部门应当根据《聆询报告》和《聆询笔录》提出处理意见，提请本级公安机关劳动教养审批委员会审议决定，即实现主持聆询权与裁决权相分离。这一原则有利于及时发现违法现象，加强执法监督，确保执法的公正。

（四）事先告知原则

事先告知原则，是指行政机关组织聆询，提前告知当事人聆询所涉及的主要事项和听证时间、地点，以确保当事人有效行使抗辩权，从而保证劳动教养决定的适当性与合法性。《规定》第30条规定："地级以上公安机关决定聆询后，应当制作《聆询通知书》，在举行聆询的两日前送达聆询申请人，并说明理由。"显然，聆询申请人如果不能及时得到通知，没有充分的准备时间，就意味着其没有机会取证和辩论准备时间，不知道聆询涉及的主要问题，就无法做必要的准备，难以行使抗辩权利。

三、劳动教养聆询的主体

根据劳动教养有关规定，在作出劳动教养前，除涉及国家秘密的案件和案情简单且违法犯罪嫌疑人承认违法犯罪事实，对裁决无异议的案件外，公安机关都要告知违法犯罪嫌疑人有申请聆询的权利。劳动教养的聆询主体有两大类：一类是申请主体，另一类是管理主体。

（一）申请主体

1. 拟被决定劳动教养二年以上的违法犯罪嫌疑人；

2. 拟被决定劳动教养的未成年违法犯罪嫌疑人；

3. 非涉吸毒和邪教违法犯罪嫌疑人。

在符合上述条件之下，可以有权申请聆询。对其他种类的劳动教养案件是否实行聆询，由各省、自治区、直辖市公安厅、局和新疆生产建设兵团公安局根据本地区的实际情况作出规定。

（二）管理主体

1. 聆询的决定主体。是指决定聆询的主体。这个主体名义上是劳动教养管理委员会，实际上是劳动教养审批委员会，而在操作上是地级以上公安机关法制部门。

2. 聆询的告知主体。对劳动教养案件决定聆询之后，由谁来将这个决定告知有资格申请聆询的人，告知主体是指地级以上公安机关法制部门。

3. 聆询的举行主体。是指地级以上公安机关法制部门组成的合议组。

4. 聆询的认定主体。是指对聆询结果，即聆询过程中查明的事实认定的主体，则是劳动教养审批委员会。

四、劳动教养聆询的方式

（一）聆询合议组

聆询合议组由组长和其他人员组成。一般情况下，劳教聆询活动合议组成员由1名主持人、1名聆询员（调查人员）和1名聆询记录人组成。

聆询活动存在三方主体，即聆询主持人、控方、辩方。聆询主持人是以第三人的身份参加聆询活动的，在整个聆询过程中起主导作用，是聆询活动的组织者和指挥者。聆询主持人认为必要时，可以要求被侵害人或者其法定代理人参加聆询。

（二）参加聆询人员权利

聆询当事人的权利主要有：要求聆询或放弃聆询的权利；选择聆询主持人的权利，对聆询人员有要求依法回避的权利；亲自参加聆询的权利；有对调查人员提出的违规违法事实、证据、适用法律依据和奖惩决定进行申辩和质证的权利；

最后陈述的权利等。

调查人员的权利主要有：提出当事人违规违法事实、证据和建议奖惩决定的权利；与当事人就违规违法事实、证据和奖惩理由、法律依据进行辩论的权利；对聆询笔录进行审核签名的权利等。

其他参与人的权利主要有：参加旁听，监督聆询活动是否按规定程序组织实施；不现场发表意见，如对聆询有异议，可向聆询机关提出建议和要求；对聆询笔录进行审核签名等。

（三）聆询活动程序

聆询通过会议形式进行，应当场制作《聆询笔录》。在聆询主持人宣布聆询会正式开始后，一般按以下程序进行：

1. 由调查人员对当事人的违规违法行为或事实进行陈述，指出行为违反的具体法律法规及条文；出示有关证据；适用的法律依据；提出适用劳动教养以及期限等建议。

2. 由当事人对被指控的违规违法行为事实和相关法律问题及证据进行陈述和申辩，当事人可以出示或提出有利于自己的有关证据和材料来支持自己的申辩理由和观点。

3. 由当事人或利害关系人与调查人员就拟作出的劳动教养决定的相关事实、证据和法律进行质证和辩论。

4. 由当事人作最后陈述。

5. 当事人、调查人员、证人对各自陈述记录予以核实并签名按捺手印。

聆询结束后，聆询主持人应当组织聆询人员进行合议，写出《聆询报告》，根据少数服从多数的原则提出处理意见，并将少数人的意见记入报告，报送本级公安机关法制部门负责人审核。《聆询报告》应当载明的内容包括：案由；聆询的基本情况；合议的基本情况；聆询认定的案件事实、证据情况；处理意见，并由聆询主持人及其他聆询人员签名。

地级以上公安机关法制部门应当根据《聆询报告》和《聆询笔录》提出处理意见，提请本级劳动教养审批机关审议决定。

五、劳动教养聆询的适用期限

（一）聆询告知

对于可以举行聆询的劳动教养案件，地级以上公安机关法制部门应当在会议完毕后的2日内将《聆询告知书》送达违法犯罪嫌疑人，告知其享有要求聆询的权利。

违法犯罪嫌疑人或者其监护人要求聆询的，应当在收到《聆询告知书》之

劳动教养学

日起的 2 日内提出书面或者口头申请。违法犯罪嫌疑人或者其监护人因不可抗力或者其他特殊原因未在规定的期限内提出聆询申请，但是在障碍消除后的 1 日内提出申请的，公安机关应当准许。违法犯罪嫌疑人或者其监护人在规定的期限内未提出聆询申请的，视为放弃要求聆询的权利。

（二）聆询通知

地级以上公安机关收到聆询申请后，应当进行审查，对符合条件的，应当决定聆询 1 次；对不符合条件的，应当在收到聆询申请之日起的 2 日内作出不聆询的决定，在作出决定后的 2 日内书面通知聆询申请人，并说明理由。

地级以上公安机关决定聆询的，应当制作《聆询通知书》，在举行聆询的 2 日前送达聆询申请人，在送达《聆询通知书》的同时，通知呈报单位派调查人员按时参加聆询。并通知本案的利害关系人（如受侵害人、证人）和其他参加人（如驻所检察人员、劳教执法社会监督员、民管会成员等）按时参加聆询。

《聆询通知书》应当载明的内容包括：聆询申请人的姓名、性别、出生年月日、身份证件号码；案由；举行聆询的时间、地点；聆询人员的姓名；聆询申请人在聆询中依法享有的权利。

第四节　劳动教养的审批程序

一、劳动教养审批程序的概念和意义

劳动教养的审批程序，即劳动教养的审查与批准程序。是指劳动教养的审批机关依法对呈报单位提出的呈请审批劳动教养的案件，进行审查并作出是否给予劳动教养决定的活动规则、方法和步骤。

劳动教养的审批程序是劳动教养适用程序中最主要的一道程序，呈报单位呈请劳动教养的案件都是从这一程序开始，由审批机关进行实体审查，并依法决定对被报请劳动教养的人是否适用劳动教养。在此之前，劳动教养案件虽然已经通过办案部门、呈报单位的调查取证等活动而收集了必要的证据材料，并提出了处理意见，但这并不是对案件的最终处理决定。违法犯罪嫌疑人是否违法犯罪，违法犯罪的情节是否构成劳动教养的适用条件，应予决定多长时间的劳动教养期限等，这些都只能由劳动教养审批机关通过法定程序来最终确定。

劳动教养的审批机关能否正确把握劳动教养适用条件来准确、公正地审批劳动教养案件，直接关系到劳动教养法律法规能否正确运用，法制的尊严能否得到有效维护，也直接关系到劳动教养活动中公民合法权益的保障等。所以，劳动教养的审批程序，是劳动教养案件的处理过程中具有决定性意义的重要环节。

二、劳动教养审批的原则

因种种原因我国目前尚没有统一的劳动教养法典，在劳动教养工作实践中尤其在劳动教养的审批环节中，缺乏统一完整的具有权威性的法律规定，现有的劳动教养法律规范中，有关劳动教养审批程序的规定较为笼统，缺乏统一性和协调性，因此，根据现有法律法规，结合劳动教养工作实际，在劳动教养审批中应遵循的原则有以下内容：

（一）依法审批原则

依法审批原则，是指公安机关在对劳动教养案件的呈报、审核、审批时，应严格依照现行劳动教养的法律、法规、规章、司法解释，以及与劳动教养相关的法律规定，来判断拟被劳动教养的违法犯罪嫌疑人是否符合劳动教养条件、能否适用劳动教养，以及恰当、准确地决定劳动教养期限等一系列活动所遵循的准则。

劳动教养审批机关能否根据劳动教养法律、法规、规章等，准确、公正地审批劳动教养案件，确保劳动教养案件的审批质量，直接关系到劳动教养活动中公民合法权益的保障；直接关系到能否发挥劳动教养制度之功效，以及劳动教养场所的教育改造秩序和教育挽救质量。

要落实依法审批原则，要求公安机关在审批劳动教养案件时必须以事实为根据，对劳动教养案件的呈报、审批时，应以已经查清的、有证据证明确凿无误的违法犯罪事实为根据。在《公安机关办理劳动教养案件规定》第 42 条规定："对没有违法犯罪嫌疑人本人供述，但是其他证据确实充分，能够相互印证，并且符合劳动教养条件的，可以依法作出劳动教养决定；对只有违法犯罪嫌疑人的供述或者只有被侵害人的陈述，没有其他证据的，不得作出劳动教养决定。"因此，在劳动教养的审批时，对违法犯罪嫌疑人是否决定劳动教养，一定要以事实为依据，以法律为准绳，做到事实清楚、证据确凿、定性准确、劳动教养期限适当。只有这样，才能充分发挥劳动教养在预防犯罪、维护社会治安中的作用。

（二）罪错与期限相适应原则

在进行劳动教养审批时，审批机关应当坚持违法犯罪事实与劳动教养期限相适应的原则。劳动教养既不是刑事处罚，也不是治安处罚，它与刑事处罚和治安处罚不同，在适用的对象、法律依据、决定机关、执行方式、法律后果等方面均存在着较大的区别。劳动教养是对违法犯罪行为人人身自由的限制，是一种较为严厉的法律制裁方式。为了更好地保护公民的合法权益，审批机关应借鉴刑事处罚中的"罪刑相适应原则"，确定劳动教养活动中的"罪错与期限相适应原则"，即在审批环节中，根据违法犯罪行为人违法犯罪行为的性质、情节的轻重，确定

劳动教养学

较为适当的劳动教养期限。

长期以来，劳动教养法律、法规、规章以及司法解释，都没有规定具体的违法犯罪行为所对应的劳动教养期限。由于缺乏统一的操作标准，使得实践中劳动教养审批机关对确定被劳动教养人员劳动教养期限存在着较大的随意性。《公安机关办理劳动教养案件规定》第 44 条规定："决定劳动教养的期限，应当与违法犯罪嫌疑人的违法犯罪事实、性质、情节、动机、社会危害程度及应当承担的法律责任相适应，确定为 1 年、1 年 3 个月、1 年 6 个月、1 年 9 个月、2 年、2 年 3 个月、2 年 6 个月、2 年 9 个月或者 3 年。对未成年人决定劳动教养的期限，除强制戒除后又吸食、注射毒品的以外，一般为 1 年或者 1 年 3 个月，最长不得超过 1 年 6 个月。"这一《规定》的出台，弥补了长期以来在劳动教养期限问题上的缺陷和实际操作中的不规范，对劳动教养审批程序走上规范化道路具有积极的推动作用。

（三）公开、公正、及时原则

在劳动教养审批过程中，要坚持公开、公正、及时原则。公开，是指劳动教养审批依据的公开。对被劳动教养人员作出劳动教养决定的事实、理由、法定依据，必须通过法定渠道向社会正式公布，向被劳动教养人员及其家属的公开。摒弃一切暗箱操作，最大限度地达到法律透明公正。其重要价值有三个方面：一是有利于监督，通过公开，公安机关办理劳动教养案件被置于阳光之下，如发现问题便于得到公正解决；二是有利于教育，即通过向社会公开有关办理劳动教养案件的情况，有利于面向社会进行正面宣传，以警戒其他社会成员；三是惩罚了违法犯罪行为，维护了法制的尊严，能够取得较好的社会效果。

公正，是法律的本质，公正既是执法的目的，也是执法的永恒追求。公正执法就是严格执法程序的过程和严格执法细节的过程。在劳动教养审批中，表现为恰当地对劳动教养案件的审批，作出的决定与违法犯罪嫌疑人的违法犯罪事实、情节、社会危害程度相适应，罪错与处罚相适应，避免畸轻畸重。

及时，即劳动教养的审批、决定、执行要及时。及时，一方面是行政行为效率上的基本要求，另一方面对于迅速打击违法犯罪，维护社会稳定和治安秩序，保障公民合法权益，都具有重要意义。

在 2002 年 6 月 1 日实施的《公安机关办理劳动教养案件规定》中，进一步完善了回避原则，新增设了职能分离、合议原则、不受非法干扰等原则，增设了聆询制度等内容。这有利于劳动教养审批过程公开、公正、及时原则的进一步完善，有利于维护公民的合法权益。

三、劳动教养审批机关

劳动教养审批机关，是指经劳动教养有关法律、法规予以授权，进行审查批准劳动教养的专门机关。目前，我国劳动教养审批机关主要包括：劳动教养管理委员会、劳动教养审批委员会军队的政治部门、武装警察部队的政治部门。

（一）劳动教养管理委员会

我国劳动教养诞生在 20 世纪 50 年代，是依据当时中国特定的国情建立的一项社会主义法律制度，其审批机关的组成也带有明显的时代特征。1957 年 8 月国务院公布的《国务院关于劳动教养问题的决定》第 3 条规定："需要实行劳动教养的人，由民政、公安部门，所在机关、团体、企业、学校等单位，或者家长、监护人提出申请，经省、自治区、直辖市人民委员会或者它们委托的机关批准。"第 5 条规定："劳动教养机关，在省、自治区、直辖市一级建立或者经省、自治区、直辖市人民委员会批准建立。劳动教养机关的工作，由民政、公安部门共同负责领导和管理。"这里的劳动教养机关实际上就是现在意义上的劳动教养审批机关。

1979 年 11 月国务院公布实施的《国务院关于劳动教养问题的补充规定》第一条又明确规定："省、自治区、直辖市和大中城市人民政府成立劳动教养管理委员会，由民政、公安、劳动部门的负责人组成，领导和管理劳动教养的工作。"1982 年 1 月国务院转发公安部的《劳动教养试行办法》第 4 条规定："省、自治区、直辖市和大中城市人民政府成立劳动教养管理委员会，领导和管理劳动教养工作，审查批准劳动教养人员。"第 11 条又明确规定："需要实行劳动教养的人，均由省、自治区、直辖市和大中城市的劳动教养管理委员会审查决定。劳动教养的审批机关变更为劳动教养管理委员会。"

在上述有关劳动教养的法律、法规中，确立了我国劳动教养的审批机关为劳动教养管理委员会。就是说，一般劳动教养案件的审批机关是省一级或者地区一级（包括省、自治区所辖市、地区行政公署、自治州、盟）的劳动教养管理委员会。但随着社会主义法制建设的不断推进，由民政、公安、劳动等部门负责人组成的劳动教养管理委员会，已经不能适应时代发展的需要，在实践中已无法运作或高效完成劳动教养审批的实际工作，顺应时代发展的需要，1983 年国家进行了司法体制的改革，劳动教养管理工作由原来的公安部门移交给司法行政部门，劳动教养审批机关也再次面临改革。

为了更加理顺劳动教养的审批程序，公安部、司法部于 1984 年 3 月联合发出了《关于劳动教养和注销劳教人员城市户口问题的通知》，其中第 1 条第 2 款规定："劳动教养的审批机构设在公安机关，受劳动教养管理委员会委托审查批准需要劳动教养的人。"据此将原来由民政等多部门组成的劳动教养管理委员会，对劳动教养的审批权，以劳动教养委员会的名义委托给公安机关来行使，这样，公安机关可以以同级劳动教养管理委员会的名义审批劳动教养案件，这种审批模式从 20 世纪 80 年代一直运行至今。由此而引发的社会各界对劳动教养审批程序是否合法问题，成为劳动教养存废问题的一大焦点，长期争论不休。

（二）劳动教养审批委员会

劳动教养的审批由公安机关行使，而作为审批劳动教养事实依据的证据收集、整理，以及是否呈报劳动教养的权力也在公安机关，势必造成劳动教养审批的某些弊端。为了进一步规范劳动教养工作，避免劳动教养审批环节的随意性，公安部于 2002 年 6 月 1 日颁布了《公安机关办理劳动教养案件的规定》（以下简称《规定》）。依据《规定》第 2 条之规定："各省、自治区、直辖市公安厅（局）、新疆生产建设兵团公安局和地、地级市、州、盟公安局（处）设立劳动教养审批委员会，作为同级劳动教养管理委员会的审批机构，依照有关法律、行政法规和本规定审批劳动教养案件，并以劳动教养管理委员会的名义作出是否劳动教养的决定。"

从该条规定可以看出，省级和大中城市的劳动教养管理委员会为名义上的劳动教养的审批机关，实际上行使劳动教养审批权的为地级以上公安机关的劳动教养审批委员会。

（三）军队的政治部门

对于符合劳动教养条件的现役军人和军队在编职工，实行劳动教养的审批机关是军队的政治部门。根据 1982 年 8 月《中国人民解放军总政治部、公安部关于军队执行国务院转发公安部〈劳动教养试行办法〉几个问题的通知》第 2 条之规定："对需要劳动教养的人员，承办机关必须查清其问题事实，并填写《呈请劳动教养审批表》，连职以下干部、战士和相当于连职以下的在编职工报军或相当于军级政治部批准，营职干部和同级干部报大军区或相当于大军区级政治部批准。"对批准实行劳动教养的人员，在部队尚未设置劳动教养场所前，原则上送交部队所在省、市、自治区公安厅、局指定的劳动教养场所执行。劳动教养管理所凭军队的《劳动教养决定书》接收劳动教养人员。对掌握重要机密人员被批准实行劳动教养的，一律留在军队内部执行。

（四）武装警察部队的政治部门

对于符合劳动教养条件的现役武警官兵和武警部门在编职工，实行劳动教养的审批机关是武警部队的政治部门。根据 1987 年 10 月中国人民武装警察部队发布的《关于中国人民武装警察部队人员劳动教养问题的暂行规定》第 2 条之规定，对需要劳动教养的连职以下干部、战士和相当于连职以下在编职工，报总队政治部门审批，营职干部和同级职员干部报总部政治部审批。

四、劳动教养审批步骤

（一）审批合议制

对劳动教养案件，目前主要由劳动教养审批委员会采取合议制的方式对案件进行审批。所谓合议制，是指实行集体领导和采取少数服从多数的原则作出行政决定或者裁决的制度。

根据《规定》第40条之规定，对本级公安机关法制部门提请审议的劳动教养案件，劳动教养审批委员会负责人应当召集组成人员听取合议组组长关于案件情况和处理意见的汇报，组织审议，并按照少数服从多数的原则作出决定。本《规定》第7条还特别强调，对违法犯罪嫌疑人决定劳动教养，必须经过集体审议。未经劳动教养审批委员会的审议，不得对任何人作出劳动教养决定。劳动教养审批机关审议劳动教养案件和作出决定的情况应当制成《审议纪要》，载明参加审议的每位成员的意见和理由，并由其本人审阅确认无误后签名或者盖章。采取合议制，对于防止独断专行、滥用职权，以及切实保障违法犯罪嫌疑人的合法权益不受非法侵犯都起着积极的作用。

1. 分情况作出处理

劳动教养审批机关对劳动教养案件进行审议后，应当根据案件的不同情况和有关法律规定，分别作出如下决定：

（1）对于案件事实清楚，证据确实充分，违法犯罪嫌疑人符合劳动教养条件的，应作出劳动教养决定。

（2）对于案件主要事实不清楚、证据不充分的，作出不予劳动教养的决定。

（3）对于案件事实清楚，证据确实充分，依法应当追究刑事责任、予以治安管理处罚或者作其他处理的，应当责成呈报单位依法处理。

2. 免予劳动教养的情形

依法应当予以劳动教养的违法犯罪嫌疑人具有下列情形之一的，可以免予劳动教养：自动投案且违法犯罪行为轻微的；被胁迫、诱骗参与违法犯罪活动，且违法犯罪行为轻微的；初犯且作案后主动退赃、赔偿损失、本人确有悔改表现的；有重大立功表现的；有其他法定免予劳动教养情节的。

3. 从轻或从重确定劳动教养期限的情形

依法应当予以劳动教养的违法犯罪嫌疑人具有下列情形之一的，可以从轻确定劳动教养期限：在共同违法犯罪中起次要或者辅助作用；被胁迫、诱骗参与违法犯罪活动的；自动投案或者被公安机关抓获后，如实供述自己的违法犯罪事实的；有立功表现的；有其他法定从轻处理情节的。

依法应当予以劳动教养的违法犯罪嫌疑人具有下列情形之一的，可以从重确定劳动教养期限：刑满释放后2年内或者解除劳动教养后1年内又故意实施违法犯罪行为的；在公安机关对其立案调查或者审批劳动教养期间逃跑的；胁迫、诱骗、教唆未成年人违法犯罪的；实施两种以上违法犯罪行为，依法均应当予以劳动教养的；有其他法定从重处理情节的。

（二）法律文书的制作

劳动教养审批机关作出劳动教养决定后，应当制作《劳动教养决定书》和《劳动教养通知书》，加盖本级劳动教养管理委员会印章，在作出劳动教养决定后的3日内送达呈报单位。

《劳动教养决定书》应当载明下列内容：（1）被劳动教养人员的基本情况，包括姓名、性别、出生年月日、身份证件号码、出生地、民族、文化程度、职业、工作单位、住址、违法犯罪经历；（2）违法犯罪事实、证据，包括呈报单位的认定，违法犯罪嫌疑人的供述和辩解，劳动教养管理委员会认定的事实、证据及理由；（3）是否举行聆询，聆询的基本情况；（4）决定劳动教养的依据；（5）决定劳动教养的期限，是否决定劳动教养所外执行，决定劳动教养所外执行的理由和依据；决定前是否先行羁押，先行羁押的措施名称、期限及其折抵情况；（6）对违法所得、非法财物的处理决定；（7）被劳动教养人员依法享有的申请行政复议、提起行政诉讼的权利；（8）损害赔偿的解决途径；（9）作出劳动教养决定的时间。

五、劳动教养审批期限

劳动教养审批的期限，是指劳动教养审批机关，对于提请审议的劳动教养案件应在多长的时间内作出处理决定。依据《规定》第39条的规定，地级以上公安机关劳动教养审批委员会应当在收到本级公安机关法制部门提请审议的劳动教养案件之日起的两日内，以同级劳动教养管理委员会的名义作出是否劳动教养的决定。

第五节　劳动教养的执行程序

劳动教养的执行，是指劳动教养办案单位、执行机关等有关部门依法将已经生效的劳动教养决定所确定的内容付诸实施的活动。劳动教养的执行程序是劳动教养有关机关在执行中所遵循的规则、方法和步骤，是劳动教养适用程序中的最后一个阶段。通过劳动教养的执行，实现将违法犯罪行为人改造成为守法公民的目标，充分体现劳动教养预防犯罪减少犯罪的社会功能和价值。

一、劳动教养的交付执行

劳动教养决定自作出决定之日起生效。劳动教养决定生效后，由呈报单位将被决定劳动教养的人送往指定场所——劳动教养场所，劳动教养场所依法收容。

呈报单位应当在收到《劳动教养决定书》之日起的 2 日内，向被劳动教养人员及其家属宣布决定劳动教养的事实、依据、期限，以及被劳动教养人员依法享有的权利，并将《劳动教养决定书》送达被劳动教养人员和被侵害人。被劳动教养人员及其家属应当在《送达回执》上签名或者捺指印；拒绝签名或者捺指印的，宣布人或者送达人应当在《送达回执》上注明。

呈报单位无法按照上述规定向被劳动教养人员的家属当面宣布决定劳动教养的事实、依据、期限，以及被劳动教养人员依法享有的权利的，应当将《劳动教养决定书》送达被劳动教养人员的家属，并在《送达回执》上注明被劳动教养人员没有家属，或者因其不讲真实姓名、住址、身份而无法找到其家属的，应当在《送达回执》上注明。

呈报单位应当在《劳动教养决定书》送达被劳动教养人员之日起的 1 个月内，将被劳动教养人员投送指定的劳动教养场所执行，并将《劳动教养决定书》、《劳动教养通知书》一并送达劳动教养场所。但是在被劳动教养人员依法申请行政复议、提起行政诉讼，或者其本人及其家属、单位申请所外执行期间被劳动教养人员可以暂不投送劳动教养场所。

呈报单位应当在被劳动教养人员投送劳动教养场所执行之日起的 7 日内，将劳动教养场所签收的回执送原审批劳动教养的公安机关。

二、劳动教养的依法收容

劳动教养的依法收容，是指劳动教养管理所依照有关法律法规和法定的程序，将被决定劳动教养的人，收进劳动教养所内并开始执行劳动教养的活动。劳动教养所在收容劳动教养人员时，应依法履行下列手续：

（一）审查法律文书

劳动教养场所在收容劳动教养人员时，需严格审查收容劳动教养人员的法律文书是否齐全、准确。《劳动教养试行办法》第 14 条规定："收容劳动教养人员时，必须凭劳动教养管理委员会的'劳动教养决定书'、'劳动教养通知书'。对没有上述文件或文件与实际不符的，不予收容。"即在收容劳动教养人员时，没有《劳动教养决定书》和《劳动教养通知书》的，或欠缺其一者，或文书所记载的劳动教养人员个人情况及其他情况与实际不符的，不予收容。

（二）检查收容条件

对于未满 16 周岁的人，精神病人，盲、聋、哑人，严重病患者，怀孕或者哺乳自己不满 1 周岁婴儿的妇女，以及年满 60 周岁又有疾病等丧失劳动能力者，以及外国人，港、澳、台地区的人，不应收容。

劳动教养场所在收容时发现不够劳动教养条件或罪应判刑的，应提出建议，报请原劳动教养审批机关，不应拒绝收容。

（三）入所安全检查

为了保障安全，在收容劳动教养人员时，要进行人身及所携带物品的检查。检查重点为是否携带违禁物品和非生活用品。对违禁物品应该予以收缴，对非生活必需品，劳动教养所应该进行登记为其代为保管。待其解除劳动教养时再予以发还。对女劳动教养人员的检查，必须由女干警进行。

（四）入所登记

劳动教养场所对收容的劳动教养人员，应及时填写《劳动教养人员登记表》，建立专门档案。

三、劳动教养执行的变更

（一）所外执行

所外执行是指本应在劳动教养管理所内执行的劳动教养人员，依照法定的条件和程序改变执行场所，由公安机关和近亲属在劳动教养管理所外负责就地管教的一种执行方式。

1. 所外执行的条件

根据有关规定，具有下列情形之一的劳动教养人员，可以决定劳动教养所外执行：（1）有特殊业务技术专长，确为本单位生产、科研所必需，其单位提出申请的；（2）家庭成员患有严重疾病、生活不能自理或者没有生活来源，确需本人照顾或者扶养的。被劳动教养人员或者其家庭成员患有严重疾病的，应当提供省级人民政府指定的医院开具的证明文件；（3）确有必要劳动教养的盲、聋、哑人，严重病患者，怀孕或者哺乳自己未满 1 周岁婴儿的妇女，年满 60 周岁又有疾病等丧失劳动能力者。

2. 不得批准所外执行的情形

对具有下列情形之一的被劳动教养的人员，不得批准所外执行：（1）因实施危害国家安全行为被决定劳动教养的；（2）属于多次作案、流窜作案或者其违法犯罪行为在当地造成恶劣影响的；（3）曾被劳动教养或者受过刑事处罚的；（4）染有毒瘾未戒除的；（5）为逃避劳动教养或者决定劳动教养后自伤、自残、逃跑的；（6）不投送劳动教养场所执行可能有社会危险性的；（7）被决定劳动

劳动教养学

教养人员的家庭、监护人和单位均没有实际帮教条件的。

3. 所外执行的审批程序

所外执行的法定程序：（1）提出申请。被劳动教养人员符合所外执行条件的，其本人、家属或者单位在向劳动教养场所提出书面申请。并出具有关证明材料及当地公安机关的意见。（2）呈报审批。当地公安机关法制部门应当在收到所外执行申请之日起的二日内进行审核，提出是否同意所外执行的意见，逐级报送劳动教养的审批机关决定。（3）办理所外执行的相关手续。根据审批意见，劳教管理所对所外执行的被劳动教养人员办理相关手续。并与其单位、居住地街道办事处、居（村）民委员会等签署联合帮教协议。

（二）所外就医

所外就医，是指在劳动教养管理所执行的劳动教养人员患严重疾病，因工或其他原因造成严重损伤，劳动教养管理所的医疗单位不具备医疗条件或短期内无法治愈的，可以办理所外就医（法律、法规另有规定的除外），在劳动教养所之外医治的一种执行方式。

1. 所外就医的条件

根据《劳动教养试行办法》第 49 条第 2 款关于"对患病人员的生活要适当照顾。病重的，经主管劳动教养机关批准，征得家属同意，通知当地公安派出所，可以所外就医。所外就医人员，除工伤外，医药费用由本人自理"的规定，具备下列条件的，可批准所外就医：

（1）在劳动教养所内执行劳动教养期间，劳动教养人员发生严重疾病或损伤的。

（2）患有严重疾病、因工或其他原因造成严重损伤的。其他原因主要是指意外事故、自然灾害等非以人的意志所决定的原因，排除劳动教养人员为获得所外就医而进行的自伤、自残等行为。

（3）劳动教养所内的医疗机构不具备医疗条件或短期内无法治愈的，为保护劳动教养人员的身体健康，可以批准所外就医。

2. 所外就医的审批程序

（1）劳动教养人员办理所外就医，须由劳动教养管理所医院或指定的地方县以上医院出具诊断证明，家属或者原单位提出书面申请并同意担保。

（2）劳动教养人员所在中队填写呈批表，提出意见，经劳动教养管理所审核同意，报司法行政机关的劳动教养管理机构审批。

（3）劳动教养管理所根据批准意见，给劳动教养人员办理所外就医手续，填发《劳动教养人员所外就医证明》，并通知担保人及当地公安机关。

（三）执行期限的变更

劳动教养执行期限的变更，是指在执行劳动教养决定的过程中，劳动教养机关可以根据劳动教养人员的现实表现，对其原决定的劳动教养期限依法予以变更，不再按原定期限执行完毕。执行期限的变更包括减少劳动教养期限、提前解除劳动教养和延长劳动教养期限三种方式。

1. 减期或提前解教的条件

根据《劳动教养试行办法》第 57 条之规定："劳动教养人员在劳动教养期间有下列表现之一的，分别给予表扬、记功、物质奖励，减期或提前解除劳动教养等奖励。"

（1）一贯遵守纪律，努力学习，积极劳动，对所犯罪错确有悔改表现的；

（2）一贯努力改造，并帮助他人改造有显著成效的；

（3）揭发和制止他人的违法犯罪行为，经查明属实的；

（4）在抢救国家财产，消除灾害、事故中有贡献的；

（5）经常完成或超额完成生产任务的；

（6）厉行节约，爱护公物有显著成绩的；

（7）在生产技术上有革新或发明创造的；

（8）有其他有利于国家和人民的突出事迹的。

对于表现突出的劳动教养人员，予以减少期限或提前解除劳动教养的奖励。减期累计所减少的劳动教养期限、提前解除劳动教养，一般不超过原劳动教养期限的二分之一。

2. 延长劳动教养期限的条件

根据《劳动教养试行办法》第 58 条之规定："劳动教养人员有下列行为之一的，应根据不同情节给予警告、记过、延长劳动教养期限等惩罚。"

（1）散布腐化堕落思想，妨碍他人改造的；

（2）不断抗拒教育改造，经查证确系无理取闹的；

（3）不断消极怠工，不服从指挥，抗拒劳动的；

（4）拉帮结伙，打架斗殴，经常扰乱管理秩序的；

（5）拉拢落后人员，打击积极改造人员的；

（6）传授犯罪伎俩或教唆他人违法，情节较轻的；

（7）逃跑、组织逃跑或逃跑作案情节较轻的；

（8）有流氓、盗窃、诈骗等行为，情节较轻的；

（9）造谣惑众、蓄意破坏或行凶报复，情节较轻的；

（10）有其他违法犯罪行为的。

对于劳动教养人员上述行为，要区分危害程度的大小，分别给予相应处罚，做到过罚相适应，对于警告、记过不足以惩罚其恶劣行径的，适用延长劳动教养期限的规定。但延长的劳动教养期限，累计不得超过一年。

3. 执行期限变更的批准权限

根据《劳动教养试行办法》第 59 条规定：

（1）对劳动教养人员的表扬、记功、物质奖励、警告、记过，由劳动教养管理所批准；

（2）对劳动教养人员的提前解除劳动教养、延长和减少劳动教养期限，由劳动教养管理委员会批准。

四、解除劳动教养

解除劳动教养，是指有关机关对符合相关条件的劳动教养人员，结束对其进行的强制性教育改造活动，发给《解除劳动教养证明书》，让其回归社会的一项执法活动。

（一）解除劳动教养的两种情形

解除劳动教养意味着劳动教养程序的终结，解除劳动教养分为执行期满的解除和提前解除。

1. 执行期满解除，是指劳动教养管理所对劳动教养执行期满的劳动教养人员，按期解除劳动教养，发给"解除劳动教养证明书"和路费，并由原居住地公安机关凭"解除劳动教养证明书"给予落户的一项执法活动。

2. 提前解除，是指依法对劳动教养人员剩余的劳动教养期限不再执行，按照规定程序办理手续，发给"解除劳动教养证明书"和路费，并由原居住地公安机关凭"解除劳动教养证明书"给予落户的一项执法活动。提前解除劳动教养所减少的期限，一般不得超过原决定劳动教养期限的二分之一。

（二）解除劳动教养的相关程序

根据有关法律法规，解除劳动教养需要履行以下程序：

1. 集中进行出所教育。劳动教养所建立出所教育队或班，在劳动教养人员期满前，组织他们集中进行出所教育。出所教育的时间不少于 20 天。

2. 办理解除审批手续。劳动教养人员所在中队在劳动教养期满前 1 个月，应对劳动教养人员作出鉴定，填写《解除劳动教养鉴定表》，报劳动教养管理所批准。一般情况下，劳动教养所应在劳动教养期满前作出"同意按期解除劳动教养"的批示，不得无故拖延。

3. 发放解除劳动教养证明书。对于符合条件被批准按期解除劳动教养的劳动教养人员，劳动教养管理所按期填发《解除劳动教养证明书》，由劳动教养人员所在的中队宣布并发给本人。并及时将解除劳动教养人员的有关情况通知其原居住地公安机关。

4. 办理出所手续。对已宣布解除劳动教养的，应及时办理出所手续，发还代为保管的的票证、财务，结清账目，发给回家路费，送其出所。

【延伸阅读】

《公安机关办理劳动教养案件规定》（节选）

第三章　审核

第十三条　县级公安机关办案部门对刑事案件、治安案件调查完毕后，认为基本事实清楚，基本证据确实充分，符合劳动教养条件的，应当制作《劳动教养呈批报告》，经办案部门负责人审核后，加盖办案部门印章，连同案卷材料报送本级公安机关法制部门审核。

《劳动教养呈批报告》应当载明下列内容：

（一）违法犯罪嫌疑人的基本情况，包括姓名、性别、出生年月日、身份证件号码、出生地、民族、文化程度、职业、工作单位、住址、违法犯罪经历；

（二）违法犯罪事实和证据；

（三）劳动教养的理由、依据和期限；

（四）违法犯罪嫌疑人或者其家属、单位是否申请所外执行和理由；

（五）未成年违法犯罪嫌疑人的家庭有无实际教养能力；

（六）其他有关情况。

第十四条　拟对未成年人呈报劳动教养的，办案部门应当就其家庭有无实际管教能力，向其父母或者其他监护人、邻居、党校、居住地居（村）民委员会或者公安派出所调查取证。

第十五条　违法犯罪嫌疑人不讲真实姓名、住址、身份，但基本事实清楚、基本证据确实充分，符合劳动教养条件的，办案部门可以按其自报的姓名呈报劳动教养。

第十六条　县级公安机关法制部门接到本级公安机关办案部门报送的劳动教养案件后，应当组织二名以上民警就下列内容进行集体审核：

（一）是否属于劳动教养的适用对象；

（二）基本违法犯罪事实是否清楚、基本证据是否确实充分，有无法定的从轻、从重情节；

（三）案件定性是否准确；

（四）适用依据是否正确；

（五）违法犯罪嫌疑人的年龄、责任能力、健康状况，有无违法犯罪经历；

（六）违法犯罪嫌疑人或者其家属、单位申请劳动教养所外执行的理由是否属实；

（七）未成年违法犯罪嫌疑人的家庭实际管教能力情况；

（八）办案程序是否合法，法律手续是否完备。

第十七条 县级公安机关法制部门审核劳动教养案件，应当讯问违法犯罪嫌疑人，对其主要违法犯罪事实和证据进行复核。

讯问未成年违法犯罪嫌疑人，除有碍调查或者无法通知的情形外，应当通知其父母或者其他监护人、教师到场。

讯问违法犯罪嫌疑人的情况，应当制成详细的笔录，由违法犯罪嫌疑人核对并签名或者捺指印。

第十八条 对县级公安机关办案部门报送的劳动教养案件，本级公安机关法制部门应当在三日内审核完毕，并写出《审核报告》，根据案件的不同情况作出如下处理：

（一）认为违法犯罪事实已经查清，证据确实充分，符合劳动教养条件的，在《劳动教养呈批报告》上签署意见，报经本级公安机关负责人批准后，加盖本级公安机关印章，连同《审核报告》报送地级公安机关法制部门审核。

（二）认为基本事实不清、基本证据不足，或者需要查证其他违法犯罪问题的，应当列出补充调查提纲，退回办案部门限期补充调查。必要时，法制部门也可以自行补充调查。

（三）认为不符合劳动教养条件的，应当写明理由；依法应当追究刑事责任、予以治安管理处罚或者作其他处理的，应当提出处理意见，退回办案部门依法处理。

《审核报告》应当包括下列内容：

（一）对主要违法犯罪事实和证据进行复核的情况；

（二）处理意见和法律依据，包括对违法犯罪嫌疑人或者其家属、单位所外执行申请的审核意见；

（三）审核人员名单；

（四）其他有关情况。

第十九条 地级以上公安机关办案部门对刑事案件、治安案件调查完毕后，认为违法犯罪事实已经查清，证据确实充分，符合劳动教养条件的，应当填写《劳动教养呈批报告》，经办案部门负责人审核后，加盖办案部门印章，连同案卷材料报送本级公安机关法制部门审核。

第二十条 对县级公安机关或者本级公安机关办案部门呈报的劳动教养案件，地级以上公安机关法制部门应当组成合议组进行书面审核。遇有下列情形之一的，合议组应当讯问违法犯罪嫌疑人，并听取呈报单位的意见：

（一）案件事实虽有语气证明，但违法犯罪嫌疑人不供述或者前后供述不一致，影响事实认定和定性处理的；

（二）对主要违法犯罪事实及其证据的客观性、关联性和合法性的疑问的；

（三）案件重大、复杂或者疑难的；

（四）其他需要当面核实的。

合议组由法制部门的三名或者五名民警组成，其中一人为组长。参加合议的民警应当具有二年以上公安工作经验和较高的业务、法律素质，合议组组长应当由公安机关法制部门的负责人担任。

第二十一条　地级以上公安机关法制部门应当在收到县级公安机关或者本级公安机关办案部门报送的《劳动教养呈批报告》及有关材料之日起的三日内审核完毕。

对于需要补充调查或者违法犯罪嫌疑人申请聆询的案件，审核时间可以延长到十二日；对于需要补充调查且违法犯罪嫌疑人申请聆询的案件，审核时间可以延长到十五日。

第二十二条　合议组合议后，应当制作《合议笔录》，按照少数服从多数的原则提出处理意见，并将少数人的意见记入笔录，报地级以上公安机关法制部门负责人审核。

《合议笔录》应当载明合议组成员的意见和理由，并由其本人审阅确认无误后签名或者盖章。

第二十三条　地级以上公安机关法制部门负责人对劳动教养案件审核后，应当根据案件的不同情况和有关法律规定，在《劳动教养呈批报告》上签署意见，分别作出如下处理：

（一）案件事实清楚，证据确实充分，违法犯罪嫌疑人符合劳动教养条件的，连同《合议笔录》提请本级公安机关劳动教养审批委员会审议决定。

（二）符合本规定第二十五条规定的聆询条件的，连同《合议笔录》提请本级公安机关劳动教养审批委员会负责人审批。

（三）案件主要事实不清、证据不足或者需要查清其他违法犯罪问题的，应当列出补充调查提纲，退回呈报单位补充调查。必要时，法制部门也可以自行补充调查。

（四）案件事实清楚，证据确实充分，依法应当追究刑事责任、予以治安管理处罚或者作其他处理的，应当退回呈报单位依法处理。

第二十四条　对于补充调查的案件，呈报单位应当在收到补充调查提纲之日起的五日内调查完毕；法制部门自行补充调查的，应当在决定补充调查之日起的

劳动教养学

五日内调查完毕。

补充调查以一次为限。补充调查后，地级以上公安机关法制部门仍然认为案件主事实不清、证据不足的，应当提请本级公安机关劳动教养审批委员会审议后作出不予劳动教养的决定。

第四章　聆　询

第二十五条　除对组织、利用邪教组织破坏国家法律实施和吸食、注射毒品的违法犯罪嫌疑人决定劳动教养的案件外，对具有下列情形之一的案件，地级以上公安机关可以以同级劳动教养管理委员会的名义组织聆询：

（一）应当对违法犯罪嫌疑人决定劳动教养二年以上的；

（二）应当对未成年违法犯罪嫌疑人决定劳动教养的。

对其他种类的劳动教养案件是否实行聆询，由各省、自治区、直辖市公安厅、局和新疆生产建设兵团公安局根据本地区的实际情况作出规定。

第二十六条　对按照本规定第二十五条规定可以举行聆询的劳动教养案件，地级以上公安机关法制部门应当在合议完毕后的二日内将《聆询告知书》送达违法犯罪嫌疑人，告知其有要求聆询的权利。

《聆询告知书》应当载明以下内容，并加盖本级劳动教养管理委员会印章：

（一）违法犯罪嫌疑人的姓名、性别、出生年月日；

（二）拟决定劳动教养的事实、理由、期限和依据；

（三）违法犯罪嫌疑人依法享有的权利和提出聆询申请的期限；

（四）聆询组织机关。

第二十七条　对按照本规定第二十五条规定可以举行聆询的劳动教养案件，违法犯罪嫌疑人或者其监护人要求聆询的，应当在收到《聆询告知书》之日起的二日内提出书面或者口头申请。

违法犯罪嫌疑人或者其监护人因不可抗力或者他特殊原因未在规定的期限内提出聆询申请，但是在障碍消除后的一日内提出申请的，公安机关应当准许。

违法犯罪嫌疑人或者其监护人在规定的期限内未提出聆询申请的，视为放弃要求聆询的权利。

第二十八条　违法犯罪嫌疑人或者其监护人在收到《聆询告知书》后即明确表示不要求聆询或者在收到《聆询告知书》后的二日内未提出聆询申请的，地级以上公安机关法制部门应当在知道违法犯罪嫌疑人或者监护人不要求聆询后的二日内提请本级公安劳动教养审批委员会审议决定。

第二十九条　地级以上公安机关收到聆询申请后，应当进行审查，对符合本规定第二十五条规定的，应当决定聆询一次；对不符合本规定第二十五条规定的，应当在收到聆询申请之日起的二日内作出不聆询的决定，在作出决定后的二

劳动教养学

日内书面通知聘询申请人，并说明理由。

第三十条　地级以上公安机关决定聘询后，应当制作《聘询通知书》，在举行聘询的二日前送达聘询申请人，并通知呈报单位和其他参加人。

《聘询通知书》应当载明以下内容，并加盖本级劳动教养管理委员会印章：

（一）聘询申请人的姓名、性别、出生年月日、身份证件号码；

（二）案由；

（三）举行聘询的时间、地点；

（四）聘询人员的姓名；

（五）聘询申请人在聘询中依法享有的权利。

第三十一条　同一案件的两个以上违法犯罪嫌疑人同时要求聘询的，聘询可以合并举行。

同一案件的部分违法犯罪嫌疑人申请聘询的，地级以上公安机关应当要求未申请聘询的同案违法犯罪嫌疑人参加聘询，并在聘询举行后对全案一并作出决定。

第三十二条　除涉及国家秘密、个人隐私的案件，未成年人违法犯罪案件，以及其他不宜公开聘询的案件外，违法犯罪嫌疑人的近亲属和单位可以各派一至三名代表参加旁听。

在聘询过程中，旁听人员扰乱聘询秩序的，聘询主持人应当警告制止。对不听制止的，可以强行带离；情节严重的，依法追究法律责任。

第三十三条　聘询由合议组组长主持，合议组其他人员参加。

聘询主持人认为必要时，可以要求被侵害人或者其法定代理人参加聘询。

第三十四条　违法犯罪嫌疑人没有正当理由，不出席聘询或者在聘询过程中坚持退出聘询的，视为撤回聘询申请。

第三十五条　举行聘询时，聘询主持人应当告知违法犯罪嫌疑人在聘询中依法享有下列权利：

（一）要求或者放弃聘询；

（二）认为聘询人员与本案有直接利害关系的，有权申请回避；

（三）进行陈述、申辩和质证；

（四）提出新的事实和证据；

（五）核对聘询笔录。

第三十六条　聘询过程中，聘询人员应当组织案件人员、违法犯罪嫌疑人围绕案件的主要事实、证据、适用依据、劳动教养的期限、违法所得和非法财物的处理以及其他有关问题进行辩论。

聘询人员应当如实记录聘询情况，《聘询笔录》应当载明下列内容：

（一）聆询参加人的姓名、单位、职务；

（二）聆询人员姓名、职务；

（三）举行聆询的时间、地点；

（四）案件调查人员陈述的事实、理由、建议决定劳动教养的依据；

（五）违法犯罪嫌疑人的陈述、申辩和质证；

（六）证人的陈述或者证人证言；

（七）违法犯罪嫌疑人、案件调查人员、证人对各自陈述以签名或者捺指印。

第三十七条　聆询结束后，聆询主持人应当组织聆询人员进行合议，写出《聆询报告》，根据少数服从多数的原则提出处理意见，并将少数人的意见记入报告，报送本级公安机关法制部门负责人审核。

《聆询报告》应当载明以下内容，并由聆询主持人及其他聆询人员签名：

（一）案由；

（二）聆询的基本情况；

（三）合议的基本情况；

（四）聆询认定的案件事实、证据情况；

（五）处理意见。

第三十八条　地级以上公安机关法制部门应当根据《聆询报告》和《聆询笔录》提出处理意见，提请本级公安机关劳动教养审批委员会审议决定。

第八章　劳动教养的法律救济和监督

【案例导入】

2007 年 9 月 12 日，双清区公安局以苏某寻衅滋事对苏某刑事拘留。同年 10 月 11 日，邵阳市劳动教养管理委员会认定苏某寻衅滋事，扰乱社会治安，作出劳动教养决定书，决定对苏某收容劳动教养一年，期限自 2007 年 9 月 12 日至 2008 年 9 月 11 日止。苏某不服，向邵阳市人民政府提起行政复议，2008 年 2 月 3 日，邵阳市人民政府作出行政复议决定书，撤销劳动教养管理委员会作出的劳动教养决定。2008 年 2 月 11 日，苏某被释放。2008 年 2 月 20 日，苏某向市劳动教养管理委员会递交申请书，提出其被劳动教养 151 天的行政赔偿申请，但市劳动教养管理委员会在规定期限内未作出赔偿决定。因此，苏某向市双清区人民法院提起行政赔偿诉讼。

法院经审理认为，行政机关在行使行政职权时，违法采取限制公民人身自由的行政强制措施的，受害人有取得赔偿的权利，该行政机关应按法律规定负责赔偿。邵阳市劳动教养管理委员会是根据《劳动教养试行办法》的规定成立的，领导和管理劳动教养工作，审查批准收容劳动教养人员。市劳动教养管理委员会对原告苏某的劳动教养决定经邵阳市人民政府复查撤销后，对原告的赔偿申请，应按法律规定赔偿原告被收容劳动教养期间的赔偿金。赔偿原告的赔偿金应从原告被羁押之日起至释放之日止，按国家上年度职工日平均工资计算。

请思考回答：

1. 公民的合法权益受到侵犯可采取哪些法律救济手段？

2. 劳动教养行政赔偿的范围是什么？劳动教养行政赔偿依据什么标准来计算赔偿金？是否可以提起精神损害赔偿的请求？

第一节 劳动教养的行政复议

一、劳动教养行政复议的概念和依据

劳动教养行政复议是指劳动教养人员对劳动教养机关的具体行政行为不服而依法向复议机关提出重新处理的申请，由复议机关依法对具体行政行为进行审查并作出决定的活动。它是维护劳动教养人员合法权益的法律救济手段之一。

我国的《行政复议法》是 1999 年才制定的，因而现行的劳动教养法律、行政法规中不可能规定劳动教养行政复议制度，只是规定了劳动教养人员对有关具体行政行为不服可以提出申诉，由有关机关进行复查。这种申诉和对申诉的复查与行政复议是不一样的。但众所周知，劳动教养是一种限制人身自由的行政强制措施，不能因现行的劳动教养法律、行政法规中没有规定而剥夺劳教人员的行政复议的申请权。在《行政复议法》生效后，劳动教养人员不服劳动教养决定的，应当有权依法申请行政复议。

本节所说的劳动教养行政复议的依据主要是 1999 年 4 月 29 日国家主席令第 16 号公布、1999 年 10 月 1 日起施行的《行政复议法》和 2001 年 6 月司法部发布施行的规章《司法行政机关行政复议应诉工作规定》等有关法律规范。

二、劳动教养行政复议的范围

根据有关规定，劳动教养人员对下列具体行政行为不服可以申请行政复议：

（一）对劳动教养管理委员会作出的劳动教养决定不服的

《行政复议法》第 6 条规定：公民"对行政机关作出的……行政拘留等行政处罚不服的"和"对限制人身自由……等行政强制措施不服的"可以申请复议。据此，不论将劳动教养定性为一种行政处罚，还是一种行政强制措施，被决定劳动教养的人对作为行政机关的劳动教养管理委员会作出的劳动教养决定不服均有权申请行政复议。

（二）对劳动教养管理委员会作出的或司法行政机关根据授权作出的延长劳动教养期限的决定不服的

延长劳动教养期限实际上也是一种限制人身自由的行政强制措施，劳动教养人员若对此决定不服有权申请复议。《司法行政机关行政复议应诉工作规定》等对此作了规定。

（三）对司法行政机关作出的关于劳动教养行政赔偿的决定不服的

《司法行政机关行政复议应诉工作规定》和 1995 年 9 月司法部发布施行的

《司法行政机关行政赔偿、刑事赔偿办法》中均有相关规定。

三、劳动教养行政复议的申请人、被申请人和申请期限

劳动教养行政复议的申请人是依法有权申请复议的劳动教养人员，包括被决定劳动教养的人、被决定延长劳动教养期限的人等。有权申请复议的劳动教养人员死亡的，其近亲属也可以申请复议。申请人申请行政复议，可以书面申请，也可以口头申请。

劳动教养行政复议的被申请人是作出劳动教养决定等具体行政行为的行政机关。

劳动教养行政复议的申请期限是自知道劳动教养决定等具体行政行为之日起60日内。

四、劳动教养行政复议机关

劳动教养行政复议机关是指受理劳动教养行政复议申请，依法对有关具体行政行为进行审查并作出决定的行政机关。

根据《行政复议法》的有关规定和劳动教养实际，劳动教养行政复议机关应是作出具体行政行为的劳动教养管理委员会等行政机关所属的本级人民政府或该行政机关的上一级主管部门。申请人可以自行选择决定向其中的哪一个机关申请复议。

五、劳动教养行政复议机关对案件的处理

劳动教养行政复议机关受理复议案件后应根据《行政复议法》的规定进行处理，并应自受理申请之日起60日内，根据案件的不同情况，作出如下行政复议决定：

（一）劳动教养决定等具体行政行为认定事实清楚，证据确凿，适用依据正确，程序合法，内容适当的，决定维持；

（二）劳动教养决定等具体行政行为主要事实不清、证据不足的，或适用依据错误的，或违反法定程序的，决定撤销；

（三）劳动教养决定等具体行政行为明显不当（如劳动教养期限过长）的，决定变更。

劳动教养行政复议机关作出行政复议决定，应当制作行政复议决定书，并加盖印章。行政复议决定书一经送达，即发生法律效力。

劳动教养行政复议申请人对行政复议决定不服的，可以在收到行政复议决定书后依照《行政诉讼法》的规定向人民法院提起行政诉讼。

六、劳动教养行政复议期间原具体行政行为的效力

在行政复议期间，劳动教养决定等具体行政行为不停止执行；但是有下列情形之一的，可以停止执行：

（一）被申请人——作出劳动教养决定等具体行政行为的行政机关认为需要停止执行的；

（二）劳动教养行政复议机关认为需要停止执行的；

（三）申请人申请停止执行，劳动教养行政复议机关认为其要求合理，决定停止执行的。

第二节 劳动教养的行政诉讼

一、劳动教养行政诉讼的概念和依据

劳动教养行政诉讼，是指劳动教养人员对劳动教养机关的具体行政行为不服而依法向人民法院提起行政诉讼，由人民法院进行审判的活动。它也是维护劳动教养人员合法权益的法律救济手段之一。

现行的劳动教养法律、行政法规中没有关于对劳动教养决定等具体行政行为不服可以向人民法院起诉的规定，因此，劳动教养制度建立以后的三十多年里都不存在劳动教养行政诉讼问题。一直到 1990 年，因《行政诉讼法》于当年 10 月 1 日起施行，才使劳动教养行政诉讼制度得以确立。

根据《行政诉讼法》第 11 条规定：公民"对拘留……等行政处罚不服的"、"对限制人身自由……等行政强制措施不服的"，可以向人民法院提起行政诉讼，人民法院应予受理。这里虽未明确写明"劳动教养"，但因劳动教养即是一种限制人身自由的行政强制措施，自然应适用此条规定。1991 年 6 月 11 日最高人民法院制定的司法解释——《关于贯彻执行〈中华人民共和国行政诉讼法〉若干问题的意见（试行）》第 2 条明确规定："公民对劳动教养管理委员会作出的劳动教养决定不服的，可以向人民法院提起行政诉讼。"这标志着劳动教养行政诉讼制度得以建立。

二、劳动教养行政诉讼的受案范围

劳动教养行政诉讼的受案范围，是指人民法院受理劳动教养行政案件的范围。根据《行政诉讼法》、最高人民法院的司法解释等有关规定和劳动教养实际，劳动教养行政诉讼的受案范围包括以下两个方面：

（一）不服劳动教养决定提起的行政诉讼

劳动教养决定是一种涉及公民人身自由权的具体行政行为，被决定劳动教养的公民对其不服，有权向人民法院提起行政诉讼。

（二）不服延长劳动教养期限的决定提起的行政诉讼

延长劳动教养期限的决定实质上同劳动教养的决定一样，也是一种涉及公民人身自由权的具体行政行为，被决定延长劳动教养期限的劳动教养人员，亦应有权向人民法院提起行政诉讼，人民法院应予受理。

三、劳动教养行政诉讼的原告与被告

（一）原告

原告一般是有权提起劳动教养行政诉讼的特定公民，即劳动教养人员，具体包括被决定劳动教养的人、被决定延长劳动教养期限的人。在特殊情况下，其他公民也有可能成为原告。《行政诉讼法》第24条规定："有权提起诉讼的公民死亡，其近亲属可以提起诉讼。"最高人民法院《关于执行〈中华人民共和国行政诉讼法〉若干问题的解释》第11条规定："近亲属包括配偶、父母、子女、兄弟姐妹、祖父母、外祖父母、孙子女、外孙子女和其他具有扶养、赡养关系的亲属。"据此，若有权提起劳动教养行政诉讼的劳动教养人员死亡，则其上述近亲属也可以原告身份起诉。

劳动教养行政诉讼中的原告一般是劳动教养人员，而劳动教养人员是被依法限制人身自由、收容在劳动教养场所接受强制性教育改造的人。这是劳动教养行政诉讼的原告与其他一般行政诉讼中的原告的一个重要区别，也是劳动教养行政诉讼的一个突出特点。

1. 劳动教养工作人员切实保障劳动教养人员依法行使诉权，而不得剥夺或限制其起诉权，不得扣压起诉状，也不得阻止劳动教养人员聘请律师或其近亲属以及其他经人民法院许可的公民作为诉讼代理人代为诉讼。

2. 在劳动教养行政案件审理期间，作为原告的劳动教养人员出庭参加诉讼时，劳动教养工作人员应特别注意做好安全防逃工作，防止其借诉讼之机逃跑。

3. 在人民法院作出一审判决以后，如果劳动教养人员不服，应允许其在法定期限内提出上诉，而不得剥夺或限制其上诉权。

4. 与此同时，还应对起诉的劳动教养人员加强教育，教育其在诉讼期间要服从管教，告知其诉讼期间一般不停止具体行政行为的执行，有关决定仍然具有法律效力而应继续执行。

（二）被告

由于劳动教养行政诉讼需有复议前置，因此，被告可能有两种情形：第一，

劳动教养学

劳动教养行政复议机关决定维持原具体行政行为的，这样的话，作出原具体行政行为的行政机关是被告；第二，劳动教养行政复议机关改变原具体行政行为的（如将劳动教养期限由 2 年变更为 1 年），但复议申请人还是不服的，则劳动教养行政复议机关是被告。

四、劳动教养行政诉讼的起诉期限及起诉方式

（一）起诉期限

按照《行政诉讼法》、《行政复议法》的有关规定精神，劳动教养人员对行政复议决定不服，或者对行政复议机关不予受理的决定不服，可以在收到行政复议决定书或不予受理决定书之日起 15 日内起诉；行政复议机关受理后逾期不作行政复议决定的，则可以自行政复议期满之日起 15 日内向人民法院起诉。其中的行政复议期满是指行政复议机关受理行政复议申请之日起已满 60 日。

如果劳动教养人员超过法定期限起诉，又无延长起诉期限的正当理由的，人民法院不予受理。因此，劳动教养行政复议机关在制作行政复议决定书等法律文书时，应写明起诉期限，并应在送达这些文书时向当事人告知其享有起诉权和起诉期限。根据有关司法解释，如果劳动教养行政复议机关作出劳动教养行政复议决定等决定时，没有告知当事人的诉权或者起诉期限的，其起诉期限从当事人知道或者应当知道诉权或起诉期限之日起计算。

（二）起诉方式

根据《行政诉讼法》的有关规定，劳动教养行政诉讼中的起诉方式是提出起诉状的书面方式，不能以口头方式起诉。这既有利于原告全面详细地表述自己的诉讼请求及理由，也有利于被告方的答辩（一般提出答辩状）和人民法院的审理。

五、劳动教养行政诉讼案件的管辖

《行政诉讼法》第 18 条规定："对限制人身自由的行政强制措施不服提起诉讼，由被告所在地或者原告所在地人民法院管辖。"劳动教养是一种限制人身自由的行政强制措施，因此，劳动教养行政诉讼案件，应由被告劳动教养管理委员会等所在地的人民法院或者原告劳动教养人员所在地（一般是指劳动教养人员被限制人身自由的场所即劳动教养场所的所在地）的人民法院管辖，也即两个人民法院都有管辖权，原告可以选择其中一个认为对自己有利的、方便的人民法院起诉。如果原告同时向两个有管辖权的人民法院起诉，则依法由最先收到起诉状的人民法院受理。

六、人民法院审理劳动教养行政案件的法律依据

《行政诉讼法》第 52 条规定："人民法院审理行政案件，以法律和行政法规、地方性法规为依据。地方性法规适用于本行政区域内发生的行政案件。"第53 条规定："人民法院审理行政案件，参照国务院部、委根据法律和国务院的行政法规、决定、命令制定、发布的规章以及省、自治区、直辖市和省、自治区的人民政府所在地的市和经国务院批准的较大的市的人民政府根据法律和国务院的行政法规制定、发布的规章。"据此，人民法院审理劳动教养行政案件的法律依据是有关劳动教养的法律、行政法规和地方性法规，并应参照国务院有关部、委制定、发布和地方人民政府制定、发布的有关劳动教养的规章。人民法院审理劳动教养案件，最主要的内容是对劳动教养决定等具体行政行为是否合法进行审查，也就是审查它们是否符合这些劳动教养法律、行政法规、地方性法规和规章的有关规定。经过审理，对合法的具体行政行为应判决维持，对不合法的应判决撤销，对显失公正的可以判决变更。

七、劳动教养行政诉讼期间原具体行政行为的效力

《行政诉讼法》第 44 条规定："诉讼期间，不停止具体行政行为的执行。但有下列情形之一的，停止具体行政行为的执行：（一）被告认为需要停止执行的；（二）原告申请停止执行，人民法院认为该具体行政行为的执行会造成难以弥补的损失，并且停止执行不损害社会公共利益，裁定停止执行的；（三）法律法规规定停止执行的。"由此可见，在劳动教养行政诉讼期间，一般不能停止执行原劳动教养决定等具体行政行为。如果经过人民法院审理，因劳动教养决定等具体行政行为不合法而被生效判决撤销，且该具体行政行为的执行已给原告劳动教养人员的合法权益造成实际损害的，其有权按照《行政诉讼法》、《国家赔偿法》等有关法律、法规、规章的规定，请求作出劳动教养决定等具体行政行为的劳动教养机关承担侵权赔偿责任。

第三节　劳动教养的行政赔偿

一、劳动教养行政赔偿的概念、依据和意义

劳动教养行政赔偿是指劳动教养机关及其工作人员违法行使行政职权侵犯劳动教养人员的合法权益并造成损害时，依法由劳动教养机关对受害的劳动教养人员给予的赔偿。它属于国家赔偿中行政赔偿的一种。

劳动教养行政赔偿的法律依据主要有：《行政诉讼法》（第 67 条、第 68 条）；1994 年 5 月 12 日第八届全国人大常委会第七次会议通过、1995 年 1 月 1 日起施行，2010 年 4 月 29 日全国人民代表大会常务委员会第十四次会议通过修改决定，自 2010 年 12 月 1 日起施行的《中华人民共和国国家赔偿法》（以下简称《国家赔偿法》）；1995 年 1 月 25 日国务院发布施行的《国家赔偿费用管理办法》；1995 年 9 月 18 日司法部令第 40 号发布施行的《司法行政机关行政赔偿、刑事赔偿办法》等。

劳动教养行政赔偿制度是继劳动教养行政诉复议、行政诉讼制度之后建立的又一个维护劳动教养人员合法权益的法律救济手段，它对于切实保障劳动教养人员的合法权益、使其损害能得到及时补救，促进劳动教养机关及其工作人员依法行使职权、不断提高行政执法水平，保障劳动教养事业的健康发展等，都具有重要意义。

二、劳动教养行政赔偿的范围

根据《国家赔偿法》的有关规定精神和《司法行政机关行政赔偿、刑事赔偿办法》的规定以及劳动教养实际，劳动教养行政赔偿的范围是劳动教养机关及其工作人员在行使劳动教养的审批（决定）、执行等行政职权时侵犯劳动教养人员人身权的情形，主要包括以下几种：

（一）违法决定劳动教养，造成实际损害的；

（二）违法决定延长劳动教养期限，造成实际损害的；

（三）刑讯逼供或者体罚、虐待劳动教养人员造成身体伤害或死亡的；

（四）殴打或者唆使、纵容他人殴打劳动教养人员，造成严重后果的；

（五）侮辱劳动教养人员造成严重后果的；

（六）对劳动教养期满的劳动教养人员，无正当理由不予解除劳动教养的；

（七）违法使用武器、警械、戒具造成劳动教养人员身体伤害、死亡的；

（八）其他违法行为造成劳动教养人员身体伤害或者死亡的。

以上八种情形有一个共同之处，即都与劳动教养机关及其工作人员行使劳动教养的审批（决定）、执行等行政职权密切相关，凡具有其中情形之一的，劳动教养机关即应依法对受侵害的劳动教养人员予以赔偿，受侵害的劳动教养人员也有权要求赔偿。

但下列与行使行政职权无关的行为不属于劳动教养行政赔偿的范围，司法行政机关不予赔偿：

（一）劳动教养工作人员实施的与行使职权无关的个人行为，例如下班后对其他公民的故意伤害行为等；

（二）因劳动教养人员自己的行为致使损害发生的，例如劳动教养人员自伤、自残、自杀行为；

（三）因公民、法人和其他组织的行为致使损害发生的，如劳动教养人员伤害、杀害其他劳动教养人员的行为等；

（四）法律规定的其他情形的。

三、劳动教养行政赔偿的请求人和义务机关

（一）赔偿请求人

在一般情况下，赔偿请求人应是受害的劳动教养人员。如果其死亡，其继承人和其他有扶养关系的亲属，也有权要求赔偿。

（二）赔偿义务机关

根据《国家赔偿法》的有关规定和上述赔偿范围的不同，劳动教养行政赔偿的义务机关有如下两个：

1. 违法决定劳动教养或延长劳动教养期限的劳动教养管理委员会

根据劳动教养法律、法规规定，作出劳动教养决定或延长劳动教养期限决定，是劳动教养管理委员会的职权，其他机关无此权力。因此，按《国家赔偿法》第 7 条"行政机关及其工作人员行使行政职权侵犯公民、法人和其他组织的合法权益造成损害的，该行政机关为赔偿义务机关"的规定，当发生违法决定劳动教养或延长劳动教养期限并给当事人的合法权益（主要是人身自由）造成损害时，赔偿义务机关应是作出该决定的劳动教养管理委员会。但从劳动教养实践来看，劳动教养管理委员会往往将审批决定劳动教养、延长劳动教养期限的权力分别委托给公安机关、司法行政机关的劳动教养工作管理局（处）和劳动教养管理所行使。在这种情况下，当发生违法决定劳动教养或延长劳动教养期限并给当事人的合法权益造成损害的情形时，赔偿义务机关应是谁呢？依照《国家赔偿法》第 7 条"受行政机关委托的组织或者个人在行使受委托的行政权力时侵犯公民、法人和其他组织的合法权益造成损害的，委托的行政机关为赔偿义务机关"的规定，赔偿义务机关也应是委托的劳动教养管理委员会，而不是受委托的公安机关或劳动教养工作管理局（处）、劳动教养管理所。

2. 劳动教养管理所

劳动教养管理所及其工作人员在行使执行劳动教养、管理劳动教养人员的行政职权时，具有对劳动教养期满的劳动教养人员无正当理由不予解除劳动教养，殴打或者唆使、纵容他人殴打劳动教养人员造成其身体伤害或死亡等侵犯劳动教养人员人身权的情形，该劳动教养管理所应是赔偿义务机关。

劳动教养学

四、劳动教养行政赔偿的程序

根据《国家赔偿法》和《司法行政机关行政赔偿、刑事赔偿办法》的有关规定，劳动教养行政赔偿的一般程序是：

（一）提出赔偿申请

劳动教养行政赔偿义务机关对依法确认有上述侵犯劳动教养人员人身权情形之一的，应当主动给予受害的劳动教养人员赔偿。该义务机关不予主动赔偿时，上述赔偿请求人可以提出赔偿申请，此申请应当先向赔偿义务机关提出，也可以在申请劳动教养行政复议和提起劳动教养行政诉讼时一并提出。

赔偿请求人要求赔偿时应当递交申请书，申请书应当载明下列事项：

1. 受害劳动教养人员的姓名、性别、年龄、工作单位和住所或所在劳动教养管理所的名称；如果是受害人的继承人、法定代理人或者与受害人有扶养关系的亲属行使请求权时，还应载明继承人、法定代理人、有扶养关系的亲属的姓名、性别、年龄、工作单位、住所，以及与受害人的关系，并附带提供相应证明。

2. 具体的赔偿要求、事实根据和理由。

3. 申请的年、月、日。

赔偿请求人书写申请书确有困难的，可以委托他人包括律师代书；也可以口头申请，由赔偿义务机关记入笔录，申请人签名。

请求人请求劳动教养行政赔偿的时效为 2 年，自劳动教养机关及其工作人员行使职权时的行为被依法确认为违法之日起计算。一般情况下，若超过了 2 年，请求人便丧失请求赔偿的权利。

（二）审查后决定是否给予赔偿

1. 审查

赔偿义务机关在收到申请书后，应当查明下列情况：

（1）是否属于规定的赔偿范围；

（2）有无规定的不承担赔偿责任的情形；

（3）请求人是否符合《国家赔偿法》第 6 条规定的条件；

（4）是否应由受理机关予以赔偿；

（5）赔偿请求是否已过时效；

（6）请求赔偿的有关材料是否齐全。

2. 决定

劳动教养行政赔偿义务机关应当自收到申请之日起 2 个月内依法给予是否给予赔偿的决定，并制作《行政赔偿决定书》或《不予赔偿决定书》。

如果逾期不予赔偿或者赔偿请求人对赔偿数额有异议时，赔偿请求人还可以从期间届满之日起3个月内向人民法院提起诉讼，由人民法院依法审判。

劳动教养行政赔偿义务机关赔偿受害劳动教养人员的损失后，应当责令有故意或者重大过失的劳动教养机关工作人员或者受委托的公安机关、劳动教养工作管理局（处）、劳动教养管理所承担部分或者全部赔偿费用。另外，对有故意或者重大过失的负责审批的公安人员、负责执行和管理的劳动教养管理所工作人员等责任人员，有关机关还应当依法给予行政处分；构成犯罪的，应当依法追究刑事责任，而不能以赔代刑。

五、劳动教养行政赔偿的方式和计算标准

（一）方式

劳动教养行政赔偿的主要方式是支付赔偿金。

另外，劳动教养机关及其工作人员如有《国家赔偿法》第3条规定情形之一，致人精神损害的，应当在侵权行为影响的范围内，为受害人消除影响，恢复名誉，赔礼道歉；造成严重后果的，应当支付相应的精神损害抚慰金。

（二）计算标准

由于劳动教养行政赔偿的前提是劳动教养机关及其工作人员侵犯了劳动教养人员的人身权，而人身权又包括人身自由权和生命健康权等，因此，根据《国家赔偿法》的规定精神，劳动教养行政赔偿金的计算标准分为下列两种：

1. 侵犯劳动教养人员人身自由权的，包括违法决定劳动教养、违法决定延长劳动教养期限和对劳动教养期满的劳动教养人员无正当理由不予解除劳动教养这三种情形，应在实际限制人身自由的时间内按日赔偿，每日的赔偿金按照国家上年度职工日平均工资计算。

2. 侵犯劳动教养人员生命健康权的，包括劳动教养工作人员在管理中刑讯逼供或者体罚、虐待劳动教养人员造成身体伤害或死亡的，殴打或者唆使、纵容他人殴打劳动教养人员造成身体伤害或死亡的，违法使用武器、警械、戒具造成劳动教养人员身体伤害或死亡的等等，在这些情形下，赔偿金应按如下基本方法计算：

（1）造成身体伤害的，应当支付医疗费、护理费，以及赔偿因误工减少的收入。减少的收入每日的赔偿金按照国家上年度职工日平均工资计算，最高额为国家上年度职工年平均工资的五倍。

（2）造成部分或者全部丧失劳动能力的，应当支付医疗费、护理费、残疾生活辅助具费、康复费等因残疾而增加的必要支出和继续治疗所需的费用，以及残疾赔偿金。残疾赔偿金根据丧失劳动能力的程度，按照国家规定的伤残等级

确定，最高不超过国家上年度职工年平均工资的二十倍。造成全部丧失劳动能力的，对其扶养的无劳动能力的人，还应当支付生活费。

（3）造成死亡的，应当支付死亡赔偿金、丧葬费，总额为国家上年度职工年平均工资的二十倍。对死者生前扶养的无劳动能力的人，还应当支付生活费。

上述第二种和第三种方法中的生活费的发放标准参照当地最低生活保障标准执行。被扶养的人是未成年人的，生活费给付到 18 周岁时为止；其他无劳动能力的人，例如精神病人、因伤病丧失劳动能力的人等，生活费给付到死亡时为止。

上述的国家上年度职工日平均工资数额，应当以职工年平均工资除以全年法定工作日数的方法计算。年平均工资以国家统计局公布的数字为准。

六、劳动教养行政赔偿费用的支付

根据 1995 年 1 月 25 日国务院发布施行的《国家赔偿费用管理办法》和 1995 年 9 月 18 日司法部发布施行的《司法行政机关行政赔偿、刑事赔偿办法》的有关规定，劳动教养行政赔偿费用应由赔偿义务机关先从本单位预算经费和留归本单位使用的资金中支付，支付后再向同级财政机关申请核拨。财政机关接到劳动教养机关的申请并进行审核后，对其已经依法支付的赔偿费用，应当及时核拨。如果财政机关审核劳动教养机关的申请时，发现该机关因故意或者有重大过失造成国家赔偿的，或者超出《国家赔偿法》规定的范围和标准赔偿的，还可以提请本级人民政府责令该机关自行承担部分或者全部赔偿费用。

第四节　劳动教养的法律监督

一、劳动教养法律监督的概念

劳动教养法律监督有广义和狭义之分，广义的是指国家权力机关、司法机关（包括人民法院和人民检察院）、行政机关和新闻媒体、社会公众等对劳动教养机关的执法活动实行的监督；狭义的仅指人民检察院依法对劳动教养机关的执法活动实行的监督。本节所阐述的是指狭义的。

二、劳动教养法律监督的内容

劳动教养是一种涉及公民人身权利和自由的行政措施，而人民检察院从性质上来说，是国家的法律监督机关，其基本职能之一就是对有关国家机关的执法活动实行法律监督，当然也应当包括劳动教养机关的执法活动。《国务院关于劳动

劳动教养学

教养的补充规定》和《劳动教养试行办法》明确规定了人民检察院对劳动教养机关的活动有权实行法律监督。1987 年 7 月 23 日，最高人民检察院制定了《人民检察院劳教检察工作办法（试行）》，明确规定了人民检察院劳动教养检察的职权、任务、工作原则、业务范围、工作制度和方法、机构设置等，为人民检察院依法履行劳动教养法律监督职能，提供了较为具体、操作性较强的依据。

（一）人民检察院劳动教养检察的职责

1. 对于劳动教养机关的活动是否合法实行监督，包括对劳动教养的审批（决定）的监督，对劳动教养决定的执行及其减期、延期、提前解教、所外执行、所外就医的监督，以及对劳动教养人员的管理教育等活动是否符合规定的监督。

2. 立案侦查劳动教养中发生的职务犯罪案件。

3. 对于公安机关的劳动教养人员犯罪案件进行审查，决定是否批捕、起诉或者不起诉；出庭支持公诉；对于公安机关的侦查活动、人民法院的审判活动是否合法，实行监督。

4. 受理劳动教养人员及其家属提出的申诉、检举、控告案件。

（二）人民检察院劳动教养检察工作的基本任务

检察劳动教养机关执行有关法律法规和劳动教养工作方针、政策的情况保障法律、政策的正确实施；惩治劳教人员的犯罪活动，维护劳教场所的教育改造秩序；正确处理劳动教养人员及其家属的申诉控告，保障劳动教养人员的合法权益；通过检察活动促进劳教场所依法文明管理，提高教育改造质量。

（三）劳动教养法律监督的方法和形式

劳动教养法律监督主要采取经常检察与重点检察相结合，重大问题及时检察的方法。

具体形式主要有：第一，听取情况介绍；第二，调阅有关文件和档案材料；第三，列席劳动教养场所有关会议；第四，召开座谈会、调查会；第五，进行个别谈话；第六，察看劳动教养人员的学习、生产、生活场所等。

在劳动教养法律监督中，对于劳动教养机关工作中需要改进的问题，可以提出检察建议。对于检察中发现的违法行为，应当查明事实和原因，向劳动教养机关提出纠正。对于一般违法行为，可以口头提出纠正意见；对于严重违法行为，应当发送纠正违法通知书，并要求告知处理结果。对拒不纠正的，报告上一级检察院，上一级检察院认为提出的纠正意见正确，应当向同级主管部门提出纠正。

（四）劳动教养法律监督的机构设置

根据有关规定，对劳动教养工作的法律监督由人民检察院监所检察职能部门负责。负责劳动教养检察工作任务的人民检察院，应当在监所检察处、科内配备相当数量的干部负责此项工作。

省、自治区、直辖市、自治州、省辖市人民检察院提请本级人民代表大会常务委员会批准，在大型劳动教养场所或劳动教养场所比较集中的地方，可设立派出检察院，担负劳动教养检察工作。派出检察院依法行使县级人民检察院的职权，由领导它的人民检察院的监所检察部门进行业务指导。

不够设立派出检察院条件的，由担负劳动教养检察任务的人民检察院派出驻场（厂）检察组。派出检察组由派出它的人民检察院领导，由监所检察部门进行业务指导。

劳动教养学

第九章　劳动教养机关

【案例导入】

安徽八民工告赢上海劳动教养管理委员会

2006 年 1 月 11 日，在上海打工的安徽省寿县人邹某，因与上海当地的"三水哥 KTV"业主钱某有怨，指使自己的老乡孙某邀集高某等 6 人，准备教训一下钱某。当晚 11 时许，孙某等人携带钢管、刀具等，乘车来到该 KTV 附近的路口，准备等钱某出现时对其实施殴打。但还没等他们动手，就被警察发现，从而避免了一起伤害案件的发生。

邹某在得知情况后，于第二天主动到公安机关投案自首并要求承担责任。上海公安机关认为邹某等人是寻衅滋事，先将他们刑事拘留，然后又报请上海市劳动教养管理委员会劳教。上海市劳动教养管理委员会决定对邹某劳动教养 1 年 3 个月，孙某等 7 人各劳动教养 1 年。

羁押在上海市的邹某觉得自己很冤枉，只有主观上的殴打他们的意图，但客观上并没有实施行为，也没有造成严重后果，不符合寻衅滋事的构成要件，认为上海市劳动教养管理委员会是在"滥用职权"，遂委托律师状告上海市劳动教养管理委员会，请求法院撤销该劳动教养决定，并给予他们一定的赔偿。

寿县法院审理了此案，并做出一审判决。法院认为，上海公安机关及劳教机关在报请、决定劳教时，将邹某的行为定性为寻衅滋事，"明显不妥"，属于适用法律错误，遂判决撤销该劳动教养决定。同时，判决上海市劳动教养管理委员会给邹某等人行政赔偿，每人每天 66.35 元，直至解除羁押时为止。一审宣判后，上海市劳动教养管理委员会不服，向六安市中级人民法院提起上诉。二审法院维持原判。

请思考：劳动教养管理委员会的职责、权限。

　　劳动教养机关，是国家为保证准确、有效地执行劳动教养机关法律、法规，收容、管理和教育改造劳动教养人员，完成劳动教养工作任务而依法设置的行政执法机关。作为劳动教养法律关系的主体，劳动教养机关在劳动教养法律关系运行中居于主导地位，并对劳动教养目的的最终实现，起着决定性的作用。它担负着维护社会治安，预防和减少犯罪，保护公民的合法权益，保障社会主义现代化建设顺利进行的任务，在社会治安综合治理中发挥着重要作用。

第一节　劳动教养机关的性质和任务

一、劳动教养机关的性质

　　劳动教养机关的性质是指其作为国家行政执法机关的地位和属性，是其区别于其他国家机关，尤其是其区别于其他负有预防犯罪职责的国家机关的特殊性。我国劳动教养法律制度的本质决定了我国劳动教养机关的性质。

　　（一）劳动教养机关是我国预防犯罪、减少犯罪专门力量体系中的特殊预防机构

　　目前我国预防犯罪、减少犯罪的专门机关已经形成以治安预防、劳动教养预防和刑事司法预防为核心的专门预防体系，其中，劳动教养预防由劳动教养机关承担。劳动教养机关以其特有的行政手段和管理教育方式，在维护社会治安，治理违法犯罪，教育、感化、挽救轻微违法犯罪人员方面具有特殊的地位，发挥着重要的作用。它同公安机关、检察机关、审判机关、劳动教养机关一道，组成了我国特色的犯罪前一般预防和犯罪后特殊预防的专门预防力量体系。

　　（二）劳动教养机关是具有特殊职能的国家行政执法机关

　　劳动教养机关是对特定的违法人员和具有轻微犯罪的行为人进行"教育、感化、挽救"的机关，是一种强制性教育改造被劳动教养人的犯罪预防措施，预防的重点是有劣迹和恶习或刑事前科，处于违法状态中的不法分子；预防的目的不是为了惩罚他们，而是及时地对他们进行教育、感化和挽救；预防的手段和主要方式是将他们收容起来，并进行强制性教育改造。因此，劳动教养是一种独创性的具有特殊职能的社会主义法制制度。它是在严格管理的前提下，通过对劳动教养人员进行深入细致的思想政治教育、文化技术教育和劳动锻炼，把他们改造成为遵纪守法，尊重公德，热爱祖国，热爱劳动，具有一定文化知识和生产技能的建设社会主义的有用之才。这一点不同于公、检、法、监狱四机关对犯罪者的惩罚和改造。同时，由于劳动教养特有的行政权的内容涉及对"被劳动教养的人"这类公民人身自由的必要限制，为完善社会主义法制，保障公民的合法

权利，保证劳动教养法律、法规的正确运用，国家通过专门立法和程序设定，对这种行政权的提请、决定、执行程序确立了分工负责、互相监督、互相制约的机制，使劳动教养机关的行政执法活动形成了一个有机整体，成为我国社会主义法制建设的重要组成部分。

（三）劳动教养机关是强制性教育改造的行政措施的执行机关

劳动教养人员的违法犯罪行为，给社会治安秩序造成了严重危害，劳动教养机关作为解决这种社会问题的特殊部门，绝非社会慈善机构，而是国家强制性教育改造的行政措施的执行机关，它以特有的强制性教育改造措施，治理违法犯罪，教育、感化、挽救被劳动教养的人，积极维护社会治安，以确保劳动教养目的、任务的完成。

二、劳动教养机关的任务

根据党中央、国务院有关劳动教养的指示精神和劳动教养法律、法规的规定，劳动教养机关的任务主要是：

（一）依法准确、及时地适用劳动教养和收容劳动教养人员

这是劳动教养机关的首要任务，是教育、感化、挽救劳动教养人员工作的前提和基础。它主要包括以下内容：

1. 依法准确、及时地适用劳动教养。在查清违法犯罪事实，证据确凿的前提下，对符合劳动教养条件而又必须劳动教养的人准确、及时地做出劳动教养的决定；对不符合条件的，则应及时做出不予劳动教养的决定；不拖延，不迁就，不姑息，做到不枉不纵不误时。

2. 依法准确、及时地收容劳动教养人员。劳动教养决定发生法律效力后，劳动教养的审批机关和承办单位要按有关规定将被决定劳动教养的人送往劳动教养场所收容。劳动教养场所必须严格依照有关劳动教养法律、法规所规定的劳动教养实质条件和时间条件，结合其违法犯罪事实，对其做出收容或不收容的决定，同时，对决定收容的，确定其劳动教养期限和实行劳动教养的准确起止日期。在审查过程中，如发现有触犯刑律、危害严重、构成犯罪的，依照法律制裁，绝不能把罪该判刑的犯罪分子收容劳动教养。对不符合收容条件的人，绝不能收容劳动教养，不准随意扩大收容范围。

（二）依法对劳动教养人员实行严格、科学、文明的管理，实现特殊预防

对依法收容集中起来的劳动教养人员实行严格管理，是由劳动教养的法律性质和劳动教养人员的特点所决定的，这是劳动教养机关完成任务的一个重要保障。对劳动教养人员实行严格管理时，必须严而有据，严而有度，严而有理，宽严相济，不能片面地追求严格而采取简单粗暴甚至打骂体罚等错误甚至违法违纪

的做法，应当使严格管理符合劳动教养工作方针、政策和有关法律、法规的要求，以体现劳动教养的本质和特色。

在对劳动教养人员实行严格管理的同时，还必须对他们实行科学管理，这就要求劳动教养机关人民警察一方面要以科学的态度，从劳动教养人员的客观实际出发，运用各有关学科所揭示的有关原则和规律进行管理；另一方面又要善于运用国内外先进的科学技术、先进的管理方法和先进的设备，提高管理的效率。这是新时期劳动教养工作发展的迫切需要。

随着社会的进步，文明管理已成为一切管理活动的普遍要求，劳动教养管理工作亦不例外。1982 年 1 月，中共中央在《关于加强政法工作的指示》中强调指出："劳改、劳教场所是教育改造违法犯罪分子的学校……要加强监督管理工作，实行文明管理，纠正一切落后的野蛮的做法，使被改造的对象看到出路和光明前途。"在劳动教养管理工作中，这种文明和管理制度、技术、方法等"非物化"手段的文明以及管理活动主体即管理者的观念、素质和管理方式的文明。对劳动教养人员实行文明管理有助于消除他们的对立情绪和逆反心理，调动他们接受教育改造的积极性。

（三）结合劳动教养生产实践，认真做好劳动教养人员的思想政治、文化知识和职业技术教育，提高教育改造质量

劳动教养机关的中心任务，就是对劳动教养人员进行教育改造。教育改造作为劳动教养的基本手段，具有目的性、针对性、综合性和社会性等特点。对劳动教养人员进行教育改造的内容主要包括思想政治教育、文化知识教育和职业技术教育，结合劳动教养生产实践的手段，发挥德育、智育和生产实践三项基本教育手段的功能和作用。

在对劳动教养人员进行教育改造的过程中，思想政治教育是核心和主要内容，是实现教育、感化、挽救劳动教养人员目的和任务的重要途径，在教育改造工作中居于主导地位，对清除劳动教养人员的违法犯罪思想，矫正各种恶习，使他们树立正确的世界观、人生观、道德观和社会主义法制观，具有十分重要的意义。而文化知识教育和职业技术教育是劳动教养教育改造工作的重要辅助手段和基本内容。做好对劳动教养人员的文化知识教育和职业技术教育，对于提高他们的社会化程度具有重要意义。为确保思想政治教育、文化知识教育和职业技术教育取得应有成效，必须在教育改造工作中紧密结合劳动教养生产实践。通过劳动教养生产实践锻炼，有助于使劳动教养人员树立劳动观念、培养劳动习惯；树立集体主义主义观念，培养他们的协作精神和组织纪律性；确立自食其力和为社会做贡献的劳动道德观，养成热爱劳动、珍惜社会劳动价值的品格；学会生产技能，形成新的生活方式，为解除劳动教养后的劳动就业创造条件。因此，对劳动

劳动教养学

教养人员进行教育改造，应紧密结合劳动教养生产实践，坚持以思想政治教育为核心，加强文化知识和职业技术教育，要积极适应社会主义市场经济条件下的形势、任务的变化，针对劳动教养人员中出现的新情况、新特点，不断改进教育改造的形式、方法、措施，增强教育内容的吸引力和感染力，切实提高教育改造质量。

（四）充分运用社会力量对劳动教养人员进行教育、感化、挽救，实现社会治安的综合治理

劳动教养工作涉及面较广，单靠劳动教养机关一方努力是不够的。必须扩大社会宣传，坚持向社会开放，充分运用社会力量，把所内教育改造与社会帮教结合起来，争取社会各界支持、配合和帮助。通过各种途径和形式的工作，实现社会治安的综合治理。在劳动教养工作中实行综合治理，是指劳动教养机关在党和政府的统一领导下，充分发挥公、检、法、司、教育、工、青、妇、企业、街道等团体、单位及家庭、学校等方面及社会有关人士的职业和作用，各负其责，互相配合，共同做好对劳动教养人员的教育、感化、挽救工作。

综合治理的基本内容主要包括向前延伸、向外延伸、向后延伸和内部协调。向前延伸，是指劳动教养人员投入劳动教养场所前，各有关部门不但要做好调查研究工作，做到掌握事实清楚、决定劳动教养期限准确，还应当做好对他们的认罪认错教育工作，并负责向劳动教养场所详细介绍案情、个性特点、思想状况及有关社会关系等情况。也就是说，不要把对劳动教养人员教育改造的开端放在投入劳动教养场所之后，而是要提前延伸到劳动教养生活开始之前。向外延伸，是指劳动教养场所在教育改造劳动教养人员的过程中，应进一步依靠社会力量，通过签订联合帮教协议、与社会有关方面建立联系、邀请新闻单位来所参观访问、邀请社会有关人员来所作报告、组织劳动教养人员到社会参观学习、请劳动教养人员亲属来所规劝等形式，共同做好对他们的教育改造工作。向后延伸，是指劳动教养人员在解教后，劳动教养场所必须向有关部门介绍劳动教养人员的教育改造表现、思想状况等，并协助做好安置落实、接着帮教工作，巩固教育改造成果，把重犯率降到可能的最低程度。内部协调或向内深化，是综合治理方针在劳动教养机关内部工作中的体现。它是指在劳动教养机关内部，要充分发挥管理、教育、生产劳动和生活卫生等各项工作的综合功能，互相衔接、互相配合、互相渗透，为提高劳动教养工作质量而共同努力。

第二节　劳动教养机关的管理体制

一、劳动教养机关管理体制的概念

劳动教养机关的管理体制是指依法确定的劳动教养机关的组合、职能分工及其工作程序与方式的规范体系。根据有关法律法规的规定，我国的劳动教养机关，按照职权范围可分为国家，省、自治区、直辖市，大中城市三级；按照其所属关系分为三种类型：即属于政府部门的劳动教养领导机关；司法行政系统的劳动教养管理机关；作为行政措施执行的劳动教养执行机关。在劳动教养工作全过程中，它们分工负责，各司其职，形成了比较完整的工作体系。

二、劳动教养机关管理体制的内容

（一）劳动教养领导机关及其职能

劳动教养领导机关是指省、自治区、直辖市和大中城市、区、自治洲人民政府成立的劳动教养管理委员会，它是由公安、司法行政、民政、劳动等部门的负责人组成的，负责劳动教养审查批准和领导管理劳动教养工作的政府职能部门。这是由劳动教养法律、法规明确规定的。

劳动教养管理委员会下设两个办事机构：一是设在公安机关的劳动教养审批机构；二是设在司法行政部门（或劳动教养管理机关）的劳动教养管理委员会办公室。

劳动教养管理委员会是非常设机构，主要是通过定期召开委员会会议的形式领导劳动教养工作。其职能主要是：

1. 统筹职能。研究解决劳动教养工作中的重大政策性问题，科学安排劳动教养工作的整体布局，规划及制定教育、感化、挽救劳动教养人员的重大措施。

2. 协调职能。协调与劳动教养工作有关的地方政府、公安机关、人民检察院、人民法院、司法行政、民政、劳动、计划、财政和教育等部门的关系，使各有关部门团结协作，共同完成劳动教养工作任务。

3. 保障职能。通过召开办公会议，审议、解决劳动教养工作中的重大问题，检查评估劳动教养教育改造成果和命名劳动教养学校，保障劳动教养工作健康发展。

4. 监督职能。检查、监督劳动教养审批机构和办事机构的工作，审理、复查、解决有争议的问题和劳动教养人员及家属的申诉、控告、复议申请等。

（二）劳动教养管理机关及其职能

劳动教养管理机关是指司法行政部门设置或管理的，主管劳动教养工作的行政机构。

劳动教养管理机关，可以分为三级管理体制，即中央一级、省（自治区、直辖市）一级和大中城市一级。

1. 中央一级劳动教养管理机关。其职能主要是：

（1）监督检查劳动教养法律、法规和执行情况；

（2）指导对劳教教养人员的管理、教育、警戒和强制治疗等工作；

（3）规划劳动教养场所的设置和布局；

（4）指导劳动教养场所的生产、基建、财务、装备等工作。

2. 省一级劳动教养管理机关。省一级的劳教管理机关，是省级司法行政部门设置或管理的劳动教养管理局，其职能只要是：

（1）贯彻执行国家及本省（自治区、直辖市）有关劳动教养工作的法律、法规和方针、政策，起草本省（自治区、直辖市）有关劳动教养法规、规章草案，并组织实施；

（2）提出劳动教养场所的设置和布局的意见；

（3）指导监督劳动教养场所对劳动教养人员的收容、管理、教育、期满解放等工作；

（4）管理教养场所的生产、基建、财务、装备等工作；

（5）负责本系统民警和职工的管理工作。

3. 大中城市一级劳动教养管理机关。大中城市一级劳动教养管理机关，是设在市（地区、盟、自治州）司法局的劳动教养管理局（处），其职能主要是在司法局的领导下，在省（自治区、直辖市）劳动教养管理局的业务指导下，负责管理所属劳动教养场所的管理、教育、生产、基建、财务、装备等工作。

（三）劳动教养执行机关及其职能

劳动教养执行机关是指依法设置的劳动教养场所。它是代表国家依法对被决定劳动教养的人实行强制性教育改造的行政执法机关。

《劳动教养试行办法》第4条第2款规定："劳动教养场所，是对被劳动教养的人，实行强制性教育改造的机关，是改造人，造就人的特殊学校，也是特殊事业单位。"1995年2月8日，国务院在《关于进一步加强劳动教养机关管理和劳动教养工作的通知》中规定，劳动教养场所是"国家治安行政处罚的执行机关，要贯彻教育、感化、挽救"的方针。对劳动教养人员重在教育，立足挽救，把劳动教养所办成教育、挽救他们的学校。

由于劳动教养场所性质的特殊性，使劳动教养执行机关集执法机关、特殊学校、特殊工厂（农场）于一体，具有工作范围的广泛性和职能的综合性。概括而言，劳动教养执行机关的职能主要是：

1. 按照劳动教养法律、法规的规定，严格履行劳动教养的收容手续，切实保证收容质量。

2. 对劳动教养人员实行全面的依法、严格、文明、科学、直接管理，稳定场所教育改造秩序，保证场所安全，完成特殊预防的任务。

3. 认真细致地做好劳动教养人员的教育改造工作，积极促进其思想转化，矫正其恶习，把他们培养成为遵纪守法的合格公民和自食其力的劳动者。

4. 组织劳动生产，在劳动中加速对劳动教养人员的教育改造，并为国家创造一定的物质财富。

三、劳动教养管理体制的改革

劳动教养制度创办五十多年来，根据劳动教养事业发展的客观需要和有关法律、法规及规范性文件的规定，劳动教养管理体制包括机构设置、职能分工发生了不小的变化，但始终未能形成一个设置合法、分工科学、互相制约、运行有效的劳动教养管理体制。现行的管理体制在机构设置的合法性、职能分工的合理性、运行机制的科学性及有效性等方面都存在着弊端。主要表现在：劳动教养管理委员会体制松散，形同虚设；劳动教养管理机关建制不统一，功能不健全；劳动教养执行场所的性质及法律地位不明确，管理教育工作的改革和发展受到影响；劳动教养管理体制内部条块分割，缺乏集中统一领导，外部各有关机关之间未形成互相监督、制约关系。基于此，应该从以下几方面进行改革完善：

（一）强化劳动教养管理体制的法制建设

劳动教养法制建设的进一步加强与完善，是劳动教养管理体制改革与完善的重要依据，也是各级劳动教养机关认真履行职责的法律保障。要通过劳动教养立法，明确将劳动教养权利界定为提请权、审判权、执行权、监督权，分别将上述权力赋予公安机关、人民法院、司法行政机关、人民检察院，规范各有关机关在劳动教养适用程序中的地位及其互相监督、互相制约的关系。取消形同虚设的劳动教养管理委员会，从中央到地方建立起系统而又完善的劳动教养管理体制。

（二）改革劳动教养管理机关的机构设置，强化其职能

根据劳动教养事业发展的需要和劳动教养机关的性质，明确劳动教养管理机关的地位，统一其建制，理顺其内部、外部的关系。同时本着精简、高效、分工合理的原则，完善劳动教养管理机关的内设机构，强化其统筹规划、协调控制、考核监督、社会保障等职能，加强政策导向、制度规范和民警培训等环节的工作，搞好系统的对策研究与决策，全面提高劳动教养管理水平。

（三）科学地调整劳动教养场所的布局与规划，全面促进其规范化、现代化建设

要根据政治、经济发展的客观需要，从预防犯罪、维护社会稳定和教育改造劳动教养人员的实际情况出发，科学地调整劳动教养场所的布局和规划，形成以省、自治区、直辖市为区域基础，有集中、有分散、有统一的规范，有场所职能差异与矫正教育特色，合理分类、大型与中小型规模适度的场所布局与规划。并根据统一部署，不断推进场所的规范化、现代化建设，使 21 世纪的劳动教养场所真正建设成为设施完善、制度规范、管理文明的现代化矫正教育场所，成为展示我国法制文明和预防犯罪特色的"窗口"。

第三节　劳动教养机关人民警察

一、劳动教养机关人民警察的性质和作用

（一）劳动教养机关人民警察的性质

劳动教养机关人民警察，是指在劳动教养机关从事管理、教育、生产和机关行政事务并担任人民警察职务的人员。主要包括劳动教养管理机关和劳动教养执行机关的人民警察。根据《人民警察法》的规定，劳动教养机关人民警察是我国人民警察序列中的一个警种，是我国人民警察队伍的一个重要组成部分，是国家治安行政执法的重要力量。

（二）劳动教养机关人民警察的作用

劳动教养机关人民警察的作用，是指劳动教养机关人民警察在劳动教养工作中通过对国家所赋予的特定职权和职责的行使，从而对整个劳动教养工作各个环节、各个方面所产生的影响和可能取得的成效。由劳动教养机关人民警察的法律地位所决定，劳动教养机关人民警察在对劳动教养人员实行劳动教养过程中处于核心的地位，起着决定性的主导作用。其作用主要表现在：

1. 劳动教养机关人民警察是国家劳动教养法律制度和政策的执行者和体现者

劳动教养作为我国一项重要的法律制度，不仅有相关的劳动教养法律、法规作为支撑，还有相应的劳动教养法律监督、劳动教养的行政赔偿等制度相配套。此外，从实施劳动教养的目的出发，党中央和国务院还制定了"教育、感化、挽救"的劳动教养工作方针，以及"依靠社会力量，预防与治理犯罪的政策"、"惩办与宽大相结合的政策"、"正确区分两类不同性质矛盾，化消极因素为积极因素的政策"、"给出路的政策"等劳动教养工作的基本政策和具体政策。这些

劳动教养的法律制度和政策对于做好劳动教养工作，实现劳动教养目的具有根本性作用。而这些法律制度和政策能否真正发挥出应有的作用，关键在于劳动教养机关人民警察。劳动教养机关人民警察是国家劳动教养法律制度和政策的执行者和体现者，是国家劳动教养法律制度和政策得以实现的决定性因素。首先，作为劳动教养法律、政策的执行者，劳动教养机关人民警察必须有强烈的执法意识，严谨的执法态度，高强的执法能力，严格依照劳动教养法律和政策办事。其次，作为劳动教养法律、政策的体现者，劳动教养机关人民警察必须有较强的国家意识，自觉维护和正确体现国家法律和政策。因为，劳动教养机关是国家授权的专门劳动教养管理、执行机构，劳动教养机关人民警察是专职的劳动教养管理人员，无论是劳动教养机关，还是劳动教养机关人民警察，它们在对劳动教养人员实施强制性教育改造过程中，都是以国家的"化身"出现的。因此，劳动教养机关人民警察的一言一行，都关系到国家的法律和政策能否得到贯彻。劳动教养机关人民警察国家意识强，执法能力和政策水平高，就能将国家劳动教养法律制度和政策精神贯彻和体现在日常的管理、教育活动之中。

2. 劳动教养机关人民警察是特殊的教育工作者

由我国对劳动教养人员实行劳动教养的目的所决定，我国劳动教养机关不仅是对劳动教养人员执行劳动教养处罚的机关，更重要的是教育改造劳动教养人员成为新人的特殊学校。劳动教养机关人民警察不仅是对劳动教养人员实行劳动教养的管理者，而且又是特殊的教育者。由于劳动教养学校与社会上的一般学校在教育对象、方针、内容、手段、目的等方面有较大的区别，因此，要完成教育改造劳动教养人员成为新人的任务，就必须在传授文化、劳动技能的同时，更要在转变思想上下大工夫，这就比一般学校的教师花费更多的心血，付出更为艰辛的劳动，并且要求劳动教养机关人民警察有更高的政治素质、更全面的业务素质、更高的文化素质和更好的心理素质。几十年来，劳动教养事业取得的巨大成就，足以说明劳动教养机关人民警察被誉为"特殊园丁"和"人类灵魂的工程师"是当之无愧的，也足以说明劳动教养机关人民警察在劳动教养工作中的决定性主导作用。

3. 劳动教养机关人民警察是劳动教养工作的管理者

劳动教养工作是一个综合性的工作，它涉及教育、管理、生产劳动等多方面的工作，每一项具体工作，都需要劳动教养机关人民警察直接管理。从劳动教养人员的早晨起床、出操，到夜晚点名、查铺，都必须按照日常生活规范要求，严格检查督促；对劳动教养人员在学习、劳动、生活三大现场的活动，都必须由劳动教养机关人民警察亲自安排与管理；每天发生的大量事务性工作，如跟班监督、学习辅导、技术指导、活动组织、考核评比、思想动态分析、个别谈话教育等，都需要劳动教养机关人民警察去认真做好。总之，劳动教养机关人民警察正是通过严密的组织，严格的管理，才使劳动教养人员的教育改造、生产劳动和生活各个方面的活动，都能够按照既定的计划，在劳动教养机关人民警察的直接掌握和监督下，有节奏地进行，保证劳动教养场所拥有良好的生活、教育和生产秩序，为教育改造劳动教养人员奠定基础。

二、劳动教养机关人民警察的职责与权力

（一）劳动教养机关人民警察的职责

劳动教养机关人民警察的职责，是指劳动教养机关人民警察在对劳动教养人员实行劳动教养的过程中，以其职务而产生并承担的责任。劳动教养机关人民警察是国家劳动教养法律制度的法定实施者，因此，在职务上负有认真正确履行与国家赋予职权相对应的责任，从而完成对国家、社会负责的使命。劳动教养机关人民警察的法定职责表现为以下几个方面：

1. 依法实行劳动教养的职责

依法实行劳动教养，是指劳动教养机关人民警察根据《劳动教养决定书》和《劳动教养通知书》等法律文件，从收容到解除劳动教养的过程中，必须严格依照国家法律规定进行，任何决定、行为都必须有法律依据，都必须在严格的法定范围内进行，不允许有任何超越或违反法律规定的行为出现。例如，收容必须以法定的法律文书为依据，不得错收；警械、戒具和武器的使用，必须遵守有关规定；所外执行的所外就医必须符合法定条件，严格履行法定程序；对劳动教养人员的考核奖惩，必须按照法定的奖惩种类和条件实施；解除劳动教养必须按照法定的劳动教养期限的计算方法，准确计算劳动教养期限，按期解除劳动教养；等等。依法实行劳动教养，是我国劳动教养法律制度基本精神和内容对劳动教养机关人民警察在履行职务时的基本要求，严格依法实行劳动教养，对劳动教养人员的教育改造有积极的直接影响，对劳动教养场所秩序的维护有重要的保障作用，同时，也关系到劳动教养机关人民警察的执法权威和执法形象。因此，劳动教养机关人民警察必须认真履行这一职责。

2. 依法管理劳动教养场所和劳动教养人员，维护劳动教养场所的安全和秩序的职责

劳动教养场所的安全和秩序好与不好，直接影响着劳动教养各项工作的开展，因此，劳动教养机关人民警察必须认真做好对劳动教养场所和劳动教养人员的管理。在履行这一职责时，要注意制定好各项管理制度，实现管理工作的制度化和规范化。如安全管理制度、现场管理制度、分级管理制度、民主管理制度、武装护卫制度等。通过各种管理制度的实行，对劳动教养人员进行依法、严格、

文明、科学、直接管理，保证劳动教养场所的安全，稳定劳动教养场所的秩序。

3. 依法对劳动教养人员进行教育矫治的职责

对劳动教养人员进行教育矫治，使其成为守法公民，这是实行劳动教养的目的。因此，劳动教养机关人民警察必须认真执行劳动教养工作的方针、政策，在对劳动教养人员的教育矫治过程中，应以政治思想教育为主，结合进行文化科学教育和生产技能教育。同时，要认真研究、探索和改革传统的教育改造形式与内容、手段与方法，实现劳动教养工作手段、方法的科学化、规范化，要重视劳动教养机关人民警察的专业化培训，重视总结教育改革的试点与试验，重视国外矫正教育领域心理与行为矫治的经验及技术的引进，以丰富和发展我国劳动教养教育矫治的实践领域，形成系统、科学的，具有中国特色的矫正教育工作体系。

4. 保障劳动教养人员合法权利的职责

劳动教养人员虽然在一定程度上被依法限制了人身自由，但他们仍是中华人民共和国公民，他们仍然享有我国宪法中规定的作为我国公民的基本权利，如人身权利、宗教信仰自由权利、政治权利、财产权利、婚姻家庭权利、申诉、起诉、控告、检举权利以及依法取得国家赔偿的权利等。因此，作为劳动教养机关和劳动教养机关人民警察有责任保障其合法权益，凡是其合法权利之内的要求，必须予以保障；凡是侵犯其合法权益的行为必须制止；因侵犯其合法权益，使其遭受人身或财产损害，符合国家损害赔偿条件的，劳动教养机关应当予以赔偿。总之，保障劳动教养人员的合法权利，既是我国对劳动教养人员实行"教育、感化、挽救"方针和劳动教养工作政策的体现，也是我国社会主义法治的根本要求。劳动教养机关和劳动教养机关人民警察必须予以高度重视，切实给予保障。

（二）劳动教养机关人民警察的权力

劳动教养机关人民警察的权力，是指劳动教养机关人民警察在实行劳动教养的过程中，因履行法定职责而由国家赋予的法定权力。根据有关法律、法规的规定，劳动教养机关人民警察拥有以下主要权力：

1. 劳动教养的执行权

根据《劳动教养试行办法》，劳动教养机关人民警察代表劳动教养机关，按照劳动教养管理委员会做出的劳动教养决定，对劳动教养人员予以收容执行，依法限制其人身自由及相关权利的行使。此外，还包括有权对不符合收容条件者不予收容；对罪该逮捕判刑者提出建议，报请审批机关复核处理权；对劳动教养期满的人，具有解除劳动教养的处置权等。

2. 劳动教养的行政管理权

劳动教养的行政管理，是指劳动教养机关依据国家的有关法律、法规，通过严密的组织、严格的管理制度和科学文明的管理方法，使劳动教养人员各个方面的活动都能安全、有序、保质保量地进行，以提高劳动教养工作效率的自觉活动。行政管理的内容主要包括：对劳动教养人员政治思想教育的管理、文化技术教育的管理、生产劳动的管理、生活卫生的管理和业余活动的管理，以及制定和执行行政管理的各项规章制度。

3. 对劳动教养人员的教育矫治权

劳动教养的目的决定了劳动教养机关人民警察负有教育矫治劳动教养人员的职责，同时，国家法律也赋予劳动教养机关人民警察对劳动教养人员的教育矫治权，这是劳动教养机关人民警察诸多职权中最突出的根本性职权。因为，这项权力的行使，不仅可以使劳动教养人员学到一定的文化科学知识，而且更重要的是能促使其转变立场，改掉恶习，消除违法犯罪思想和意识，从而将其改造成为守法公民。劳动教养机关人民警察拥有了这种教育矫治权，就可以在具体的劳动教养工作中，针对劳动教养人员的不同情况，有的放矢地采用各种各样的教育矫治的内容、手段和方法。只要对劳动教养人员的教育矫治有利，就可以充分地运用这一权力加以实践，并不断总结教育矫治的手段和方法，使之科学化和规范化。

4. 对劳动教养人员行政奖惩的建议、决定权

根据《劳动教养试行办法》第 9 条的规定，劳动教养机关人民警察有权对劳动教养人员实行行政奖惩。对具备法定奖励条件的，可分别给予表扬、记功、物质奖励，或者报请劳动教养管理委员会予以减期或提前解除劳动教养；对具有法定惩处条件的，可分别给予警告、记过，或者报请劳动教养管理委员会予以延长劳动教养期限。

三、劳动教养机关人民警察的队伍建设

(一) 劳动教养机关人民警察的素质要求

1. 立场坚定，政治合格

立场坚定、政治合格是劳动教养机关人民警察所必须具备的素质，是做好劳动教养工作的基础和前提。它决定着干警队伍的政治立场、工作作风以及与此密切相关的道德品质、思想情操，关系到是否能够在正确的路线下，完成劳动教养工作任务的首要问题。

2. 为警清廉，作风过硬

廉洁奉公是新时期劳动教养机关人民警察应有的节操，依法办事是对劳动教养机关人民警察必然的要求。劳动教养机关是具有特殊职能的国家行政执法机关，担负着改造人、教育人的重任，劳动教养机关的人民警察理应成为清正廉洁、一心为公、严格执法的模范，时刻保持良好的形象。只有如此，才能有威

信，对劳动教养人员教育才能有说服力。为警清廉、作风过硬是劳动教养机关人民警察队伍的光荣传统之一，在新的历史时期，我们继续保持和发扬老传统、老作风，并把它与时代精神紧密相连，赋予新的内容，体现出这个时代的发展方向和当代社会先进的思想观念、道德风尚。

3. 无私奉献，艰苦奋斗

强烈的事业心，高度的责任感，高标准，严要求，全身心投入到劳动教养的工作中，勇于为党的劳动教养事业奉献出自己的一切。面对机会与挑战共存的劳动教养工作环境，进一步赋予无私奉献、艰苦奋斗以新的内容，在生活上艰苦朴素、勤俭节约，在思想上保持高昂饱满的斗志和拼搏进取的精神，在学习上刻苦钻研、勤学苦练，努力提高自身素质；在工作中吃苦耐劳，不畏艰险，兢兢业业，无私奉献；在改革开放中解放思想，敢闯敢干，艰苦创业，争创佳绩。

4. 热爱本职，业务精通

热爱本职、业务精通是干警队伍建设的一项基本任务，对于提高干警队伍战斗力，适应现代化发展的新要求具有十分重要的意义。

业务精通，是劳动教养机关人民警察的根本职能决定的。劳动教养机关人民警察是我党领导下的国家人民警察体系的一个警种，是代表国家对劳动教养人员执行劳动教养的特殊队伍，其基本特征是依法执行国家公务，其根本任务是对劳动教养人员进行教育与改造，这一崇高使命要求干警必须做到业务精通，保持持久的战斗力。如果干警不了解法律规定，不掌握生产技术，不会做教育改造工作，就不可能使劳动教养人员认识到自己所犯的罪错，不可能完成把大多数劳动教养人员改造成自食其力的守法公民和适应社会主义市场经济建设有用之才的任务。

5. 视野广阔，开拓创新

随着形势的发展，在市场经济条件下如何做好劳动教养工作，成为劳动教养机关人民警察面临的一个新课题，有许多复杂的情况需要研究，有许多突出的矛盾需要解决。特别是 2004 年，司法部颁布了建设现代化文明劳教所标准，对干警队伍建设提出了进一步的要求。在劳动教养工作上，逐步实现向革命化、规范化、科学化方向发展，对干警的整体素质提出了新的要求，劳动教养工作面临许多新情况、新问题，都要求劳动教养机关人民警察必须具有广阔的视野、创新的意识、多重的知识结构，精通生产科学技术、教育改造方法。

（二）劳动教养机关人民警察的素质构成

劳动教养机关人民警察的素质是指为了完成教育改造好劳动教养人员工作任务，劳动教养机关人民警察自身应当具备的基本条件。根据劳动教养工作的性质、特点、发展趋势及创建现代化文明劳教所的新形势和新要求，劳动教养机关人民警察必须具备以下几个方面的基本素质：

劳动教养学

1. 政治素质

政治素质是指劳动教养机关人民警察应当具备的政治立场、思想观念、道德情操等方面的水平或状况。政治素质的高低，不仅决定着劳动教养机关人民警察队伍的思想作风和精神面貌的好坏，而且对其他几种素质的形成和发展具有重要的影响。这就要求劳动教养机关人民警察必须做到以下几点：

（1）要有坚定的政治方向

政治方向是指劳动教养机关人民警察的政治倾向、政治上的理想和信念，以及政治上的努力方向等。劳动教养机关人民警察代表着国家和广大人民群众的利益和愿望，依法对劳动教养人员进行教育与改造，因此，劳动教养机关人民警察必须用马列主义、毛泽东思想、邓小平理论以及"三个代表"重要思想和科学发展观来武装自己的头脑，坚持党的四项基本原则，严格遵守党纪国法，自觉维护国家的安全和人民的利益，完成对劳动教养人员进行教育、感化、挽救，完成好既是管理者又是教育者的光荣使命。

（2）要有强烈的事业心

劳动教养机关人民警察肩负着党和人民赋予的把劳动教养人员教育改造成为新人的重任，责任重大，任务艰巨，必须具有强烈的事业心和高度的责任感，忠于国家，忠于人民，爱岗敬业，乐于奉献，恪尽职守，努力工作。

（3）要有良好的职业道德

劳动教养机关人民警察既是对劳动教养人员进行劳动教养的管理者，又是对劳动教养人员进行教育、感化、挽救的教育者。特殊的使命要求劳动教养机关人民警察既要忠于职守，又要执法如山；既要惩恶扬善，又要文明管教；既要机智勇敢，又要不怕牺牲；既要为人师表，又要廉洁奉公。劳动教养机关人民警察应该以自身的行动去教育、感化、挽救劳动教养人员。

2. 知识素质

知识素质是指劳动教养机关人民警察胜任本职工作所具有的基础知识和专业知识以及专业技能的有机结合和综合反映。劳动教养机关人民警察的知识素质包括以下几个方面：

（1）基础知识

①政治理论知识

政治理论知识是劳动教养机关人民警察正确执行刑罚的理论依据，因此，劳动教养机关人民警察必须掌握马克思主义、毛泽东思想、邓小平理论、"三个代表"重要思想、科学发展观，应掌握马克思主义哲学、政治经济学、中国革命史和科学社会主义等方面的政治理论知识。应通晓法学基础理论、宪法学、行政法、伦理学、形式逻辑、普通心理学等社会规范和人文科学知识。

②法学理论知识

法学理论知识是劳动教养机关人民警察正确执行刑罚的法律基础，因此，劳动教养机关人民警察应当掌握法理学、法律史、宪法、劳动教养相关法律、刑法、刑事诉讼法、民法、民事诉讼法、行政法、行政诉讼法、劳动法等法学基础理论知识。

③文化基础知识

劳动教养机关人民警察应具备大学专科以上文化水平，应了解掌握基本的语文、文学、历史、地理、数学、物理、化学等方面的知识。

（2）专业知识

①要具有劳动教养学理论知识。劳动教养学理论知识是劳动教养机关人民警察正确行使职权的有力武器，应具有劳动教养学、劳动教养管理学、劳动教养人员改造心理学、行政管理学、教育学、劳动教养工作应用文、犯罪学、犯罪心理学等专业知识。

②应当具有一定的企业管理知识和安全生产知识，懂得基本的生产操作流程和有关生产的规章制度，按经济规律办事，搞好劳动教养机关生产的经营和管理。掌握必要的财务知识，学会精打细算，节能降耗，提高劳动教养机关生产的经济效益，并自觉维护国家的财经纪律。

③要有系统的教育学、心理学和社会学等方面的知识。劳动教养机关人民警察对劳动教养人员依法进行管理的同时，更应注重对劳动教养人员的教育改造。劳动教养机关人民警察应具有必要的教育学知识，掌握必需的教育学原理和劳动教养人员的心理，以便对他们实行有针对性的教育改造。劳动教养机关人民警察还应具有广博的社会学知识，在对劳动教养人员传授文化知识、技能知识的同时，从社会学的角度引导劳动教养人员树立正确的人生观、价值观，从而自觉地矫正自身的恶习。

3. 能力素质

能力素质是指劳动教养机关人民警察在劳动教养工作中胜任惩罚、教育、改造劳动教养人员任务的履行职务的能力。根据所从事的职业特点，劳动教养机关人民警察的能力素质应包括组织管理能力、分析判断能力、表达能力、社交能力、防卫能力、改革创新能力等。

（1）组织管理能力

组织管理能力，是指劳动教养机关人民警察在劳动教养工作中对劳动教养人员进行组织管理的能力。劳动教养机关人民警察是劳动教养人员在整个劳动教养期间一切活动的组织者和管理者。组织管理能力要求劳动教养机关人民警察依照国家的法律依法办事，制定工作目标，组织、指挥、管理劳动教养人员的生活、劳动、学习活动，协调劳动教养人员群体之间、群体与个体之间、个体与个体之间的相互关系，检查、监督、考核劳动教养人员的思想行为表现。

（2）分析判断能力

分析判断能力，是指劳动教养机关人民警察在劳动教养工作中对劳动教养人员的思想行为及其有关事项问题能够正确认知的能力。劳动教养机关人民警察在工作中，始终处于真假、虚实、错综复杂且千变万化的环境之中，面临随时可能发生的突发事件。分析判断能力要求劳动教养机关人民警察应洞察劳动教养人员的思想行为的真相，善于进行去伪存真、由表及里、由此及彼地分析判断，抓住事物的本质，始终保持清醒的头脑，慎重应对千奇百怪的事态及形形色色的劳动教养人员，处事不乱、遇变不惊、临危不惧，灵活应对、果断处置。

（3）表达能力

表达能力，是指劳动教养机关人民警察在劳动教养工作中对劳动教养人员做说服教育工作能够进行语言文字表达的能力。劳动教养机关人民警察对劳动教养人员的说服教育，离不开语言文字的表述，表达能力要求劳动教养机关人民警察应善于用生动、形象、流畅的语言文字表述国家的政策法律，宣传法制，说服教育引导劳动教养人员认清前途，重新做人。

（4）社交能力

社交能力，是指劳动教养机关人民警察在劳动教养工作中发动社会各界人士参与劳动教养人员教育改造工作的能力。劳动教养机关人民警察的工作环境具有封闭性的特点，要对劳动教养人员进行综合治理，就应该动员社会各界人士参与劳动教养人员的教育改造工作。社交能力要求劳动教养机关人民警察应关心、理解、接近人，营造交往氛围，察言观色，应把握对方的思想行为动向，创造交往契机，应诚信为本，赢得对方信任。

（5）防卫能力

防卫能力，是指劳动教养机关人民警察在劳动教养工作中对劳动教养人员的违法犯罪行为应具有的抗御反击能力。劳动教养机关人民警察在工作中，随时可能遭遇劳动教养人员的违法犯罪行为的侵害。防卫能力要求劳动教养机关人民警察一方面应能够保护自己的人身安全，防止并反击劳动教养人员的不法侵害。另一方面应能够保护他人的人身安全，制止劳动教养人员的不法侵害。此外，还应能够维护劳动教养机关场所内的公共财物、监管改造秩序不受劳动教养人员的不法侵犯。

（6）改革创新能力

改革创新能力，是指劳动教养机关人民警察在劳动教养工作中适应客观情况的变化而具有的改革创新能力。改革创新能力要求劳动教养机关人民警察面对形形色色的劳动教养人员、千变万化的形势，保持思维敏锐活跃，富有果敢的胆识和决策，善于捕捉新信息，洞察新动向，接受新观念、新事物，面临新机遇、新挑战，善于提出新观点、制订新方案、采取新措施，勇于开拓新局面。

4. 心理素质

心理素质是指劳动教养机关人民警察在心理过程（认知、情感、意志）和个性心理特征（能力、气质、性格）方面的情况。劳动教养机关人民警察是以特殊的人为工作对象，主要是心与心的较量，具有复杂性、隐蔽性、尖锐性、突发性以及理智与情感共同作用等特点。因此，劳动教养机关人民警察必须具有良好的心理素质。

（1）要有成熟的自我意识，包括自我观察、自我评价、自我体验、自我监督、自我调节和自我控制。

（2）要有丰富、积极的情感和顽强的意志。劳动教养机关人民警察对自己所从事的惩罚与教育劳动教养人员的工作要有必胜的信念、坚持不懈的奋斗精神和克服困难的坚强毅力。

（3）要有良好的心理品质。包括具有正确的世界观、价值观，全心全意为人民服务的思想和坚忍不拔、百折不挠、处变不惊的良好意志品质等等。

5. 警体素质

警体素质是指劳动教养机关人民警察应该具有的身体和警体方面的要求。强健的身体是从事劳动教养机关工作的重要条件，是其他素质赖以形成和发展的物质基础。因为劳动教养机关工作随时会遇到各种紧急情况，必须快速投入应急行动之中。如果身体病弱无力，不仅难以胜任本职工作，而且可能因无力应付突发事件制伏劳动教养人员而危及自身，给自己或给国家带来不应有的损失。劳动教养机关人民警察的警体素质是多方面的，主要包括以下内容：

（1）强壮的体格。强壮的体格既是劳动教养机关人民警察身体素质水平的外在表现，又反映了劳动教养机关人民警察人体机能的完善程度。强壮的体格是做好劳动教养机关工作的基本条件之一。

（2）良好的体能。劳动教养机关人民警察的工作环境艰苦，工作任务繁重，工作时间持久，要求劳动教养机关人民警察必须具备超越常人的特殊体能。

（3）充沛的精力。充沛的精力反映了劳动教养机关人民警察的意志、情感与身体活动的强度、速度、稳定性等特征。

（4）较强的适应力。劳动教养机关人民警察特殊的工作环境、艰苦的工作条件、超负荷的工作强度，决定了劳动教养机关人民警察必须具备良好的对环境的适应能力和对疾病的抵抗能力，以便提高工作质量和效率。

（三）加强劳动教养机关人民警察队伍的建设措施

1. 加强政治思想建设，全面提高队伍的政治与业务素质

加强政治思想建设是队伍建设的前提和基础，在队伍建设中具有重要作用，是保证党的劳动教养方针、政策、法律、法规得到全面贯彻实施的思想保障，是充分发挥民警积极性、主动性和创造性的动力和源泉。

在新的历史时期，加强劳动教养机关人民警察队伍的政治思想建设，主要是使他们具有坚定的政治立场，时刻保持清醒的头脑，毫不动摇地同党中央保持一致，热爱劳动教养工作，忠诚于党的劳动教养事业，坚持运用正确的政治观点和政治鉴别力，分析研究国内外各种敌对势力以及劳动教养人员的政治动向，尽心尽力地做好教育、感化、挽救劳动教养人员的工作，坚持劳动教养法制和现代化建设的社会主义方向。

政治思想建设的核心目标主要是要有正确的思想观念，树立牢固的马克思主义世界观、人生观、价值观，自觉用无产阶级思想去克服纠正各种非无产阶级思想，特别是用辩证唯物主义和历史唯物主义的观点识别和抵制资产阶级思想文化的影响。反对以权谋私、个人主义，发挥无私奉献精神，卓有成效地从事教育改造劳动教养人员灵魂的复杂工作，为社会主义劳动教养事业的发展做出自己的贡献。

为加强劳动教养机关人民警察队伍的政治思想建设，我们需要注意做到以下几点：

（1）要坚持不懈地学习马列主义、毛泽东思想、邓小平理论，用科学的立场、观点、方法武装广大劳动教养机关人民警察的头脑；

（2）要加强法制教育，提高执法水平；

（3）建立思想政治工作责任制，切实加强和改进劳动教养机关人民警察的思想政治工作，认真研究探索新形势下思想政治工作的特点和方法，增强思想政治工作的针对性和有效性。

2. 加强职业道德、纪律、作风建设，保证廉正、勤政、依法行政

"从严治警"是党和国家在新形势下对民警队伍建设的要求，它的核心内容便是抓好民警队伍的职业道德、纪律、作风建设，这是完成劳动教养工作任务的重要保证。因此，要不断对劳动教养机关人民警察进行警德、警纪、警风教育，引导、促进民警逐步形成崇高的职业道德，即忠于职守、秉公执法、不枉不纵、文明管教、耐心细致、诲人不倦、机智勇敢、临危不惧、艰苦奋斗、甘于奉献、等等；树立严明的职业纪律，即在政治纪律方面强调一致性，在组织纪律方面强调服从性，在工作纪律方面强调唯实性，在群众纪律方面强调廉洁性，等等；培养良好的职业作风，即注重调查研究、实事求是、坚持真理、修正错误、发扬民

主、依法办事、廉洁奉公、遵纪爱民、立场坚定、敌我分明。坚持同一切不良道德、违法乱纪、不良作风以及各种腐败现象进行坚决彻底的斗争，树立劳动教养机关人民警察的崇高形象，用良好的职业道德、纪律、作风去教育、感化、挽救劳动教养人员，使劳动教养机关人民警察队伍的职业道德、纪律、作风有根本的改观。

3. 加强业务建设，培养适应 21 世纪需要的高素质专业人才

在劳动教养工作中，具体对劳动教养人员实施教育、感化、挽救工作的，是处在第一线的广大基层民警。他们时时处处要和劳动教养人员接触，发挥应有的教育影响，其文化知识和业务素质的高低，直接关系着劳动教养工作方针、政策的贯彻执行，关系着教育改造工作的水平和质量。因此，必须采取有力措施，加强业务建设，全面提高民警的文化修养和综合业务素质。

（1）注重文化学习的高度。根据各单位的实际，充分利用各级教育网络，制订中、长期计划，运用多渠道、多途径、多形式，采取院校培养与联合办班、重点深造与在职培训相结合等方法，提高在职民警文化层次；同时积极采取有效措施，鼓励自学成才，并且把好进人文化关，坚持凡进必考（考试、考核）的原则，使整个劳动教养机关人民警察队伍的文化素质尽快达到司法部规定的要求。

（2）讲究业务培训的精度。要坚持"干什么，学什么，缺什么、补什么"和提高觉悟与增强技能相结合的原则，讲究实效，有针对地开展新民警上岗前培训、管理第一线民警实务培训、现代科技知识培训，办好各级业务培训班。在进行业务培训的过程中，学科上要着眼"广"，内容上要注重"深"，专业上要讲求"精"，质量上要追求"高"，从而使劳动教养机关人民警察队伍整体的业务素质适应劳动教养工作现代化的要求。

4. 加强领导班子建设，建立和完善领导责任制

要完成劳动教养工作的任务，必须要有一个强有力的领导班子。劳动教养机关人民警察队伍的领导班子，应由政治坚强、作风民主、执行政策、联系群众、艰苦奋斗、清正廉洁、熟悉法律、善于管教、懂生产、会经营、处处起模范带头作用的优秀分子所组成。要加强劳动教养机关领导班子建设，就必须优化组合领导班子，坚持和健全民主集中制，选准配强主要领导干部，对领导班子和领导干部严格要求、严格管理、严格监督，加大领导班子交流的力度，实现领导班子的革命化、年轻化、知识化和专业化，同时，要特别注意保障党委的集中统一领导，充分发挥决策、领导、监督作用；搞好基层党组织建设，发挥基层党组织的战斗堡垒作用；加强党员教育工作，发挥党员的先锋模范作用，这对加强党的领导、加强队伍建设及各项任务的完成至关重要。

5. 从优待警

加强劳动教养机关人民警察队伍建设，是一项综合治理工程，既要"从严治警"，即按照革命化、现代化、军事化、知识化、专业化的要求，对广大民警进行严格教育、严格管理、严格训练、严明纪律，不断提高劳动教养机关人民警察队伍的政治素质、职业道德、纪律、作风素质及文化知识和业务素质，还应积极创造条件，"从优待警"主要是指针对劳动教养机关人民警察经济收入与劳动付出反差较大的现状，从政治、思想、精神上关怀，从福利、生活、物质上关心。体贴民警，想民警所想，急民警所急，尽力帮助民警解决各种实际困难，切实为民警办好事、办实事，以调动民警的积极性，增强劳动教养机关人民警察队伍的凝聚力和战斗力。必须明确，"严"与"优"都是加强劳动教养机关人民警察队伍建设的需要，不能重"严"轻"优"或者重"优"轻"严"，必须坚持双管齐下，"严"、"优"结合，劳动教养机关人民警察的主观能动性和潜能性才能更好地发挥。

第四节　现代化文明劳教所

在我国政治、经济、文化等各方面不断发展变化，特别是"依法治国"方略的确立和对人权的保护日益重视的国情下，为了使我国的劳动教养工作能够更高更快地发展，在 1996 年 5 月 1 日，司法部发布实施了《创建现代化文明劳教所试行办法》，明确了把多数劳教所建设成现代化文明劳教所的奋斗目标。立足国情，从实际出发，划分层次，循序渐进，逐步将多数劳教所建设成为现代化文明劳教所，这是劳动教养事业跨世纪的奋斗目标。因此，必须认真理解现代化劳教所的科学内涵，领会创建现代化文明劳教所的重要意义，切实把握建设现代化文明劳教所的标准及原则。

一、现代化文明劳教所的概念和特征

（一）现代化文明劳教所的概念

现代化文明劳教所，是指以先进的设施设备，完善的教育改造制度为基础，依法对劳教人员实施文明的教育挽救，具有较高教育改造质量的场所。

（二）现代化文明劳教所的特征

从具有中国社会主义特色的现代化文明劳教所的内涵来看，具有科学性、进步性和人道性三个基本特征。

1. 科学性

我们所建设的社会主义的现代化文明劳教所，从设施设备、制度措施到人员构成，都必须代表我国社会发展的最高水平。现代化作为"应用科学技术推动人类文明向合理方向发展的变革过程"，是一个呈现动态的渐变过程，它意味着会使社会制度、生产方式、人际关系、分配方式更加完善、合理。现代化的方向和目标，必须通过最先进的科学成果和技术手段才能实现。所以，现代化实质上也可以理解为科学化，只不过现代化的内涵更为宽泛。从目前建设现代化文明劳教所的实际看，其科学性主要表现在：

（1）监管监控措施的技术化

监管监控措施的技术化，是建设社会主义现代化文明劳教所最根本的物质基础，属于现代化文明劳教所的硬件之一。由于现代化本身要求必须具备比较先进的物质条件，并以此作为现代化建设的基本支柱，因此，监管监控措施的技术化，便成为最能体现现代化文明劳教所科学性的基本内容之一。

（2）教育改造设施的现代化

我国劳教工作的根本目标就是教育、感化、挽救劳动教养人员，把他们改造成守法公民，以使其回归社会后能够适应社会生活。因此，只有不断提高教育设施和劳动设施的科学技术水平，才能使劳动教养人员接受的教育与技能和社会的发展保持同步。由此可见，教育改造设施的现代化，既是建设现代化文明劳教所的客观要求，它充分体现着现代化文明劳教所的科学性，同时也是社会发展的必然的内在要求。

（3）管理制度的规范化

一般而言，先进的物化设施需要人通过规范的管理制度来操作，并且需要严格遵守操作规程，否则，再先进的设施也是形同虚设。因此，现代化文明劳教所中的"硬件"设施，必须制定相应的管理制度，才能充分发挥先进的物化设施的作用。所以，劳教所的管理制度规范化，同样体现着现代化文明劳教所的科学性。

2. 进步性

一般而言，文明是指人类改造自然与改造社会的物质和精神成果的总和，它是社会进步和社会发展状况的一种标志。从狭义看，现代化与文明的内在相互关系是互为动因，相互促进。现代化向前发展了，社会文明的程度也会随之提高；文明提高了，反过来又会促进社会现代化的进一步发展。从广义而言，现代化包含着发展与文明的内涵，而文明也在一定程度上包含着社会发展的现代化，因此，广义上现代化与文明是互为表里的。

现代化文明劳教所应该是一个国家最先进的物质成果与精神成果在劳动教养管理工作中的具体运用与体现。这种进步性除了前面科学性所讲的内容之外，还主要包括：劳动教养工作目标的进步性和改造内容与方法的进步性，劳动教养人员是有轻微犯罪和违法行为的人，是在社会化过程中存在人格缺陷的人，是具有反社会行为的人，但是，他们和罪犯有着本质的区别，所以，在劳动教养管理工作中，"教育、感化、挽救"是劳动教养管理工作的工作方针，坚持处罚与教育相结合，以教育为主的原则，成功地教育转化了大批劳动教养人员，五十年的劳动教养工作的辉煌成就向世人证明，我国的劳动教养工作之所以取得了巨大的成功，先进的改造教育内容与科学的改造方法是十分重要的一环。在社会主义制度下，向他们灌输科学正确的世界观、人生观和价值观；在教育改造的方法上，除了采取必要的强制措施外，特别注重采用教育的方法、说理的方法及感化的方法，在工作中采取区别对待的原则。

3. 人道性

在现代化文明劳教所建设与发展中，社会主义人道主义主要体现在：

（1）权利的保护意识增强。随着劳教所物质条件的改善和劳教所人民警察的执法水平的提高，对劳动教养人员的权利保护意识和实际保护能力会大大增强，作为现代化文明劳教所，尤其会在劳动技能的培训和劳动权利的保护上有一个大的发展。一般而言，权利保护的增强是与社会经济基础的发展、法律制度的健全以及社会公民价值观念的发展紧密相关的。建设社会主义现代化文明劳教所，就是要在劳动教养机关的物质条件、劳动教养机关人民警察的执法水平以及各种规章制度的建立健全方面抓出特色，从而不断推动着保护劳动教养人员合法权利的工作向前发展。

（2）注重劳动教养人员的身心健康。在现代化文明劳教所的建设中，教育改造劳动教养人员的重点不仅要根除他们错误思想和恶习，而且还要特别注重对劳动教养人员健康身心的培养，也是在高层次上把劳动教养人员改造成为社会的新人。在当今社会里，人们对心理健康的重视程度日益增强。同样，现代化文明劳教所会更多地关注劳动教养人员的身心健康。

（3）注重思想、文化和技术教育，为劳动教养人员回归社会后升学就业创造条件。做好劳教人员思想文化、技术教育工作，可以为劳动教养人员回归社会后升学、就业创造条件，从而保障其合法权利，保障其基本生活条件和正常的学习与工作，使劳动教养人员回归社会后成为守法公民和有用之才。

二、建设现代化文明劳教所的原则

（一）软件和硬件并举，尤其要注重软件建设的原则

建设现代化文明劳教所，其内容可以分为硬件和软件两部分。硬件主要是指劳动教养机关的物化设施，如围墙、监控设施、生产设备等；软件包括警察素

质、执法水平、管理制度、教育方法、改造手段等。建设现代化文明劳教所，硬件和软件必须同时并举，不可偏废，两者都要抓，两手都要硬。作为现代化文明劳教所物质保障的硬件而言，它对于防御劳动教养人员、保障安全是至关重要的。硬件建设要量力而行，需要一个积累过程。软件建设相对而言，需要资金较少，在硬件建设条件不足的情况下，可以先行发展。而且从软件的内容看，虽然不像硬件那样明显地受物质条件所制约，但软件本身的发展提高需要有一定的过程，不可能一蹴而就。所以，硬件与软件并举，在思想上要有一个统一的认识。但是，从劳动教养工作整体角度而言，硬件设施也需要通过人的作用而发挥其应有的功效，所以，如果劳动教养机关人民警察的素质和管理水平跟不上去，硬件设施只能是一具空壳而已。因此，强调和重视软件建设，不仅因为软件建设有自身的发展内容，而且是由于硬件作用的发挥有赖于软件的建设与发展。在强调硬件与软件建设并举、不可偏废的同时，更应注重软件的建设和发展，要在立法、完善管理制度、协调改造手段、提高警察素质等方面下大力气。只有软件建设真正搞好了，硬件的功效才有可能事半功倍，相得益彰。

（二）划分层次、循序渐进的原则

由于全国各地的劳教所情况差别较大，加之地方经济发展的不平衡，如果不分层次，不注意各个劳教所目前现有的条件，现代化文明劳教所的建设工作就很难在全国铺开。一些条件较差的单位会感到可望而不可即，产生畏难情绪或出现等、靠、要的思想，不利于现代化文明劳教所的整体提高。

坚持划分层次、循序渐进的的原则，就是根据劳教所的现实状况把现代化文明劳教所分为部级和省级两个基本层次。条件比较好的单位要争创部级现代化文明劳教所，条件不具备的单位要创造条件，先争建省级现代化文明劳教所。

（三）统一规划、分步实施的原则

建设现代化文明劳教所，是一项全方位、多层次提高劳动教养机关教育改造劳动教养人员质量的工作。尽管有些劳教所的条件还相对较落后，但建设现代化文明劳教所的起点一定要高，否则就很难谈及提高全国整个劳动教养工作的改造质量和管理水平，从这一目的出发，建设现代化文明劳教所不能盲目冒进，应该坚持统一规划、分步实施的原则，统一规划、分布实施，其实质是把较高的目标分解成若干个阶梯式目标，使建设单位从自身条件出发，能够树立起必胜的信心，化整为零，各个击破，进而实现建设现代化文明劳教所的宏伟目标。

三、建设现代化文明劳教所的标准

（一）所政设施和技术装备

劳动教养机关教育、感化、挽救劳动教养人员，需要一定的设施和设备，这是劳教所做好教育管理好劳动教养人员的基础物质保障。建设现代化文明劳教所，各种设施和设备必须齐备和逐步现代化，其主要内容和指标应包括：

1. 劳教所建筑规范

劳教所建筑是最基本的物质形态，是做好教育劳动教养人员工作的基本保证。办公行政区、劳教人员生活教育区、生产区应当合理规划，分别设立；从建设现代化文明劳教所的角度而言，劳教所建筑的各种设施必须规范、齐全，宿舍、家属会见室、劳教人员夫妻同居室、家属来所招待用房及配套设施、干部值班室等规范、齐备；大、中队设立干警值班室、心理治疗室（或谈话室）、办公室、保管室、民管会活动室、文化活动室、图书阅览室及洗漱、淋浴等卫生设施。

2. 先进的电子监视系统

建设现代化文明劳教所，要求具备必要的电子监控设施，在劳教所内部的管理和控制上不能出现"死角"，劳动教养人员的活动密集区和有关要害部位，所内重要公共活动区域及要害部位设电视监控，能够做到全方位、有重点的监控防范。

3. 齐备报警和通讯系统

建设现代化文明劳教所，现代化的报警和通讯系统是必备的"硬件"，所内设置程控电话或内部程控总机。建无线移动台，大、中队值班管教干警有手持通讯机，形成有效的通信指挥网络。

4. 优良的交通工具及武器、警用器材

优良的交通工具是做好劳动教养管理工作的一个必备条件，劳教所应配足配好适应业务工作需要的警车、通讯指挥车、摩托车、生活用车、干警通勤车等交通工具，并注意各种用车的性能、维护和保养，尤其是对工作需要的警车特别重视，大、中队管教干警配发必要的警戒具。

5. 建立微机、电化管理教育系统

建设现代化文明劳教所，管理教育设施的现代化是一个必备要求。实现文书、档案、卡片及统计资料管理电脑化，并逐步达到与省局、部局联网。劳教所应建立固定的教室，配备相应的教育设备，设置电教、文化宣传兼用的闭路电视系统，有必要的技术教育实习设施，以使劳教所的管理教育与教育工作科学规范化。

（二）健全的劳动教养人员管理制度

健全的劳动教养人员管理制度是建设现代化文明劳教所的"软件"之一，也是建设现代化文明劳教所的关键所在。主要包括分级处遇管理制度、现场管理制度、民主管理制度、安全管理制度、放假准假制度、通信会见制度、财务管理制度、生活卫生制度、考核奖惩制度等，这些制度在现代化文明劳教所的建设中，在改造教育劳动教养人员工作中是必不可少的，是劳动教养管理制度的重要组成部分。

（三）科学的教育改造手段

教育、感化、挽救，是具有中国社会主义特色的教育改造劳动教养人员的工作方针，科学的教育改造手段是建设现代化文明劳教所的中心环节。现代化文明劳教所所追求的科学的教育改造手段，要求劳动教养人员教育工作者要具有现代化教育观念，熟悉掌握现代化的教育模式，并在内容、方式、方法及制度等方面建立起一套独特的教育改造体系。要建立健全教学管理制度，坚持分类教育制度，建立所区文化教育制度，建立健全社会帮教网络，优化师资队伍建设。

（四）具有高素质的劳动教养机关人民警察队伍

建立一支忠于职守、廉洁奉公、执法严明、业务素质高和特别能战斗的劳动教养机关人民警察队伍，是建设现代化文明劳教所的关键所在。要建立健全职能机构，优化劳教所领导班子建设，具备优良的政治素质和业务素质，健全落实岗位责任制，重视理论研究工作。

四、现代化文明劳教所的考核验收

创建、评审现代化文明劳教所，在司法部和各省（区、市）司法厅（局）的领导下进行。部、省（区、市）两级分别成立现代化文明劳教所考核评审委员会，负责现代化文明劳教所考核评审和命名，负责对考核评审中的重大问题做出解释，并负责对已命名为现代化文明劳教所的单位进行复查。现代化文明劳教所评审委员会的日常工作，由部、省（区、市）劳教局负责。

考核评审现代化文明劳教所的程序为：部级现代化文明劳教所，先由劳教所对照司法部颁布的标准自检自查，达到标准后提出申请，由省（区、市）司法厅（局）报司法部考核评审委员会复核、批准，司法部命名。省（区、市）级现代化文明劳教所和现代化文明大、中队及授予创建现代化文明劳教所先进单位的，由省（区、市）司法厅（局）考核评审委员会进行考核、批准，司法厅（局）命名，报司法部备案。

考核周期内发生重大恶性案件、经营性亏损、重大生产安全事故或干警队伍中发生重大违法违纪案件以及劳教人员脱逃超过控制指标的场所，不得申报现代化文明劳教所。

对命名为现代化文明劳教所的单位，颁发证书、奖牌，并给予相应的物质奖励。对命名为部级现代化文明劳教所的单位，记集体一等功一次，对有功人员记个人一等功或二等功一次，并颁发奖金；被命名为省（区、市）级现代化文明

劳
动
教
养
学

劳教所的单位，记集体二等功一次，对有功人员记个人二等功或三等功一次，并颁发奖金。对现代化文明劳教所每二年复查一次，经复查不合格的单位，要及时进行相应处理，直至取消其资格。

现代化文明劳教所的申报、评审和命名工作，原则上每年进行一次，考核周期为二年。

【延伸阅读】

司法部创建现代化文明劳教所试行办法（节选）

第二章　标准
第一节　硬件建设

第四条　按照军营式、校园式、花园式要求加强劳教所的建设。办公行政区、劳教人员生活教育区、生产区应当合理规划，分别设立。劳教所的隔离设施和大门应当安全、美观，会客室、会议室美观适用。场所绿化、美化面积达到35％。所区主要道路为柏油路或混凝土路。

第五条　大、中队设立干警值班室、心理治疗室（或谈话室）、办公室、保管室、民管会活动室、文化活动室、图书阅览室及洗漱、淋浴等卫生设施。

第六条　劳教人员宿舍应当坚固、通风、明亮，人均使用面积不低于3平方米，6至15人一个房间，一个一铺，配备物品柜。被褥、服装及其他生活用品统一规范。有必要的防寒防暑设施。

第七条　建立劳教人员食堂，配备完善的炊具和相应的炊事机具。有固定餐厅、固定餐桌椅、固定碗柜。农业单位和有条件的工业单位应自种、自养、自加工。劳教人员伙食费不低于财政部、司法部规定的实物标准。有劳教人员生活服务站。

第八条　劳教所的医院或医务所，应当配备必要的检验、治疗设备，并建立劳教人员健康档案。

第九条　设置家属会见室、劳教人员夫妻同居室、家属来所招待用房及配套设施。

第十条　建立固定的教室，配备相应的教育设备，设置电教、文化宣传兼用的闭路电视系统，有必要的技术教育实习设施。

第十一条　建立文化活动室并配备电视、乐器、棋类用品。图书阅览室有报刊杂志和一定数量的藏书。场所有小报、闭路电视、广播站及板报四种宣传媒体。有篮球场和进行队列训练及较大规模文体活动的场地。

第十二条　设置干警休息娱乐场所，配备必要的生活服务设施，有设施完备的干警食堂。干警住房逐年有所改善。

第十三条　实现文书、档案、卡片及统计资料管理电脑化，并逐步达到与省局、部局联网。

第十四条　所内设置程控电话或内部程控总机。建无线移动台，大、中队值班管教干警有手持通讯机，形成有效的通信指挥网络。

第十五条　配备适应业务工作需要的警车、通讯指挥车、摩托车、生活用车、干警通勤车等交通工具。

第十六条　大、中队管教干警配发必要的警戒具，所内重要公共活动区域及要害部位设电视监控。

第十七条　建立适合保卫工作需要、训练有素的护卫组织，配备必要的装备。

第十八条　劳教生产项目比较稳定、有必要的生产设备，产品适销对路。

第十九条　生产现场管理有序，符合文明生产、安全生产的要求。物料定置合理，劳动保护和环保条件达到国家规定标准。

第十章　劳动教养人员

【案例导入 】

案例一：劳动教养人员王某在家属会见时，带进一本佛教书籍，中队管教民警李某发现后，予以收缴，劳动教养人员王某认为收缴不妥，劳动教养人员有宗教信仰的自由。

本案涉及如何保障劳动教养人员的基本权利及劳动教养人员如何履行义务等法律问题。劳动教养中队工作民警只有熟悉了解劳动教养人员的法律特征和法律地位，才能处理各种法律事务，才能使劳动教养人员的合法权利得到保障。

案例二：几年前，某劳教所教育大队在监管教育中发现劳教人员陈某（盗窃）年轻能干，有一定工作能力和组织能力，让他担任值班员，负责本队的昼夜值班任务。忽然有一天，陈某湖南老家的公安机关以涉嫌杀人的罪名将他逮捕后，上至所领导、下到教育大队的大队长和干警们无不吓出一身冷汗：要是陈某乘值班便利乘机脱逃或感觉风吹草动拼死一搏，那就是不折不扣的"四防"事故（所内非正常死亡，所内劳教人员逃跑，所内干警、劳教人员犯罪案件，所内安全生产事故）。

这是一起典型的负案在教案件。负案在教是指劳教人员有案在身却被送入劳教所监管的现象，对场所的监管秩序及安全稳定带来巨大的隐患，存在很大的危险性，是新时期劳动教养工作的新难点、新问题。必须从根本上找出负案在教形成的原因，制定出解决问题的有效措施，切实保障劳动教养场所的稳定与安全。

第一节　劳动教养人员概述

一、劳动教养人员的概念和法律特征

劳动教养人员的概念是劳动教养学的重要范畴，是对具有危害社会的违法行为事实、因不构成犯罪或不宜追究刑事责任、但恶习难改且危害较大，而依法决定劳动教养并被劳动教养场所执行"强制性教育改造"的各类违法人员的集中概括。

劳动教养人员的法律特征，是指劳动教养法律规范对劳动教养人员的各种特征的集中概括，也是对劳动教养人员具有法律评价意义的质和量的规定性。自劳动教养制度建立以来，由于国家政治、经济形势和法律规定及其适用的不断变化，劳动教养人员群体也呈现出不同的类型和特点。概括起来，具有立法、司法与执法实践意义的劳动教养人员法律特征，主要有以下三个方面：

（一）劳动教养人员是具有一定社会危害性和犯罪危险性的违法行为人

首先，劳动教养人员实施了危害社会并为法律所禁止的行为，即应予劳动教养的人的危害社会行为已触犯了刑事或行政法律的相关规范，只是其违法行为的客观社会危害程度尚未达到罪行规范的标准。因此，特定违法事实的存在是适用劳动教养的重要前提。同时，对这类违法人员之所以未适用刑罚，主要是其具有犯罪构成性缺陷或处罚感受不足的局限，并且符合劳动教养法律、法规中列举的特殊适用条件，即确有给予劳动教养处罚的法定前提和客观基础。其次，劳动教养人员的法律身份的确定，需要经过法定的特别程序，需要履行法定的手续即对特定对象作出教养的书面决定。最后，劳动教养法律关系已经成立，劳动教养人员已处于被强制收容的执行阶段，具有劳动教养人员的法律地位。以上特征是劳动教养人员的三个必备条件：第一为法定事实特征，即明确了劳动教养处罚的必要性；第二为法定程序特征，即明确了劳动教养处罚的正当性；第三为法律地位实质特征，即明确了劳动教养处罚的有效性。三者缺一不可，共同构成了劳动教养人员法律特征的核心内容。

（二）劳动教养人员是具有社会适应性问题与缺陷或人格障碍，需要由国家予以特殊保护并进行矫治教育的人

劳动教养人员既是一类具有社会危害性和犯罪危险性违法群体，又是一群具有社会适应性问题与缺陷或人格障碍的人，对这类人是进行道德上的非难、确定其相关法律责任并予以制裁，还是给予人道的关怀、保护和教育，反映出刑事政策和社会治理政策的价值取向。一般预防与威慑政策将选择制裁，而特殊预防与保护政策则选择矫治教育。这是劳动教养处罚的实质和价值基础，也是劳动教养人员法律特征的重要内容，由此构成劳动教养场所与劳动教养机关的实质性区别，也表明了劳动教养人员与罪犯在法律地位上的明显差别。

（三）劳动教养人员是在劳动教养机关设立的专门设施内或社会有关组织的监督下，接受多种内容与形式的矫治教育并重新社会化的人

劳动教养工作的核心是为了教育、感化、挽救劳动教养人员，劳动教养场所的各类设施是适应这一矫治教育需要建立的。劳动教养人员被执行劳动教养的过程，是接受这种特殊形式的矫治教育并重新社会化的过程，正是从这个意义上讲，劳动教养场所是改造人、造就人的特殊学校，劳动教养人员是受教育者。

二、劳动教养人员与罪犯的区别

罪犯是指因犯罪而被依法追究刑事责任并接受一定刑罚处罚的人。根据我国刑法对犯罪的界定，犯罪是指严重危害社会、行为违反刑事法律、依法应受到刑罚处罚的行为。追究犯罪人的刑事责任应当依据刑事诉讼法的规定，由人民法院确定是否有罪，并作出给予相应刑事处罚的判决。劳动教养人员与罪犯在法律地位上有重大区别，主要表现在以下几个方面：

（一）罪犯是犯了确定之罪的人

犯罪是由刑事法律确定和调整的、严重危害社会的违法行为。刑事法律对犯罪行为作出质和量的标准，就应当确定为犯罪并追究其刑事责任，罪犯是指犯了这种确定之罪，并依法被追究其刑事责任的人。而劳动教养人违法行为的性质和社会危害程度不认为是犯罪，既未纳入刑事法律的调整范围，也未受到刑事追究，而是依照劳动教养法律、法规的规定适用劳动教养处罚，予以收容并实行矫治教育。

（二）罪犯是受到刑罚处罚的人

犯罪人行为的社会危害程度和刑事违法标准，是其被依法追究刑事责任并受到确定刑罚处罚的依据。根据我国《刑法》规定，刑罚包括主刑和附加刑。主刑中的自由刑包括限制和剥夺自由两种，对罪犯的主要行刑方式是有限期和无限期地剥夺人身自由，在劳动教养机关或其他执行场所执行的刑罚。因此，罪犯所受的刑罚是国家以刑事强制力为后盾进行的惩罚，从劳动教养机关等行刑场所的环境设施、警戒条件、人身管束形式、组织活动方式等都表明这一刑罚的严厉程度。劳动教养与刑罚有本质的不同，劳动教养人员的违法行为不构成犯罪，当然也不承担这种剥夺或限制人身自由的刑罚后果。因此，劳动教养人员承担的法律责任的内容及收容执行中限制人身自由所体现出的强制性，不是基于惩罚和威慑目的，而是基于警戒危险防范目的和矫正教育需要所设立的一种必要条件，随着劳动教养人员自律性意识的增强和良好行为习惯的养成，这种强制的条件将逐渐减弱乃至消失。

（三）罪犯是具有服刑人法律地位的人

法律地位是指在社会中人们的角色地位的法律规定性。罪犯法律地位的确定主要依据刑法、刑事诉讼法以及人民法院的刑事判决或裁定并由劳动教养机关法调整。因此，在法律特征上，罪犯具有服刑人的法律地位。一方面，罪犯包括人身自由权利在内的许多权利在一定的时限内被有条件地剥夺或限制；另一方面，罪犯所受到的刑罚是有限度的，即对罪犯权利的剥夺或限制不能超过法律规定的范围，设定的义务也必须以法律规范和刑事判决的内容为依据。劳动教养人员和罪犯在法律地位的基础、权利与义务的设定依据、法律地位的内容和范围等方面，都存在很大差别。首先，劳动教养人员与罪犯法律地位的基础不同。罪犯法律地位的基础是刑事责任，法律地位的特定内容是国家根据其犯罪性质、在依法作出的刑事判决中确定的。而劳动教养人员的法律地位是国家基于其行为和人格表现出的违法、悖德和危险的性质，从预防犯罪和教育保护目的出发，通过劳动教养立法、司法和执法过程确定的。其权利与义务具有与普通公民一样的广泛性和平等性，虽然其权利能力与行为能力在一定范围内受到限制，但这种限制是有条件的，不同于对罪犯的刑罚意义上的剥夺与限制，不具有法律责任的施体性、该当性与均等性。其次，劳动教养人员与罪犯权利和义务的设定依据不同。罪犯因受刑罚处罚，其权利与义务的特定内容，由国家依法通过刑事判决确定。如生命刑是对罪犯生命权利的剥夺，自由刑是对罪犯自由权利的有限期或无限期的剥夺和限制等。而劳动教养人员的权利与义务则在有关劳动教养法规中得到全面的反映，在劳动教养法律关系中作为同劳动教养机关的权利与义务相对应的客体依法得到保障。最后，劳动教养人员与罪犯法律地位的具体内容不同。罪犯在服刑期间有的权利被剥夺，有的权利被限制，其义务的履行也带有刑事强制性。而劳动教养人员权利与义务的内容，具有宪法和法律规定的广泛性，凡没有被限制都应当依法享有和实际履行。被限制的部分权利能力和规定的义务也带有条件性与时限性，如亲情同居权在有条件的情况下应当允许，依法纳税的义务在其有纳税能力时也应当履行。总之，通过分析劳动教养人员与罪犯在法律地位上的区别，有助于正确认识劳动教养人员的法律地位，依法行政，保障劳动教养人员的合法权益。

第二节　劳动教养人员的构成与分类

一、劳动教养人员的构成

劳动教养人员的构成，是指根据不同标准，对处于同一个时段内的劳动教养人员群体的类型、特点的结构性分析与概括。目前，从违法行为的社会危害性角度分析，劳动教养人员可分为财产型、滋扰违法型、性行为违法型、吸毒违法型以及其他违法型；从行为的生理和心理结构角度，劳动教养人员可以分为男性与女性、成年人与未成年人等；从人格缺陷程度和矫正教育难度还可以分为恶习深、危险性大、屡教不改与恶习较轻危害性较小、表现较好等。

研究劳动教养人员的构成，是劳动教养学的重要范畴，也是劳动教养法制建设中需要研究和解决的重要内容，对劳动教养理论与实践具有重要的指导意义。

第一，研究劳动教养人员违法行为构成，有助于丰富劳动教养基础理论，科学地界定劳动教养人员的对象。

劳动教养人员违法行为构成，在客观方面奠定了劳动教养实体性立法基础，从行为社会危害性的质和量的特征上界定了劳动教养的适用条件，也从行为人犯罪危险性的表征和标准上规定了劳动教养的适用对象。在以往的劳动教养法制建设中，劳动教养人员违法行为构成存在较大的不确定性。当前，在依法治国的新的历史条件下，深入研究劳动教养人员违法行为构成，对完善劳动教养立法有司法具有重要意义。应当以劳动教养法律、法规和相关法律为依据，通过对劳动教养适用与执行过程中的大量案例的实证性调查，在分析形形色色的危害事实并进行法律推理的基础上，归纳与概括出具有普遍意义的违法行为构成类型。同时，应结合心理学、行为学等现代科学技术，确定劳动教养人员违法行为的构成标准。

第二，研究劳动教养人员违法行为构成，有助于劳动教养执行模式的创新，形成我国劳动教养制度文明与人道的特色。

研究劳动教养人员违法行为构成，不是基于进行归责和惩戒的需要而建立起一套客观法定的标准，而是以人为本，通过甄别劳动教养人员的社会化障碍、人格缺陷和危险倾向，从矫正恶习和重塑健全人格的目的出发，对劳动教养人员的不同类型加以区别，采取与之相对应的矫治措施和教育方法。

第三，研究劳动教养人员违法行为构成，有助于实现矫正教育工作科学化，提高劳动教养工作实践水平。

通过对劳动教养人员的生理、心理特点、人格结构、价值观念、生活阅历、文化程度、违法行为特点、恶习程度、犯罪危险倾向、现实表现等因素的全面考察了解，在此基础上，建立劳动教养人员的矫正教育档案，如同医院的病人病历一样，可以使我们更全面地了解劳动教养人员的个性；可以使我们的矫正教育工作更有预见性和针对性；可以使我们建立的管理模式、提出的工作计划、设计的矫正教育方案，建立在科学的实证基础上，进而提高整个劳动教养工作的水平。

二、劳动教养人员的分类

劳动教养人员的分类，是指依据一定的原则和标准对在同一场所内的劳动教养人员所进行的划分归类。对劳动教养人员的分类，有多种目的和价值取向。因此，对劳动教养人员所做的分类是标准多维、多层次的。从实践来看，劳动教养场所对劳动教养人员进行分类的程度如何，也反映出该场所工作的法制化、现代化和科学化水平。当前，我国劳动教养机关对劳动教养人员的分类，主要有三个层次。

（一）根据劳动教养人员的自然生理特征分类

根据《劳动教养试行办法》第18条规定："对劳动教养人员，应当按照性别、年龄、案件性质等不同情况，分别编队，分别管教。"据此，可以将劳动教养人员自然生理的分类标准归纳为性别标准、年龄标准和其他标准

1. 按性别标准，将劳动教养人员分为男性、女性，分开管理。《劳动教养试行办法》第18条第2款规定："对女劳动教养人员，派女干部管理"。

2. 按年龄标准，将劳动教养人员分为成年劳动教养人员、未成年劳动教养人员（包括少年劳动教养人员和少年收容教养人员）。《劳动教养管理工作执法细则》第10条第2项规定："不满十八岁的劳动教养人员，单独编队（班、组），在劳动和生活待遇上适当照顾。"司法部劳教局《少年教养工作管理办法（试行）》第3条规定："对少年教养人员由少年教育管理所、队收容教养。"第15条还规定："少年收容教养人员与少年劳动教养人员分别编队。"

3. 按其他标准分类。包括对少数民族劳动教养人员照顾其特点和生活习惯的分类，对患有传染病的劳动教养人员，人道主义的医疗保护分类等。《劳动教养管理工作执法细则》第11条第3项规定，对"少数民族和外籍劳动教养人员较多的"可以分别编队管理；《劳动教养人员生活卫生管理办法》第16条第2款还规定，"应当照顾少数民族劳动教养人员的生活习惯"。

（二）根据劳动教养人员违法行为的性质分类

根据劳动教养有关法律、法规的规定，劳动教养违法行为类型主要分为以下几种：

1. 财产违法型。这类劳动教养人员历来是劳动教养人员的主要成分，如"不务正业……有盗窃、诈骗等行为，不追究刑事责任的违反治安管理、屡教不改的"。（《国务院关于劳动教养问题的决定》第1条第1项）

2. 滋扰违法型。这类劳动教养人员以聚众斗殴、寻衅滋事、危害社会公共秩序为主，如"不服从工作的分配和就业转业的安置，或者不接受从事劳动生产的劝导，不断无理取闹、妨害公务、屡教不改的"（《国务院关于劳动教养问题的决定》第1条第4项）；"聚众斗殴、寻衅滋事、煽动闹事等扰乱社会治安，不够刑事处分的"。（《劳动教养试行办法》第10条第4项）

3. 性违法型。这类劳动教养人员以卖淫、嫖娼违法的劳动教养人员为主，如"因卖淫、嫖娼被公安机关处理后又卖淫、嫖娼的"。（《关于严禁卖淫嫖娼的决定》）第4条第3款）。

4. 吸毒违法型。这类劳动教养人员以吸毒违法，经戒除后又复吸被劳动教养人员为主。如"吸食、注射毒品成瘾的……予以强制戒除，进行治疗、教育，强制戒除后又复吸、注射毒品的，可以实行劳动教养，并在劳动教养中强制戒

除"。(《关于禁毒的决定》) 第 8 条第 2 款)

5. 其他类型。这类劳动教养人员主要指违法行为已经触犯刑事法律，但因其主体构成要件缺失或刑事政策性宽大，根据有关法律或司法解释的规定作劳动教养处理。比如，根据《刑法》第 17 条规定，行为人因年龄等因素不予追究刑事责任，由政府收容教养的人员。

（三）根据劳动教养人员的恶习与危险倾向性分类

根据劳动教养人员的恶习与危险倾向性分类，主要基于预防犯罪和矫正教育的需要。目前，在劳动教养理论研究中提出以劳动教养人员人格缺陷程度、社会化程度和再犯的危险性程度的三维标准进行分类，但是，劳动教养实际部门在分类实践中，仍主要以劳动教养人员的现实表现作为分类标准。分类的主要内容有：

1. 按违法经历，分为初次劳动教养和二次以上劳动教养（含受过刑事处罚）的人员。(《劳动教养管理工作执法细则》第 11 条第 2 项)

2. 按防止交叉感染需要，分为团伙或同案劳动教养人员。(《劳动教养管理工作执法细则》第 10 条第 4 项)

3. 按劳动教养人员的改造表现分类，在规定对新入所和即将解除劳动教养的劳动教养人员分别编队的基础上，提出根据劳动教养人员的一贯表现和在所执行期间的现实表现，评定不同处遇标准的管理等级，实行从严、普通和宽松管理。(《劳动教养管理工作若干制度》第 19 条和第 23 条)

4. 按预防犯罪要求分类，规定对在所执行劳动教养期间表现不好、有重新违法犯罪危险的劳动教养人员不予准假、放假外出，不得批准所外执行。(《劳动教养管理工作执法细则》第 27 条和第 66 条)

应当指出，上述分类标准虽然可操作性较强，但不够科学缜密，其信度与效度都有待证实，随着劳动教养法制水平与管理水平的提高，随着劳动教养理论与实践的发展，我们将会建立一套全新的劳动教养分类处遇指标体系。

三、劳动教养人员结构的变化

劳动教养人员结构作为系统反映劳动教养人员群体的类型、特征及其变化规律的范畴，不是静止和孤立的，其构成成分受多种社会因素制约，随着社会政治、经济、文化的发展而变化。从 20 世纪 50 年代中期劳动教养制度产生以来，劳动教养人员结构类型发生了三次大的变化。第一次是随着国务院《关于劳动教养问题的决定》的公布实施，劳动教养场所由收容"内部肃反"中清理出来的"两种人"变为收容有盗窃、诈骗等违法事实，严重违反治安管理，游手好闲、不务正业的有劳动能力的各类违法人员。第二次是在 20 世纪 80 年代，随着国务院《关于劳动教养的补充规定》的公布和劳动教养场所的整顿恢复，劳动教养人员的罪错性质、家庭结构、年龄结构及违法犯罪的原因和表现形式等，都发生了很大变化，出现了"三多"的新情况。针对这一变化，党中央在批转公安部《关于做好劳动教养工作的报告》中明确指出："教育改造劳动教养人员，实际上主要是教育改造有轻微违法犯罪的青少年问题，我们能够把这部分人迅速有效地教育改造成为现代化建设有用之才，这是社会主义制度优越性的一种表现。"第三次是20世纪90年代以来，以吸毒等新的违法类型的劳动教养人员数量增长和结构变化为标志，劳动教养人员结构呈现三个明显的变化趋势。

（一）吸毒劳动教养人员数量大幅度增加，给劳动教养管理体制与模式带来深刻影响

进入20世纪90年代以来，我国禁毒斗争形势严峻，毒品犯罪案件的数量增加、恶性程度加剧。受其影响，我国吸毒违法人员的数量呈现迅速增长的趋势。自1990年全国人大常委会《关于禁毒的决定》公布以来，吸毒违法型劳动教养人员数量持续增长，占全部收容劳动教养人员的比例也不断上升。由于吸毒违法型劳动教养人员生理上强烈的毒品依赖性，其心理特征和行为方式都有一定的特殊性。因此，对劳动教养管理体制与模式产生了较大影响。首先，由于劳动教养人员成分的变化，医疗手段已成为矫治吸毒违法型劳动教养人员的不可或缺的重要手段。劳动教养场所受到来自医疗部门的指导、管理与监督，对从事劳动教养工作的人民警察的素质与专业化程度的要求越来越高，劳动教养场所应该小型化与分类化。其次，用于戒毒的经费持续增加，劳动教养场所经济负担加大，劳动教养人员的劳动能力减弱，矫正教育成本增高。最后，吸毒违法型劳动教养人员对毒品的依赖和极度渴求，导致场所管理设施、管理防范手段都需要更新，管理难度增大。

（二）流窜作案和多次违法的劳动教养人员的比例不断上升，教育改造难度增大

社会主义市场经济体制的建立和发展，引起社会结构和社会生活的深刻变化，违法犯罪的类型与特点也发生了变化。劳动力密集型的社会结构和流动人口的存在，给社会治安带来一系列问题，流窜作案的违法犯罪人员成为严重危害社会治安问题群体。这种变化给劳动教养工作带来最直接的影响就是流窜作案和多次违法的劳动教养人员比例不断上升，劳动教养场所防逃跑的工作难度加大。流窜作案和多次违法的劳动教养人员不仅引起收容数量上的变化，而且也带来了违法犯罪性质的变化和预防犯罪的新问题。这类劳动教养人员中，有相当一部分人有严重的社会危害性和犯罪危险性，是反社会性强、恶习深、改造难度大的习惯性违法者。在劳动教养场所，他们容易得到其他劳动教养人员的认同而成为传习

劳动教养学

作案伎俩和传播违法亚文化的"污染源",形成劳动教养人员团伙势力的核心与骨干。因此,场所的警戒安全和控制、预防犯罪工作,都遇到了压力与挑战。

(三) 新的违法类型的劳动教养人员增加,给矫正教育工作带来全新的课题和严峻的挑战

近年来,根据预防犯罪的需要和我国政府的决定,劳动教养场所新收容的劳动教养人员中,增加了因痴迷"法轮功"等邪教组织活动、扰乱社会秩序而违法的劳动教养人员类型。这类劳动教养人员来自社会各个阶层,多数有正当职业,文化程度高于社会平均水平。但由于受"法轮功"邪教组织骨干分子的操纵以及西方敌对势力的控制和影响,中毒太深、自我封闭、思想偏激、对立和抗改造倾向严重。团结、教育、挽救这类劳动教养人员,是矫正教育工作面临的一项新课题和严峻的挑战。因此,深入研究这类劳动教养人员的情况、特点和转化规律,打好教育转化"攻坚战",提高教育质量,将是一项长期的任务。

第三节 劳动教养人员的法律地位

一、劳动教养人员的法律地位概述

(一) 劳动教养人员法律地位的概念

劳动教养人员的法律地位,是指劳动教养人员作为劳动教养法律关系的主体之一,在劳动教养期间依照法律应当享有权利和承担义务的资格。公民的法律地位源于宪法,并且由不同的法律部门调整,同时,法律地位又是特定法律关系主体的权利与义务的表现形式。因此,研究特定法律关系中人们的法律地位,既要以宪法作为权利与义务的规范基础,又要依据特定的法律,确定由此调整的特定法律关系主体的权利与义务的具体内容。劳动教养人员的法律地位基于宪法,以公民的基本权利与义务为基础,同时,依据劳动教养法律规范中关于劳动教养人员权利与义务的规定。这两个层次的法律规范确定了劳动教养人员法律地位的坐标。

(二) 正确认识劳动教养人员法律地位的意义

劳动教养人员的法律地位,是劳动教养理论的一个重要范畴,正确认识劳动教养人员的法律地位,对完善劳动教养立法、加强劳动教养司法、指导劳动教养改革实践,具有重要意义。

1. 正确认识劳动教养人员的法律地位,有利于从法理上认清劳动教养的性质与价值基础,明确劳动教养与相关法律制度的区别,从法律关系上保障劳动教养人员的权利。

2. 正确认识劳动教养人员的法律地位，有利于完善劳动教养立法，改革劳动教养的审批程序与执行模式，健全劳动教养法制，形成体现法制现代化特点与时代要求的新体制和新模式。

3. 正确认识劳动教养人员的法律地位，有利于劳动教养机关及其人民警察克服特权思想，依法行使，提高自身的素质和工作水平，不断提高矫正教育质量。

4. 正确认识劳动教养人员的法律地位，有利于增强劳动教养机关及其劳动教养人民警察的法律意识与责任感，依法行使，提高自身素质与工作水平，不断提高矫正教育质量。

5. 正确认识劳动教养人员的法律地位，有利于同世界各国在司法人权领域进行交流与合作，树立我国良好的人权保障形象，展示劳动教养制度人道主义特色。

二、劳动教养人员法律地位的构成

（一）劳动教养人员的基本权利

劳动教养人员的基本权利，是指劳动教养人员在劳动教养法律关系中，依照我国宪法和法律应当享有的行为资格和能力。根据我国宪法及相关劳动教养法律规定，劳动教养人员的基本权利主要包括：

1. 生命健康权利。生命权是公民最基本的权利，是其他权利的自然基础，保障劳动教养人员的生命权是劳动教养工作的法制要求和矫治教育的的目标要求，也是劳动教养机关的首要职责。主要内容包括：

（1）合理安排劳动教养人员的起居、劳动、学习和文体活动时间，保证法定的休息时间和充足的睡眠时间；

（2）保证劳动教养人员的伙食供应和标准，严禁克扣、挪用和侵占劳动教养人员的生活经费和物质，并应照顾少数民族劳动教养人员的生活习惯；

（3）建立卫生设施和医疗制度，定期为劳动教养人员进行体检，积极开展卫生防疫工作，劳动教养人员有病应及时治疗，或依照规定办理所外就医、转院治疗；

（4）保障劳动教养人员的居住面积与住房条件，做到坚固安全、通风明亮、防潮保暖、清洁卫生；

（5）建立安全生产制度，做好劳动保护工作，让劳动教养人员定期理发、洗澡等，并按规定发放劳动保护和保健食品，防止发生工伤、灾害事故等。

2. 人身保护权利。人身自由是我国宪法规定的公民权利。这项权利有四项基本内容：即人身自由不受剥夺；人格尊严不受侵犯；住宅不受侵犯；通信自由和秘密受法律保护。其中人身自由不受剥夺是这项权利的核心，劳动教养人员被劳动教养的法律事实限制了他们的活动范围和行为方式，但依法享有人身保护权利的实质没有改变。为此，有关法律、法规对劳动教养机关及其人民警察的行为制定了严格的规范。主要有：

（1）不准打骂、体罚、侮辱、虐待劳动教养人员。（《劳动教养施行办法》第 69 条第 1 项）

（2）劳动教养人员的通信不受检查，会见家属时，不得旁听。（《劳动教养施行办法》第 52 条）

（3）对劳动教养人员依法实施的禁闭时间不得超过 10 天。禁闭期间应按规定标准供应饭菜和饮用开水，保持室内卫生，对疾病患者应及时给予治疗，被禁闭人室外活动每日不少于 1 小时。（《劳动教养管理工作执法细则》）

（4）劳动教养工作人民警察本人或者指使、放任他人殴打、体罚、虐待劳动教养人员或者滥用警戒具的，应依法追究过错责任；构成犯罪的，移交司法部门依法处理。

3. 基本政治权利和社会发展权利。依法保障劳动教养人员基本的公民政治权利，是社会主义民主与法制的基本要求，也是处理人民内部矛盾的方法，教育、感化、挽救劳动教养人员政治原则的法律体现。这项权利的主要内容包括：劳动教养人员年满 18 周岁者依法行使选举权；劳动教养人员有宗教信仰的自由和以合法的方式表达自己意愿的自由；劳动教养场所内，应当让劳动教养人员过一定的民主生活，允许他们对管理、教育、生产、生活提出改进意见；允许他们给国家机关和领导人写信反映情况，申诉自己的问题，允许他们控告他人的违法乱纪行为。劳动教养管理所对劳动教养人员的申诉、控告等信件不得拆检和扣压（《劳动教养施行办法》）第 19 条及修改的通知）。劳动教养人员的社会发展权利主要是受教育权利。《国务院关于劳动教养问题的决定》、《劳动教养试行办法》及《劳动教养教育工作规定》等法律、法规及规章对此都专门做出规定。

4. 财产与家庭权利。财产权利与家庭权利是公民的重要民事权利，是公民社会发展的物质基础和重要的社会生活条件；劳动教养人员的基本民事权利受宪法和法律保护，其内容主要包括：个人和家庭的合法财产所有权不受侵犯；个人在劳动教养期间的劳动报酬、奖金及其他合法收入不受侵吞或其他手段剥夺；合法的继承权等民事权利受法律保护；住所安全和婚姻家庭受法律保护；劳动教养人员的家属、子女不受歧视。同时，有关法律、法规还规定，禁止劳动教养工作人民警察利用职务索要或变相索取劳动教养人员的财产以及接受劳动教养人员及其家属亲友的馈赠。

5. 司法救济权利。主要内容包括：

（1）行政复议权。行政程序必须符合公正性要求，行政机关行使有限的自由裁量权必须通过程序合理地进行，并实行错案追究制度，劳动教养人员有权提起行政复议程序。

（2）行政诉讼权。劳动教养机关的权利合法性与活动合法性受司法权制约。劳动教养人员对劳动教养管理委员会做出的劳动教养决定不服，可以向人民法院提起行政诉讼。

（3）申诉、控告权。对劳动教养机关及其人民警察的侵权、违法违纪事实，劳动教养人员有权向检察机关提出申诉、检举和控告。人民检察院作为国家法律监督机关，对劳动教养机关及其人民警察的执法情况负有监督责任。

（4）请求国家赔偿权。劳动教养人员有权就劳动教养机关及其人民警察侵权造成危害的事实，依法请求国家予以行政赔偿。

6. 就业保障权。就业保障是公民依法享有的基本权利，对劳动教养人员的就业提供切实、充分的保障，是劳动教养工作的重要特色之一。实践证明，劳动教养人员就业保障权利的实现程度，对预防犯罪、实现社会治安综合治理具有重要意义。

（二）劳动教养人员的基本义务

劳动教养人员的基本义务是与其权利相对应的概念，是指劳动教养人员在劳动教养法律关系存续期间所承担和必须履行的法律责任。具体表现为劳动教养人员作为义务主体依照法律规定，应当为或不为一定行为。我国《宪法》规定："任何公民享有宪法和法律规定的权利，同时必须履行宪法和法律规定的义务。"这表明，公民的权利与义务是统一的、不可分割的。没有无权利的义务，也没有无义务的权利。因此，劳动教养人员在依法享有各项权利的同时，也必须认真履行法律规定的义务。义务与权利一样具有法定性，所不同的是义务具有利他性、强制性和不可放弃性。劳动教养人员应当履行的义务，主要有三个层次：

1. 宪法和法律规定的公民的基本义务。主要包括：维护国家统一和民族团结的义务；遵守宪法和法律的义务；维护国家安全、荣誉和利益，保守国家秘密的义务；爱护公共财物、遵守劳动纪律的义务；遵守公共秩序、尊重社会公德的义务等。

2. 劳动教养法律法规规定的劳动教养人员的特定义务。主要包括《劳动教养试行办法》第20条规定的劳动教养人员"五要、十不准"守则和司法部制定的《劳动教养人员守则》。其中，最基本的义务是"五要"：要认罪认错，遵纪守法，服从管教；要努力学习政治、文化和技术；要积极参加生产劳动；要遵守社会公德、讲究文明礼貌；要拥护共产党的领导和社会主义制度。

劳动教养学

3. 劳动教养场所制定的具体的制度和纪律。《国务院关于劳动教养问题的决定》第2条第3款规定："被劳动教养的人，在劳动教养期间，必须遵守劳动教养机关规定的纪律，违反纪律的，应当受行政处分，违法犯罪的，应当依法处理。"各地劳动教养场所根据实际情况和管理的需要，制定了一些具体的制度和纪律，这些规定，只要不违反宪法和法律，不违背劳动教养工作的方针和政策，劳动教养人员都应当遵守和实际履行。

三、劳动教养人员权益保障

（一）劳动教养人员权益保障的标准和要求

权益是指公民依法享有或应该享有的权利和所获得或应该获得的利益的统称。劳动教养人员的权益，既包括我国宪法和法律对公民各项基本权利保障的规范标准，也体现与有关国际法准则中的人权保障标准相一致的法制现代化要求。

1. 劳动教养人员权益保障的标准。劳动教养人员权益保障的标准主要有三个层面：第一，国际法准则中规定的底线层面。自从1948年《国际人权宣言》诞生以来，我国积极参与了有关人权保障问题的国际法准则的制定，并签署了《公民权利和政治权利国际公约》，加入了《经济、社会和文化权利国际公约》及《禁止酷刑和其他残忍、不人道或有辱人格的待遇或处罚公约》等有关国际性文件，承担了提供符合公约规定的权益保障的国际法义务。第二，宪法和法律规定的规范标准层面。我国宪法、民法和行政法中规定了公民各项基本权益的规范标准，刑法中也制定了侵权行为的罪行规范，这些法律是劳动教养人员的各项权益的依法享有、获得和不受侵犯的规范依据。第三，有关劳动教养法律、法规、规章和制度中提出的劳动教养人员权益保障的标准。

2. 劳动教养人员权益保障的要求。保障劳动教养人员基本权益的要求主要包括三个方面的内涵：第一，是预防和治理违法犯罪、实现社会争正义价值目标的要求；第二，是实现法制现代化、建设法制社会和保障人权的要求；第三，是体现劳动教养的本质及其特色、贯彻社会主义人道主义原则的要求。

（二）劳动教养人员权益保障的措施

劳动教养人员权益保障措施，是指国家通过立法规范、司法救济、行政管理和社会监督等途径，保证劳动教养人员合法权益不受侵犯和正当利益得以实现的制度，它是在国家立法机关、行政机关和社会组织的共同参与下，从政治、经济、法律和社会援助等各方面构筑的劳动教养人员权益保障体系。具体指：

1. 国家立法保障措施。劳动教养人员的权益首先要依靠国家通过立法活动加以保护，这是劳动教养人员权益保障的法制前提，是其权益保障体系中最重要、最基本的方面。因为在法治条件下，劳动教养人员权利的享有与实现程度，就取决于国家对劳动教养人员权利的立法规范和依法保障程度。劳动教养人员权益的立法保障与我国实现依法治国、完善社会主义法律体系，尤其是劳动教养法律体系的进程是一致的。它的内容既体现在宪法和各个部门法的基本规范之中，也体现在劳动教养有关法律、法规及规章的具体规定之中。因此，在劳动教养立法完善的过程中，国家立法机关应当对劳动教养人员权利问题给予充分的关注，并在劳动教养立法中得到全面、具体的反映，从而奠定劳动教养人员权益保障的法制基础。

2. 国家司法保障措施。国家司法保障措施是劳动教养人员权益保障的重要基础。劳动教养法律关系的产生、运行与消失，其中的重要环节就是司法权的有效干预，在涉及劳动教养人员权益的制度安排和程序保障中，司法权及其正当程序的运行机制将具有重要地位。目前，劳动教养行政复议、行政诉讼、行政赔偿与法律监督的程序，形成一整套劳动教养人员权益的基本保障机制。

3. 国家行政保障措施。国家是实现劳动教养人员权益保障的主体，但在劳动教养法律关系中，国家实现劳动教养人员权益保障的任务主要由劳动教养机关及其人民警察来完成。劳动教养机关通过贯彻党和政府的方针与政策体现对劳动教养人员权益的政治保障；通过依法行政、依法管理劳动教养场所事务和组织矫正教育活动实现对劳动教养人员权益的组织保障；通过管理场所经济、合理使用国家提供的经费，为劳动教养人员生活和各项权益提供经济保障。同时，劳动教养机关通过制定各项制度，建立生活、学习和劳动的正常秩序，预防行政侵权和滥用职权，从根本上充分保障劳动教养人员的各项合法权益。

4. 社会保障措施。在我国社会主义制度下，预防犯罪、维护社会治安秩序需要综合治理，同样，保障劳动教养人员的各项合法权益作为一项系统工程需要全社会参与。因此，广泛动员社会力量参与，是保障劳动教养人员家庭生活困难、提供就业机会、创设良好的社区环境和建立各种劳动教养人员回归社会后的援助教育组织等形式，可以使劳动教养人员权益保障制度植根于广阔的社会空间，取得良好的保障效果和广泛的社会影响。

劳动教养学

【延伸阅读】

劳教人员构成恶化，不安定因素增加

1. 收容领域渐宽，违法犯罪类型多样化。劳动教养工作自 20 世纪 50 年代创立以来，对收容对象的范围就有明确的规定。进入 80 年代末期 90 年代以来，随着违法犯罪率的上升和刑事犯罪的类型越来越复杂化、多样化，几乎《刑法》、《治安管理处罚条法》上成立的罪名内容和处罚规定，在《劳动教养决定书》上都能找到；甚至有一些属于单项纪律处分范畴，也因社会影响恶劣而被决定劳动教养。专项治理中一般性打击的黄、赌、毒等社会丑恶现象，重点打击的带黑社会性质的团伙犯罪、暴力犯罪、高智能犯罪等，如运送毒品、私藏枪支、非法拘禁、贩卖假币、利用计算机诈骗、破坏电力设施，罪错名称繁多，适应范围广泛。还有一些属于从事非法宗教活动、参加非法组织、进行反革命活动的"三类"人员，虽然数量不多，但是他们受封建迷信思想的影响比较深，长期接受反动观点的灌输，反动思想顽固不化、根深蒂固，有相当牢固的思维定式，其言论、行动具有反革命的煽动性。他们人虽在劳动教养，也极有可能煽动利用他人，成为反社会、破坏场所安全的骨干分子。

2. 负案待查，先行劳教的增多。新的《刑事诉讼法》公布实施以来，公安机关把劳教场所当成了收容审查站，对于一些在法律规定的期限内，无法迅速结案的犯罪嫌疑人，采取"变通"的方式，让他们先行劳动教养，以便在劳教期间，继续开展侦查取证。这样一来，劳教场所又增加了看押犯罪嫌疑人的任务，劳教人员的构成又进一步恶化。同时，公安机关从从重、从快打击现行犯罪出发，对一些"三假"人员（假姓名、假地址、假情况），在余罪未查清的情况下，草草结案，送劳动教养。这些人当中，有的身负大案、要案、重案，有的是因其他案件而被通缉的案犯，也有的是从监狱、看守所脱逃出来的逃犯、死刑犯，具有一定的隐蔽性、伪装性、危险性。他们的内心活动十分复杂，轻易不肯暴露思想，难以摸清底数。其实，他们心里十分清楚，劳动教养是暂时的，一旦身份暴露，定会追究刑事责任。每当他们听到其他劳教人员被提回重审、同案犯被抓获、余罪暴露的消息，立刻惊恐万分，首先想到的是尽快逃跑，不惜铤而走险，具有很大的危险性。

3. "多进宫"劳教人员当中，难改造人员、重点危险分子特别是所王所霸，占有相当大的比例。"多进宫"劳教人员曾经在监狱、劳教场所改造过，对情况比较熟悉，善于伪装、适应性强。他们一般处世圆滑，一入所就能进入"角色"，把自己包装起来，通过察言观色，摸清干警的嗜好。表面上，他们对干警毕恭毕敬、言听计从，点烟、泡茶、端凳子，十分殷勤，叫干什么就干什么，容易得到干警的信任，被指定为"协管人员"。他们阳奉阴违、口是心非，当上"协管人员"以后，变本加厉、无恶不作，以所王所霸自居，让一些体质弱的、性格温和的、新入所的劳教人员闻而生畏、心惊肉跳，恨不得立刻逃避他们这可怕的淫威，是造成逃跑、影响场所秩序稳定的主要因素之一。一旦他们目的难以实现，原形毕露地以一个"反改造尖子"的面孔出现，装疯卖傻、顶撞干部、散布谣言、勒拿卡要、打击积极、拉拢落后、自伤自残、绝食上吊，成为破坏场所安全的主要控制对象。

4. 以侵财为目标的流窜作案劳教人员中，农村籍占主体。流窜犯罪日益增多，劳教场所收容的农村籍劳教人员已超过户籍在城镇的劳教。这些农村来的流窜作案劳教人员或称"打工族"，其违法犯罪的动机很简单，单单是为了一个"钱"字。认为只有腰包里有钱，才能去享受城里人的生活方式。为了"挣钱"，他们经常从一个地方流窜到另一个地方，四处作案，不断转移。他们自身的文化素质低、理解能力差、缺乏法律意识，劳动教养以后，落后的小农意识没有改变，集体观念差，自我保护意识强，听不进干警的批评教育，喜欢独来独往。因为文化素质低的缘故，不少人头脑简单、自卑感强、性情粗野、易于冲动，逃跑、报复的欲望随时会迸发出来。

5. 戒毒劳教人员增幅大，进一步加剧了劳教人员构成的深层次变化。根据我国现行法律的有关规定，对吸毒成瘾的，经过公安机关强制戒毒后又复吸的人员，一律实行劳动教养。所以，强制戒毒劳教人中，其本身就具有重复违法、多次受处罚的特点。这些人不仅毒瘾大、毒瘾深，而且在心理上、生理上、思想意识上都有许多问题。大部分人认为"吸毒与政府无关"、"强制戒毒是错误的"，虚荣心强、羞耻感差、生活懒散、不愿劳动、容易结伙，经常触犯纪律。随着处罚次数的增多，毒品价格的上扬和钱、财、物的捉襟见肘，绝大多数人都会想方设法去从事其他违法犯罪活动，如偷窃、诈骗、抢劫、贩毒等，成为屡次受罚、多类违法的复合型劳教人员。加之在戒毒过程中，自身戒毒信心缺乏，毒瘾时常发作，常会去做一些违规的事情。

（《论影响劳教所安全的主要因素》，作者：南京市大连山劳教所　韩力农）

劳动教养学

第十一章　劳动教养人员的管理

【案例导入】

民警在考核奖惩栏张榜公布了对劳动教养人员李某在4—6月封闭式管理中的考评结果："李某，4月份，随地吐痰，罚5分，因琐事与他人争吵罚5分；5月份，奖罚分为0；6月份，因超额完成习艺劳动定额奖20分，阻止他人打架奖10分。本季度累计奖30分，罚10分，奖罚折低奖20分。"李某看了后，觉得考核比较公正，遂在考核手册上签字。

年终，劳动教养管理所一大队召开劳动教养人员年终奖惩大会，266名劳动教养人员全部参加了会议。会议由大队长主持，教导员讲话。教导员首先肯定了一年来的改造成绩，然后指出存在的问题及原因，接着他说："经各班组评议、民管会合议、考评小组考核、所领导批准，本大队有43名劳动教养人员受奖励，其中表扬26人，记功8人，减少劳动教养期限1—3个月9人；19名劳动教养人员受处罚，其中警告8人，记过7人，延长劳动教养期限1—2个月4人。"接着，教导员逐一宣布名单。最后，教导员号召全体劳动教养人员再接再厉，争取取得更大成绩。

请思考：劳动教养人员管理的内容包括哪些？它起什么作用？应遵循什么原则？

第一节　劳动教养人员管理的性质、原则和作用

劳动教养人员管理是我国劳动教养执行机关在预防和减少犯罪、维护社会治安秩序、依法对被劳动教养人员执行劳动教养过程中，直接实施的教育挽救活动及日常生活事务的司法行政管理工作，是一项行政执法活动。

一、劳动教养人员管理的性质

（一）劳动教养人员管理是一项执法活动

劳动教养人员管理是体现国家的意志、执行国家法律、法规的执法活动。它以劳动教养执行作为前提和基础，是劳动教养执行机关依照国家有关劳动教养的

法律法规，将已经发生法律效力的劳动教养决定付诸实施的执法活动。它不同于社会上其他管理活动，法制性是劳动教养人员管理的基本特点。

劳动教养制度确立了科学的管理模式，提供了良好的教育挽救环境。劳动教养管理的各项规章制度，明确规定了劳动教养人员的权利和义务，规范了劳动教养人员的行为。同时，也明确要求劳动教养机关对劳动教养人员的管理必须做到有法必依、执法必严、违法必究。

（二）劳动教养人员管理是特殊的行政活动

劳动教养人员管理采用的管理手段是具有强制性的行政措施，属于司法行政范畴。劳动教养人员管理的具体行政行为是由国家法律设定并授权劳动教养执行机关，依法实施的工作行为。具体表现为：一定程度的限制人身自由，命令性的行为规范，禁止性的纪律约束，强制性的教育挽救等。这就决定了劳动教养管理不同于社会上其他管理活动，也区别于具有一定惩罚性的监狱管理。强制性是劳动教养人员管理的一般特点。

劳动教养人员的管理活动，要体现法制的严肃性，依法行政，不可滥施行政而违法侵权。国家也通过法律加以规范和限制，并授权专门机关进行监督、检查，以维护劳动教养人员的合法权益。

（三）劳动教养人员管理是一种特殊的教育活动

劳动教养人员管理是教育矫治劳动教养人员的重要手段之一。在对劳动教养人员进行管理的过程中，在管理的理念、制度、组织形式和方式等方面都体现了规范养成的教育性特征。

劳动教养人员的管理活动，极大地发挥了管理的教育感化功能。管中有教、寓教于管，以理服人、以情感人贯穿于劳动教养管理活动的始终。严密的组织形式，严格的法规制度，严明的管理规范，严谨的考核标准及宽严相济的奖惩激励，促使劳教人员在规范化管理的实践活动中，矫治恶习，形成良好的行为习惯。教育性是劳动教养人员管理的鲜明特点。

（四）劳动教养人员管理是一种具有特殊目的管理活动

1. 特殊的管理目的

劳动教养人员管理有着明确的目的性，劳动教养人员管理中的一切内容都是为了实现预防和减少犯罪、维护社会治安这一特殊目的进行的。

2. 特殊的管理对象

劳动教养人员管理的对象是劳动教养人员，这是一个生活在特殊环境中，有着特殊心理和行为特点的特殊群体。

3. 特殊的管理内容

主要包括劳动教养人员处遇和教育矫治管理等，这是直接体现行政权特点的执法活动。

4. 特殊的管理方式

这种管理虽然采用行政强制手段，是限制劳动教养人员的人身自由，并对其进行严格的规范化管理为主的形式，但也体现了劳动教养人员民主管理的特点与要求。当前，探索"军营式"与"校园式"相结合、分类与开放为目标的新的管理模式，是劳动教养工作的特色之一。

二、劳动教养人员管理的原则

劳动教养人员管理原则，是指劳动教养机关及其人民警察在劳动教养人员管理过程中应当遵循的反映管理规律和提高管理效率的法则或标准。

《劳动教养管理工作执法细则》中规定"劳动教养机关对劳动教养人员的管理，必须全面贯彻依法管理、严格管理、文明管理、科学管理的原则，加强执法工作规范化建设，提高劳动教养管理工作水平"。这是参照有关现代管理学理论，根据我国劳动教养人员的实践经验而提出的基本准则。贯彻这些原则，可以使劳动教养管理所及其人民警察在对劳动教养人员进行管理活动中，有一个明确的指导思想和应遵循的行为准则，以便充分发挥管理的效能，实现既定的管理目标。

（一）依法管理原则

劳动教养是一种法律制度，劳动教养人员管理是一种执法活动，因此，必须贯彻依法管理原则。它是指在劳动教养管理工作中必须遵循社会主义法制要求，坚决依照法律、法规实施管理的基本准则。主要包括以下内容和要求：

1. 有法可依。是指国家根据劳动教养法制化发展的要求，制定完备的法律，依法行政，这是实现劳动教养管理规范化的前提。我国创办劳动教养法律制度以来，制定和颁布了一系列劳动教养法律、法规和规章。但是，我国的劳动教养法制还很不健全。依法治国的推进，对我国劳动教养制度的发展与变革提出了许多挑战。因此，应当健全劳动教养法律体系，制定一部具有权威性的劳动教养法，使劳动教养的管理工作真正做到有法可依。

2. 有法必依。是指在劳动教养管理活动中，劳动教养机关必须严格遵守和执行法律，依法办事，这是实现依法管理的关键。要做到有法必依，劳动教养人民警察必须树立社会主义法治理念，自觉遵守国家的法律、法规和规章，真正做到以法律为准绳，养成依法管理、依法办事的良好职业习惯。

3. 执法必严。是指劳动教养执法机关和劳动教养人民警察在执法时必须严格、严肃、严明，按照劳动教养法律、法规和规章规定的内容、精神和程序办事，绝不允许徇私枉法，这是对劳动教养执法主体的特别要求和规范。劳动教养法律、法规和规章作为一种国家意志的表现，本身具有极大的权威性和严肃性。劳动教养人民警察，应在执法态度和作风上严肃认真，在执法规范和标准上严格掌握，在处理有关法律问题上严明公正，只有这样，才能做到执法必严。

4. 违法必究。是指对一切违法犯罪行为，都要依法追究法律责任，任何人不能凌驾于法律之上，享受法律以外的特权，更不允许劳动教养机关人民警察及其他管理人员利用职务之便违法、侵权和渎职，这是实现依法管理的有力保障。在劳动教养管理活动中必须实行严格的法律监督。一方面，要坚决打击劳动教养人员出现的各种违法犯罪现象；另一方面，对劳动教养人民警察中出现的个别违法乱纪行为，也要及时发现、及时纠正、严肃处理，以维护法律的尊严。

（二）严格管理原则

严格管理原则，是指劳动教养管理所依照劳动教养工作方针、政策和有关法律、法规，建立健全严格的所规所纪、严密的组织体系和严明的奖惩制度，使劳动教养人员的一切活动，置于劳动教养人民警察的监督、指导之下，以取得最佳管理效果的基本准则。

劳动教养是对被决定劳动教养的人员实行强制性教育改造的行政措施，其突出特点是强制性。为了有效地预防劳动教养人员的重新违法犯罪行为，改变他们的不良生活习惯和道德品质，必须实行严格管理。这一原则主要包括以下内容和要求：

1. 制定严格的纪律和制度。对劳动教养人员应按照处理人民内部矛盾的原则，实行严格管理，并规定他们必须遵守的纪律和制度。制定纪律和制度时，必须注意到政策性、法律性、科学性、严肃性、稳定性和民主性。有了纪律和制度，劳动教养人员的行为就有了遵循的规范和标准，劳动教养人民警察就可以按照这些规范去约束和管理劳动教养人员，减少或避免滥用职权等违法乱纪现象的发生，使依法执行劳动教养的公务活动和各项处遇措施，按照规定的条件、程序、权限认真办理。

2. 建立健全劳动教养管理的组织。劳动教养管理工作组织可以分为两类：一类是劳动教养场所的行政组织，如机关科室和大队、中队、分队等；另一类是劳动教养人员在劳动教养人民警察指导下建立的民主管理组织、生活组织、劳动组织、学习组织。建立健全劳动教养管理的组织，是实现严格管理的必要条件。

建立健全劳动教养管理的各类组织，是实现严格管理的组织保障。在劳动教养管理工作中，建立健全严密的组织系统，应当包括劳动教养场所的行政组织系统和劳动教养人员在劳动教养人民警察的指导下建立的自治组织。只有建立健全了严密的组织系统，才有可能开展各项活动，实行严格管理。

3. 实行严格的考核奖惩。严格的考核与奖惩是严格管理的直接体现，也是保证严格管理实施的重要条件。通过考核与奖惩实现严格管理的目标，保障严格管理的实施。在实施严格管理的过程中，必须奖惩严明，做到公正、准确、及时。为此要制定科学合理的奖惩标准，按照法律及法规所规定的条件、程序对劳动教养人员实施奖惩，同时注重奖惩效果的评价。

4. 严密控制劳动教养人员管理的全过程。在劳动教养人员管理过程中，为了纠正偏差、实现管理目标，我们应通过预先控制、现场控制、反馈控制等来严密控制劳动教养人员管理的全过程，以体现严格管理的要求。劳动教养人民警察要遵循劳动教养人员生活、学习、劳动等活动的基本规律，及时掌握劳动教养人员的思想和行为动态，依法处理出现的各类问题，消除事故隐患，实现对劳动教养人员管理全过程、全方位的有效控制。

（三）文明管理原则

文明管理原则，是指在劳动教养管理过程中，应当遵循物质文明与精神文明的一般标准和社会主义法制原则，规范管理行为的基本准则。文明是社会发展、人类进步的必然反映。因此文明管理应当成为一切管理活动的普遍要求。劳动教养人员管理工作也不例外。经过50年的实践，劳动教养管理所已初步形成了文明、规范的管理制度体系。这一原则主要包括以下内容和要求：

1. 建立健全文明管理的法律、法规和规章。在我国劳动教养制度的法制建设过程中，制定了一系列有关劳动教养人员管理的法律、法规、规章，是劳动教养人员管理活动规范化、文明化的指南和保证。劳动教养人民警察严格依照这些规定去履行职责，才能充分体现我国劳动教养的制度文明。

2. 执法文明化。劳动教养人员管理是一项严肃的执法行为，文明管理与文明执法是密不可分的，凡符合法律、法规规定的执法行为也必须是符合文明管理要求的行为。同时，文明管理也必然通过劳动教养人民警察以文明执法的形式体现出来。要贯彻文明管理原则，劳动教养人民警察必须认真学习劳动教养工作方针、政策和劳动教养法律、法规，实施文明的管理行为，切实保障劳动教养人员合法权益。

3. 管理环境文明化。劳动教养人员管理环境是直接体现和反映文明管理程度的标志。实现劳动教养管理环境文明化，对劳动教养人员转化思想，矫正恶习，成为遵纪守法的公民具有重要作用。实现文明管理必须要求建立文明的劳动教养人员管理环境。使整个管理环境处于文明、有序、充满生机和活力之中，对促使劳动教养人员成为遵纪守法的合格公民和自食其力的劳动者，具有重要作用。

4. 管理方式文明化。文明管理总是通过一定的方式体现的，具体表现在对劳动教养人员的态度、生活待遇、政策等方面。在执行方式上，采用积极的、先进的、主动的管理方式；在日常管理中，给予劳动教养人格上的平等和人道主义待遇；不断改善劳动教养人员的生活待遇，丰富劳动教养的精神生活，以满足其基本的物质与精神需要。这种管理方式的变革，能够更有效地恢复劳动教养人员的自尊，增强他们自强、自立的信心，鼓起告别昨天、重新做人的勇气，从而达到最佳的管理效果。劳动教养管理工作中，要贯彻文明管理原则，不断提高管理工作水平，实现管理方式文明化。

（四）科学管理原则

科学管理原则，是指在劳动教养管理过程中，遵循教育挽救劳动教养人员的一般规律，运用科学的理论和现代科学技术手段进行管理的基本准则。我国劳动教养人员管理的科学化就在于把握劳动教养人员管理的规律，在于全面掌握劳动教养人员的可改造性，即由恶变善、由坏变好、由消极变积极的变化轨迹和内部特征，并据此设计相应的管理制度、措施和方法。

这一原则主要包括以下内容和要求：

1. 遵循劳动教养管理的客观规律。从劳动教养人员的实际出发，探索和揭示劳动教养管理的客观规律，从而在认识规律并遵循规律的基础上，实现对劳动教养人员的科学管理。我国劳动教养制度自创建以来，广大劳动教养人民警察在管理劳动教养人员的长期实践中，创造了各种管理制度。这些制度对于转变劳动教养人员思想，改变劳动教养人员人格结构，提高他们的判断能力，培养正确的价值观，最终使他们成为适应社会、遵守法律的公民都是富有成效的。

2. 以科学的管理理论为指导。马克思主义的唯物辩证法和历史唯物主义，是我们认识问题、处理问题的方法论基础。毛泽东思想、邓小平理论和"三个代表"的重要思想，是做好新时期劳动教养管理工作的指南。劳动教养管理要积极吸收和应用现代科学的管理理论，拓宽劳动教养科学化管理的实践领域，提高劳动教养管理的科学性。劳动教养人民警察要努力加强文化科学知识和劳动教养专业理论的学习，实现知识化和专业化，把劳动教养管理工作建立在科学的基础上，变过去的经验型管理为科学型管理。

3. 建立科学的管理制度。科学的管理制度是完成劳动教养人员管理任务的重要前提，是提高劳动教养管理水平和实现劳动教养管理科学化的保证。制定科学的管理制度，要有效地体现优化的管理目标。既要有利于劳动教养人民警察实施的可操作性，又要有利于充分调动劳动教养人员改造的积极性，促进劳动教养人员转化。同时，要适应劳动教养人员心理和生理等方面的特点，以充分体现我国劳动教养管理制度的先进性和优越性。

4. 采用科学的管理方法。科学的管理方法是实现科学管理的重要条件。为了实现劳动教养的科学管理，一方面要认真总结我国劳动教养科学管理的经验和方法，另一方面注意吸收借鉴国外先进的管理经验和方法以及先进的科学技术，以提高劳动教养管理的科学化水平。

综上所述，科学管理与依法管理、严格管理、文明管理作为劳动教养管理活动必须遵循的四项原则，是一个有机统一体，四者之间相互影响、相互促进。劳动教养人民警察在管理活动中应自觉遵循四项管理原则，坚持依法、严格、文明、科学地对劳动教养人员管理，更好地发挥劳动教养管理在教育挽救劳动教养人员中的作用。

三、劳动教养人员管理的功能和作用

劳动教养人员管理的作用是指劳动教养管理活动正常进行，劳动教养管理功能充分发挥时产生的客观效果。

（一）劳动教养人员管理的功能

劳动教养人员管理，不仅为维护正常的场所秩序提供必要的条件，而且在矫治劳动教养人员的不良心理和恶习方面也发挥着重要的作用，它是教育矫治劳动教养人员的重要手段。

1. 规范功能。劳动教养人员管理的过程实际是矫正劳动教养人员不良生活作风行为习惯的过程。劳动教养管理所针对不同类型的劳动教养人员，通过严格的军事化管理、严格的所规所纪约束、科学的考核以及相应的奖励和惩罚措施，对劳动教养人员的生活、起居、举止、交往、作风和内务等方面都有严格的规范。久而久之，它使劳动教养人员形成行为定式，逐步矫正恶习，养成新的行为习惯。

2. 激励功能。激励是一种行之有效的管理方式，可以充分调动劳动教养人员接受教育矫治的积极性和主动性。对积极及时奖励，能驱动劳动教养人员改造的欲望，提高劳动教养人员管理工作的绩效；而对消极、抗拒行为的及时惩罚，可使劳动教养人员减少或消除其消极行为。

3. 矫正功能。劳动教养人员管理具有矫正劳动教养人员的恶习，促使其成功再社会化的作用。它主要包括以下几层含义：（1）环境的矫治。劳动教养人员进入劳动教养管理所后，他们与原来违法犯罪的社会环境隔离开来，促使他们重新审视自我，为矫治其恶习创造了前提。（2）制度的矫治。规范化的制度约束，把劳动教养人员放荡不羁、随心所欲的不良思想作风和行为习惯引向积极方向。（3）外部联系的矫治。劳动教养管理制度在交往对象、交往方式等外部联系上对劳动教养人员作了各种限制，改变了他们的社会环境，抑制了新的违法犯罪动机的形成。（4）心理的矫治。对劳动教养人员实行改造，究其实质是对他们原来具有的违法犯罪心理和在劳动教养管理场所产生的其他不良心理的矫正。

4. 养成功能。通过劳动人员管理，大多数劳动教养人员可以在矫正恶习的基础上养成良好的行为习惯。这种养成作用具体表现为以下几个方面：（1）新的行为习惯的养成。劳动教养人员管理通过各种规章制度的执行，促使劳动教养人员原有的不良行为逐渐弱化乃至最终消除，促使其新的行为习惯不断强化并日益固定下来，逐渐进入良性行为发展的轨道，建立起符合规范化、社会化的生活方式。（2）健康心理的养成。通过严格的规章制度的约束及教育感化，劳动教养人员原有的鲁莽性、聚众性、冲动性、反社会性得到矫正，逐渐形成认识健全、情感饱满适度、意志坚强有控的心理结构，从而形成健康心理。（3）新的需求观念的养成。劳动教养人员不良的物质和精神需求是他们违法犯罪行为的根源，监管环境的限制及人道的生活卫生医疗制度，抑制和消退了他们不合理的需求，强化了他们正常的需求，从而调整其需求结构，逐步进入正轨。

（二）劳动教养人员管理的作用

1. 维护劳动教养管理所安全稳定的保障作用。确保劳教场所的安全稳定是劳动教养人员管理工作的一项重要内容。严格的劳动教养管理，能够有效地预防各类事故的发生，消除安全隐患。在发生所内违法犯罪活动时，能够及时制止并予以惩罚，保障教育挽救工作的顺利进行。

2. 促进劳动教养人员思想转化和恶习矫正的作用。劳动教养的过程，就是通过强制的手段促进劳动教养人员思想转化和恶习矫正的过程，这一过程是自律与他律的辩证统一。在执行劳动教养各项规章制度的过程中，运用科学的管理手段和教育方法，充分发挥管理的养成功能，不断改变劳动教养人员原有的不良思想和行为，促其良好行为习惯的养成，力求达到最佳的教育挽救效果。

四、劳动教养管理模式的创新

劳动教养工作自创立以来在维护国家政权和社会治安秩序，保障社会稳定和发展中具有不可替代的重要作用。但是，长期以来劳动教养工作特色不鲜明，理论研究、法制建设和工作实践都存在不少问题。为进一步改革和完善劳动教养制度，司法部自 2001 年以来，在全国劳动教养开展了创办劳动教养特色的试点工作，全国劳动教养管理系统从变革管理模式入手，积极探索实施封闭式、半开放式、开放式三种管理新模式。经过几年的积极探索，取得了明显成效，形成了一个由点到面、由局部到全系统推进的良好局面。

（一）劳动教养管理模式创新的意义

三种管理模式是劳动教养管理模式创新的实践成果。它是根据劳动教养人员的户籍、年龄、婚姻状况、职业、文化程度、生活成长史、本次罪错和违法犯罪行为、服教时间、现实表现、心理状况、家庭和社会的帮教态度、帮教能力、帮教条件等因素，分别采取封闭式、半开放式、开放式的管理模式，对不同管理模式的劳动教养人员采取不同的矫治方式，给予相应的处遇。创新劳动教养管理模式具有以下重要意义：

1. 有利于进一步体现维护社会和谐稳定的重要作用

实施三种管理模式，是提高劳动教养工作教育挽救质量的重大改革，有利于更加科学地矫治劳动教养人员的违法行为，更加有效地把劳动教养人员教育矫治成为遵纪守法的合格公民，更加有效地预防和减少重新违法犯罪，对维护社会和谐稳定具有重要作用。几年的实践证明，实施三种管理模式，劳动教养人员自我管理意识明显增强，违纪率逐年下降。同时，更好地维护了劳动教养人员的合法权益，促进了教育挽救质量的提高和场所秩序的稳定，劳动教养在维护社会稳定中的作用得到进一步体现。

2. 有利于实现劳动教养执行手段和教育挽救目的的统一

三种管理模式是对劳动教养人员推行封闭、半开放、开放三种管理模式的改革，是使劳动教养行政性、强制性、教育矫治性三大属性协调统一。它使劳动教养这项法律制度，在预防和减少违法犯罪、保障公民的自由、平等和安全方面创设了一种切实可行的综合体与和谐体，从而实现劳动教养执行手段和教育挽救目的的统一。

3. 有利于树立劳动教养机关公正执法与人文关怀相结合的执法形象

实施三种管理模式充分体现了党的劳动教养工作方针，体现了人本思想，具有科学性，有利于劳动教养人员尽快适应、回归社会。在这个过程中，广大民警树立了新的执法理念，如严格执法与人文关怀相结合的理念，公正执法的理念，科学执法的理念。同时，也产生了良好的社会影响，引起了社会各界对劳动教养管理模式改革的关注、理解和支持。

（二）劳动教养管理模式创新的实践探索

1. 劳动教养管理模式创新的历史背景

我国劳动教养制度从创立到现在，走过了 50 年不平凡的发展历程，收容教养了一大批违法和轻微犯罪人员。长期以来，劳动教养机关注重和强调的是法律的国家强制力作用和劳动教养人民警察的执法主体作用。在这种主旨的推动下，劳动教养执行工作呈现出刚性有余、柔性不足；强制有余、理性不足；规范有余、关怀不足的缺陷。

随着法制建设的步伐进一步加快，新的形势既给劳动教养工作带来挑战，也为劳动教养制度的改革与完善创造了机遇和条件。正确看待劳动教养工作取得的成绩和面临的困难，应对客观形势的不断变化，努力提高教育挽救质量，更好地为提高党的执政能力，构建和谐社会服务，是劳动教养机关面临的重要课题。在这种形势下，劳动教养制度改革的方向进一步明确，立法进程进一步加快，人民群众对劳动教养工作的评价标准将更高。作为劳动教养的执行机关，探索更加符合社会需要，充分体现劳动教养强制性、行政性、教育矫治性相统一，突出劳动教养教育矫治性核心价值的矫治模式，是势在必行又切实可行的一项重要任务。劳动教养管理模式创新正是适应了这一要求，这不仅是社会发展大背景的需要，而且是劳动教养制度与违法行为教育矫治制度相衔接的必然要求，推行三种管理模式将为违法行为矫治法的出台打下坚实的实践基础。

2. 劳动教养三种管理模式的实践过程

2001 年年底，司法部再次提出创办劳动教养特色的要求，希望通过创新劳动教养管理模式，充分体现劳动教养工作性质，进一步提高教育挽救质量，提高整个劳动教养工作水平。这是改革和完善中国劳动教养制度的一项重要决策，是对劳动教养改革创新一系列措施的继承与发展。2004 年 12 月，司法部根据各地劳动教养办特色工作进展情况和劳动教养工作改革发展的需要，提出进一步深入劳动教养办特色工作的重点是推进管理工作的改革，并颁布了《关于进一步深化劳动教养办特色推进管理工作改革的意见》，司法部劳动教养管理局随即下发《关于加快推进三种管理模式工作的通知》。至此，三种管理模式的试点工作大面积推开。经过几年的实践，对劳动教养人员实行三种管理模式，有效激发了劳动教养人员的改造热情，劳动教养人员违纪率呈现下降趋势，警察的文明执法、规范执法水平明显提高，劳动教养工作的社会影响也得到了增强。所以，司法部决定 2007 年 7 月在全国劳动教养系统全面推行三种管理模式。

第二节　劳动教养人员管理的基本内容

一、劳动教养人员的分类管理

根据劳动教养人员的特点及其表现实行区别对待，采用横向分类和纵向分级相结合，建立科学的管理体系，是国家对劳动教养工作的一贯要求。

（一）分类管理的概念和意义

1. 分类管理的概念

分类管理是指针对劳动教养人员的不同类型和不同情况，依法实施分别编队、分类处遇。这是管理劳动教养人员的一种最基本的组织形式和管理模式。

2. 实施分类管理的意义

（1）有利于做好针对性的教育矫治工作。因人施教、分类施教是做好教育矫治工作的前提和基础，只有做到"对症下药"才能收到应有的教育效果。

（2）有利于稳定所内教育矫治秩序，防止"交叉感染"。通过科学分类和编队，可以预防和减少不同罪错劳动教养人员之间相互传播作案手段、经验，保证场所稳定。

（3）有利于准确执行劳动教养法律法规，从而使劳动教养管理走上规范化、科学化的轨道。对调动劳动教养人员接受教育矫治的积极性，提高教育矫治质量上，具有重要的促进作用。

（二）分类管理的标准与程序

《劳动教养管理工作执法细则》规定了对劳动教养人员"应当"实行分类管理和"可以"分类管理的两种情况。

1. 应当分类管理的情况

《劳动教养管理工作执法细则》规定，劳动教养管理所应当根据实际情况，对劳动教养人员按照下列要求分别编队管理：

（1）性别。男女劳动教养人员分类编队进行管理，有条件的地方设立女劳动教养管理所。

（2）年龄。不满十八周岁的劳动教养人员，单独编队（班、组），在劳动和生产待遇上适当照顾。

（3）入所时间。根据入所时间的不同，对新入所的和即将解除劳动教养的劳动教养人员分别编队，即分别编为入所大队和出所大队。

（4）是否团伙或同案。对于属于同一团伙或同案劳动教养人员，分别编入不同的大（中）队。

2. 可以分类管理的情况

《劳动教养管理工作执法细则》规定，对劳动教养人员可以按以下情况分别编队管理：

（1）罪错性质不同的。根据劳动教养人员的罪错性质设立专门的劳动教养管理所或大队，如戒毒劳动教养管理所等。

（2）初次劳动教养和二次以上劳动教养（含受过刑事处罚）人员可编入不同的大队（班、组）。

（3）少数民族或外省籍劳动教养人员较多的，可设立专门收容少数民族或外省籍劳动教养人员的大队或班组。

3. 分类管理的程序

劳动教养管理所收容符合条件的劳动教养人员后，根据劳动教养人员的分类标准，分别编入不同的大（中）队，由所在大（中）队进行有针对性的教育矫治。

二、劳动教养人员的分级管理

（一）分级管理的概念和意义

1. 分级管理的概念

分级管理是指根据劳动教养人员的恶习程度、年龄、性别、认识罪错态度、所内表现、有无现实危险性等情况，将劳动教养人员按照从严管理、普通管理、宽松管理三个等级，在管理强度、教育要求、生活待遇等方面，分清情况，区别对待。随着劳动教养管理模式的创新，各地劳教所在劳动教养人员管理过程中，依据对劳动教养人员考核的结果，结合其违法行为性质、入所时间、恶习程度、社会帮教条件等具体情况，实行封闭式、半开放式、开放式三种管理模式，对不同管理模式的劳动教养人员采取不同的矫治方式，给予相应的处遇。

2. 分级管理的意义

（1）有利于劳动教养场所安全稳定。分级管理体现了劳动教养工作区别对待的原则和宽严相济的政策，增强了劳动教养人员向上的内趋力，可以有效地激励和促进劳动教养人员积极改造。

（2）有利于执法的公平、公正、公开。对劳动教养人员进行分级管理，有严格的标准，晋级、降级等都要按照《劳动教养人员的三种管理模式实施办法》的规定执行，整个过程公开，结果公平、公正。

（3）有利于提高教育矫治工作质量。实施分级管理，促进了劳动教养人员自主激励、积极竞争的良好风气，加速了劳动教养人员主动接受教育矫治的步伐，可以有效地提高教育矫治工作的水平和质量。

（二）分级管理的具体内容和要求

1. 不同级别管理对象的条件和处遇，由各省、自治区、直辖市司法厅（局）劳动教养管理局统一制定。

2. 实行分级管理的建制单位的规格，由劳动教养管理所自行确定。

3. 劳动教养管理所应当根据劳动教养人员的一贯表现和在所执行期间的现实表现，综合分析确定管理等级，实行动态管理。

4. 评定劳动教养人员管理等级的工作由大（中）队负责。

5. 向劳动教养人员宣布管理等级后，应当立即执行相应的管理措施，使劳动教养人员进入该级管理。

（三）分级管理的标准与程序

根据《劳动教养人员三种管理模式实施办法》等规定，对劳动教养人员实行三种管理模式的标准和程序主要包括：

1. 分级管理的标准

（1）封闭式管理的适用标准

第一，新入所劳动教养人员；第二，入所满 3 个月，近 3 个月累计考核总分在 900 分以下的劳动教养人员；第三，真实身份未确认的劳动教养人员；第四，被列为"难改"人员的劳动教养人员；第五，邪教类人员未转化的劳动教养人员；第六，从半开放式管理降级和从开放式管理直接降入封闭式管理的劳动教养人员；第七，解除禁闭的劳动教养人员；第八，受到延期处理的劳动教养人员；第九，其他需要实行封闭式管理的劳动教养人员。

（2）半开放式管理的适用标准

第一，封闭式管理满 3 个月，近 3 个月累计考核总分在 900 分以上的劳动教养人员；第二，从开放式管理降级的劳动教养人员。

（3）开放式管理的适用标准

第一，进入半开放式管理满 6 个月，一个考核周期累计分在 1800 分以上，剩余劳动教养期限不足原决定期限的三分之一，确有悔改表现，不致再危害社会，具备帮教条件的劳动教养人员；第二，符合以上条件，剩余劳动教养期限不足 3 个月的涉毒类或"多进宫"劳动教养人员。

2. 晋级的条件及程序

（1）符合《劳动教养人员三种管理模式实施办法》第 6 条、第 7 条规定的下列情形之一的：第一，封闭式管理满 3 个月，近 3 个月累计考核总分在 900 分以上的；第二，从开放式管理降级的；第三，进入半开放式管理满 6 个月，一个考核周期累计分在 1800 分以上，剩余劳教期限不足原决定期限的三分之一，确有悔改表现，不致再危害社会，具备帮教条件的；第四，符合以上条件，剩余劳教期限不足 3 个月的涉毒类或"多进宫"劳教人员。

（2）劳动教养人员有下列情形之一的，可不受《劳动教养人员三种管理模式实施办法》第 6 条、第 7 条的限制，视情况晋升管理等级：第一，检举、揭发或制止他人违法犯罪行为，查证属实的；第二，在抢救国家财产，消除灾害、事故中有立功表现的；第三，在生产技术上有革新或发明创造的；第四，有其他突出表现的。

（3）晋升劳动教养人员管理等级的，应按以下程序办理：第一，每月 5 日前，大队公布上月劳动教养人员计分考核结果；第二，劳动教养人员对照本《办法》相关晋升条件，提出申请；第三，所在班组进行民主评议；第四，中队（未设中队的由大队）提出意见；第五，大队审核后公示；第六，晋升半开放式管理的，由劳动教养管理所审批，晋升开放式管理的，由省（区、市）劳动教养管理局审批。

3. 降级的条件及程序

（1）降级的条件主要包括：

第一，半开放式、开放式管理的劳动教养人员，受到记过处分的劳动教养人员；

第二，受到延长劳动教养期限处罚的劳动教养人员。

（2）降低劳动教养人员管理等级的，应按以下程序办理：

第一，分管警察提出意见；第二，中队（未设中队的由大队）集体研究；第三，大队审核后公示；第四，劳动教养管理所审批。

劳动教养人员管理等级一经批准，所在大（中）队应于 3 日内予以公布，并立即调整进入相应管理区域。劳动教养人员对调整管理等级不服的，可在公布之日起 3 日内，向审批机关提出申请复核；审批机关接到劳动教养人员复核申请后，应在 7 日内作出复核决定。

三、大（中）队基础管理工作

（一）大（中）队工作制度

劳动教养管理所的大（中）队是依法对劳动教养人员实行管理，组织劳动教养人员从事学习、劳动生产并完成各项工作任务的基层组织。大（中）队工作制度主要包括：

1. 大（中）队根据劳动教养管理所实行的目标管理责任制，制定年度和阶段工作目标。

2. 大（中）队劳动教养人民警察实行岗位责任制，对劳动教养人员实行直接管理。

3. 严格值班制度。大（中）队劳动教养人民警察应当轮流值班，坚守岗位，严格交接班手续，做好值班记录。

4. 坚持会议制度。大（中）队应根据实际情况定期召开队务会、思想动态分析会、讲评会。

5. 坚持请示汇报制度。凡重大问题应请示汇报，做到实事求是、及时准确。

6. 基础资料管理制度。大（中）队应按规定管理劳动教养人员的档案副卷，建立必要的簿、册、表、卡；指定专人负责收集、整理、保管；建立各种登记制度，做好基础资料的积累、使用、归档工作。

（二）直接管理制度

直接管理制度，是指劳动教养人民警察对劳动教养人员实行的不经过中间层次的一种管理模式。其主要目的是保证管理措施的有效落实和管理信息的及时传递。直接管理制度的主要内容有以下几点：

1. 建立健全劳动教养人民警察岗位责任制，使劳动教养人民警察对劳动教养人员管理的岗位固定，责任明确，各司其职，各负其责。

2. 大（中）队劳动教养人民警察必须对劳动教养人员的学习、劳动、生活的场所实行现场管理，直接进行检查、督促，处理各种问题。

3. 不得使用劳动教养人员管钱、管账、管仓库、管档案卡片，充当采购员，或外出公干，代写文件材料或代行劳动教养人民警察的其他职责等。

4. 加强对劳动教养人员班组长和民主管理委员会成员的管理。

5. 认真执行早晚点名和夜间值班、查铺制度，保证对劳动教养人员不间断的直接管理。

（三）劳动教养人员班组管理

劳动教养人员班组，是指劳动教养管理所的大（中）队对劳动教养人员实施管理、开展教育挽救工作和组织生产劳动的基本组织形式，也是劳动教养人员正式群体的一个基本的单位。

加强劳动教养人员班组管理，核心和首要环节是充分发挥大（中）队劳动教养人民警察的主导作用。在此基础上，要注意做好以下几方面的工作：

1. 人员的分配。从有利于行政管理、教育挽救和劳动生产出发，每一班组要有一定数量表现较好的改造积极分子和生产技术骨干，各班组间人数大体平衡。

2. 班组长的选定。劳动教养人员班组长的选定，应当坚持标准、全面考核，选择确实表现好的劳动教养人员担任，并由大（中）队干部会议集体确定。

3. 班组长的任务。劳动教养人员班组长在大、中队劳动教养人民警察的指导、管理和监督之下，负责协助大（中）队劳动教养人民警察搞好本班组的劳动、学习、生活卫生等事务性的工作。要明确劳动教养人员班组长的任务和职责，防止其代行劳动教养人民警察的职能和职责。

4. 班组长的教育考核。对劳动教养人员班组长要严格管理，定期考察，定期轮换。对不履行责任、称王称霸、为非作歹的，要及时撤换、严肃处理。

四、劳动教养人员的民主管理

劳动教养人员的民主管理是指劳动教养管理所在对劳动教养人员的管理过程中，应充分保障劳动教养人员的民主权利，允许他们过一定的民主生活的管理制度。《劳动教养试行办法》规定，应当让劳动教养人员"过一定的民主生活，每个中队应当选定表现较好的劳动教养人员组成宣传、文体、生活卫生小组。允许他们对管理、教育、生产、生活等提出改进意见"。具体内容如下：

（一）组织形式

民主管理委员会是在劳动教养人民警察直接管理下的劳动教养人员参与管理、实行自我管理的一种组织形式。大（中）队可以建立"劳动教养人员民主管理委员会"，其委员在民主推选的基础上，由大（中）队选择表现好、办事公道、有一定组织能力的劳动教养人员担任。

（二）工作任务

民主管理委员会应在劳动教养人民警察指导下进行工作，其主要任务是征求和反映劳动教养人员对管理教育、生活卫生、生产劳动、文体活动等方面的事务性工作。

（三）考核监督

大（中）队应当对民主管理委员会加强教育，认真监督，严格考核，定期轮换。

五、劳动教养人员通信、会见、放假、准假的管理

劳动教养人员的通信、会见、放假、准假是劳动教养法律事务管理内容之一，也是劳动教养人员在劳动教养期间的基本权利。加强这方面的管理，对于维护劳动教养人员的合法权益和稳定劳动教养人员的改造情绪、促进场所秩序稳定有重要意义。

（一）劳动教养人员通信的管理

通信包括书信、电话、电报等进行联络的各种手段。依照劳动教养法律法规的规定，对劳动教养人员的通信管理，包括以下要求：

1. 劳动教养人员来往信件不受检查。除因国家安全或者追查刑事犯罪的需要，由公安机关（国家安全机关）或者检察机关依照法律规定的程序对通信进行检查外，任何组织或者个人不得以任何理由私自拆检或扣压劳动教养人员的来往信件。

2. 劳动教养人员的来往信件由中队统一登记、收发。

3. 发信地址应按劳动教养管理所的规定填写，信件内不得夹寄违禁品。

4. 经劳动教养管理所批准，劳动教养人员可以与亲友通电话，在特殊情况下也可由劳动教养人民警察代转通话内容。

5. 经劳动教养管理所批准，劳动教养人员可以与国外、境外亲属通话，通话时应有劳动教养人民警察在场，不得使用隐语或外国语。

（二）劳动教养人员会见的管理

会见，是劳动教养人员在劳动教养期间，在劳动教养人民警察直接有效的监督控制下，与前来探望的亲属会面的活动。会见是劳动教养人员接触外界的一种

主要途径，是劳动教养人员依法享有的权利。依照劳动教养法律法规的规定，对劳动教养人员的会见管理，应包括以下要求：

1. 劳动教养管理所允许劳动教养人员会见其配偶、直系亲属，三代以内旁系血亲。

2. 禁闭反省的劳动教养人员，原则上不准会见亲属，特殊情况须经劳动教养管理所所长批准。

3. 前来会见人员应持有居民身份证、户口本等证明本人和与被会见人关系的证件，经劳动教养管理所管理部门查验登记。

4. 会见应在会见室或指定地点进行。

5. 会见人送来的物品应限于学习、生活等日用必需品和少量食品。送来的物品须经劳动教养人民警察查验。送给因吸毒而被劳动教养人员的上述物品必须在场所内专设的商店购买。

6. 有条件的单位，可以允许劳动教养人员与来所会见的配偶同居。因吸毒劳动教养的，在戒毒期间不得与配偶同居。

（三）劳动教养人员放假、准假的管理

放假、准假，是指劳动教养人员执行劳动教养半年以上，表现好的，或在劳动教养期间遇有特殊情况，需要本人亲自处理，经劳动教养管理所批准，可以准假回家探望或处理的活动。放假、准假是劳动教养人员与罪犯在处遇上的明显差别之一。内容主要有：

1. 劳动教养人员在法定节假日就地休息。

2. 劳动教养人员在所执行劳动教养半年以上，表现好的，经劳动教养管理所批准，可以准假或放假回家探望。

3. 劳动教养人员直系亲属病危、死亡或者有其他特殊情况，需要本人亲自处理并有医疗单位的诊断证明和原单位或街道（乡、镇）的证明材料的，可以准假回家探望或处理。

4. 劳动教养人员有下列情形之一的，不予准假、放假外出：（1）因流窜作案被劳动教养的；（2）假期在外作案的；（3）患性病尚未治愈的；（4）因吸毒被劳动教养尚未戒除毒瘾的。对于曾被劳动教养或受过刑事处罚的劳动教养人员，劳动教养管理所应从严掌握。

5. 劳动教养人员放假、准假，一般一次不得超过五天（不含路途）。逾期不归的，劳动教养管理所应当采取强制措施令其归所，并给予纪律处分，一年以内不再放假、准假。

6. 放假、准假由大（中）队填写呈批表，报劳动教养管理所批准，并由管理部门签发《劳动教养人员准假证明》。

7. 对放假、准假的劳动教养人员，可以通知其亲属或有关单位人员接送，路费自理。

8. 省、自治区、直辖市司法厅（局）劳动教养工作管理局（处）根据治安形势的需要，有权作出暂时停止或限制劳动教养人员放假、准假的规定。

六、劳动教养人员的考核与奖惩

（一）劳动教养人员的考核

1. 考核的概念。劳动教养考核是指劳动教养管理所根据执行劳动教养和教育挽救工作的目标，对劳动教养人员的改造表现实行检测、评价的一种管理措施。考核是奖惩的前提和依据。

2. 考核的内容。《劳动教养试行办法》规定，"建立劳动教养人员的考核手册，记载他们遵守纪律制度、学习、劳动等现实表现"。对劳动教养人员的考核内容，主要是遵守纪律制度、学习、劳动三个方面，还应坚持经常性的生活卫生考核。

3. 考核的方式。包括五个环节，即日记载、周检查、月小结、半年评比、年终鉴定。

（二）劳动教养人员的奖惩

奖惩即奖励和惩罚，是根据劳动教养人员的所内表现，按照有关法规的规定，对劳动教养人员实行的鼓励措施或强制处分。

1. 奖惩的种类及条件

奖励的种类有五种，包括表扬、记功、物质奖励、减期和提前解除劳动教养。其中（累计）减少劳动教养期限和提前解除劳动教养所减少的劳动教养期限，一般不得超过原决定劳动教养期限的1/2。奖励的条件是：（1）一贯遵守纪律，努力学习，积极劳动，对所犯罪错确有悔改表现的；（2）一贯努力改造，并且帮助他人改造有显著成效的；（3）揭发和制止他人违法犯罪行为，经查明属实的；（4）在抢救国家财产，消除灾害事故中有贡献的劳动教养人员；（5）经常完成或超额完成生产任务的；（6）厉行节约，爱护公物有显著成效的；（7）在生产技术上有革新发明创造的；（8）有其他有利于国家和人民的突出事迹的。

惩罚的种类有三种，包括警告、记过和延长劳动教养期限。其中，延长劳动教养期限累计不得超过1年。惩罚的条件是：（1）散布腐化堕落思想，妨碍他人改造的；（2）不断抗拒教育挽救，经查证确属无理取闹的；（3）不断消极怠工，不服从指挥，抗拒劳动的；（4）拉帮结伙，打架斗殴，经常扰乱场所秩序的；（5）拉拢落后人员，打击积极改造人员的；（6）传授犯罪伎俩，或者教唆他人违法，情节较轻的；（7）逃跑、组织逃跑或逃跑作案情节较轻的；（8）有流氓、盗窃、诱骗等行为，情节较轻的；（9）造谣惑众，蓄意破坏或行凶报复情节较轻的；（10）有其他违法犯罪行为的。

2. 奖惩的批准权限

对劳动教养人员的表扬、记功、物质奖励、警告、记过，由劳动教养管理所批准。提前解除劳动教养、延长或减少劳动教养期限3个月以上的，应由劳动教养管理委员会批准或由其委托的劳动教养管理局审批。减少或延长劳动教养期限3个月以下（含3个月）的，也可由劳动教养管理委员会委托劳动教养管理所审批。

七、劳动教养人员的生活管理

劳动教养人员的生活管理主要是指劳动教养人员衣、食、住、行等方面的管理，其主要内容包括劳教人员起居管理、伙食管理、文体活动管理、被服管理和个人财务管理。

（一）生活设施管理

根据《劳动教养试行办法》和《劳动教养人员生活卫生管理办法》，劳动教养人员生活区应设有：宿舍、食堂、医院（或卫生所）、浴室、理发室、烧水房、小卖部、家属会见室、警察值班室、操场、晾晒场、宣传教育栏等。劳动教养人员的生活区应与生产区以及劳动教养工作人民警察、工人的生活区、办公区分开。

劳动教养人员宿舍区应设有寝室、洗漱室、厕所、储藏室、医务室、图书阅览室、文体活动室等。

劳动教养人员的宿舍面积平均每人不得少于3平方米，宿舍要坚固、防火、防潮，保证供电、供水、取暖或降温。室内要通风、明亮，设有床铺和必要的桌、凳和生活柜等设施。

教学楼内应设教室、教研室、图书室、阅览室、展览室、文体活动室以及电化教育室、演播室等。教室要通风、采光好、桌椅等设施齐全。

家属会见室要有桌、椅，可设劳动教养人员与其配偶同居室。

应建立生活设施维修、管理制度、定期检查、及时修缮。

（二）伙食管理

劳动教养人员的食堂应单独设置。应建立食堂卫生制度。司务长由劳动教养工作人民警察担任，允许劳动教养人员在司务长的领导下，通过一定形式参与食堂管理，但不准使用劳动教养人员充当采购员和管钱、管账、管库。

劳动教养学

1. 伙食标准

参照《在押罪犯伙食实物量标准》，劳教人员每月粮食供应不少于 20 公斤，蔬菜 18 公斤，肉类 1.5 公斤，副食品 1 公斤。各地在具体制定实施标准时，应考虑劳动教养人员的年龄、性别、民族等特点。确保劳动教养人员吃够标准，吃熟、吃热、吃得卫生。保证每个劳动教养人员每日摄取到足以维持身体健康的热量。

2. 伙食卫生管理

对厨房、餐厅、食具应定期进行卫生检查，实行监督，保持整洁卫生，切实防止传染病的传播和食物中毒的发生。炊事人员应定期进行健康检查，不符合健康标准的要立即调换。食堂的设备、设施应得到逐步改善，伙房要有足够的炊具和冷藏、保温设备，寒冷地区要设菜窖。严格对炊具的管理。严格对食物的验收、保管和日消耗登记，定期清理，防止霉烂变质，加强对饮用水卫生的管理，保证劳动教养人员饮用水的水质符合国家规定的卫生标准。

（三）被服管理

劳动教养人员的被服参照《在押罪犯被服实物量标准》执行，防止因被服缺少而冻伤、致病。建立被服财务和被服管理制度，经费的划拨，被服的制作、保管和发放，都应建立专账，由专职警察负责。

劳动教养场所设立劳动教养人员被服存放库房，建立被服存放和领取制度，由专人负责被服的发放工作，并防止丢失、受潮或失火等。

（四）起居管理

1. 作息时间管理

根据《劳动教养试行办法》，对劳动教养人员的教育时间每天不少于 3 小时，劳动时间一般每天不超过 6 小时，保证每天 8 小时睡眠时间，注意劳逸结合，节假日休息。

劳动教养人员起床、早操、洗漱、整理内务、就餐、学习、劳动、讲评、就寝等具体的作息时间应由劳动教养管理所结合本所具体实际加以严格规定。

劳动教养管理所应结合本所的生产任务、季节变化和天气情况等灵活掌握和适当调整，制定具体的劳动教养人员作息时间。

2. 起居秩序管理

劳动教养人民警察按有关规定到劳动教养人员的起居现场进行必要的管理工作。如：要求劳动教养人员清扫生活区、整理床铺、收拾衣柜等，并管理好劳动教养人员的打水打饭活动，保证他们能在规定的时间和场所有秩序地吃饭、喝水、休息。

（五）个人财物管理

1. 个人财物管理的内容

根据《劳动教养管理工作若干制度》的规定，"劳动教养人员个人所有的现金、票证、贵重物品和其他不宜个人保管的物品，由劳动教养管理所代为保管"。

2. 个人财物管理的制度

对劳动教养人员的财物管理应由所在大（中）队指定专人负责，并在《劳动教养人员财物管理登记簿》上登记，发给劳动教养人员本人收据，财物管理应做到账目清楚，手续齐全，严防损坏或丢失。损坏或丢失应照价赔偿。

3. 托管财物的处理

劳动教养人员离所时，其财物应按财物保管收据和《劳动教养人员财物管理登记簿》的登记逐一发还。劳动教养人员死亡的，所代管的财物应列入遗物一并处理。

（六）文体活动管理

劳动教养管理所应根据劳动教养人员的特点，因地制宜地开展形式多样、丰富多彩的文体活动，对文体活动的管理应做到有计划、有组织、有目的，有教育意义。劳动教养人员的文体活动可以由劳动教养人员自由组织，但有些集体活动需劳动教养工作人民警察亲临现场进行组织、指导，防止意外事件的发生。例如：举办运动会、进行队列训练、举办文艺节目等。

八、劳动教养人员的卫生管理

劳动教养人员的卫生管理的目的是预防和减少疾病，巩固和提高劳动教养人员的健康水平。劳动教养人员的卫生管理主要包括日常卫生管理和疾病预防与控制。

（一）劳动教养人员的医疗卫生制度

1. 个人卫生制度

根据《劳动教养人员生活卫生管理办法》，劳动教养管理所应建立劳动教养人员个人卫生制度，要求劳动教养人员养成良好的卫生习惯，并做到定期理发、洗澡、洗晒衣被，衣物清洁卫生，每天打扫卫生，整理内务，定期大扫除，勤剪指甲、勤换衣服，饭前便后洗手，睡前洗脚等。

2. 环境卫生制度

劳动教养管理所应建立环境卫生责任制，定期对劳动教养人员的学习、生活和工作环境进行打扫、检查。要求劳动教养人员保持环境卫生，不乱扔杂物，不随地吐痰和大小便，不在禁烟场所吸烟，并保持室内和公共场所的清洁卫生，做到宿舍区文明、整洁，实现劳动教养场所环境绿化、净化、美化的目标。

3. 体格检查制度

对劳动教养人员的体格检查由劳动教养管理所的医生进行，分为入所检查和定期检查。体格检查的内容包括：身体的基本情况、健康状况、有无性病、艾滋病及其他传染性疾病，有无吸毒史。体格检查应填写《体格检查表》，存入劳动教养人员个人档案。

4. 所内医疗制度

劳动教养管理所应健全医院、卫生所的管理制度和岗位责任制，保证医疗安全。劳动教养人员生病、受伤时，应首先由所在大队或中队的劳动教养工作人民警察带领，到所属医院或卫生所就诊医疗。劳动教养管理所的医生对劳动教养人员进行医疗后，应根据病情提出口头或书面建议，劳动教养人员所在大队或中队应根据医生的建议，对患病或受伤的劳动教养人员的生活、劳动给予适当照顾。

5. 所外就医制度

对伤病危重的劳动教养人员，如果劳动教养场所不具备治疗条件和能力的，经有关主管机关批准，可以所外就医，程序是：

（1）由劳动教养管理所医院（或卫生所）提出有关伤病危重的劳动教养人员需要所外就医的书面建议。

（2）劳动教养人员的家属或者原工作单位提出所外就医的书面申请并同意担保。

（3）劳动教养人员所在中队或大队根据本所医务部门有关所外就医的建议，填写所外就医呈批表，并提出具体意见，经劳动教养管理所审核同意，报主管劳动教养管理局批准。

（4）劳动教养管理所根据批准意见，办理所外就医手续，填写《劳动教养人员所外就医证明》，通知担保人将所外就医的劳动教养人员领出，并通知当地公安派出所。

劳动教养管理所应定期派人检查，了解所外就医劳动教养人员的病情、治疗情况和表现，对病愈或者重新违法的所外就医劳动教养人员经原审批机关批准，应及时将其收回劳动教养管理所，继续执行剩余的劳动教养期限。

（二）劳动教养管理场所传染性疾病的预防与控制

根据《传染病防治法》，法定传染病分为甲、乙、丙三类，其中劳动教养人员中结核病、性病、艾滋病、肝炎等传染病疫情比较严重。劳动教养管理场所应加强对传染性疾病的预防与控制工作，防止所内传播，维护劳动教养人民警察和劳动教养人员的身体健康。

1. 传染性疾病的预防与宣传教育

劳动教养管理所对劳动教养人员进行传染性疾病知识的宣传。宣传的重点应放在一般知识、传播途径、危害、预防措施及相关法律法规等方面。宣传的方式方法应灵活、适用，有针对性。可以开展专题讲座，集体研讨，利用广播和报栏，发放有关知识小手册、宣传画片、宣传日历卡等形式进行传染性疾病的宣传工作。有条件的劳动教养场所可以把宣传传染性疾病的知识列为卫生知识教育的内容，开设专门的课程。

2. 传染性疾病的筛查

劳动教养管理所的医院或卫生所应根据本单位实际情况，设立传染性疾病的防治机构并承担筛查任务，必要时可以请当地有关专业防治机构协助。筛查的方法有询问筛查、体检筛查、实验室筛查。劳动教养管理所医院（或卫生所）对劳动教养人员进行筛查后，应填写传染病报告卡，并按照《传染病防治法》的规定，将患有传染病的劳动教养人员或疑似者在卫生行政部门规定的时限内，及时向当地卫生防疫机构报告。

3. 传染性疾病的治疗

发现患有传染性疾病的劳动教养人员时，应及时隔离治疗，病情严重的应及时办理所外就医。治疗时应有完整的门诊病历、住院病例、检查记录、追踪观察记录和传染性疾病报告卡等。治疗原则包括诊断准确，治疗及时，用药适量，疗程规范，追踪观察。治疗后，必须进行追踪观察，防止复发。发现复发后，应及时采取措施。

（三）突发性公共卫生事件的预防与控制

根据《突发公共卫生事件应急条例》，突发公共卫生事件是指突然发生，造成或者可能造成社会公众健康严重损害的重大传染病疫情、群体性不明原因疾病、重大食物和职业中毒以及其他严重影响公众健康的事件。

1. 劳动教养管理场所突发性公共卫生事件三级预防

加强对劳动教养管理场所的警察和劳动教养人员的健康教育，以促进和提高整个劳动教养管理场所人群的健康意识和安全意识，是控制突发性公共卫生事件的先导，是从源头预防控制事件发生的重要措施。

（1）一级预防。一级预防又称病因预防，即采取有效措施消除危险因素、消除诱因。

（2）二级预防。指公共卫生事件发生初期的早发现、早应急、早处理和早控制，将突发事件控制在萌芽状态，阻止蔓延。

（3）三级预防。是指突发性公共卫生事件发生后，给伤残者提供及时、有效的治疗措施，防止疾病恶化、中毒、环境污染等突发公共卫生事件。

2. 劳动教养管理场所突发性公共卫生事件应急预案

在重大突发事件下，劳动教养管理场所如果按其日常工作方法及能力很难有效应对处理，需要临时打破常规，调集各方面的资源合理力量共同参与防治。要在短时间内有条不紊地做到有效防治，劳动教养管理所就必须制定好各种预案，包括重大传染病疫情处理工作预案、中毒事件控制预案、劳动教养管理场所发生突发性公共卫生事件时的防暴预案等，并在平时做好人员、物质储备及相应演练，做到有备无患。

3. 劳动教养管理场所突发性公共卫生事件的控制

劳动教养管理场所发生突发性公共卫生事件以后，应立即启动相应预案，并做好以下各项工作：

（1）突发事件的报告

劳动教养管理所发生突发性公共卫生事件，要按照规定，以最快方式向当地有关机构报告，同时逐级上报，直至司法部劳动教养管理局。不得瞒报、漏报、缓报、谎报。

（2）组建应急领导机构

劳动教养管理所成立应急处理工作领导小组，做好组织协调工作，负责对突发事件的部署、检查、指导和处置工作。领导小组下设办公室、通讯联络组、医疗卫生组、处置指导组、后勤保障组等。

（3）事件现场及疫源地控制

对中毒、污染现场，应立即与当地有关部门取得联系，争取支援。立即救治病人，对所有可能接触了毒物的人员进行预防性治疗和医学观察，立即封存可疑物品，送有关部门化验分析，控制污染源。

同时要及时了解掌握劳动教养人员的思想动态，消除劳动教养人员因此而出现的不良情绪，保持劳动教养管理场所秩序的稳定。如发生劳动教养人员借疫情之机滋生事端、发生骚乱的情况，各地要立即启动防暴预案，及时、果断、有效地进行处置和打击，防止事态扩大。

九、劳动教养人员的档案管理

劳动教养人员的档案，是指劳动教养管理所在教育挽救劳动教养人员的过程中，按照一定的程序和方法，收集、整理、保管的对劳动教养人员执行劳动教养的法律依据、文件和劳动教养人员在劳教期间形成的具有存查、利用价值的材料所组成的系统资料。

（一）劳动教养人员档案的内容

劳动教养人员档案的内容主要包括正卷和副卷两种。正卷有《劳动教养决定书》、《劳动教养通知书》、《劳动教养人员登记表》（含照片和指纹）、《劳动教养综合结案材料》、《劳动教养人员死亡鉴定》、《解除劳动教养证明书》（副页）、《解除劳动教养鉴定表》以及《撤销劳动教养决定书》、人民法院的行政诉讼裁定、判决书等。副卷有《劳动教养所外执行呈批表》、《劳动教养所外就医呈批表》、《劳动教养人员奖惩呈批表》以及考核、评比、总结、鉴定、坦白检举等材料。

（二）劳动教养人员档案的管理

劳动教养人员档案由劳动教养管理所的管理部门或专门档案室和大（中）队专人管理。正卷由劳动教养管理所管理，副卷由大（中）队管理。劳动教养人员解除劳动教养、撤销劳动教养或死亡后，档案正卷和副卷应合并整理后由劳动教养管理所统一保管。

劳动教养人员档案的管理主要包括六个环节，即劳动教养人员档案的收集、整理、鉴定、保管、借阅和统计、提供利用。

第三节　劳动教养场所的安全防范

劳动教养场所的安全防范是指劳动教养管理所通过建立和健全规章制度，以科学、规范、文明的管理措施，防止各类安全事故发生，确保劳教场所的安全稳定。

安全防范工作的主要目标是保证劳教场所内不发生影响本地乃至全国的集体逃跑、骚乱、伤亡事件，不发生爆炸、火灾等重大特大生产事故，不发生劳动教养人民警察打骂体罚虐待劳教人员致死事件；防止社会上的不法人员蓄意对劳动教养管理所实施的攻击和破坏活动，维护劳动教养管理所的安全稳定。

一、警戒护卫组织

（一）警戒护卫组织的作用

警戒护卫，是指由护卫警力负责实施的劳动教养场所警戒活动。它是保证劳动教养场所与社会实行一定的隔离，震慑、预防和制止所内劳动教养人员或社会上的违法犯罪活动，确保劳动教养场所安全和稳定的管理活动。警戒护卫组织是担负劳动教养场所警戒的职能部门及其护卫警力。

（二）警戒机构的职责和警戒的任务

1. 警戒机构的职责。根据《关于加强劳动教养场所警戒工作的暂行办法》，劳动教养管理所应建立警戒科，警戒科可下设若干队或小组。警戒机构的职责：（1）坚决执行上级的命令、指示，认真贯彻警戒工作的有关规定，领导警戒执勤人员完成执勤任务；（2）要熟悉本所的各项警戒任务，了解、研究目标情况和附近敌情、社情及地形情况，拟定执勤方案，并组织实施；（3）组织各警戒队或小组进行警戒执勤业务训练，不断提高警戒执勤人员的警戒护卫执勤水平和能力；（4）经常检查警戒执勤人员履行职责和遵守守则的情况，及时发现和处理警戒执勤中的问题；（5）对执勤人员进行政策、法制、纪律和敌情、社情教育，增强警戒执勤人员的法纪观念，做好日常的思想政治工作，保证警戒执勤劳动教养人民警察团结一致，完成各项执勤任务。

2. 警戒的任务。警戒的任务是：（1）坚守门卫，巡逻放哨，防御外部坏人的捣乱、袭击和破坏，迅速制止劳动教养人员闹事、逃跑和负责追逃，负责维护劳动教养场所的秩序和安全；（2）护送成批出动的劳动教养人员，配合做好成批劳动教养人员的转移、集会、出工、收工等护送工作；（3）维护劳动教养人员大型活动的现场秩序；（4）制定应对突发事件的预案并在事件发生时迅速行动；（5）了解和掌握重点劳动教养人员的思想动态和场所周围敌、社情，做到心中有数，及早防范；（6）同当地公安机关、治保组织和邻近单位开展联防。

（三）警戒勤务中特殊情况的处置

司法部劳动教养管理局制定的《劳动教养管理所警戒勤务实施细则》中，对警戒勤务中的几种特殊情况规定了处置方法和要求：

1. 劳动教养人员向执勤人员寻衅滋事时，应予以制止，对情节恶劣的，报告管教警察处理。

2. 发现劳动教养人员打架斗殴时，应劝阻制止，同时报告管教警察。

3. 发现劳动教养人员逃跑时，应予以制止，并迅速报告。必要时可派出警力协助管教警察追寻。

4. 劳动教养人员聚众闹事时，应派出警力，控制出事地点。协助管教警察宣传党的政策，予以制止。对不听制止的为首分子，应予以抓获，交管教部门处理。

5. 遇有劳动教养人员行凶、抢劫、强奸等犯罪活动时，应坚决制止，予以抓获，交管教部门处理。

6. 外部人员袭击警戒目标时，要坚决阻击，迅速报告。同时，严密控制劳动教养人员，防止其乘机闹事。

7. 在执勤过程中，遇有劳动教养人员行凶、抢夺执勤人员的武器或威胁执勤人员生命安全，采取其他措施不能制止，需使用武器时，应按《中华人民共和国人民警察使用警械和武器条例》的规定执行。

二、安全管理措施

（一）安全检查

安全检查是指为了确保劳动教养场所安全，对劳动教养人员的学习、生活、劳动三大现场和场所警戒设施及有关物品进行检查的安全管理措施。主要包括以下五种措施：

1. 外围检查。主要检查劳动教养管理所外围墙、大门、警戒地段和照明设施等；

2. 生产区检查。主要检查劳动教养管理所生产区内生产工具库房、特殊生产用品（如炸药、雷管、剧毒农药等）、工具箱、更衣室；

3. 学习生活区检查。主要检查劳动教养人员的宿舍和教室内有无违禁品和危险品；

4. 人身检查。主要包括对收容入所的劳动教养人员进行入所安全检查，对劳动教养人员出工前、收工时进行适当的安全检查，对重点对象进行安全检查；

5. 重点部位检查。主要包括禁闭室检查、重要地段检查、重要场所检查。

在安全检查的过程中，通过上述五项措施，一方面可以检查有关制度落实情况；另一方面能够及时发现不安全因素，消除隐患，堵塞漏洞，切实维护劳动教养管理所的安全。

（二）戒具及警械的使用

1. 戒具。戒具是指劳教人民警察在执行公务时，对具有危险性行为的违法犯罪人员使用的预防性警戒用具。在劳动教养管理所主要是指手铐。

劳动教养人员有下列情形之一的，可以使用戒具：（1）有强行逃跑、行凶或其他暴力性现行危险被禁闭的；（2）有破坏场所设施或其他国家财产行为被禁闭的；（3）在执行禁闭中表现恶劣的。

对劳动教养人员使用戒具，只限手铐。严禁使用背铐、"手脚连铐"和将人固定在物体上。

对劳动教养人员使用戒具，是一项严肃的执法活动，必须按规定程序办理手续。应由中队填写呈批表，经所管理部门审核，报所主管领导批准后使用。特殊情况下可先使用戒具，并在24小时内办理呈批手续。连续使用戒具不得超过7天。使用戒具应防止造成劳动教养人员人身伤残。停止使用戒具时，劳动教养人民警察应在使用戒具呈批表上签名并注明日期。

2. 警械。警械是指劳教人民警察在执行公务时，按照法律法规或其他有关规定配发和使用的专业器械。在劳动教养管理所主要是指警棍。

劳动教养人民警察在执行公务中，遇有下列情节之一，可以使用警棍：

（1）追截逃跑劳动教养人员，遇到抵抗时；（2）处理劳动教养人员行凶、聚众闹事、结伙斗殴、暴动骚乱等事件，警告无效时；（3）受到劳动教养人员暴力袭击，需要自卫时。

在使用警棍制止违法犯罪行为时，应以制服对方为限度，避免造成不必要的伤害。对老、弱、病、残以及未成年和女劳动教养人员，一般不得使用警棍。

（三）禁闭

禁闭是指劳动教养管理所依法对具有危险行为的劳动教养人员采取的临时性完全限制其人身自由的特殊安全管理措施。

1. 禁闭的七种情形。在劳动教养管理所，禁闭措施只能适用于行凶、煽动闹事或有其他现行危险行为的劳动教养人员。劳动教养人员有下列情形之一的，应当采取禁闭措施：（1）在劳动教养管理所内有现行违法犯罪行为，需移送公安、检察机关审查处理的；（2）在劳动教养管理所内有重新违法犯罪活动，需要隔离审查的；（3）逃跑被追回，有作案嫌疑需要审查的；（4）有行凶或预谋行凶行为的；（5）煽动闹事，聚众斗殴的首要分子；（6）多次逃跑或组织煽动逃跑，情节恶劣的；（7）有其他现行危险行为的。此外，如有重大犯罪嫌疑，公安、检察机关通知劳动教养机关羁押的，也可临时采取禁闭措施，予以隔离。

2. 禁闭的呈报和审批。对劳动教养人员采取禁闭措施，由中队填写禁闭呈批表，报劳动教养管理所批准。在紧急情况下，可以先采取禁闭措施，并在 24 小时内办理呈批手续。禁闭时间不得超过 10 天。

3. 对被禁闭劳动教养人员的管理。对被禁闭的劳动教养人员应进行人身和物品检查，严禁将危险品带入禁闭室，因同案被禁闭的，必须分开禁闭。对被禁闭的劳动教养人员应当抓紧审查和教育疏导，问题已经查清、现行危险消除的，应及时解除禁闭，检察机关已经批准逮捕的，应及时将犯罪嫌疑人转送看守所。对被禁闭的劳动教养人员应当实行文明管理，室外活动每日不少于一小时，应按规定标准供应饭菜和饮用开水，保持室内卫生，对疾病患者应及时给予治疗。被禁闭人提出的申诉、控告等材料，应及时转送，不得扣压。

禁闭室应由劳动教养人民警察直接管理，经常进行安全检查，发现问题及时处理。接触或询问被禁闭人，需经所领导批准，并严格履行登记手续。被禁闭人解除禁闭时，应由所在中队的劳动教养人民警察带回，承办人应在禁闭呈批表上签字，注明解除日期。

三、各类事故的防范控制措施

（一）劳动教养人员所内作案的防范

劳动教养人员所内作案，是指劳动教养人员在劳动教养管理所内实施的破坏教育改造秩序和生产秩序，危害场所稳定和他人人身安全的现行违法犯罪行为。

劳动教养人员所内作案按性质和危害程度分为两类，即所内违法案件和所内犯罪案件。

劳动教养人员所内作案的防范控制应以预防为主，强化管理基础工作，保证管理制度和措施的有效落实。在日常管理中应严密防范，突出打击重点，发挥科技手段的监控作用，及时发现带有倾向性的问题，化解矛盾，将事故消灭在萌芽状态。

（二）劳动教养人员逃跑的防范

劳动教养人员逃跑类型可分为预谋性逃跑和偶发性逃跑、结伙逃跑和单人逃跑、公开式逃跑和隐蔽式逃跑等。

劳动教养人员逃跑的防范可以通过制定并落实各项规章制度；严密组织和控制劳动教养人员的各项活动；完善安全警戒设施；做好劳动教养人员思想动态分析和重点人员的摸底排查工作，落实各项监控措施；减少和控制从事零星分散劳动的劳动教养人员人数；开展安全检查工作等措施，加强对劳动教养人员的日常管理等措施，来防止劳动教养人员逃跑事故的发生。

（三）劳动教养人员非正常死亡的防范

劳动教养人员非正常死亡，是指劳动教养人员由于自身或外部非正常因素造成的生命终止。在劳动教养管理实践中，劳动教养人员非正常死亡主要有因自然灾害事故造成的死亡；因生产安全事故造成的死亡；因暴乱、行凶杀人案件造成的死亡；因自杀造成的死亡；因警察严重违法乱纪致劳动教养人员的死亡；因医疗事故造成的死亡。在这里着重强调劳动教养人员自杀的防范。

防范劳动教养人员自杀死亡，首先，劳动教养管理所应在严格管理的前提下，充分发挥信息员的作用，及时发现有自杀倾向的劳动教养人员，采取包夹监控等措施，防范自杀事件的发生。其次，加大教育疏导的力度，在解决劳动教养人员思想问题的同时，也要帮他们解决实际困难。善于利用劳动教养人员亲属的力量，共同做好帮教工作。最后，要加强防护和监控设施，增强科学技术含量，充分发挥技防的作用。有条件的劳动教养管理所可以采用现代心理科学技术手段，做好心理矫治工作。

（四）重大生产安全事故的防范

重大生产安全事故，是指在劳动教养生产区域内发生的与生产安全有关的人身伤亡事故。根据有关规定，列为重大生产安全事故的标准是，在事故中造成3人以上的人员伤亡及重大财产损失。

重大生产安全事故的防范控制措施。主要有：（1）加强生产安全制度建设，实现安全管理的规范化；（2）加强生产安全管理组织建设，按有关规定充实安全管理人员；（3）加强生产安全教育，强化安全技术培训工作；（4）加强生产项目管理；（5）强化生产现场安全管理工作；（6）开展安全生产大检查。

四、重大事件报告制度

根据有关规定，在劳动教养管理工作中，遇有下列重大情况之一的，应当及时电话上报上级主管机关直至司法部劳动教养管理局，并认真调查处理，写出书面专题报告：

①劳动教养人员暴乱、行凶杀人、聚众闹事等重大案件。

②劳动教养人员中发生3人以上（含3人）集体逃跑、重大疫情、中毒、爆炸、伤亡等重大事故。

③劳动教养人民警察严重违法乱纪致劳动教养人员死亡、重伤、致残的案件。

④冲击劳动教养场所、劫持劳动教养人员事件。

⑤与所外单位、群众发生重大纠纷事件。

⑥其他重大紧急事件。

五、突发事件的处置

（一）冲击劳教场所的应急处置

冲击劳教场所的应急处置，是指劳动教养场所应对外部人员攻击、破坏劳教场所时所采取的紧急手段和处理措施。通常的应急处置措施有：

1. 派出警力，及时控制。发生冲击劳教场所事件，应立即派出警力，控制出事地点，坚决阻击，防止外部人员冲入劳教场所。

2. 分清性质，区别对待。在及时控制现场后，要调查了解事件的性质，根据不同的性质，采取不同的措施。对外部某些人员蓄意制造骚乱，以达到扰乱、袭击和破坏场所秩序为目的的，要及时通知当地公安机关，严惩首要分子。对因劳教场所与当地群众存在的纠纷问题引发的，要正面引导，做好解释工作，消除群众的对立情绪。

3. 严密控制，确保安全。对外部人员冲击劳教场所时，要加强场所内的警力布控，严密控制场所内劳动教养人员，防止他们乘机闹事，确保场所内的安全稳定。

4. 加强沟通，协商解决。劳教场所要及时与当地政府、公安机关等有关部门通报情况，请求予以协助。在协商一致的基础上，妥善解决矛盾，防止事态扩大。

（二）所内骚乱的应急处置

所内骚乱，是指劳动教养人员为实现某种不正当要求或某种不正当要求被抑制时引发或蓄意发动的聚众哄闹、骚乱、捣乱、破坏等违法犯罪活动。它严重破坏场所稳定，并危及国家财产和他人生命安全。必须采取有力措施，予以果断处置。通常的应急处置措施有：

1. 准确判断，及时报告。当劳动教养人民警察发现骚乱的可疑迹象时，应及时报告，同时就近调集警力，迅速赶赴现场。

2. 封锁现场，加强警戒。要按照应急预案，迅速封锁大门和所有的通道，并严密控制现场外围，后续警力要迅速支援。如果骚乱事件发生在劳动现场，带队劳动教养人民警察应立即占领有利地形或制高点，发出警告，严密监视劳动教养人员的行动，坚守待援。

3. 正面引导，稳定情绪。对因工作失误或劳动教养人员的合理要求未能满足而引发的骚乱，场所主管领导应出面做工作，消除对立情绪，并命令劳动教养人员小组长将本组人员带到指定地点，等候指示。对因个别抗拒改造的劳动教养人员蓄意制造的骚乱，要及时揭露其阴谋，规劝其他劳动教养人员停止骚乱，不要上当受骗。

4. 查清事实，严肃惩处。在处置过程中，要收集证据，查清事实，分清主次，区别对待。对一般参与者要以教育为主；对不听规劝者要命令其停止不法活动，必要时可采用强制手段将其制服；对事件的策划者、煽动者、组织者，待事件平息后，要依法严惩。

（三）凶杀事件的应急处置

凶杀事件的应急处置，是指劳动教养场所对劳动教养人员突然实施的行凶杀人案件所采取的紧急手段和处理措施。通常的应急处置措施有：

1. 及时报警，控制现场。发生所内凶杀事件，要立即报告，并组织警力赶赴现场，严密控制现场，包围并监视行凶劳动教养人员的行动。

2. 发出警告，迫其投降。在控制现场的同时，严厉警告其放下凶器，停止犯罪行为，当警告无效时，可按规定使用警械和武器。

3. 突入现场，制服凶手。当劳动教养人员正在行凶，尚未造成严重后果时，应立即突入现场，用强制手段将其制服、擒获。

4. 救治伤员，严惩凶手。事件平息后，如有人员伤亡，要迅速组织力量救治伤员，处理死亡人员，并依法严惩凶手。

【延伸阅读】

办好劳动教养人员食堂"六字"诀

劳动教养人员的伙食搞得如何，是劳动教养场所改造秩序安全与稳定的重要因素。

当前，在劳动教养人员伙食费标准偏低、物价波动大，伙食改善难的情况下，办好劳动教养人员食堂，有以下六点应当把握：

1. "严"。严格贯彻落实劳动教养人员实物量标准是办好劳动教养人员食堂的重要环节。

建立健全劳动教养人员食堂各项管理制度，严格贯彻落实劳动教养人员实物量标准，不克扣、挪用、侵吞劳动教养人员的粮食、伙食费及其他财物。这是办好劳动教养人员食堂的重要环节。同时，挑选责任心强，素质好的民警担任司务长，加强对食堂工作的管理。

2. "洁"。保持餐炊具清洁是办好劳动教养人员食堂的基本保证。

劳动教养食堂餐炊具的清洁卫生是劳动教养人员健康的保证。要把好清洗、杀菌、贮藏三道"防线"，保持餐炊具的清洁；严格炊事人员上岗标准。

从严把好食堂采购、加工、分发三个环节，坚持做到不卫生的食品不要、拣不净的不洗、洗不净的不切、切不好的不烧、烧不符合要求不分发的原则。环环紧扣、道道把关，防止病从口入和食物中毒事故的发生。

3. "剂"。搭配调剂是办好劳动教养人员食堂的重要内容。

"人无我有，人有我多，人多我精"，粗菜细做、细菜精做、一菜多做，切实有效地搞好米面主副食品、荤素菜肴和精粗的搭配调剂。色、香、味齐全，花色品种不断翻新，是办好劳动教养食堂所要追求的最佳境地。此外，还应讲究科学的配膳，把党和政府对劳动教养人员的关心和温暖，送到劳动教养人员的心坎上。

4. "节"。开源节流是办好劳动教养人员食堂的根本。

常言道："开源节流，细水长流事业兴，变废为宝，增收节支是根本。"要办好劳动教养人员食堂，必须大力发展劳动教养食堂的自种、自养、自加工，提高蔬菜、肉食品自给率，增加产品的附加值。

同时，还要深入抓好降低能耗的节电、节煤、节水等工作，减少浪费，提高效率。

5. "廉"。价廉物美是办好劳动教养人员食堂的有效手段。

坚持价廉物美的指导思想，严守质量关，把好物资采购环节，实行集体定价

劳动教养学

的公开采购制度。及时掌握市场信息，多渠道进货，努力争取出厂价、批发价、优惠价，同时还应注意季节差价。少花钱多办事，办实事，把有限的资金用在劳动教养人员伙食改善的刀刃上。

6."明"。明了账物是办好劳动教养人员食堂的重要途径。

明了账物，劳动教养人员食堂账目应日清月结，来去清楚，账物相一致，并坚持每月定期公布，让全体劳动教养人员了解伙食费和物资的使用情况，主动接受劳动教养人员的监督。

要做到先算后吃，月有计划，周有安排，略有结余，以备急需。

要明了监督制约机制，建立健全劳动教养人员伙食管理委员会。

第十二章　劳动教养人员的教育

【案例导入】

某劳教所各大队接到教育科通知，11 月要对全体劳动教养人员集中进行人生观教育，教学内容：（1）人生观概念；（2）人生的价值；（3）人生观与犯罪；（4）劳动教养人员如何树立正确的人生观。教学时间 1 个月，不少于 40 课时，请各大队根据上述通知精神，制订教学计划，落实教员，并采用多种教学形式，确保教学质量。并于 12 月 5 日前，将教学计划、教学总结、考试成绩一并上报教育科。

二大队接到上述通知后，立即召开队务会议，研究、部署本大队人生观教学。队务会议研究决定，由教育干事制订教学计划，由教导员落实教员，由内勤编制班组，选配好班组长；采用何种教学形式、教学方法由教育干事提出教学方案后再定；教学时间，每周安排 10 课时，其中每周一、三、五晚上各 2 课时，周六上午 4 课时；教学总结由教育干事撰写。

制订教学计划，落实教员，编制班组，确立教学时间、教学途径，直至教学总结的整个过程，这些都属于劳动教养人员的教育。

第一节　劳动教养人员教育的性质、作用和原则

一、劳动教养人员教育的概念

（一）教育的概念

教育，是一种社会现象，它随着人类社会的历史进程而产生与发展，担负着人类文化传播、继承和发展等重要职能，是人类社会存在与发展的重要前提；教育，也是人类特有的有意识的社会实践活动，它起源于人类生产劳动和社会生活的需要，对社会政治、经济和科学技术的发展有着重要作用。

教育的概念有广义与狭义之分。广义的教育，泛指一切增进人的知识、技能，影响人生理、心理的健康发展，促进人格完善和改善社会关系的活动。狭义的教育，是指社会通过专门设置的教育机构，有目的、有计划、有组织地对受教

劳
动
教
养
学

育者的身心施加积极的影响，把他们培养成为社会所需要的人的活动。由于这种专门设置的教育机构是各级各类学校，因此，狭义的教育主要是指学校教育。

（二）劳动教养人员教育的概念

劳动教养人员教育是指劳动教养管理所依据国家有关法律、法规和政策，以特定的教育形式、内容和方法，矫正劳动教养人员的不良思想品德和行为习惯，将其教育成为遵纪守法公民的各项活动的总和。它有广义和狭义之分。广义的劳动教养人员教育包括劳动教养管理所对劳动教养人员所实施的所有有目的、有计划、有组织的系统影响活动，如实施各种奖惩措施、依法严格管理、军事化行为训练、组织习艺性劳动生产等。狭义上的劳动教养人员教育是指劳动教养管理所对劳动教养人员实施的政治思想、文化知识、职业技能、文化知识及习艺劳动等教育。本章的劳动教养人员教育是狭义上的含义。

二、劳动教养人员教育的性质

劳动教养人员的教育是体现教育矫治目的与要求的特殊教育形式，这种特殊在其法律地位上主要表现为行政性、强制性和矫正教育性三方面。

（一）劳动教养人员教育是一种特殊教育

劳动教养人员教育与社会上普通学校教育相比较，有其明显的特殊性：

1. 教育目的和对象的特殊性。劳动教养制度是我国为预防违法犯罪和教育矫治违法者而设立的一种特殊性保护教育处分，其教育目的在于转化思想、矫治恶习，并传授一定的文化知识和劳动技能，使劳动教养对象树立正确的思想、道德和法制观念，提高他们明辨是非、美丑、善恶的能力，最终使其成为遵纪守法的公民，减少和预防重新违法犯罪。这种教育的对象是思想混杂、文化素质普遍较低且有一定违法和轻微犯罪行为的人，他们对教育工作往往有较强的抵触情绪，具有多方面的消极因素和现实的破坏性；而社会上普通学校教育以培养德、智、体、美、劳全面发展的合格人才为目的，对象是符合国家教育条件或招生条件、有受教育义务的适龄青少年或其他公民。

2. 教育机构及其组织形式的特殊性。劳动教养人员教育的机构是省、直辖市、自治区人民政府和大中城市人民政府根据需要设立的劳动教养场所，对需要劳动教养的人由该地区或级别的人民政府依法成立的劳动教养管理委员会审查批准，并由劳动教养机关收容执行，在依法限制其人身自由的条件下，通过强制性的教育影响，实现教育矫治的工作目标。而社会上普通学校教育的机构是受教育部门领导和管理的各级各类学校，对受教育者通过各种入学资格审查后录取，实行开放或半开放形式的教育，其基本组织形式是班级授课制。

3. 教育任务、内容与要求的特殊性。劳动教养人员教育的任务是，通过多种教育形式和实践活动，使劳动教养人员转化思想、矫正恶习，使其成为守法公民和自食其力的劳动者；其教育内容不具有序列性和递进性，而是具有明显的填补性，具体表现在：一方面，针对劳动教养人员普遍存在的错误的思想道德观念和浅薄的法律知识，而着力加强思想、道德、法制教育，以解决他们思想观念、道德品质、守法意识上的问题；另一方面，针对不同层次的劳动教员人员进行不同层次的文化基础知识的补充，并通过有针对性的职业技能教育使其掌握一技之长，提高其谋生的本领。所以，教育内容以政治思想教育为核心，以职业技术教育为重点，辅之以文化教育；要求是坚持教育的法定性、方向性和适应性，重在教育，着眼于挽救。而社会上普通学校教育的任务则是依据教育法律，深入贯彻党的教育方针，坚持德、智、体、美、劳全面发展的综合素质教育，培养有社会主义觉悟、有文化的建设者和接班人。教育内容以现代科学技术为主，通过全面培养和考核选拔，培养面向世界、面向现代化、面向未来的综合性人才。

4. 教育过程、手段和方法的特殊性。劳动教养人员的教育过程以劳动教养确定期限为依据，并以此划分为入所教育、常规教育和出所教育三个主要阶段，坚持共同教育、分类教育、个别教育、辅助教育和社会帮教相结合的形式与方法，通过思想教育、劳动锻炼、心理矫治、行为养成等手段，进行教育矫治。另外，由于劳动教养人员的劳教教养期限、活动范围和本身参差不齐的年龄、文化素质，其教育、教学组织形式和方法、学制、课时等具有极大的灵活性，因时因地制宜特征明显。而社会上普通学校教育则根据社会需要、教育内容和受教育者的特点规定学制，进行基本学历教育、职业技术教育或其他类型的教育，教育方法以课堂教学为主。辅之以实习、参观、实践、远程教育等。

5. 教育质量检验标准的特殊性。劳动教养人员教育由国家法律规定劳动教养机关履行职责和劳动教养人员履行义务的标准，并受三个因素制约，即劳动教养人员主观恶习程度、教育影响的一致性与连贯性、国家综合治理政策及其实践水平。在劳动教养场所内的教育质量检验标准主要是转化率、文化教育达标率、技术教育获证率等；在劳动教养人员解除劳动教养回归社会后的教育质量检验标准主要是 3 至 5 年内的重新违法犯罪率。而社会上普通学校教育的教育质量检验准则以毕业率、就业率和升学率等为标准。

（二）劳动教养人员教育是一种强制性教育

劳动教养教育的外在形式具有强制性规范要求，实现劳动教养人员思想转化也需要有一个由强制到自觉的过程。对劳动教养人员的教育，是依据国家劳动教养法规，以国家的强制力为后盾，在限制他们一定人身自由的条件下强制实施的，它既是一项特殊教育，又是一项严肃的执法活动。对劳动教养管理所来说，一方面要做深入细致的思想教育工作，积极开展各种形式的教育活动，不断地提

劳动教养学

高教育挽救质量；另一方面要严格执法，要在严格的所规所纪、严明的奖惩的环境下实施教育，不管劳动教养人员主观上是否愿意都必须无条件接受，对少数抗拒教育挽救的劳动教养人员还要依法严肃处理。教育的强制性是对劳动教养人员实施教育挽救的重要特征。但是，就教育本身的属性来说，无论转化他们的思想，还是传授知识技能，都必须通过他们自己精神领域的主观活动才能起作用。因此，劳动教养人员的教育更要讲究教育的艺术和方法，既要充分发挥强制性教育的主导作用，又要想方设法消除劳动教养人员的对立情绪，充分调动他们接受教育的自觉性和自我教育的主动性。

（三）劳动教养人员教育是一种矫治教育

在对劳动教养人员的教育中，他们的错误思想认识和恶习会多次复发或此消彼长，新的科学认识和正确的行为习惯需要在反复的教导、熏陶和训练过程中才能得以确立，所以劳动教养人员的教育实质上是一种反复教导和训练下的矫治。这是因为，一方面，劳动教养人员每一个正确认识的确立、每一项正确行为的养成、精神世界的每一次重新塑造都需要经过反复的思想斗争、实践检验和心理体验，才能最终内化为坚定的意志和稳定的行为习惯；另一方面，劳动教养人员的思想行为经常受到多方面消极因素的刺激和影响，当外部积极要素占据支配地位的时候，他们的思想行为就朝着符合法律和道德规范要求的健康方向发展，否则，他们就会旧态复发，导致倒退和反复。因此，对劳动教养人员的教育是一个艰苦的矫治过程。

三、劳动教养人员教育的作用

1982年1月，中共中央《关于加强政法工作的指示》提出："劳教工作必须坚决实行教育、感化、挽救的方针，着眼于挽救。"这个方针的实质表明，教育人、挽救人既是劳动教养的出发点，又是劳动教养的根本目的。因此，劳动教养所的一切工作，无论是管理还是生产劳动，都必须围绕教育人、挽救人这个中心来进行。劳动教养人员的教育是整个劳动教养工作的一项基本活动，它贯穿于劳动教养工作的全过程和各个方面，在教育挽救劳动教养人员诸手段中居于特殊地位，起着主导作用，是实现劳动教养工作目的的重要措施。其作用主要表现为：

（一）矫正罪错

劳动教养人员都是有违法或轻微犯罪行为，这些人大都具有一定的主观恶习和社会危害性，把他们收容起来在严格的管理下进行强制性的教育，通过劳教人民警察严格的管理和细致的教育矫治工作，使其明确改恶从善的方向，以便重新适应社会生活，避免重蹈覆辙，重新走向违法犯罪的道路。因此，劳动教养人员的教育是为了化消极因素为积极因素，对于预防和减少犯罪、维护社会治安起到了实质性的作用，具有个别预防和社会防卫的功能。

（二）养成良好道德品质

一个人的道德行为习惯是在生活、教育和劳动中经过反复练习、实践和合作交往过程中逐步形成的。劳动教养管理所一直将转化和矫正劳动教养人员的恶劣品行作为教育工作的重点，从培养道德行为和习惯入手，通过灌输伦理道德知识，加强道德意志的锻炼，反复进行道德行为训练，破除他们贪图享乐、自私自利、损人利己和无政府主义等错误思想观念，使劳动教养人员树立正确的世界观、人生观、价值观和社会主义道德观念，逐步养成良好的道德品质。

（三）增强法制观念

劳动教养管理所通过法制教育，对劳动教养人员系统全面地讲授法律基础知识，使其了解公民具有的权利和应该履行的义务，使其认识到其违法行为的危害性，破除他们头脑中存在的违法犯罪思想，帮助他们树立法制观念和遵纪守法意识。

（四）丰富科学文化知识

劳动教养管理所根据劳动教养人员的不同文化素质开展有针对性的科学文化知识教育，对其进行扫盲教育、小学教育和初中文化补习，有条件的场所还开办高中文化补习教育班，对高中以上文化程度的劳动教养人员鼓励他们自学和参加自学考试。通过科学文化知识的补充，使他们摆脱愚昧无知的状态，促进其思想转化。

（五）提高生活的能力

劳动教养管理所通过综合的矫治教育、职业技能教育、劳动实践活动以及集体生活的锻炼，使劳动教养人员能够不断地提高社会生活的能力，如文化知识教育提高了他们读、写、算等基本学习能力；职业技能教育和劳动实践使他们掌握了一定的谋生技能；心理辅导、形势政策教育等提高了他们自我控制能力以及面对新环境的适应能力；集体生活使他们提高了与人相处的能力。

四、劳动教养教育工作的基本原则

（一）与时俱进原则

要根据时代变革和社会进步的发展需要，努力研究劳动教养教育工作中的新问题，探索新规律，总结新方法；要不断实现劳动教养教育工作的理论创新、机制创新和方法创新，提高教育矫治工作水平。

（二）以人为本原则

要从劳动教养人员的自身情况和特点出发，针对他们回归社会的实际需要，科学地安排教育内容、选择教育形式与方法。在严格管理的前提下，使人文关怀

劳动教养学

在教育矫治过程中得到充分体现，调动劳动教养人员自觉接受教育的积极性。

（三）因人施教原则

因人施教是教育科学中的一条普遍原则，是指在劳动教养人员教育活动中，必须根据其不同情况和特点，采取有区别、有针对性的教育策略和方法。贯彻因人施教原则要求做到：第一，要深入实际，调查研究，并借助于行为考察和心理测量技术，了解劳动教养人员个性差异；第二，根据劳动教养人员个体的不同情况、特点和教育需要，精心制定教育方案；第三，培养和提高教育工作者的综合素质，不断增强其教育矫治工作能力，突出教育工作的针对性和有效性。

（四）以理服人原则

以理服人，是指在对劳动教养人员教育过程中，坚持摆事实，讲道理，循循善诱、耐心说服的方法。这是劳动教养教育工作必须遵循的一条重要方法论原则。这一原则符合劳动教养人员思想转化的规律，因为解决思想认识问题只能说服，不能压服。这就要求劳动教养人民警察做到：用真理的力量去感召；用人格的力量去感化；用耐心细致的教育方法去说服；坚持正面教育，重视言传身教，以身示范，树立良好的榜样。

（五）循序渐进原则

劳动教养人员在接受教育的初始阶段往往是不情愿的、是被迫的。有时，个别劳动教养人员不仅会消极抵触，还可能公开对抗。因此，应遵循由强制到自觉的特殊教育规律，低起点、多开端，采用潜移默化、循序渐进等各种疏通引导的方式和策略，促使劳动教养人员把外在的压力转化为上进的内在动力。这就要求做到：第一，尊重劳动教养人员的人格，依法保障其正当权利；第二，运用多种教育形式和感化策略，从转变态度、提高认识水平入手，调动劳动教养人员接受教育的积极性；第三，注重教育影响的一致性和连贯性，把握好教育契机，化消极因素为积极因素。

第二节　劳动教养人员教育的内容

劳动教养人员教育的内容根据劳动教养教育工作的目的和任务确定，并在有关劳动教养法律、法规及规章中明确加以规范。主要包括思想政治、文化和职业技术三项基本教育内容。

一、政治思想教育

思想政治教育是劳动教养人员教育工作的历史经验和重要特色，是对劳动教养人员进行矫正教育的核心内容，在劳动教养人员教育的系统工程中处于主导地位。它主要包括道德教育、法制教育、认罪认错教育、人生观教育、时事政策及回归准备教育，其作用是促使劳动教养人员认识罪错，养成遵纪守法、遵守社会公德的良好行为习惯，并逐步完善自己的道德人格，能够顺利地回归社会。

（一）道德教育

道德是调整人们之间以及人与社会之间关系的行为规范的总和，它渗透于社会的一切生活范畴和实践活动之中。绝大多数劳动教养人员中，缺乏基本的道德责任感，在处理人际关系时也不遵循道德准则，因此要通过道德教育使劳动教养人员了解我国社会主义道德的基本要求，培养他们良好的道德情感和行为习惯。其主要内容为：

1. 人生观教育。一是人生观基础知识教育，即什么是人生观、人生观与世界观的关系、人生观与违法犯罪道路的关系等；二是人生价值教育，即人应该怎样度过这一生才有意义、有价值；三是联系实际，批判劳动教养人员中存在的各种错误的人生观，特别是享乐主义、拜金主义、极端个人主义、悲观厌世等错误思想。

2. 道德规范教育。根据 2001 年 9 月 20 日中共中央印发的《公民道德建设实施纲要》的要求，对劳动教养人员的道德教育主要内容是公民基本道德规范教育，即使劳动教养人员了解道德的特点、作用，掌握公民应遵守的最基本的道德规范，包括集体主义原则教育、社会公德教育、职业道德教育和家庭美德教育。

3. 爱国主义教育。爱祖国是我国公民道德教育的第一条基本要求，要通过此项教育提高劳动教养人员的民族自尊心、自信心和自豪感，以热爱祖国、报效人民为最大光荣，其主要内容是介绍我国悠久的历史和地理知识；讲述我国近现代史和中国革命史；介绍新中国成立以来社会主义革命和社会主义建设所取得的伟大成就等。

（二）法制教育

法制教育是通过向劳动教养人员宣传法律知识、现行主要法律及劳动教养方针、政策和法律法规，使劳动教养人员从思想上摆脱法盲或半法盲的状态，增强法制观念，养成自觉遵守国家法律法规和所归所纪的习惯，逐步成为一个知法、守法的公民。主要内容有：

1. 法律基础知识。劳动教养机关对劳动教养人员进行法律基本知识的教育，主要是进行法制科学的一般理论与基本原理的教育，向劳动教养人员讲授法的阶级性、法的强制性和惩罚性、法律面前人人平等的法制原则、社会主义民主与法制的关系等基本内容，使劳动教养人员对社会主义法制有比较全面而深刻的理解，为树立法制观念打下良好基础。

2. 现行主要法律。对劳动教养人员进行现行主要法律的教育,主要是结合劳动教养人员的实际情况,进行刑法、民法、婚姻法、刑事诉讼法、治安管理条例等法律、法规知识的教育,使劳动教养人员了解这些法律法规各自调整的社会关系以及违反法律法规应负的法律责任。

3. 劳动教养法律法规和所规所纪。劳动教养法律法规和所规所纪的主要内容是要服从《劳动教养试行办法》等有关法律法规和依此制定的管理教育规章的教育。通过教育,使劳动教养人员了解劳动教养适用条件、适用程序、管理、教育、劳动、考核、奖惩、解教、安置等具体规定,明确自己的权利和义务,自觉遵守所规所纪,树立正确的服教态度。

(三)认罪认错教育

认罪认错教育,是指教育劳动教养人员承认罪错事实,坦白交代余罪余错,服从劳动教养决定,深刻认识和反省所犯罪错对国家、社会造成的危害,深挖罪错根源,从而产生接受教育挽救的意愿。认罪认错教育是劳动教养人员接受教育挽救的前提,是促使他们服从管教、转化思想、实施其他教育内容的基础。其主要内容为:

1. 认识罪错。选择典型案例,向劳动教养人员查摆罪错事实,并与国家有关法律法规相比照,说明其行为所触犯的法律法规以及应负的法律责任,使他们认识到,对其劳动教养的决定是合法的、公正的,令其心服,并写出认罪认错的汇报材料。

2. 摆清危害。多角度、多层次、多形式地剖析其罪错行为造成的危害,不仅要使他们深刻认识到对国家、社会尤其是对直接受害人造成的直接危害和间接危害,而且要使他们认识对自己家庭和个人的危害,使他们明白违法犯罪既害人又害己,从而激发对所犯罪错的忏悔。

3. 深挖根源。促使劳动教养人员深刻查找违法犯罪的主客观原因,使他们明白本身的主观原因是违法犯罪的决定因素,要从主观上深挖罪错根源。

4. 交代余罪。通过教育要使劳动教养人员坦白交代余罪余错,检举揭发他人的违法犯罪活动,为有关部门提供侦查破案线索。

(四)时事政策教育

时事政策教育,即向劳动教养人员讲解当前国内外的政治、经济、外交等方面的发展形势,以及各种重大政治事件,特别是我国现代化建设过程中取得的重大成就,澄清他们对形势错误的认识,学会用正确的观点观察、分析和认识形势,积极接受教育。如劳动教养管理所结合我国成功申办 2008 年奥运会、成功加入世界贸易组织开展的专题教育,在党的十七大会议期间组织劳动教养人员收看电视转播、学习会议有关精神等。

（五）回归准备教育

回归准备教育主要是让劳动教养人员了解社会发展形势的变化和相关政策的内容，使他们明确努力的方向，做好回归社会的准备。主要内容为：一是政策教育，即积极向劳动教养人员宣讲相关政策，如劳动教养工作的政策内涵、安置解教的有关规定、发展个体经济的政策等与劳动教养人员解教后就业谋生有着密切关系的就业政策等，增强他们回归社会的适应性；二是前途教育，即向劳动教养人员讲清如何树立正确的前途观、在决定个人前途上主观努力和客观条件的关系以及接受教育挽救与其前途的关系，使他们树立新生的信心和靠自己主观努力去争取光明前途的决心。

二、文化教育

进行文化教育是劳动教养人员教育的重要前提和基础，通过普及科学知识和进行有计划、有目的、有组织的文化教育，有助于改善劳教人员的认知结构，提高他们的认识水平，是促进其再社会化和预防重新违法犯罪的一项治本性措施。当前，劳动教养场所开展的文化教育的内容主要包括：崇尚科学、反对迷信教育；扫除文盲和文化补习教育；小学语文、数学课程教育；初中政治、历史、地理和数理化课程教育；高中以上文化补习和大专函授或自学考试辅导等。

（一）文化知识教育

劳动教养人员大多数文化水平低下，因此，组织他们学习文化知识是对其进行思想教育的重要条件，是做好其他教育的基础和前提，是切实提高教育挽救质量的必由之路。劳动教养管理所根据劳动教养人员的文化水平差异，分层次进行文化教育。对年龄在45周岁以下，文盲和半文盲的劳动教养人员进行扫盲教育，小学以下（含小学）文化程度的劳动教养人员进行小学教育。有条件的劳动教养管理所可以开展初中、高中文化补习，对具有高中文化水平的劳动教养人员，劳动教养管理所鼓励他们自学高等教育课程，并为其参加学习和考试创造条件。

（二）健康教育

健康教育包括生理和心理健康两方面的内容。生理健康教育包括身体训练、个人卫生制度教育、性病、艾滋病等传染性疫病的预防与控制教育等内容。心理健康主要是通过心理知识讲座、心理咨询、心理治疗等手段对劳动教养人员进行心理卫生基础知识、常见心理问题的表现与调节、良好心理素质的培养、解决心理问题的正确方法与途径等方面的教育。通过心理健康教育，帮助劳动教养人员正确认识自我；学会辩证思维，进行正确归因；善于调整和控制自己的不良情绪，妥善处理好各种人际关系，提高心理承受能力，发展积极健康的心理。

（三）审美教育

审美教育可以培养劳动教养人员正确的审美观念，形成新的审美追求，通过教育可以引起他们真挚的情感共鸣，增强教育挽救的效果。其主要内容是：美学基础知识教育；创造美、鉴赏美的能力教育，如劳动教养管理所开办的书法、绘画、声乐、器乐、文学创作、工艺美术等兴趣班（组）。

三、职业技能教育

进行职业技术教育是劳动教养人员教育工作的重点，也是在社会主义市场经济条件下增强劳动教养人员社会就业与适应能力的有效途径。通过开展职业技术教育，引导劳动教养人员熟悉市场经济规则，树立正确的择业、就业观，培养适应劳动力市场需要的各种职业技能，增强他们选择守法和诚实劳动的生活方式的信心与力量。实践证明，这是提高劳动教养人员教育工作质量、促进社会治安综合治理并实现良性循环的有效途径。当前，我国各劳动教养场所都普遍开展了适应社会需要的周期短、见效快的综合性职业技术培训。其内容主要包括：家用电器维修、裁剪缝纫、烹饪、美容美发、家禽饲养、果木园艺、木工、瓦工、电工、汽车农用维修等。

（一）职业技能教育的要求

1. 服务于教育挽救

劳教场所的一切工作，都是以教育挽救为核心的，职业技能教育也不例外。要通过职业技能教育，使劳动教养人员真正掌握一两门技术，为他们回归社会后的就业谋生打下基础。

2. 积极借助社会力量

劳动教养管理所要加强和社会的沟通、联系，主动借助社会力量，使职业技能教育的专业化、规范化、社会化水平不断提高。

3. 合理设置培训项目

劳动教养人民警察应该在充分调查劳动力市场和商品市场的需求以及劳动教养人员的兴趣、特点、爱好、需要的基础上，设置那些投资少、见效快、适应性强、市场需求量大的职业技能教育项目。同时根据市场的不断变化，因地制宜地调整培训项目。

4. 因人施教，循序渐进

职业技能教育应注意针对性和个别性，指导劳动教养人员结合自身的特点选择最适合于自己的学习项目，不要一哄而起，盲目从众。教育内容要符合劳动教养人员的实际情况，深入浅出，避免急于求成的思想。

5. 注重实践操作能力的培养

任何职业技能都需要经过多次反复练习后才能熟练掌握。因此，应想方设法创造条件，多演示多练习，给劳动教养人员亲身实践、操作的机会，培养劳动教养人员的实际操作能力。

6. 进行鉴定考核

对于在职业技能教育中掌握了一定专业技能的劳动教养人员，应按照有关规定，在当地劳动行政部门的指导下，进行职业技能考核鉴定。

（二）职业技能教育的方法

1. 课堂讲授法

在职业技能教育过程中，为使劳动教养人员比较透彻地理解和牢固地掌握生产技术，并且能够灵活运用，要系统地讲授有关技术的基础理论知识，说明、解释和论证某项技术的原理和基本要求。讲解要有系统性，做到层次分明，重点突出，概念明确，说理清楚。要特别注意直观教具的运用，使教学形象、具体、生动，使劳动教养人员能够在较短的时间内弄懂、学通技术。讲解的深度也要照顾到劳动教养人员的文化水平、接受能力等实际情况。

2. 技术示范法

在职业技能教育过程中，除了课堂理论知识的讲解，大量的教育工作是在组织劳动教养人员进行实际操作过程中进行的。教师要根据需要，带领劳动教养人员一边进行理论讲解，一边进行技术示范。技术示范要同基础理论知识的讲解结合进行，这对于加速技能的掌握和巩固学习成果十分重要。

3. 实际操作法

在职业技能教育过程中，教师要让劳动教养人员亲自动手实践，并在旁边随时加以指导，对在实践过程中发现的问题，应及时解决。

（三）在职业技能教育过程中贯穿劳动教育

1. 劳动教育概述

劳动教育是指劳动教养管理所为实现教养目的，依法组织劳动教养人员从事生产劳动，从而矫正他们好逸恶劳的恶习，培养他们正确的劳动观点和劳动态度，养成良好的劳动习惯和珍惜劳动成果、爱护公共财物的优良品质，同时创造自身和社会需要的物质财富的过程，是劳动教养教育工作的一项重要内容。

劳动教育和职业技能教育，既有联系又有区别。在职业技能教育过程中会贯穿劳动教育的内容，在劳动教育过程中也会传授一定的生产知识和技能。劳动教育主要是培养正确的劳动观点和劳动态度，属于德育范畴；职业技能教育主要是使之掌握一定的职业技能，属于智育范畴。不同的范畴决定了他们的教育方式、方法的不同。因此，不论是在理论上，还是在实践过程中，二者都是不能混为一谈的，更不能相互替代。但是二者可以相互配合、沟通，这样才能达到最佳的教育效果。

2. 劳动教育的内容

（1）组织劳动。劳动教育主要是通过组织劳动教养人员参加劳动来实现的教育活动，因此，组织劳动是劳动教育的主要内容。

（2）进行安全生产教育。这是保障劳动教养人员合法权益以及劳动教养管理所生产秩序正常进行的需要。主要包括安全思想教育、安全管理知识教育、安全技术知识教育及典型经验和事故案例分析。采用的形式一般是三级安全教育，即入所安全教育、大（中）队安全教育和现场岗位安全教育。

3. 劳动教育过程中的生产安全

在组织劳动过程中要注意生产安全和劳动保护。劳教场所的安全生产具有比社会企业更复杂、难度更大的一面，劳动教养人民警察必须把它放在和场所安全稳定同样的高度来重视。

（1）建立详细的安全生产规章制度，对各项安全管理工作和生产操作规范做出具体的规定。在生产中要严格监督检查，及时发现和排除安全生产隐患。一旦发生安全事故，要及时果断采取有力措施减小损失，同时做好事故的调查和妥善处理工作。

（2）对参加劳动的人员实施劳动保护。劳动保护工作是为了在生产过程中保护劳动者的安全和健康，改善劳动条件，预防工伤事故和职业病所进行的组织管理工作和技术措施。其主要是任务是保证安全生产，防止工伤事故和职业病的发生；合理确定劳动者的工作时间和休息时间，实现劳逸结合；对女性劳动者实行特殊保护。其主要内容包括安全技术、工业卫生和劳动保护制度。

四、入、出所教育的内容

劳动教养管理所设有入所教育队和出所教育队，对新收容和即将解教的劳动教养人员进行集中教育。入所教育时间一般不少于一个月，授课时间不少于120课时。出所教育时间一般不少于20天，授课时间不少于90课时。

入所教育主要内容为：劳动教养法规、劳动教养人员权利义务、所规所纪、认罪认错、禁毒知识、性病与艾滋病防治知识、劳动保护和安全生产、队列训练等内容。入所教育结束后，劳动教养管理所对劳动教养人员进行考核并做出书面鉴定。入所教育期间形成的劳动教养人员的书面总结、鉴定等档案材料一并转给劳动教养人员编入的大（中）队。

出所教育主要内容为：前途、形势政策教育，遵纪守法教育，生活和就业教育等内容。对吸毒与艾滋病高危人员还应进行降低危害教育。劳动教养管理所对即将解除劳动教养的人员进行考核，并做出符合实际情况的鉴定。

入、出所教育采用集中教育的方式，针对教育内容的不同一般采用课堂讲授、专题讲座、现场参观等的方法进行，对符合条件的劳动教养人员其出所教育可以采用更加灵活的方式方法，如社会服务等。

第三节　劳动教养人员教育的形式与方法

一、劳动教养人员教育的形式

劳动教养教育形式通常指为实现教育目的、完成特定的教育任务，将教育主体组合起来的基本结构和开展教育活动的基本方式。劳动教养人员教育是一种特殊形式的教育，因此，既有与社会上普通教育相同的教育形式，也有与之不同的教育形式。司法部在《劳动教养教育工作规定》中，将劳动教养人员教育的特殊形式概括为共同教育、分类教育、个别教育、辅助教育和社会帮教五种。上述几种教育形式各有不同的特点与作用，在劳动教养人员教育中要灵活运用，并且要注意配合使用。从劳动教养工作的实践来看，劳动教养管理所对劳动教养人员的教育主要分为入所教育、常规教育、出所教育三个阶段，采用共同教育、分类教育、个别教育、辅助教育和社会帮教相结合的方式，逐步实现了教育工作的系统化、科学化和制度化。

（一）共同教育

共同教育是对劳动教养人员集体进行的，以解决普遍性问题为目的的思想引导、知识传授和行为训练活动。这是劳动教养管理所经常采用的教育方法，其特征表现为规范性，共同教育是一项规范性很强的教育活动，它自始至终都是按事先制订的实施计划进行的，活动的目的比较明显。它对教育的时间、地点、次序、环境等要求比较严格，对教育者、教育内容和方法要求较高，一般都制定相应的规章制度予以明确规定。同时，通过共同教育完成每个劳动教养人员都应学习的课程，如《法律常识》、《思想品德教育》等。

共同教育经常采用的形式有：按规定的教学计划进行课堂教学；就特定的专题或任务进行集中教育，如动员大会、奖惩大会、戒毒专题教育、模范报告会等。为使劳动教养人员直接接触社会，可以进行参观、实习等现场教育。

（二）分类教育

分类教育是指根据劳动教养人员不同特质、不同的罪错性质、恶习程度、现实表现、入所时间长短等不同的角度，划分为不同类型并按照不同的教育内容和要求所进行的教育。它是介于共同教育和个别教育之间的一种教育方法，既有共同教育的优点，也有个别教育的长处。分类教育与共同教育相比，教育范围缩小了，但要求更高、更细，教育更有针对性。

（三）个别教育

1. 个别教育的概念

个别教育，是指劳动教养人民警察根据劳动教养人员个体存在的个别、特殊问题，对之进行有针对性的个性化教育。个别教育是教育挽救劳动教养人员的一种基本形式和重要手段，贯穿于劳动教养教育活动的始终。这种教育方式能够较好地联系每个劳动教养人员的实际情况，把道理讲深讲透；能够准确摸清他们的思想、了解有关情况；同时不拘形式，不受时间、地点等一些客观条件的限制，可以随时随地进行教育。

2. 个别教育的要求

（1）全面了解劳动教养人员的具体情况

开展个别教育要全面了解掌握教育对象的基本情况，做到胸有成竹，对症下药，有的放矢。需要详细了解掌握的有其成长经历、家庭情况、性格特点、心理状况、主要违法犯罪事实、认错情况、现实表现和近期思想动向、存在的问题等。

（2）制定详细的个别教育计划和方案

每次进行个别教育之前，都应拟订教育计划，明确教育目的及在教育过程中应采取的策略等。同时要预测教育过程中可能遇到的问题，提前准备解决的方案和办法。

（3）坚持正确的态度

要相信绝大多数劳动教养人员是可以教育改造好的，对他们既要严肃认真，又要满腔热情，耐心细致，循循善诱，不以执法者、教育者的身份居高临下，同时要注意双向交流，允许对方讲话、申辩、提意见。

（4）善于把握教育时机

个别教育的最佳教育时机主要有：①劳动教养人员入所初期，存在悲观、恐惧、忧虑等不良情绪时；②劳动教养人员犯了错误，忐忑不安等待处理时；③劳动教养人员在奖惩后思想受到震动时；④劳动教养人员逢年过节思亲想家时；⑤劳动教养人员思想出现反复，动摇不定时；⑥劳动教养人员受到感化，对警察产生信任感时；⑦劳动教养人员受到批评、处分，情绪低落时；⑧劳动教养人员遇到困难，思想苦闷时等。

（5）坚持以理服人

语言要有说服力、感染力和震撼力，要以理服人，而不是以势压人。要求观点明确，理由充足。要求抓住关键，切中要害。

（6）做好个别教育的记录

要认真做好个别教育记录。记录内容包括时间、对象、目的、内容、效果及下一步的教育措施建议。

3. 个别教育的心理效能

劳动教养人民警察在个别教育过程中要善于准确把握与劳动教养人员谈话过程中的心理效能，渲染和谐的气氛和氛围。

（1）距离的心理效能

劳动教养人民警察与劳动教养人员交谈时，以 1.5—2 米的距离为宜，使教育者和教育对象处于平等的位置，这样不仅能打消劳动教养人员的防御心理，而且能使劳动教养人员感受到信任和尊重，从而增强他们接受教育的主动性。同时，这样的距离使劳动教养人民警察能有效控制劳动教养人员的情感，及时了解劳动教养人员细微的反应，及时捕捉他们的思想，从而有的放矢地调整自己的教育角度、内容和方式。

（2）表情的心理效能

劳动教养人民警察在与劳动教养人员谈话时，表情要亲切、真诚、自然，这样有利于消除劳动教养人员的对立情绪和紧张心理，促进劳动教养人民警察和劳动教养人员之间的思想交流。板着面孔说教易拉大与劳动教养人员的心理距离，形成消极的心理效应。

（3）情绪的心理效能

在谈话过程中，劳动教养人民警察良好的态度会增进劳动教养人员对其的亲近和信赖感，使谈话教育易于被劳动教养人员所接受。因而，劳动教养人民警察与劳动教养人员谈话时，要保持冷静的头脑，清晰的思路，做到不急不躁，不发脾气，不感情用事，更不把自己的不良情绪带进谈话之中，也不受劳动教养人员不良情绪的诱导，时时处处表现出一个劳动教养人民警察应有的耐心和韧劲。

（四）辅助教育

辅助教育是指劳动教养管理所在开展正规教育之外，运用各种辅助手段组织劳动教养人员参加的各种有利于实现教育目的的活动。辅助教育是为配合正规教育而实施的，它形式灵活多样，内容丰富多彩，具有很强的知识性、趣味性和思想性，对于促进劳动教养人员接受教育具有积极的作用。它能充分占领劳动教养人员的业余生活阵地，引导他们的兴趣爱好向健康方向发展，促进他们进行自我教育。主要形式有：

1. 文体活动。组织劳动教养人员开展各种有益于身心健康的文娱体育活动，如各项棋类、球类、歌咏、书法、绘画比赛，组织劳动教养人员运动会，重大节假日组织劳动教养人员文艺演出等。

劳动教养学

2. 收听收看广播、电影、电视。组织劳动教养人员有选择的收听收看有教育性、艺术性的节目，充分利用场所电教设备，有目的有针对性地选择并组织收看一些电教片。

3. 读书阅报。鼓励劳动教养人员充分利用劳动教养管理所的图书室和阅览室，阅读有针对性教育的图书、报纸、杂志，经常组织读书报告会、知识竞赛等活动，并允许劳动教养人员自费订阅。

4. 做好场所宣传。组织劳动教养人员及时总结交流心得体会，自行创制劳动教养管理所的宣传标语、墙报、板报、小报，并及时组织评比。

（五）社会帮教

社会帮教是指劳动教养管理所以外的社会各方面的力量参与、影响、转化劳动教养人员的教育活动。广泛利用社会力量，可以丰富教育内容，弥补劳动教养管理所教育的不足，巩固和扩大教育成果。同时，让劳动教养人员感受到社会的关怀，也使社会各部门对劳动教养人员的教育有了更深的认识和了解，给予更多的关心和支持。其主要形式有：

1. 利用亲属、朋友及其他社会知名人士、相关部门人士等参与帮教，进行规劝，这种"请进来"的方式是目前劳动教养管理所运用最广泛的一种方式。如可以请党政机关领导对劳动教养人员进行形势教育，请公检法领导进行政策和法制教育，请劳动教养人员原单位、居民组织领导进行规劝教育，请劳动教养人员家属进行感化教育，请模范人物进行前途、理想、人生观教育，请老红军进行革命传统教育和爱国主义教育，请解教后有所成就的进行前途教育等。

2. 组织劳动教养人员到社会上参观学习、参加社会服务和公益活动，这就是"走出去"的方式。如可以组织劳动教养人员到社会上参观，组织他们到机关学校进行现身说法等。

3. 与有关方面签订帮教协议，建立帮教组织。劳动教养管理所主动与劳动教养人员原单位、街道和家属签订的帮教协议，明确各方的职责和义务，如原单位应不歧视劳动教养人员家属，家属不应抛弃被劳动教养人员，要积极协助劳动教养管理所做好思想转化工作等。

二、劳动教养人员教育的方法

方法，一般指解决思想、说话、行动等问题的门路、程序等。教育方法是实现教育目的、完善教育任务的具体措施、手段和行动规则。教育方法是为教育内容服务的，是教育形式和手段的具体应用。劳动教养人员教育的方法是为劳动教养人员教育实践服务的各种教育行为的范式、规则和技巧。劳动教养人员教育的方法是马克思主义立场、观点和方法在劳动教养人员教育中的实践和应用。根据劳动教养人员教育的内容和形式，劳动教养人员教育的方法主要有：

（一）组织课堂教学的方法

在对劳动教养人员的"三课"教育中，需要组织课堂教学来系统地传授知识、培养技能。组织课堂教学的方法包括：

1. 讲授法

讲授法是指劳动教养人民警察主要运用语言，系统地向劳动教养人员传授科学知识、思想观点和发展劳动教养人员思维能力的教育方法。讲授的内容要具有科学性和思想性，要循序渐进，条理分明，重点突出，富于启发；讲授的语言要准确精练，生动形象；善于运用手势、体态和板书辅助表达；要注意指导劳动教养人员有效地听课和记笔记。

2. 问答题

问答法是指劳动教养人民警察根据教学目的和劳动教养人员已有的知识与经验，通过彼此间的问答、对话而使劳动教养人员获得知识、发展智力的教育方法。劳动教养人民警察应根据教材内容和劳动教养人员的水平设计问题，问题应紧扣教材，难易适度，含义明确；讲求提问的方式和技巧；提问后要及时小结。

3. 讨论法

讨论法是指劳动教养人员在教育者的指导下，主动参与教学活动，以分组的方式研究某一问题并在活动中受到教育方法。要注意讨论选择题有针对性，有吸引和研讨价值；不预设答案标准；要善于在讨论过程中进行启发和引导；要认真做好讨论后的归纳和总结。

4. 演示法

演示法是指劳动教养人民警察展示各种直观教具，或进行示范性实验，使劳动教养人员通过观察获取对事物和现象的感性认识的方法。劳动教养人民警察应根据教材内容选择演示教具，事先做好演示准备；演示时要使全体劳动教养人员都能观察到演示活动，并尽可能使劳动教养人员运用多种感官去感知；要配合讲解，引导劳动教养人员全神贯注于演示对象的主要特征和重要方面；演示后要指导劳动教养人员把观察到的现象同书本知识联系起来，及时地根据观察结果做出结论。

5. 练习法

练习法是指劳动教养人员根据劳动教养人员警察的布置和指导，通过课堂及课外作业，将所学的知识运用于实际，借以巩固知识、形成技能技巧的方法。要注意明确作业的目的与要求，设计好作业的具体程序或步骤，提供必要的条件并限定作业完成时间，认真考核检查作业完成的情况和质量。

劳动教养学

（二）针对劳动教养人员类型特点的教育方法

劳动教养人员与普通的教育对象相比较，有自身的特点。针对劳动教养人员的特点，应当采用以下针对性的教育方法：

1. 讲座报告式教育

用举办讲座、报告会等形式，对劳动教养人员进行教育，这种方法适合于解决劳动教养人员中普遍存在的思想认识问题，进行道德、法制、理想、认罪认错、形势政策前途等教育时常用这种方法。

2. 典型示范式教育

为劳动教养人员树立学习的典型，如社会上的英模、先进人物、回头"浪子"，劳动教养人员的转化典型，用他们的事迹引导和激励劳动教养人员积极向上，不断进步。

3. 参观访问式教育

组织劳动教养人员参观爱国主义教育基地、生产建设新成就、相关的展览等。用生动具体的形式教育劳动教养人员转化思想，矫正恶习。

4. 组织活动式教育

组织劳动教养人员开展向灾区献爱心、学雷锋做好事、参加社会公益劳动等活动，使劳动教养人员通过亲身实践不断提高思想认识。

（三）个别谈话教育的方法

1. 个别谈话法

个别谈话法是指由劳动教养人民警察对劳动教养人员进行个别谈话，或者在劳动教养人员主动找劳动教养人民警察谈心时，对其进行教育的方法。这是最基本、最常用的个别教育方法。在实际工作中，常用的个别谈话方式主要有聊天式、倾听式、激励式、启发式和训诫式。

对劳动教养人员进行个别谈话教育的形式多样，方法灵活。对进行个别谈话教育的劳动教养人民警察的基本要求是：第一，深入了解劳动教养人员的基本情况和个性特点，精心设计个别教育方案；第二，善于选择教育时机和教育场合；第三，要以情感人、以理服人；第四，要循循善诱，循序渐进；第五，要提高教育者自身素质，树立良好的人格榜样。

2. 个别帮教法

个别帮教法是指积极动员社会力量，借助社会力量的支持和帮助，与劳动教养人民警察共同教育个别劳动教养人员，帮助解决其思想问题和具体的家庭及社会问题的方法。

3. 个别感化法

个别感化法是指劳动教养人民警察对有特殊困难、特殊问题的劳动教养人员关心体谅，为其排忧解难，从而使其受到感染、教育的方法。

4. 个别训练法

个别训练法是指劳动教养人民警察科学运用各种手段对那些有心理和行为障碍的劳动教养人员进行个别训练，矫正其不良心理、不良习惯和不良行为，从而培养其健康心理的方法。对那些心理问题比较严重的劳动教养人员的个别训练，应在心理咨询员的配合、指导下进行。

上述方法之间相互联系、相互渗透，构成了完整的个别教育方法体系，劳动教养人民警察在工作过程中，既要综合运用，又要根据教育对象具体情况确定重点。

（四）辅助教育的方法

1. 利用媒体形式的教育方法

通过组织看电视、收听广播、读书读报等方式对劳动教养人员进行教育。

2. 组织文艺演出和联欢活动的教育方法

组织劳动教养人员自编自演文艺节目，请社会文艺团体来劳动教养场所演出、晚会、联欢等活动，寓教于乐，对劳动教养人员进行教育。

3. 通过文化环境影响的方法

在公共场所陈设名人名言，组织劳动教养人员学唱内容健康的歌曲及开展歌咏比赛；张贴标语口号，办宣传栏、黑板报、壁报等，创设一种有利于劳动教养人员转变的环境，使劳动教养人员耳濡目染、潜移默化地受到教育影响。

（五）社会帮教的方法

依托劳动教养场所进行所内教育有其固有的优势，但同时也有其局限性。因此，充分利用社会的各界人士，形成共同参与帮教工作的社会教育力量。这是我国社会治安综合治理的基本经验，也是社会主义制度优越性的集中体现。

1. 社会帮教的组织形式

（1）劳动教养场所与政府各部门、社区内各种组织（主要是企事业单位、居委会或村委会）签订联合帮教协议。

（2）劳动教养场所主动邀请各级领导与社会有关人士到劳动教养所参观、考察，聘请其担任教育顾问或兼职教师、辅导员。

（3）劳动教养场所定期邀请有关先进模范人物作报告，邀请解教后表现好、并做出显著成绩的典型人物现身说法或组织劳动教养人员亲属进行规劝活动。

（4）根据教育的需要，组织劳动教养人员到社会有关单位参观学习、参加社会公益活动或组织试工、试学等。

2. 社会帮教的教育作用

（1）能够把所内教育力量与社会教育力量相结合，发挥综合优势；

（2）符合劳动教养人员思想转化的规律；

劳动教养学

（3）扩大了劳动教养人员教育工作的领域；

（4）可以有效地整合社会教育资源，增强了社会各方面的责任感；

（5）促进了劳动教养人员教育工作整体的进步。

【实训设计】

根据以下材料，请撰写一份劳动教养大队"法律常识教学计划"。

××劳动教养管理所《关于在劳动教养人员中开展法律常识教学的通知》

各大队：

根据省劳动教养管理局的统一部署，今年第三季度要在全体劳动教养人员中开展法律常识教学。现将有关教学事项通知如下：

一、教学目的

通过教学，使劳动教养人员增强法律意识，提高法制观念，从而进一步认清各自的罪错性质，为安心服教、自觉遵守所规队纪、预防再犯罪错打下基础。

二、教学内容和课时分配

序号	内容	适用法律	课时
导　入	教学动员		2
第一课	没有规矩，不成方圆	法律规范	4
第二课	治国安邦的根本大法	宪法	4
第三课	罪与非罪的楚河汉界	刑法	4
第四课	调节民事纠纷的天平	民法	4
第五课	婚姻家庭的引航灯塔	婚姻法	4
第六课	行政执法的有效标尺	行政法	4
第七课	司法公正的可靠保障	诉讼法	4
第八课	美好家园的防火墙	环境保护法	4
第九课	贴近经济生活的法律	合同法	4
第十课	劳动就业与扶危济困	劳动法	4
结　束	复习考试		4
合　计			46

三、教学措施

（一）周密部署，制订计划

这次法律常识教学是年度教育矫治劳动教养人员的重要内容，要充分认清这次教学的重要意义，妥善安排好习艺劳动与法律常识教学的时间，制订出切实可行的计划。

（二）落实师资，认真讲课

这次教学，除教学动员由中队领导担任外，其余各课均由中队民警教师担任。

担任教学任务的中队民警教师，要根据教学内容，认真备课，写好教案，确保每课的教学质量。

（三）形式多样，讲究实效

各中队除完成 50 课时的课堂教学内容外，要开展课外辅导与小组讨论相结合的多种形式的教学活动，以增强教学效果。

（四）为参与全省劳教系统法律常识知识竞赛做好准备

这次法律常识教学，要求劳动教养人员的参与率达到 100%。学习结束后，全所要统一进行一次考试，与日常考核奖惩挂钩。根据省劳教局的统一部署，10 月份，全省劳教系统以劳动教养管理所为单位，进行一次全省劳动教养人员法律常识知识竞赛，望各中队积极选拔参赛人员，为全所争光。

请各大队根据上述通知精神，制订教学计划，落实教员，采用多种教学形式，确保教学质量。并于 12 月 10 日前，将教学计划、教学总结、考试成绩等一并上报教育科。

第十三章　几种特殊劳动教养
人员的管理及教育

【案例导入】

　　某女子劳动教养管理所近日收容一名 22 岁劳动教养人员贾某，其因盗窃被劳动教养 1 年 3 个月，在办理收容手续时，作为执行依据的法律文书只有《劳动教养决定书》，且对其进行身体检查时发现，其已经怀孕。问题：1. 只有《劳动教养决定书》是否可以收容劳动教养人员？2. 假如作为对贾某执行依据的法律文书齐备，该劳动教养管理所是否应该收容贾某？为什么？3. 对女劳动教养人员应如何进行管理及教育？

　　问题分析：1. 根据上述情况，劳教所不可以收容贾某。根据《劳动教养试行办法》第 14 条规定，收容劳教人员时，必须凭劳动教养管理委员会的《劳动教养决定书》和《劳动教养通知书》。对没有上述法律文书或文书不全的，不予收容。2. 因为根据《劳动教养试行办法》第 14 条规定，对精神病人、呆傻人员、盲、聋、哑人，严重病患者，怀孕或哺乳未满一年的妇女，以及丧失劳动能力者，不应收容。因此，即便贾某执行依据的法律文书齐备，该劳动教养管理所也不应该收容贾某。3. 本章即研究分析几种特殊劳动教养人员的管理及教育，其中对女劳动教养人员的管理及教育应格外重视。

第一节　戒毒人员的管理与教育

一、戒毒工作体制

　　2008 年 6 月 1 日起正式施行的《中华人民共和国禁毒法》（以下简称《禁毒法》）对我国原有的戒毒体制进行了改革，整合了以往的戒毒资源，确立了强制隔离戒毒和戒毒康复制度。《禁毒法》是我国迄今为止第一部关于反毒品工作方面的法律，它的出台实施标志着我国禁毒工作进入了一个崭新的阶段，实现了我国的禁毒工作的有法可依。

　　根据《禁毒法》的有关规定，由司法部劳教局（戒毒管理局）承担了戒毒管理工作的新职能,《禁毒法》为进一步开展戒毒工作提供了法律依据。为加强强制隔离戒毒人员的管理、教育等工作,司法部劳教局(戒毒管理局)相继出台了《强制隔离戒毒工作管理办法(试行)》、《强制隔离戒毒教育工作规定(试行)》等相关文件,确立了强制隔离戒毒工作的管理原则,教育矫治的方法和手段等内容。早在2006年6月,国家就出台了有关规定,决定依托劳教戒毒场所建立戒毒康复中心,接收劳教戒毒解教后和社会上其他自愿接受戒毒康复的人员,通过有效的治疗和职业技能培训,为戒毒人员回归社会提供过渡性安置。这样,劳教机关被赋予了新的职能和使命,由最初强调对吸毒人员惩罚教育变为以治疗康复为主,在管理、教育的手段方法上也由原来单纯的教育管理、劳动管理向管理、教育矫治和治疗康复方向转变。强制隔离戒毒工作既不同于公安机关强戒模式,也不同于劳教戒毒模式。虽然工作职能发生转型,但劳动教养工作"教育人、感化人、挽救人"的宗旨意识却始终没有改变。

面对新的形势、新的任务,司法行政机关必须坚持依法、严格、科学、文明管理,遵循以人为本、因人施教、身心兼顾、综合矫治、关怀救助的原则,积极探索新型矫治模式,搭建好强制隔离戒毒、自愿戒毒康复、社区戒毒等新型工作平台,完善戒毒康复体系。帮助戒毒人员提高法律道德意识和对毒品危害的认知水平,增强自觉抵制毒品和适应社会的能力,戒除毒瘾,回归社会,成为守法公民。

(一) 强制隔离戒毒工作

禁毒工作关系到社会稳定和谐、人民安康,关系到社会的可持续发展。禁止毒品的传播与蔓延,打击毒品犯罪、坚决遏制毒品来源、维护社会和谐稳定,是我国政府的一贯立场和方针。从新中国成立初期开始的禁毒运动到改革开放新时期的禁毒斗争,已经形成了一整套行之有效的政策、措施和工作模式。随着改革开放的不断深入,面对新的形势,我国毒品问题也出现了新的特点,禁毒工作也进入了关键时期。党和政府对此高度重视,强化各项禁毒措施,制定了扎实打好人民禁毒战争的各项策略,先后出台了《全国人大常委会关于禁毒的决定》、国务院《强制戒毒办法》、公安部《强制戒毒所管理办法》和司法部的《劳动教养戒毒工作规定》等一系列法规和规章制度。这些法律、行政法规和制度办法等,对每个发展阶段加强禁毒工作都发挥了重要作用。但是,这些法规、规章制度及办法等,比较散乱,没有形成一部统一的、有权威的禁毒法来理顺禁毒工作管理体制,避免不了在实践中造成多头管理带来的种种弊端。

2008年6月1日起正式施行的《禁毒法》,是对多年来我国禁毒工作实践经验的总结,也是根据当前禁毒工作实际需要而制定的一部全面综合规范禁毒工作的重要法律,它对于预防和惩治毒品违法犯罪行为,保护公民身心健康,维护社

劳动教养学

会秩序具有重要的意义。该法共 7 章 71 条，分为总则、禁毒宣传教育、毒品管制、戒毒措施、禁毒国际合作、法律责任、附则 7 个部分，它使我国的禁毒工作从此实现了有法可依。

《禁毒法》的颁布实施，对我国原有的禁毒资源也进行了整合，明确了强制隔离戒毒、自愿戒毒康复、社区戒毒等新型的工作体制的管理模式。强制隔离戒毒整合了原来公安的强制戒毒和司法行政的劳教戒毒，将现行的强制戒毒和劳动教养戒毒，统一规定为强制隔离戒毒。这一转变，既体现了以人为本的理念，同时也有利于整合戒毒资源、提高戒毒效果。国家鼓励其自愿戒毒，对通过自愿戒毒和社区戒毒不能戒除毒瘾的人员，可以对其进行强制隔离戒毒。这标志着自 1991 年起劳教机关承担的劳教戒毒工作模式将逐步退出历史舞台，为强制隔离戒毒、戒毒康复等新型的戒毒模式所取代。在机构设置、人员配置、执行模式、管理模式、教育矫治重点等方面，都将面临新的机遇与挑战。如何总结以往劳动教养戒毒工作的成功经验和方法，探索与创新科学合理的管理模式，将成为我们强制隔离戒毒工作研究的一项重要课题。

强制隔离戒毒工作是我国《禁毒法》明文规定的一项有效戒毒举措，也是适应社会发展对特殊吸毒群体而采取的重要戒毒措施。强制隔离戒毒所收治的强戒人员，与其他违法人员相比具有其特殊性。一方面，他们是严重的违法者，也是毒品的严重受害者，在矫治措施方面必须对症下药，仅仅对其处罚是远远不够的，只有采取一定措施帮助他们彻底戒断毒瘾，摆脱心瘾，恢复身心健康，才能帮助其摆脱毒瘾的控制，回归社会过正常人的生活；另一方面，强戒人员之所以被强制隔离戒毒，其根源是他们吸毒成瘾，屡屡复吸，对毒品的依赖不仅极大地摧残了其本人的身心健康，而且给家庭、亲人带来了极大的不幸和痛苦，同时还给社会带来严重危害。由于长期吸食或复吸毒品，对毒品的这种依赖性，也势必会引发非法种植、制造、运输、贩卖、走私和销售毒品等各种违法犯罪活动，或与吸毒有关的其他违法犯罪活动，成为最具威胁的社会公害。强制隔离戒毒工作与其他措施紧密配合，都是国家帮助吸毒人员戒除毒瘾和教育挽救他们而采取的有效措施，能够极大地减少和消除由毒患引发而影响社会发展不稳定的消极因素，对维护社会安定，打击违法犯罪，推进社会的健康和谐发展都具有重要意义。

（二）戒毒康复工作

根据《禁毒法》有关规定，司法部制定了《戒毒康复工作管理办法》，其中第 3 条规定："省（区、市）劳动教养局（戒毒管理局）可以根据需要将劳动教养管理所、强制隔离戒毒所改建为康复戒毒所，或在劳动教养管理所、强制隔离戒毒所内开辟专门区域建立戒毒康复中心。"据此，原来的劳动教养戒毒工作在体制和职能上都发生了变化，由单一的劳动教养强制戒毒模式转变为强制隔离戒毒和戒毒康复两种性质的戒毒机构，具有"一所两制"的新型管理模式和职能。

戒毒康复是指综合地、协调地应用医学、教育、管理、心理、社会、职业技术等各种学科领域的科学方法，使产生毒品依赖性的吸毒人员，由于吸食毒品而损坏或丧失的生理功能、社会功能等，尽快地、尽最大可能地得到恢复，并帮助他们逐步增强体质、精神、社会和经济等方面能力的一项综合性工作。根据《禁毒法》及司法部相关规定，戒毒康复机构收治对象主要是自由协议康复戒毒人员，即劳教戒毒或强戒期满后，自愿到戒毒康复中心接受康复巩固和参加职业技术培训的人员，以及社会上其他自愿到戒毒康复中心接受戒毒康复的人员。戒毒康复工作是党和国家在新的历史时期，结合中国国情提出的创新社会管理、完善公共服务、推进和谐社会建设的重大举措。体现了以人为本、尊重、平等、关爱的理念，着眼于吸毒人员身心健康，重新回归社会，对于扼制毒品需求，减少毒品危害，最大限度地增加社会的和谐因素，最大限度地减少不和谐因素，都具有积极的推动作用。

戒毒康复工作与劳教戒毒、强制隔离戒毒工作有着本质区别，它不着重强制性，遵循自觉自愿与积极引导相结合、自我管理与适当约束相结合、自食其力与适当救助相结合的原则，重在戒毒人员的心理矫治和培养社会适应力。在管理模式上不同于传统的戒毒管理模式，它是以自愿为前提、以安全稳定为基础，以产生习艺为平台，以心理康复为目标，以后续照管为保障。是坚持依法管理、分级处遇，相对宽松、自主管理、契约式管理的一种崭新戒毒管理模式。因此，需要我们不断转变理念，不断探索、总结、创新与完善，尽快建立健全配套制度，完善禁毒监督机制，推进戒毒康复管理工作法制化、规范化、科学化，走出一条特色之路。

（三）社区戒毒工作

社区戒毒是《禁毒法》确定的新的戒毒措施，社区戒毒是指吸食、注射毒品成瘾人员在家庭、社区组织以及政府有关部门和社会力量的监督帮助下，固定生活地址、固定联系方式和工作场所，在一定期限内戒除毒瘾的一种方式。

根据《禁毒法》第 33 条规定：对吸毒成瘾人员，公安机关可以责令其接受社区戒毒，同时通知吸毒人员户籍所在地或者现居住地的城市街道办事处、乡镇人民政府。社区戒毒的期限为 3 年。戒毒人员应当在户籍所在地接受社区戒毒；在户籍所在地以外的现居住地有固定住所的，可以在现居住地接受社区戒毒。

二、对戒毒人员的管理

(一) 明确收容对象、依法收治

根据《禁毒法》有关规定，对于吸毒成瘾人员应当进行戒毒治疗，国家采取各种措施帮助吸毒人员戒除毒瘾，教育和挽救吸毒人员。对戒毒人员的收治，要根据不同情况，分别给予不同的处理方式，要做到依法收治，科学管理。目前国家对戒毒人员的收治，主要有以下几种模式。

1. 强制隔离戒毒。吸毒成瘾人员有下列情形之一的，由县级以上人民政府公安机关作出强制隔离戒毒的决定：（1）拒绝接受社区戒毒的；（2）在社区戒毒期间吸食、注射毒品的；（3）严重违反社区戒毒协议的；（4）经社区戒毒、强制隔离戒毒后再次吸食、注射毒品的。对于吸毒成瘾严重，通过社区戒毒难以戒除毒瘾的人员，公安机关可以直接作出强制隔离戒毒的决定。吸毒成瘾人员自愿接受强制隔离戒毒的，经公安机关同意，可以进入强制隔离戒毒场所戒毒。

怀孕或者正在哺乳自己不满一周岁婴儿的妇女吸毒成瘾的，不适用强制隔离戒毒。不满 16 周岁的未成年人吸毒成瘾的，可以不适用强制隔离戒毒。对不适用强制隔离戒毒的吸毒成瘾人员，可由负责社区戒毒工作的城市街道办事处、乡镇人民政府加强帮助、教育和监督，督促落实社区戒毒措施。

2. 戒毒康复。康戒毒复所（中心）主要收治两类人员：一是在公安、劳教机关强制隔离戒毒期满后，自愿到戒毒康复所（中心）接受戒毒康复的；二是社会上自愿接受戒毒康复的。

收治的条件一般是：（1）生理脱瘾基本完成，戒断症状不明显者；（2）无严重疾病或传染性疾病，无严重躯体缺陷，智力正常，能够适应正常的康复训练和康复生活者；（3）对于未满 16 周岁，严重病患者，传染病患者，精神病患者，以及其他不予收治的人员，戒毒康复场所不予收治。

3. 社区戒毒。对吸毒成瘾人员，公安机关可以责令其接受社区戒毒。城市街道办事处、乡镇人民政府负责社区戒毒工作。城市街道办事处、乡镇人民政府可以指定有关基层组织，根据戒毒人员本人和家庭情况，与戒毒人员签订社区戒毒协议，落实有针对性的社区戒毒措施。公安机关和司法行政、卫生行政、民政等部门应当对社区戒毒工作提供指导和协助。城市街道办事处、乡镇人民政府，以及县级人民政府劳动行政部门对无职业且缺乏就业能力的戒毒人员，应当提供必要的职业技能培训、就业指导和就业援助。

明确收容对象，做到依法收容，是做好管理教育工作的前提和基础。只有弄清了各个层次戒毒机构的收治对象和标准，才能采取有效的、有针对性的、适合戒毒人员的管理和教育方式。

（二）戒毒人员的收治程序

1. 强制隔离戒毒所

（1）文书审查。对于符合强制隔离戒毒条件的戒毒人员，由作出决定的公安机关送强制隔离戒毒场所执行。强制隔离戒毒所凭公安机关的《强制隔离戒毒决定书》和通知书，进行收容。对没有上述文件或文件与实际不符的，不予收治。

（2）安全检查。戒毒人员进入强制隔离戒毒场所戒毒时，应当接受对其身体和所携带物品的检查。

（3）建立评估手册。强制隔离戒毒人员入所后的前两个月为生理脱毒期，应建立《强制隔离戒毒人员戒治诊断评估手册》，填写个人基本情况、吸毒史、体检结果、心理测验情况等。

2. 戒毒康复场所

（1）本人申请。由戒毒人员本人向戒毒康复所（中心）提出书面申请（包括身份证明及戒毒证明材料），或由其监护人提出书面申请并征得本人同意。

（2）审核材料、身体检查。戒毒康复所（中心）对收治的戒毒人员进行审核材料，体格检查、尿检及所携带物品进行安全检查。

（3）签订协议、建立档案。康戒毒康复所（中心）与戒毒人员签订自愿戒毒康复协议，建立戒毒康复人员档案，并送当地公安机构备案。戒毒康复协议的内容主要包括戒毒康复期限，双方权利义务，解除协议情形等。

签订协议以自愿为原则，戒毒康复期限一般为三个月以上至三年。戒毒康复协议期满后，戒毒人员可以离开，自愿继续留在康复戒毒所（中心）接受戒毒康复的可以重新签订协议。

（4）组织宣誓。戒毒康复所（中心）对戒毒康复人员组织进行戒毒康复宣誓，进入戒毒康复程序。

（三）对戒毒人员的管理措施

1. 强制隔离戒毒人员管理

强制隔离戒毒人员管理，是指强制隔离戒毒场所依法对被决定并强制收治的戒毒人员，实施的有关执行、处遇和各种教育矫治及康复工作等方面的活动过程。强制隔离戒毒场所应当根据戒毒人员吸食、注射毒品的种类及成瘾程度等，对戒毒人员进行有针对性的生理、心理治疗和身体康复训练等活动，促使其尽快康复回归社会。对强制戒毒人员的管理主要包括以下几个方面：

（1）单独编队，分类管理。强制隔离戒毒场所应当根据戒毒人员的性别、年龄、患病等情况，对戒毒人员实行分别管理。配备具有较高知识水平、专业水平、管理水平的干警进行管理。场所要做好各种传染病的检查，对每个戒毒人员

劳动教养学

建立健康档案和病历卡。

对有严重残疾或者疾病的戒毒人员，应当给予必要的看护和治疗；对患有传染病的戒毒人员，应当依法采取必要的隔离、治疗措施；对可能发生自伤、自残等情形的戒毒人员，可以采取相应的保护性约束措施。强制隔离戒毒场所管理人员严禁体罚、虐待或者侮辱戒毒人员。

（2）配备专业医师。强制隔离戒毒场所应当根据戒毒治疗的需要配备执业医师。强制隔离戒毒场所的执业医师具有麻醉药品和精神药品处方权的，可以按照有关技术规范对戒毒人员使用麻醉药品、精神药品。卫生行政部门应当加强对强制隔离戒毒场所执业医师的业务指导和监督管理。

（3）会见制度。戒毒人员的亲属和所在单位或者就读学校的工作人员，可以按照有关规定探访戒毒人员。戒毒人员经强制隔离戒毒场所批准，可以外出探视配偶、直系亲属。

强制隔离戒毒人员有下列情形之一的，不准探视：①处于急性脱毒期的；②正在实施保护性约束措施的；③其他不宜办理探视的。

（4）物品邮件检查制度。强制隔离戒毒场所管理人员应当对强制隔离戒毒场所以外的人员交给戒毒人员的物品和邮件进行检查，防止夹带毒品。在检查邮件时，应当依法保护戒毒人员的通信自由和通信秘密。

（5）执行期限。强制隔离戒毒的期限为二年。执行强制隔离戒毒一年后，经诊断评估，对于戒毒情况良好的戒毒人员，强制隔离戒毒场所可以提出提前解除强制隔离戒毒的意见，报强制隔离戒毒的决定机关批准。

强制隔离戒毒期满前，经诊断评估，对于需要延长戒毒期限的戒毒人员，由强制隔离戒毒场所提出延长戒毒期限的意见，报强制隔离戒毒的决定机关批准。强制隔离戒毒的期限最长可以延长一年。

对于被解除强制隔离戒毒的人员，强制隔离戒毒的决定机关可以责令其接受不超过三年的社区康复。

（6）考核制度。对每位强制隔离戒毒人员要进行定期考核，考核内容分为遵守纪律、戒毒治疗、教育矫治、生活卫生和康复、生产劳动五个部分。采用计分、奖励和评语相结合的方法。每周考核记分标准为50分，其中遵守纪律15分，戒毒治疗15分，教育矫治10分，生活卫生5分，康复、生产劳动5分。考核以3个月为一个考核周期。每个考核周期结束时，根据强制隔离戒毒人员本季度得分和奖励情况，写出书面评语。

强制隔离戒毒人员表现优异的，可予以奖励包括：表扬、嘉奖、记功；强制隔离戒毒人员有严重违纪行为应予以警告、严重警告和记过处理。强制隔离戒毒人员依法提出复议、申诉或控告的，不影响对其进行日常考核。

（7）诊断评估。是指对强制隔离戒毒人员的生理、心理、认知、行为、家庭和社会功能等方面的状况进行综合考核，客观评价戒毒效果的过程。诊断评估结果是对强制隔离戒毒人员开展戒毒治疗，按期解除强制隔离戒毒，提出提前或延长戒毒期限建议，提出责令社区康复建议的重要依据。

强制隔离戒毒所对强制隔离戒毒人员开展诊断评估要坚持依法、科学、客观、公开、公正、公平的原则。强制隔离戒毒所要建立专门的诊断评估工作机构，采用百分制方式从生理、心理、认知、行为、家庭和社会功能五个方面，根据戒毒期间的表现，结合测试、访谈、调查等方式进行综合评分，根据得分情况分别提出不同处置措施的意见。

2. 戒毒康复人员管理

戒毒康复人员管理，是指戒毒康复所（中心）对自愿戒毒康复人员进行的生理脱瘾、心理治疗、劳动康复、职业培训活动等于一体的戒毒工作新模式。在管理中要坚持以人为本、综合矫治的原则，促进戒毒康复人员回归社会和顺利就业。

（1）组织形式。根据司法部《戒毒康复工作管理办法》的规定，省（区、市）劳动教养管理局（戒毒管理局），可根据需要将劳动教养管理所、强制隔离戒毒所改建为康复戒毒所，或在劳动教养管理所、强制隔离戒毒所内开辟专门区域建立戒毒康复中心。戒毒康复中心命名为××省（区、市）司法厅（局）××（地名）戒毒康复中心，大队建制，由劳教管理所主管。戒毒康复场所配备由人民警察担任的管理人员，配备医务人员、心理咨询人员等专业技术人员，根据需要配备工勤人员。鼓励社会志愿者参与康复戒毒工作。

建立戒毒康复中心的劳教所实行"一所两制"，劳教所严格按照劳动教养法律法规对劳教人员开展教育挽救；对在戒毒康复中心内自愿戒毒康复人员由劳教所按照对自愿戒毒人员的管理办法和协议进行管理。

（2）检查制度。对于自愿在戒毒康复场所戒毒人员，应当建立戒毒康复人员健康检查制度，定期开展健康检查，掌握戒毒康复人员健康状况。对体弱的戒毒康复人员应在饮食上予以照顾，保证充足的营养。对戒毒康复人员本人不宜持有的物品，应当进行登记，由戒毒康复所代为保管，或由其亲属领回。

（3）康体训练计划。戒毒康复所要根据戒毒康复人员的身体状况，制订有针对性的康体训练计划，组织其参加体育活动，增强体质，促进生理机能恢复。

（4）心理矫治。戒毒康复所设置心理矫治机构，对戒毒康复人员开展心理矫治工作，帮助戒毒康复人员调节不良情绪，改变错误认知，预防、减轻和消除心理问题，促进心理健康，获得社会认同感和归属感，重建自尊和信息，从而较好地融入社会。

（5）生产劳动。戒毒康复场所组织戒毒人员参加生产劳动，要充分考虑戒毒康复人员的体能特点、以往的工作经验和矫治工作的要求等，合理安排劳动时间和工作量。还应当参照国家劳动用工制度的规定支付劳动报酬。

（6）职业培训。戒毒康复场所应当与当地劳动部门联系，开设适合戒毒康复人员特点和具有就业潜力的职业技能培训班，并组织考核。让戒毒康复人员通过技能培训，取得劳动部门颁发的职业技术等级证书，为戒毒康复人员回归社会就业创造条件。

三、对戒毒人员的教育

（一）戒毒人员教育的含义和特点

1. 戒毒人员教育的含义

戒毒人员教育，是指通过综合运用各种教育矫治方法和手段，帮助戒毒人员提高法律道德意识和对毒品危害的认知水平，改变不良心理，增强自觉抵制毒品和适应社会的能力，戒除毒瘾，回归社会，成为守法公民。

首先，对于戒毒人员的教育，是戒毒所根据《禁毒法》和党和国家的禁毒方针政策依法实行的职能活动，是戒毒机关依照国家法律和社会道德规范的要求对戒毒人员实行再社会化的过程。其次，强制隔离戒毒人员既是违法者，又是受害者和特殊的病人，因此，我们在工作中坚持教育与救治相结合的原则，坚持以人为本的理念，真正把人的生命放在第一位，把对吸毒人员的教育、挽救放在第一位，对强制隔离戒毒人员实施依法、严格、文明、科学管理。最后，由于许多戒毒人员经过强制隔离戒毒阶段，已经度过戒毒脱瘾期进入了戒毒康复期，从生理上摆脱对毒品的依赖，因此，对戒毒人员的教育又具有康复治疗的性质。

2. 戒毒人员教育的特点

（1）强制性。强制性是强制隔离戒毒人员教育与一般的社会教育的主要区别。由于强制隔离戒毒人员恶习较深，缺乏自觉接受教育矫治的内在动力，必须对他们采取强制性手段进行教育，才能达到将他们教育成为社会主义有用之才的目的。这种强制性表现在两个方面：一是对强制隔离戒毒人员的教育是在强制性条件下进行的。根据强制隔离戒毒人员的心理、行为特点，必须在限制其人身自由的前提下进行。二是对强制隔离戒毒人员的教育是强制性的。强制隔离戒毒人员不能以自己的意愿决定是否接受教育，也不能以自己意愿决定教育的内容和方式，而是必须接受这种教育。

（2）艰巨性。这是由戒毒人员自身特点决定的。完整的戒毒过程应包括生理脱毒、心理脱毒和善后辅导3个阶段。第一个阶段在3—6个月内可以解决，第二个阶段则一般需要3—5年时间解决心理依赖性问题。强制隔离戒毒阶段只

劳动教养学

能戒除生理毒瘾，只能说明毒瘾的暂时中结，一些戒毒专家坦率地指出："没有戒除心瘾，吸毒者出去后复吸基本上是早晚的事。"正因如此，增大了教育矫治工作的难度。对戒毒人员教育的重要目标之一，就是帮助他们增强摆脱药物依赖的能力，同时采取心理治疗的方法逐渐使其脱离毒品的控制。所以，对强制隔离戒毒人员的教育矫治工作充满了艰巨性。

（3）综合性。是指对戒毒人员教育矫治的内容和方式而言的。针对戒毒人员的心理和行为特点，对他们的教育必须运用法律的、道德的、医疗的、心理学的方法和手段对他们进行全面分析判断，进行综合教育，来提高他们的思想认识水平、道德素质和心理健康水平，必须综合运用戒毒所内、家庭和社会等方面的力量，共同教育矫治戒毒人员，促进他们提高认识，改变不良心理，戒除毒瘾，回归社会。

（二）戒毒人员教育的内容

对戒毒人员的教育按照生理脱毒期、康复期、回归社会准备期三个教育阶段进行，不同教育阶段结合相应戒治目标进行有针对性的教育。戒毒机构对戒毒人员的教育内容包括：法律道德教育、心理健康教育、康复训练、文化教育、职业技能教育和回归社会教育等。

1. 法律道德教育

法律道德教育是指对戒毒人员进行的法律基本知识、人生观、道德观等方面的教育。通过法律知识的教育，提高戒毒人员的法律意识和守法观念，具体包括两个方面：一是《禁毒法》和相关法规的学习教育，让戒毒人员了解禁毒法的颁布实施对于实施依法治国方略、构建和谐社会、实现民族复兴大业，具有重大而深远的意义。了解国家对禁毒的宣传教育、毒品的管制、戒毒措施、禁毒国际合作以及相关的法律责任等方面的内容，了解国家对于戒毒人员的管理教育的相关内容，进一步明确自己的身份与所处地位。

二是人生观和社会道德教育。人生观是世界观的重要组成部分，是人们在实践中形成的对于人生目的的意义的根本看法，它决定着人们实践活动的目标、人生道路的方向和对待生活的态度。戒毒人员所形成的人生观，在一定程度上与构建和谐社会所需要的人生观相违背，是消极的、错误的人生观，必须通过人生观教育，帮助其形成健康的心理和生理，树立积极乐观的人生态度，用正确的心态去认识、解决人生过程中遇到的各种挫折和矛盾。

社会道德教育，是指通过对受教育者进行伦理道德知识的灌输，把社会主义和共产主义道德观念、道德原则变成人们普遍遵循的道德风尚和道德习惯，提高全社会的道德水平。遵守社会公德是对一个公民最基本的要求。它是人们在长期的社会生活中形成的调节公共生活的道德规范，是最起码的社会公共生活道德准则。社会公德反映人类共同生活的要求，维护社会正常秩序，保证社会生活正常进行。对戒毒人员进行社会道德教育，能够帮助他们形成良好的道德观念，提高他们的道德素质和文明素质，增强社会责任感和家庭责任感，推动社会秩序和社会风气的不断改善。

2. 戒毒教育

采取启发式、引导式的互动教育方法，开展法律道德、禁毒戒毒、文化等教育，帮助强制隔离戒毒人员提高法律道德意识和对毒品危害的认知水平，改变不良心理，增强自觉抵御毒品能力。

3. 心理教育矫治

戒毒人员心理矫治，是指戒毒场所系统运用心理学的理论、技术和方法，帮助戒毒人员调节不良情绪，改变错误认知、消除心理问题，改善心理状态，促进心理健康的活动。

（1）入所心理测试。强制隔离戒毒所对新收人员进行入所心理测试，建立心理治疗档案，为分类管理、戒治提供依据。入所心理测试一般安排在入所后第三周或第四周进行。

（2）心理咨询。是指戒毒所心理咨询人员，运用心理学的原理与方法，帮助来访的戒毒人员发现自己的心理问题、分析根源，来提高其应付生活事件和生活适应能力的过程。戒毒人员可通过口头或书面形式提出心理咨询申请。心理咨询师接到申请后，应当在三日内安排咨询。对有特殊或严重心理问题的应当及时安排。

（3）团体辅导。强制隔离戒毒所需定期开展团体心理辅导活动，组织戒毒人员心理互助组，针对具有同类问题的戒毒人员，进行共同讨论、指导或矫治。使戒毒人员在观察、学习、体验中，改善人际关系、改变不良的态度和行为方式。

（4）个别咨询。是指戒毒所的咨询人员针对单个来访戒毒人员进行的咨询活动。个别咨询的方法可以采用面谈的方式，也可以通过电话、信函等途径进行。由于这样的咨询活动是单独进行的，戒毒人员没有太多的顾虑，一般可以表达自己的真实思想，倾诉自己心中的一些秘密或隐私问题，这是心理咨询活动最常见的一种咨询方法。

（5）心理危机干预。心理危机是指个体由于突然遭受严重灾难、重大生活事件或精神压力，使生活状况发生明显的变化，尤其是出现了用现有的生活条件和经验难以克服的困难，以致使当事人陷于痛苦、不安状态，常伴有绝望、麻木不仁、焦虑以及植物神经症状和行为障碍。心理危机干预是指针对处于心理危机状态的个人及时给予适当的心理援助，使之尽快摆脱困难。戒毒所对呈现严重心

劳动教养学

理异常和有危险的戒毒人员应当进行心理危机干预，帮助其缓解心理矛盾，恢复心理平衡，避免发生极端事件。

（6）脱敏治疗。为了提高吸毒人员在康复和回归社会后，面对毒品或毒友诱惑的心理承受能力及拒绝毒品的能力，保持良好操守，多年来戒毒机构在吸毒人员戒毒治疗中探索出"系统脱敏疗法"。它是利用交互抑制或反条件作用的原理，来矫正戒毒人员在某一特定情境下产生的超出一般紧张的焦虑或恐惧状态。系统脱敏疗法进行治疗应包括三个步骤：建立恐怖或焦虑的等级层次；进行放松训练；进行实际治疗。戒毒所可利用展示仿真毒品、模拟诱发吸毒的环境，对戒毒人员进行脱敏治疗，增强戒毒人员心理脱毒效果。

4. 康复期训练及教育

康复期训练及教育，是指在康复期内，对戒毒人员所进行的以强化认知、康复训练、心理治疗、职业技能培训为主要内容的教育活动。对戒毒人员生理脱毒教育结束至出所前两个月为康复期。在康复期进行的训练教育主要内容有：

（1）思想道德和法制教育。戒毒所对戒毒人员要进行热爱祖国、拥护中国共产党、拥护社会主义和法律道德教育，结合近代史的教育进行爱国主义教育，使他们认识毒品对国家和民族所造成的重大危害。帮助戒毒人员树立法制道德观念，培养爱国主义情操，树立正确的人生观、价值观和社会主义荣辱观，增强生命意识、责任意识和感恩意识。

（2）文化知识和提高修养教育。戒毒所对文盲和文化程度较低的戒毒人员进行文化补习，鼓励戒毒人员自学和参加社会自学考试、函授等学习，戒毒所应当为他们学习和参加考试提供必要的帮助。同时，戒毒所应当开展科学、人文和审美教育，帮助戒毒人员提高文化修养，培养健康的兴趣和爱好。

（3）体能恢复训练。戒毒所开设康复训练课程，通过科学合理的康复训练和健身活动，帮助戒毒人员增强体质、培养意志力，养成健康的生活方式。康复训练课程内容包括：身体功能恢复训练、体能训练和常用健身项目辅导。康复训练课程应当制订系统的教学计划，由专业教师授课，采取课堂教授、健身房训练、户外运动和拓展训练相结合的方式进行。

（4）考核与评估。对戒毒人员的法律道德教育、禁毒戒毒教育、心理健康教育和文化教育结束后应当进行考试；对戒毒人员康复训练的效果也要进行考核，考核内容为体能达标和规定健身项目掌握情况，考试考核结果作为对戒毒人员戒治效果评估的依据。

5. 职业技能教育

职业技术教育能够提高戒毒人员的能力和素质，使他们掌握一定的专业技能，在回归社会之后能够自食其力，减少重新违法犯罪的可能性，有利于巩固改造成果。戒毒所应当根据戒毒人员的特点和社会需求设置职业技能培训项目，进行职业道德教育，提供就业指导。

戒毒所可以采取多种方式，与职业技能教育机构、社会院校联合办学，提高职业技能教育水平。职业技能培训参照当地职业培训管理部门的有关规定制订教学计划，采用职业技能培训主管部门编写或者认可的教材。

（三）戒毒人员个案化教育

1. 个案化教育的含义及特点

强戒人员个案化教育，是指强制隔离戒毒所民警和戒治工作者运用戒治教育知识及其相关技能，以及民警自身的人格魅力，针对强戒人员个别的特殊的身心问题，采用面对面和一对一的思想沟通、道德教化、心理疏导、情感交流和生活技能的影响与传授，使其较快恢复身心健康和社会功能的矫治活动。

戒毒人员个案化教育是相对集中教育而言的，是针对戒人员在强戒过程中出现的一个个具体问题而单独进行的一系列针对性教育。它要求施教者具备较好的政治文化素养和优良品德、具有心理疏通技巧和情感沟通等综合能力和实践经验，因人、因事、因地制宜展开针对性的感化教育。个案化教育具有针对性、灵活性、沟通性和实效性的特点。重在突出"以人为本"理念，促进强戒人员朝着身心健康、遵纪守法、自食其力的合格公民方向发展。

2. 个案化教育方案的制定

戒毒所为戒毒人员逐人制定个案化教育方案，应当突出教育的针对性、有效性。个案化教育方案由大（中）对民警和心理咨询师共同制定，戒毒所教育科给予指导并定期检查方案的执行情况。

个案化教育方案的编制，要求大中队主管民警和心理咨询师在认真收集、阅读、分析强戒人员的基础材料之上，根据强戒人员的吸毒史、个人经历、身心状况和现实表现，按照戒治诊断评估标准，制定出入所脱毒期、康复期和回归社会准备期等不同阶段的教育目标、计划和措施。

3. 个案化教育的工作记录

个案化教育工作记录，是反映和记载民警具体执行个案化教育方案进程、实施状况、解决问题的方法手段等的重要材料。做好强戒人员个别谈话教育是个案化教育最重要的内容和最重要的工作。

（1）个别谈话的时间安排要合理。根据司法部《强制隔离戒毒教育工作规定》第60条规定，大中队对每名戒毒人员每个月至少安排一次民警个别谈话。有下列情形之一，应当及时进行个别谈话：①新入所或者变更大（中）队的；②因违法违纪受到处分的；③诊断评估后决定继续或者延长强制隔离戒毒期限的；④回家探视前后或者家庭发生变故的；⑤长时间无人探访或者家人不与其联系的；⑥长期患病的；⑦情绪、行为明显异常的；⑧变更执行方式、所外就医、临近解除强制隔离戒毒的。

（2）个别谈话教育的内容要明确。谈话内容要根据个案化教育方案，明确每次谈话的主题，注重实效。司法部《强制隔离戒毒教育工作规定》第61条，明确要求"个别谈话应当将解决思想问题和实际困难相结合，对戒毒人员反映的问题及时妥善处理"。一般情况下，与强戒人员的谈话内容大致可分为三类：一是强戒人员的基本情况，以了解其存在的困难；二是其违法犯罪经历、吸毒历程及认知程度；三是目前的现实表现、思想心理上存在的问题和解决的方法举措。

（3）鼓励戒毒人员以周记、月记形式与民警交流思想。大（中）队民警对送交的周记、月记应当及时批阅并回复意见。

（四）社会教育

社会教育是指依靠社会力量、利用社会资源对戒毒人员进行教育矫治，提高戒毒工作的社会化程度。

1.社会教育的内容。戒毒所应当加强同当地党政部门、群众团体、企事业单位、基层组织、学校和社会各界的联系，通过签订帮教协议，共同做好戒毒人员的教育工作。

2.社会教育的主要方式。一方面，戒毒所定期或不定期邀请戒毒成功人士来所现身说法，通过典型示范作用，帮助戒毒人员树立戒毒信心。另一方面，戒毒所应当加强与戒毒人员家属的联系，向他们通报戒毒人员所内表现，动员和指导他们来所进行规劝和帮教，用亲情感化戒毒人员。另外，戒毒所还可以根据戒制工作的需要，组织戒毒人员到社会参观，参加禁毒宣传等公益活动。

只有所内教育与社会教育有机结合起来，才能更好地提高对吸毒人员的教育矫治的效果和质量。社会教育是所内教育手段的补充和延伸，在强化所内管理教育的同时，切实重视和做好社会教育工作，运用社会资源，逐步建立多层次、全方位的社会帮教体系，实现矫治力量、矫治手段、矫治内容的社会化，才能达到既治标又治本的目的，才能切实降低复吸率。

四、戒毒文化建设

（一）营造戒毒文化氛围

戒毒所所内环境应当彰显戒毒文化。首先，戒毒人员的活动区域应当整洁、优美，设置具有鼓励、引导、关怀和禁毒内容的宣传画、标语。其次，所内建筑和设施要体现和谐有序、文明健康、生动活泼的戒毒文化特点。最后，戒毒所应当组织戒毒人员进行戒毒宣誓活动，每周集体背诵戒毒宣言，强化戒毒意识，坚定戒毒信心。

（二）加大禁毒宣传力度

戒毒所应当加大禁毒宣传力度，每年 6 月 26 日国际禁毒日，开展主题宣传教育活动，充分运用影视、所内广播、小报、黑板报和局域网，向戒毒人员宣传国家禁毒方针、政策，宣传所内教育戒治动态和成果。

戒毒所可以采取组织戒毒体会交流、征文演讲和心理剧表演等方式，促使戒毒人员自我反省，激发戒毒动机，增强戒毒信心。戒毒所图书馆、阅览室应当定期向戒毒人员开放，经常补充图书、报刊资料。

（三）开展形式多样的文娱活动

戒毒所应当组织戒毒人员开展形式多样的文体活动，文艺汇演、书法绘画展览等健康的文娱活动，定期举办会操、各种体育比赛，每年举办一次体育运动会等，丰富戒毒人员的文化生活。

第二节　未成年劳动教养人员的管理及教育

一、未成年劳动教养人员的特点

未成年劳动教养人员，是指决定劳动教养时不满 18 周岁的劳动教养人员。对于在执行过程中年龄达到或者超过 18 周岁、尚未解除劳动教养的人员，仍由未成年劳动教养人员管理所、队执行。

（一）未成年劳动教养人员的生理特点

未成年劳动教养人员处于青春发育期，从人的生理变化来看，主要表现为身体各个器官的成长速度急剧上升，身高、体重、胸围增加；性激素开始分泌，性机能逐步完善，生理发展由不成熟迅速走向成熟。主要有"三大变化"：一是身体外形的变化；二是体内机能的健全；三是性机能的成熟。

1. 身高体重迅速增长

处在"青春期"阶段的未成年人，在身体外形上最明显的变化就是身高体重生长的迅速增长，逐渐脱离儿童时期的柔弱状态，骨骼健壮，精力旺盛。身高每年约长高 6—8 厘米，多则 10—11 厘米。体重平均每年增加 5—6 公斤，突出的可增加到 8—10 公斤。肌肉随骨骼的增长而发达起来，肌肉比重加大，男孩显得壮美、有力；女孩脂肪增多，显得丰满、柔软。所以，机体能量代谢明显提高，对物质和精神的需要急剧增加。他们需要摄入足够的营养为身体的发育提供保障，需要适应其生理发育的客观环境。

2. 体内机能逐步完善

处于"青春期"的未成年人，体内机能尤其是作为生理基础的心血管系统、呼吸系统、神经系统迅速地发育健全起来。未成年人的心血管系统发育方面：心脏发育趋于成熟，脉搏跳动减慢，心脏重量、形体、恒定性及血压都接近成人。呼吸系统发育方面：男孩肺活量增加到 3520 毫升，女孩肺活量增加到 2560 毫升，接近成人水平。脑和神经系统发育方面：未成年人脑的平均重量、体积、脑电波与成人基本没有差别，大脑机能显著地增强，兴奋与抑制过程逐步平衡，特别是内抑制的机能逐步发育成熟，第二信号系统的作用明显增加，但由于机体第二性征的出现和性激素的产生，对脑垂体的正常活动产生了影响，使兴奋和抑制的交替不稳定，有时甚至产生急剧变化，降低了大脑皮层上第二信号系统对行为活动的调节作用。因此，未成年人易产生过激言行。

3. 三大性征的出现和性机能的成熟

进入青春期后，人体内的生物钟催动脑垂体及生殖腺开始活动。同时，脑内松果体经钙化而退缩，对丘脑下部性中枢的抑制减弱，性器官和性机能开始成熟，并且发展迅速，主要表现在三大性征的出现。第一性征的变化是指生殖器官（睾丸、卵巢、阴茎、阴囊、子宫等）的增大，接近成人。第二性征的变化是指体态上出现的新特征。男孩表现为肌肉发达，皮下脂肪少，喉结突出，嗓音变粗，长出胡须和出现遗精等，开始遗精是男孩发育成熟的重要特征之一。女孩表现为皮肤细腻，肌肉不很发达，皮下脂肪丰富，乳房隆起，声调变高，骨盆变宽，臀部变圆，月经初潮和阴毛、腋毛先后出现等。月经初潮是女性发育成熟的主要标志。第二性征的出现，有人形象地称为青少年的"第二次诞生"。经过青春期性发育，男孩就逐渐长成粗犷、健壮的男子汉雏形，女孩逐渐长成圆润丰满，具有青春女性曲线美的女青年雏形。这是第三性征的出现。

青春期是人生发展的关键时期，弗洛伊德曾说："人的生物本能，尤其是性的欲望是行为活动的动力。"所以，采取有效措施，引导和教育未成年劳动教养人员树立正确面对青春期的种种变化，调整心态，控制情绪，树立正确的世界观、人生观，是非常必要的。

（二）未成年劳动教养人员的心理特点

青春期不仅是生理上各项机能走向成熟阶段，也是大脑从生长发育走向日趋成熟的时期。结构上的成熟保证了功能作用的发挥。因此，青春期心理活动也呈现出千变万化的特点。

1. 认知方面

处于"青春期"阶段的未成年人，随着身体机能的发育由不成熟逐步走向成熟，思想观念和认识能力也在不断发展变化。具有明显的"青春期"特点，他们有较强的独立意向，希望能够按照自己的想法、兴趣爱好去行事；对问题的看法直观、片面、偏激，缺乏正确的逻辑分析、判断和辨别能力；在认知结构、情感结构等方面不成熟，心理发展滞后，不能与生理发展完全同步。走向违法犯罪的未成年人，大多学历较低，没有深厚扎实的理论和文化知识功底，在认识上出现了偏差，不能够正确地辨别是非善恶，从而形成了错误的人生观、价值观、世界观。自我意识膨胀，缺乏一定的法律意识和道德观。面对社会上拜金主义、享乐主义的刺激与诱惑，很容易接受消极的人生观，陷入物欲的泥潭，一旦物质生活得不到满足，很容易产生反社会思想，产生报复社会的心理。

2. 性格意志方面

从未成年劳动教养人员的性格来看，大多属于外向型性格，比较任性和放纵，带有一定的偏执性，在人格上存在明显的缺陷，主要表现为：没有明确的人生目标，缺乏社会责任感；是非善恶辨别能力较差，缺乏怜悯之心和同情心；性格多疑，充满敌意和戒备心理；脾气暴躁、言语具有较强攻击性；独立性和自控能力比较差，易受外界环境影响。[①] 随着他们身体的发育成长，在意志方面也会越来越坚定，但思维能力还十分有限，对事物的看法往往是直观、片面的，缺乏分析与判断能力，感情容易动摇缺乏自制力，思想不稳定，反复性大，极易受外界支配和影响。表现为在不利环境作用下，可能出现一些易激动、不冷静、缺乏自制的偏激行为；容易受外界事物和他人暗示；在挫折和失败面前易产生动摇、畏难和悲观情绪；对积极意志品质（勇敢、有主见等）与消极意志品质（鲁莽、固执等）的界限认识模糊。

3. 情绪情感方面

未成年劳动教养人员的情绪和情感的两极化极为明显，主要表现是情绪波动较大，极易出现高强度的兴奋、激动，或是极端的愤怒、悲观、绝望等极端情绪，并且常常偶遇刺激，便即刻爆发，出现偏激情绪和极端的行为方式。对情绪情感的调控能力较差，烦躁不安，容易冲动。目前，不少家庭都是独生子女，这些在溺爱环境中长大的孩子，往往养成任性、自私等不良习性。加之家庭不当教育和缺乏集体合作环境，很容易诱发独生子女心理疾病，导致他们产生性格孤僻、承挫力差、交际恐惧症、自闭症等心理问题和暴力倾向等，造成在情感上对他人冷酷、多疑、易嫉妒、易愤怒、易气馁等特点。在接受教育矫治过程中，也常常表现出强烈的反抗心理和过激言行。

---

① 翟恩波：《青少年违法犯罪心理及其预防》，载《教育纵横谈》2004 年第 6 期。

二、对未成年劳动教养人员的管理

对未成年劳动教养人员的管理，是指未成年劳动教养所依法对被劳动教养人员在执行劳动教养过程中，直接实施的教育、感化、挽救活动以及日常事务管理的一项行政执法活动。

（一）未成年劳动教养人员管理的原则

《中华人民共和国未成年人保护法》第 5 条规定："保护未成年人的工作，应当遵循下列原则：尊重未成年人的人格尊严；适应未成年人身心发展的规律和特点；教育与保护相结合。"遵循未成年人保护法，结合未成年劳动教养人员管理教育工作实际，在实践中应贯彻以下原则：

1. 教育与保护相结合的原则

这一原则是根据未成年人的特点和未成年劳动教养人员违法犯罪的主客观原因而提出的。未成年人最显著的特点是处于成长阶段，他们知识不多，涉世不深，社会化尚未完成，可塑性大。这一特点决定了未成年时期是一个自我抑制能力薄弱时期，是世界观、价值观和人生观形成时期，也是真、善、美与假、丑、恶的争夺期，是一个需要塑造、教育、保护的时期。未成年劳动教养人员的教养工作就是为了矫正他们的不良思想和恶习，对他们进行思想教育、文化教育和职业技术教育，使他们成为具有一定文化和劳动技能的有用之才。教育和保护是相辅相成的，教育是为了保护，保护必须进行教育，只有将两者有机结合起来，才能达到教育矫治未成年劳动教养人员的目的。

2. 教育感化与强制教育相结合的原则

国家法律的实施必须以国家强制力来保障，根据我国有关法律法规，劳动教养是对被劳动教养的人实行的强制性教育改造的行政措施。说明对劳动教养人员管理的强制性是国家法律认可的，并由国家强制力保障实施的。对劳动教养人员的教育是在强制的前提下进行的，只有强制他们在一定程度上与社会隔离的封闭环境中实施教育，才能使他们脱离原来的不良环境的干扰，进而矫正其不良思想和行为。这种教育的强制性体现在教育的组织形式上，不论劳动教养人员是否愿意，都必须参加学习接受劳教所安排的教育活动。在教育的时间、方式、结果等方面，都有严格的组织纪律性做保障，不以劳动教养人员的主观意志为转移，均具有强制性的特点。但是，教育的内容和本质不具有强制性，要想取得较好的教育效果，就必须遵循教育的规律，针对未成年劳动教养人员的特点，既要严格管理，又要做到细致入微，动之以情、晓之以理，用干警自身的高尚人格和魅力影响感染他们，使他们在潜移默化中受到教育，促使其思想和行为向好的方面转化，达到"润物细无声"的效果。只有把强制教育与教育感化有机结合起来，才能取得好的效果。

3. 分类管理和个别化教育相结合的原则

分类管理是指在对未成年劳动教养人员的教育管理中，按照年龄、性别、罪错性质及轻重、改造表现等情况，将他们分别编队，采取不同的方式进行管理。分类管理有利于根据不同类型的未成年劳动教养人员的具体情况，实行区别对待，防止他们交叉感染。分类管理的实施有利于开展有针对性的个别教育，最终达到提高改造质量的目的。

个别化教育是指在分类的基础上，根据每个未成年劳动教养人员的案件性质、罪错原因、家庭情况、个人经历、文化水平、思想特点、认错态度、改造表现等不同情况，采取不同的教育内容和方法进行有针对性的教育。个别化教育针对性强，能够因势利导，对症下药，取得更好的教育、改造效果。个别化教育必须是在严密的分类管理的基础上，才能取得较好的效果，因此，未成年劳动教养人员的管理应贯彻分类管理与个别化教育相结合的原则。

（二）未成年劳动教养人员的管理措施

1. 分类管理

《劳动教养试行办法》第 18 条规定："对劳动教养人员，应当按照性别、年龄、案情性质等不同情况，分别编队、分别管教。"分类管教同样适用于未成年劳教人员的管理，是指按照未成年劳动教养人员的性别、年龄、违法犯罪的性质和主观恶性的深浅等不同，采取不同的方式进行管理和教育。

（1）未成年教养人员具有区别于普通成年劳教人员的特点，需要单独设立未成年劳动教养人员管理所对其进行管理教育，而不能与普通劳教人员混编、混管。

（2）根据性别不同把男女未成年劳动教养人员分开编队，女性未成年劳动教养人员应给予适当照顾。

（3）结合本单位的具体实际和教育改造需要，将未成年劳动教养人员按不同的标准进行分类。分类管教的类型主要包括：一是按照未成年劳动教养人员的主观恶性进行分类；二是按照未成年劳动教养人员的罪错性质进行分类。

（4）由于未成年教养人员不具有完全的行为能力，未成年劳动教养人员入所后，未成年劳动教养人员管理所、队应当在收容之后五日内，将未成年劳动教养人员的基本情况和管理教育工作的相关规定等，通知其父母或者其他监护人。

2. 分级累进处遇

分级累进处遇是在分类管理的基础上，根据其收容期限、恶习矫正和思想转化等情况，将未成年劳动教养人员分成不同的处遇级别，按照级别实行不同的处遇。对未成年劳动教养人员的管理方式分为封闭式、半开放式和开放式，根据日常考核结果实行动态管理，以半开放式和开放式管理为主。

（1）封闭式管理。对新收容的未成年劳动教养人员，严重违反所规纪律的未成年劳动教养人员，实施封闭式管理。在封闭式管理期间，限定其活动范围和活动方式，控制其通讯、会见的次数和时间。

（2）半开放式管理。对日常表现较好、心理稳定的未成年劳动教养人员，实施半开放式管理。在半开放式管理期间，扩大其活动范围，增加其通讯、会见和参加文体、娱乐活动的次数和时间，准予请假或者不定期放假，使其回家团聚。

（3）开放式管理。对日常表现好，初步养成良好行为习惯，不致再危害社会，且家庭或者所在社区、学校和单位具备帮教条件的未成年劳动教养人员，实施开放式管理。在开放式管理期间，根据不同条件和情况，周末可以放假回家或者予以试学、试工、试农等多种形式的所外执行。

3. 劳动管理

根据《少年教养工作管理办法》第 5 条规定："少年教养管理所、队坚持'以教育为主，习艺劳动为辅'的原则，实行半日学习、半日习艺劳动制度。有条件的未成年人教养管理所、队可以实行全日学习的制度。"针对多数未成年劳动教养人员存在好逸恶劳、不劳而获的错误思想，应该通过劳动教育、通过劳动促使未成年教养人员树立劳动意识，遵守劳动纪律，学到一定的生活、职业技能，为其将来顺利回归社会创造条件。未成年劳动教养人员管理所、队应当根据未成年教养人员的特点开展自我服务性劳动和习艺性劳动。劳动时间每天不超过 4 小时。禁止组织未成年劳动教养人员从事非所外执行的所区外劳务活动。

4. 生活卫生管理

未成年劳动教养人员正处于身体成长阶段，需要得到必要的营养补充和睡眠。所以，根据有关规定，未成年教养人员管理所、队应当根据未成年劳动教养人员身体成长需要和青春期特点进行营养指导，平衡膳食。每天睡眠不少于 8 小时，每周休息 2 天。此外，未成年教养人员管理所、队应当严格执行食品卫生和传染病防治法律、法规，加强食品卫生管理和传染病预防工作，建立突发卫生事件应急处理机制，进一步加强食品卫生管理和传染病防治工作，切实保证未成年劳动教养人员的身体健康。

三、对未成年劳动教养人员的教育

对未成年劳动教养人员的教育，是指未成年劳动教养所依据国家有关法律、法规和政策，用特定的教育形式、方法和内容，转化劳动教养人员的思想，矫正其不良行为习惯，培养良好品德，使其成为遵纪守法的公民、自食其力的劳动者

劳动教养学

的一系列活动。

（一）未成年劳动教养人员接受教育的特点

未成年劳动教养人员与成年劳动教养人员相比，在接受教育方面有较大的不同。由于未成年劳动教养人员正处于从少年期向青年期转换的过渡时期，无论是在生理上，还是在心理上都有明显的过渡性特征，加之其社会经历不丰富，世界观、人生观和价值观尚在形成中，因此，在接受教育的过程中，表现出独特的特点。

1. 思想不稳定，反复性大

由于少年劳动教养人员年龄较小，阅历不深，法制观念淡薄，被收容劳动教养后，通过一系列的教育，有的人对自己的违法犯罪行为虽然有一定的认识，也产生了一定的悔罪心理，但由于认知水平有限，对问题的认识处于浅层次肤浅的认识，对违法犯罪的根源认识不足，思想波动大，起伏不定，表现为行为反复性较大，时好时坏等。

2. 愚昧无知，精神空虚

未成年劳动教养人员在收容劳教之前，多是因劣迹行为被学校开除，或自动辍学后走上违法犯罪道路的青少年，文化程度层次很低，有的九年义务教育尚未完成，几乎处于文盲半文盲状态，愚昧无知，精神空虚。对一些腐朽的违法犯罪思想和行为，不能正确鉴别和有效抵制，极易受到交叉感染。

3. 好逸恶劳，贪图享乐

未成年劳动教养人员，多数是因好逸恶劳、贪图享乐走向违法犯罪道路的。由于不正确的世界观、人生观和价值观的影响，形成了他们游手好闲、好逸恶劳、无事生非等不良嗜好和品行，自身性格的缺陷、幼稚不成熟的心理，文化层次低下，法制观念淡薄等原因，加之未成年人心发育的失衡等因素，一旦受到外界因素的影响、刺激，很容易走向犯罪道路。在教育矫治过程中，常常表现为不思进取、胸无大志、好逸恶劳、贪图享乐的特点，极易受到负面影响，产生交叉感染。

4. 生活能力差，对环境适应力差

未成年劳动教养人员，由于年龄小，文化层次低，生活自理能力比较差，而且多数懒散成性，对强制性的教育矫治环境和生活方式极为不适应，有的产生强烈的抵触情绪，表现为心理上的抵触和行为上的不配合，不安心接受教育，常常不服管教等。

5. 性格孤僻，逆反心理严重

未成年劳动教养人员中，有相当一部分人在残缺家庭环境中生活成长，失去父母或父母离异，缺乏家庭温暖，造成他们对社会、对亲人缺乏应有的信任，致使其在成长过程中，身心朝着畸形逆反的方向发展，造成其性格的孤僻、怪异、叛逆。在接受教育矫治中，表现为强烈的反抗性。

了解和掌握未成年劳动教养人员在生理上、心理上和教育矫治中呈现出的特点，有利于更好地管理和教育矫治未成年劳动教养人员。根据其特点，制定科学的教育矫治方案、个性化方案等，有针对性地实施教育矫治，提高教育矫治质量，从而达到教育挽救劳动教养人员的目的。

（二）未成年劳动教养人员教育的内容

在未成年劳动教养人员教育内容上，要充分考虑到未成年劳动教养人员的身心特点，未成年劳动教养人员管理所、队应当根据教学需要设置教学班，对未成年劳动教养人员进行思想教育、文化教育、职业技能教育，以课堂教育为主。课堂教育每周不少于 20 课时，全年不少于 1000 课时。要不断提高教育工作的针对性和有效性。

1. 思想政治教育

（1）社会主义法制教育。其内容包括法律法规的学习，组织劳动教养人员学习法律常识。通过在未成年劳动教养人员中开展社会主义法制教育，提高他们的法律意识，养成遵纪守法的良好习惯。增强辨别是非的能力，树立公民意识和法制观念，明确自己的权利和义务，提高依法维护自身合法权益的意识。

（2）公民道德教育。其内容包括公民基本道德行为规范教育；爱国主义教育；社会公德、职业道德教育和家庭美育教育。教育劳动教养人员热爱祖国、热爱劳动、遵守社会公德、诚实守信、文明礼貌等。

（3）"三观"教育。未成年劳动教养人员的人生观、价值观、世界观尚未定型，应把握好这个发展阶段，及时教育。联系未成年劳动教养人员思想实际，进行"三观"基本理论教育，也可以通过主题班会、开展知识竞赛等灵活多样的学习形式，有计划地组织他们开展讨论、辩论，加深理解。通过学习，提高辨别是非、善恶、美丑的能力，提高其抵御腐朽思想的能力，从而树立正确的人生观、价值观和世界观。

（4）心理健康教育。针对未成年教养人员的心理特点，开展心理矫治；针对未成年劳动教养人员的生理特点，开展健康教育。通过心理健康教育，帮助其正确认识自我；学会辩证思维，进行正确归因。学会调节控制自己的不良情绪，能够妥善处理人际关系，提高心理承受能力，发展积极健康的心理，培养健康的人格。

（5）入、出所教育。是指劳动教养人员入所教育和出所教育。其内容包括所规所纪教育、遵规守纪教育、规范养成教育、形势政策教育、前途教育、就业指导教育等。教育劳动教养人员正确认识自己以往罪错，给他人给社会带来的负面作用，努力改造自己，痛改前非。认识到党和政府并没有抛弃自己，是在挽救自己，前途仍然是光明的，从而树立信心，努力改造自己成为社会有用之才。

思想政治教育是对劳动教养人员教育的核心内容，在劳动教养人员教育工作中占据主导地位。思想教育应当贯穿于未成年劳动教养人员管理教育工作的全过程。

2. 文化教育

文化教育，是未成年劳动教养所教育工作的重要任务之一。有关法规规定：未成年劳动教养人员管理所、队应根据未成年劳动教养人员的文化程度开展文化教育。对未完成九年义务教育的，应当为其接受相应的义务教育提供必要条件。可见，对未成年劳动教养人员开展文化教育，不仅是教育挽救他们的需要，而且也是贯彻义务教育法，对他们进行义务教育的必需。

文化教育开设的内容与普通中、小学开设内容相一致，主要有语文、数学、历史、地理、外语、物理、化学等。由于未成年劳动教养人员的文化水平普遍偏低，文盲或半文盲人员较多，可以开设扫盲班，进行文化补习。对初中毕业及以上文化层次人员，可以进行高中以上文化补习和大专函授或自学考试辅导等，提高其文化水平。文化教育是职业技术教育和其他教育的前提，并为今后走向社会打下必要的知识基础。

3. 职业技术教育

职业技术教育，是为了适应未成年劳动教养人员的需要和社会主义现代化建设事业发展形势的需要而开设的。对未成年劳动教养人员的职业技能教育着重进行初等或者中等职业技能教育。可开设易于未成年劳动教养人员接受的技术课程，如裁剪缝纫、电脑维修、电脑组装、家电维修、汽车维修、手机维修、打印复印技术等。职业技术教育课程，主要任务是未成年劳动教养人员树立正确的择业观和劳动观教育和职业技能的培训。培养他们的自立、自强、自尊意识，树立以劳动来实现自我价值的信心，依靠自己的劳动技能和技术专长立足于社会。在技术教育的同时，要进行社会主义市场经济教育、择业观教育、职业技能教育和岗位技术培训，不断提高培训率、获证率和解教衔接安置率，减少重新违法犯罪，达到良性循环的目的。

（三）未成年劳动教养人员教育感化的方式

未成年劳动教养人员管理教育工作，必须贯彻"教育、感化、挽救"的工作方针。坚持依法管理、科学施教、人文关怀、重在教育的原则，采取灵活多样的教育形式，促使未成年劳动教养人员增强法制意识和道德修养，掌握一定的文化知识和职业技能，成为守法公民。

1. 个别教育。未成年劳动教养人员管理所、队应当根据未成年劳动教养人员的过错类型、思想状况、家庭背景和接受能力等具体情况，采用法制教育与道德教育、以理服人与以情感人、解决思想问题与解决实际问题相结合的方式，对其进行有针对性的个别教育。

2. 文体娱乐活动。针对未成年劳动教养人员的身心发育特点，未成年劳动教养人员管理所、队应当积极开展丰富多彩的文体娱乐活动，保证未成年劳动教养人员文体娱乐活动时间每天不少于1小时。

3. 习艺教育。未成年劳动教养人员管理所、队应当根据未成年劳动教养人员的特点，开展自我服务性劳动和习艺性劳动。劳动时间每天不超过4小时。通过习艺性劳动过程对他们进行矫治教育，使他们明白劳动是克服好逸恶劳思想，进行自我完善的实践，也是社会的生存方式，每个人必须通过生产劳动取得社会生存的通行证，磨炼意志品质，增强集体主义观念和遵纪守法的意识。

4. 联合办学。未成年劳动教养人员管理所、队可以与当地学校联合办学，争取教育行政部门的指导和帮助，在教学业务、师资培养、颁发证书等方面取得支持。

5. 社会帮教。未成年劳动教养人员管理所、队应当加强与未成年劳动教养人员父母、亲属、原所在学校、单位、社区以及社会各有关方面的联系，采用多种形式，开展社会帮教，并为他们来所帮教提供便利。

未成年劳动教养人员管理所、队应当创造条件，鼓励和支持社会上的教育工作者、法律工作者、专业技术人员和社会工作者作为兼职教师或者志愿人员，参与未成年劳动教养人员的教育工作。

6. 其他教育矫治措施。目前，未成年劳动教养所收容的劳教人员，相当一部分为独生子女，针对其年龄、生理、心理等特点，为使劳教场所更加接近家庭环境，在未成年劳动教养人员管理所、队，可以配备一定数量的40岁以上的女性人民警察从事男性未成年劳动教养人员管理教育工作，更有利于未成年劳动教养人员的管理和教育。对未成年劳动教养人员还应该有针对性地加强以下教育：

（1）"养成教育"。包括行为举止、文明礼貌、内务规范和所规所纪等，使其达到"行有准则，言有规范"，彻底扭转其无组织无纪律的思想，养成良好的生活、卫生行为习惯，这是对其开展常规教育的基础。

（2）"团队教育"。针对未成年劳动教养人员中，独生子女比较多，孤僻、冷漠等性格，培养其"团队精神"非常必要。鼓励他们参加集体活动，如体育比赛、文艺表演、外出参观等辅助教育活动，培养其健康、乐观、积极的心态和良好的兴趣爱好，培养其集体荣誉感和团队意识。

（3）"情爱教育"。针对多数未成年劳动教养人员感情淡漠，要加强情爱教育，使其学会如何平等、信任、尊重他人，增强人际交往的能力。

在教育的方法上，尽量做到有"理"、有"方"、有"度"。有"理"，就是摆事实、讲道理。有"方"，就是要讲究教育的方法，强调针对性。有"度"，就是教育方法上要掌握一定限度。标准不可过高过低，要尽量适中，才能不断提高教育矫治水平，达到教育挽救的目的。

第三节　女性劳动教养人员的管理及教育

一、女性劳动教养人员的特点

女性劳动教养人员，是指因实施了违法犯罪行为、符合法定适用条件而被女子劳动教养所依法收容劳动教养的女性人员。由于女性劳动教养人员在生理上、心理上以及入所之后接受教育等方面，与男性劳动教养人员相比具有许多特殊性，把握和控制女性劳动教养人员在生理、心理等方面的特征，对于有针对性地实施教育矫治，具有重要意义。

（一）女性劳动教养人员的生理特征

女性劳动教养人员的生理特征，主要表现在女性特殊的生理周期，是由植物神经系统支配的器官系统下的生理过程，外在表现为月经期和更年期所出现的种种生理症状。在女性周期性月经期过程中，其身体的抵抗力下降，产生情绪上的波动，出现烦躁、不安、焦虑、易怒等反应。入所之后，由于劳动教养所特定的环境和管理模式，封闭的生活环境、严密的组织纪律、特殊的人际关系等，这一切都会更加剧女性的生理反应，生理上的变化又反过来进一步加重消极的情绪体验，容易出现难以控制的不良情绪，如紧张、恐惧、烦躁、焦虑、抑郁、愤怒等消极情绪状态，这些消极情绪不能得到有效干预或控制，有可能出现不可想象的后果，如逃跑、自杀、自伤、自残等极端行为，给女性劳动教养人员管理和教育带来极其不利的影响。

处于更年期的女性劳动教养人员，由于所处的环境及身份等因素的影响，较社会上一般的女性相比，更容易发生更年期综合症。更年期综合症的主要表现有：生理周期紊乱、情绪急躁、易于激动、心慌意乱、思想不集中、喜怒无常；面部潮红、经常出汗、头痛、心悸；血压升高、关节酸痛、体形发胖等，并伴随情绪不稳定，多疑、易怒、烦躁、忧郁、焦虑等。这些生理和心理的波动和变化，容易引起女性劳动教养人员的一些反常行为，给教育改造工作增加困难。

可见，女性劳动教养人员特殊的生理现象对其情绪和行为的影响是非常大的，并对女性劳动教养人员的教育矫治质量有着直接的、重要的影响作用。必须引起我们高度重视。

（二）女性劳动教养人员的心理特征

心理是指生物对客观物质世界的主观反应，包括感觉、知觉、记忆、思维、情感和意志等内容。心理通过人脑的活动思考着事物的因果关系，并伴随着喜、怒、哀、乐等情感体验等。人的心理活动受其主体生理条件、生活阅历、文化素养、生活环境等因素影响，因人而异。女性劳动教养人员是一个特殊的群体，有其特殊的心理特征，把握这些特征对于提高教育矫治质量具有重要意义。

1. 认知方面

女性劳动教养人员在入所之前，多数人的社会交往面较为狭窄，参加社会活动与管理的机会较少，加之文化程度低下，导致她们在认知范围和认知能力上的狭窄和薄弱，与常人存在不同程度的差距。表现为抽象思维能力较差，学习与理解能力不强，善于接受形象、具体、直观的外界信息，而对抽象的概念类信息较难接受。对法律、法规、政策的理解，往往非常肤浅或歪曲理解，甚至想当然，根据自己的认知想象来判断分析问题。女性劳动教养人员在思维方面，逻辑思维能力差，形象思维能力强，相信自己的经验，相信自己的判断，缺乏理性，所以对事物的本质缺乏认知能力。在认知过程中，往往表现为易受暗示、缺乏主见、思想易反复不稳定等现象，给教育矫治工作增加了难度。

2. 情绪情感方面

情绪情感是人对事物的态度的体验，是人的需要得到满足与否的反映。女性劳动教养人员在情绪情感方面有着特殊性，支配她们情绪情感体验的往往是个体的低层次需要即生理需要是否得到满足或满足的程度，缺乏因社会需要得到满足而产生的高层次的积极情绪情感体验。表现为情绪多变，喜怒无常。在待人接物过程中，异常敏感。顺利时热情很高，喜欢新的信息刺激，希望成为人们关注的中心。遇到挫折则心灰意冷，半途而废，并说三道四，发泄不满。尤其在节假日期间表现更为突出，情绪波动大，感情丰富细腻，思家心切，难以自控。希望得到关怀与同情，依附性强，竭力寻找可以依附的对象，由此往往导致同性恋的发生。同时，女性劳动教养人员由于认知范围的狭窄，在教育矫治过程中，不容易从内心深处认罪认错，往往错误认为自己没有犯罪，而是社会对她们的不公平，缺乏改造的主动性和积极性，遇到不顺心时，往往大吵大闹，撒泼耍赖，给管理和教育工作增加了难度。

心理学研究表明，人的认识活动受情绪和情感的影响，积极的情绪、情感推动人们去克服困难、达到目的；消极的情绪、情感则阻碍人们的活动，销蚀人们的活力，甚至引起错误的行为。所以，我们要了解并把握女性劳动教养人员在情绪情感方面所反映出来的特征，有针对性地制定教育矫治方案，发展女性劳动教养人员积极的情绪情感体验，有效引导，推动教育矫治工作质量的不断提高。

3. 意志方面

意志是决定达到某种目的而产生的心理状态，意志是一种特殊的、针对行为活动方面的情感，是人类独有的心理活动形式，反映了人的行为价值的目的性、层次性、稳定性、效能性、细致性等内容。女性劳动教养人员在意志方面也有其独特性，表现为缺乏较高层次的目标和理想，缺少坚定的生活信念，对社会缺少责任感。不能按照既定目标和社会规范来调节自己的行为，思想上优柔寡断、杂乱无章，行为举止简单粗暴，情绪爆发难以自控，生活作风贪图享受。遇到挫折，就心灰意冷，情绪低落，不能自拔。面对错误的思想与行为，不能正确分析判断，甚至变本加厉，固执己见，一意孤行，这些消极的意志品质必然影响女性劳动教养教育矫治工作的正常进行。

良好的意志品质不是突然产生的，它需要在逐渐积累的过程中一步步地形成。对于女性劳动教养人员在意志品质方面的特征，必须采取有效措施，明确目标，调动她们改造的积极性、主动性，努力改变自我，注重精神的培养和意志的磨炼，培养良好意志品质，对她们人格的完善、出所融入社会、工作和生活等诸方面，都具有重要作用。

二、对女性劳动教养人员的管理

（一）女性劳动教养人员管理的原则

1. 一般管理原则

女性劳动教养人员是特殊群体，在其生理和心理等方面有许多特殊性，对她们的管理与教育也具有一定的特殊性。但唯物辩证法告诉我们，任何事物都具有普遍性与特殊性、共性与个性，只有正确把握与处理好普遍性与特殊性、共性与个性的关系，才能将事业推向前进。

女性劳动教养人员，是实施了一定违法行为并符合劳动教养条件被依法收容的劳动教养人员，其身份非常明确，具备对劳动教养人员管理教育的共性特征。《劳动教养管理工作执法细则》第3条规定："劳动教养机关对劳动教养人员的管理，必须全面贯彻依法管理、严格管理、文明管理、科学管理的原则。"因此，对于她们要本着"教育、感化、挽救"的方针，对其进行依法管理、严格管理、文明管理、科学管理，遵循劳动教养人员管理的一般原则，在处理好共性问题的基础上，再进一步考虑作为特殊群体所具有的部分特殊性问题，只有把普遍性与特殊性有机结合起来，才能较好达到既定标准、实现既定目标。

2. 特殊管理原则

所谓特殊管理原则，是指女子劳动教养所及其人民警察，专门针对女性劳动教养人员管理中所涉及的特殊问题，在管理过程中所必须遵循的法则或准则。特殊管理原则要求在管理中必须照顾到女性生理和心理的特点，尊重和保护女性劳动教养人员的各项合法权益，主要包括：

（1）人格权的保护。人格权是社会个体生存和发展的基础，是整个法律体系中的一种基础性权利。在人格权中，根据权利客体不同可分为物质性人格权和精神性人格权。物质性人格权包括身体权、健康权、生命权；精神性人格权包括姓名权、肖像权、自由权、名誉权、隐私权等。因受传统观念及社会压力等诸多影响，女性劳动教养人员在人格权方面更容易受到侵害，劳动教养管理所及人民警察应采取有效措施，维护其人格权不受侵犯，促进其自尊、自信、自立和自强。

（2）受教育权的保护。受教育权不仅是女性劳动教养人员的一项权利，同时也是一项义务。对她们进行文化教育是国家的基本国策，也是落实国家义务教育法的基本措施。提高她们的文化程度，可以改变女性劳动教养人员的知识结构，开拓她们的视野，增强她们的认识能力，转移不良的兴趣和需要。同时，对女性劳动教养人员开展职业技术教育和技能培训，掌握一技之长，为她们立足社会创造必要条件。

（3）婚姻家庭权的保护。根据《中华人民共和国妇女权益保障法》，妇女享有与男子平等的婚姻家庭权利，"妇女对依照法律规定的夫妻共同财产有与其配偶平等的占有、适用、收益和处分的权利，不受双方收入状况的影响。"女性劳动教养人员与男性劳动教养人员相比，情感丰富细腻，对家庭和亲人的依赖性更强，同时也更加需要亲人的呵护和家庭的温暖。但往往她们的婚姻家庭生活是不幸的，加之她们所处环境的封闭性和自身无法克服的一些弱点，一旦她们的婚姻家庭权受到侵犯，很难自行进行维权。所以，劳动教养机关及人民警察应重视女性劳动教养人员婚姻家庭权的保护。

3. 区别对待原则

区别对待原则，是指在对女性劳动教养人员管理中，根据她们的生理和心理特征，违法犯罪性质及恶习程度的深浅等特点，采取不同的教育矫治方法，以达到最佳管理教育效果所遵循的准则。

（1）在管理主体上，女性劳动教养人员应由女性民警管理和教育，有利于对女性劳动教养人员实施特殊处遇，也便于处理女性劳动教养人员在生活上的各种需求，提供必要的保障。

（2）在管理内容上，女劳动教养所应当根据女性劳动教养人员的特点，建立起具有女性管理特点的规章制度，如一日生活制度、教育制度、学习制度、劳动制度、生活卫生制度、考核奖惩制度、请假制度等。

劳动教养学

（3）在管理方式上，实行分类分级管理和分级处遇。根据女性劳动教养人员的罪错类型、恶习深浅、劳动教养期限、现实表现等情况，进行分类分级管理，从而激发女性劳动教养人员的改造积极性。同时，突出教育的针对性、实效性，做到寓教于管、管中有教，从而提高教育改造质量。

（二）女性劳动教养人员的管理措施

1. 分类管理

分类管理是指按照一定的目的和标准，把劳动教养人员划分为不同类型，分别实施管理，即按照一定的标准和程序进行分类编队。这是劳动教养人员管理中最基本的管理模式。根据劳动教养有关法律法规，劳动教养所对女性劳动教养人员，应当按照年龄、案情性质、恶习深浅等不同情况，分别编队，分别管教，派女干部管理。分类管理应该做到：

（1）对性罪错类型的女性劳动教养人员进行单独编队；

（2）其他罪错类型的劳动教养人员分别编队；

（3）对不满 18 周岁女性劳动教养人员单独编队；

（4）有条件的劳动教养所可将首次劳动教养人员与两次以上劳动教养人员（"多进宫"），分别编队管理；少数民族或外省籍劳动教养人员分别编队等。

2. 分级管理

分级管理，是指目前劳动教养管理中，根据劳动教养人员的考核结果，结合其违法犯罪性质、入所时间、恶习程度、社会帮教等具体情况，实行开放式、半开放式和封闭式三种管理模式，对不同管理模式的劳动教养人员，采取的教育矫治方法不同，其相应的处遇也不同。分级管理对于劳动教养人员积极改造具有激励和刺激作用。参照《劳动教养人员三种管理模式实施办法》等规定，根据女性劳动教养人员的改造表现等情况，按照一定的标准和程序，对其进行管理教育。

3. 生活卫生管理

对女性劳动教养人员的生活卫生管理，应该根据女性的生理和心理特点进行管理。如在条件允许的情况下，尽量改善伙食，尊重并照顾少数民族的生活习惯。保证生活用品的供应，配备必需的医用器械和药品，定期进行身体健康检查，加强所内环境卫生建设等。注意劳逸结合，保证劳动教养人员每天睡眠八小时。

4. 劳动保护

在安排生产劳动时，应充分考虑到女性劳动教养人员的生理特点。禁止其从事过于繁重的体力劳动，避免单一体位作业，劳动强度要适当。劳动保护措施要到位，劳动保护物品发放要及时。不得安排女性劳动教养人员在经期从事高处、低温、冷水等内容的作业。

5. 考核与奖惩

根据女性劳动教养人员的特点，建立起具有女性劳教所特点的考核与奖励制度。劳动教养人员的奖励包括：表扬、记功、物质奖励、减期或提前解除劳动教养等；惩罚包括：警告、记过、延长劳动教养期限等。针对女性劳动教养人员虚荣心强，爱面子，喜欢得到鼓励与表扬，受到批评则会斤斤计较，产生抵触情绪等特点，在教育矫治过程中，要充分发挥激励教育的作用，对于进步的思想和行为，及时肯定、及时奖励、及时教育，激发女性劳动教养人员改造的积极性，会取得事半功倍的效果。

三、对女性劳动教养人员的教育

（一）女性劳动教养人员接受教育的特点

多数女性劳动教养人员，在入所前由于个体受传统观念以及社会负面因素的影响，相比男性而言，她们的文化程度相对较低，有些甚至是文盲。因此，她们在接受教育方面具有以下明显的特点：

1. 文化素质低，接受能力较差。由于女性劳动教养人员普遍文化层次低，认识能力有很大的局限性，导致她们接受教育矫治活动中，缺乏主动性、积极性和自觉性。对法律法规、社会道德规范等方面的教育内容，缺乏正确的理解和认识，往往认识肤浅、片面，一知半解或歪曲理解。

2. 情感丰富细腻，情绪波动大。女性劳动教养人员心理活动复杂，情绪容易波动，感情容易冲动，调节能力差，心理承受能力不强，遇到挫折或不顺时，往往出现"破罐子破摔"等极端行为，在教育改造过程中表现为思想波动大、行为上的反复无常等特点。但不可否认，她们在内心深处不同程度地隐藏着自尊心、尊严感，以及对美好生活向往等潜在的积极心理因素，在教育矫治中，我们要善于发现和激励这种潜在素质，化消极因素为积极因素，取得最佳改造效果。

3. 恶习较深，改造难度大。许多女性劳动教养人员认知水平低下、法制观念淡薄，具有背离社会标准的价值观和道德观，自私狭隘，恶习较深，缺乏应有的责任感、正义感、道德感和荣辱感，在接受教育矫治中缺乏自我悔恨和羞耻感，改造情绪不稳定，难以矫治。

正确把握女性劳动教养人员的上述特点，有利于我们在教育矫治遵循原则上、教育矫治内容上，以及教育矫治方式方法上，突出科学性、针对性和实效性，提高教育改造的效果。

（二）女性劳动教养人员教育的原则

1. 感化教育原则

感化教育，是针对女性劳动教养人员的特点，突出以情教育、以情感化的教

劳动教养学

育理念，帮助女性劳动教养人员认识违法犯罪性质、改过自新、重建人格的一种教育矫治工作。具体说，是指劳动教养所及干警有意识、有目的地用善意的劝导和良好的行动，以及劳动教养人民警察高尚的人格魅力，来影响感染劳教人员，使其在潜移默化中受到教育，从而使自己的思想和行为向好的方向转化。感化教育可分为精神感化和物质感化两个方面，精神感化方面包括对她们进行深入细致的思想政治教育，实行文明管理与严格管理的方针、政策，开展各种有益的活动，如尊重她们的人格，心理辅导、节假日期间及时给予沟通，遇到困难及时给予安慰、理解并帮助她们渡过难关等。物质感化主要是指在感化的手段方面包括真心实意地关心她们的衣、食、住、医疗卫生、劳动保障、必要的生活用品等。用党的政策去感召，用高尚的情操去感染，用干警的表率作用去影响她们，以减少她们的抵触、对立情绪，化解矛盾，用亲情感、信任感来调动她们改造的积极性，提高教育挽救的质量。感化教育的目的是协助女性劳动教养人员主动改造自己，与他人建立正常的社会关系，形成符合社会规范的行为方式和生活方式。

2. 感性教育原则

感性，《汉语大词典》解释为："作用于人的感觉器官而产生的感觉、知觉和表象等直观认识"，相对于"理性"。对劳动教养人员感性教育，是指针对女性劳动教养人员的思维特点，把理论性较强的教育内容，转换成她们比较喜闻乐见、易于接受的直观、生动、具体、形象等教育方式进行的教育。女性劳动教养人员多数文化程度较低，对于理性较强的内容不易接受，思维方式直观形象，因此，采取灵活多样、生动活泼的教育方式，如举办文艺演出、开展手工制作、观看图片展、幻灯片、举办讲座等，既能激发她们的学习兴趣，又能取得较好的教育效果。

3. 个别教育原则

个别教育必须坚持针对性强、有的放矢的原则。要针对女性劳动教养人员的认罪认错情况、家庭情况、性格特点、现实表现和近期思想动向制定教育方案，讲究教育效果。

针对女性劳动教养人员虚荣心强、爱面子等心理特点，劳教所在教育矫治过程中，要特别注意贯彻个别教育原则。个别教育具有很强的针对性和保密性，对于解决女性劳动教养人员的个人特殊问题、激发其改造的积极性具有重要作用。如在创办劳教特色过程中，许多劳教所积极探索有效的个别教育方法，开展了预约谈话活动，改由过去大队民警找劳教人员的谈话单一形式，转变为劳教人员可以找大队、机关处室和所领导谈话，更有利于掌握劳动教养人员的思想动态，找出问题的原因，及时给予疏导和解决。

干警进行个别谈话教育要有记载，并建立检查制度，一线管教干警每月找劳动教养人员个别谈话教育要在 15 人次以上。每名劳动教养人员每季至少接受一次个别谈话教育。实践证明，个别教育原则，是劳动教养人员特别是女性劳动教养人员教育矫治中一项行之有效的原则。

4. 系统性与有效性相结合原则

系统性是指教育活动具有的整体性、有序性和动态性特征。有效性是指教育活动多层次、多渠道、多侧面地选择最佳方法，寻求最佳时机，取得教育的最佳效果。对女性劳动教养人员的教育，必须把握针对性与方向性，注重实效。一是实事求是，有的放矢地进行教育，在理论与实际的结合中传授知识，注重直观性和趣味性，做到深入浅出、生动形象；二是把加强劳动教养人员的思想教育同解决她们的婚姻、家庭、工作等实际问题结合起来；三是要求劳动教养人员把理论知识、思想实际和改造活动密切结合起来，做到教育的系统性与有效性相结合，才能取得好的教育效果。

（三）女性劳动教养人员教育的内容和方法

1. 法制教育与道德教育相结合

针对女性劳动教养人员法律意识淡薄、道德观念淡化、心胸狭窄、容易感情用事的特点，开展普及法律常识教育、人生修养教育、现代公民道德教育和社会主义荣辱观等教育。法制教育的内容包括：宪法、刑法、刑事诉讼法、民法、婚姻法、妇女儿童权益保护法和劳动教养法律法规等有关法律的教育，使女性劳动教养人员认清违法犯罪性质、危害和根源，增强法律意识、遵规守纪意识，增加社会责任感、家庭责任感。现代公民道德教育包括"爱国、守法、诚信、知礼"和社会主义荣辱观等教育内容。人生修养教育主要是对其进行自尊、自爱、自强的教育。通过人生观、价值观和前途教育等，通过道德修养教育、行为养成教育、自我意识教育等，督促女性劳动教养人员注重自己的言行，严格要求自己，洁身自爱，逐步养成良好的行为习惯。

针对女性劳动教养人员文化层次普遍较低的特点，可采取灵活多样的教育方法，如以案说法、法律图片展、专家现场授课、所内情景剧、心理剧等灵活直观的教育形式，帮助女性劳动教养人员树立自信心、克服自卑感与虚荣心，以自觉、积极的态度和行为争取别人对自己的尊重，激发其独立意识和自立精神。在不同的入所教育、常规教育和出所教育各个阶段上，其教育重点、内容各有侧重。

2. 情感教育与认知教育相结合

针对女性劳动教养人员情感细腻，认知方面偏向于感性和情绪化的特点，要立足于尊重，着眼于关爱，突出伦理道德和法纪教育内容，让她们认识到自己的违法犯罪行为是违背伦理道德和国家法律的行为，认识到自己行为给他人给社会造成的危害，从而树立正确的道德观和法纪观。同时，针对女性特点进行情感教育，重点教育女性劳动教养人员作为"妻子、母亲、女儿"三大角色的责任，开展"自尊、自信、自强、自立"为内容的"四自"教育。采取灵活多样的教育形式丰富教育内容，如亲情会见、亲情电话、亲情短信平台、亲情帮教等情感教育形式。抓住女性劳动教养人员的每一个闪光点，精心巧妙设置情境教育氛围，如开设生日祝福、亲人点歌、歌手大赛活动等文娱项目，培养女性劳动教养人员热爱祖国、热爱社会、热爱生活、热爱家庭、积极改造的良好心态，塑造其健康人格。

3. 文化知识和职业技术教育

大多数女性劳动教养人员文化知识水平普遍较低，绝大多数是小学和初中文化水平。逐步提高她们的文化知识水平和认识能力，增强她们辨别是非的能力，对于提高教育改造效果有着重要意义。劳动教养所以提高女性劳动教养人员基础文化知识水平为重点，参照社会办学模式，开办扫盲班、小学班、初中班，聘请具有教师资格证书的警察教员和社会学校教师为其授课。以课堂授课为主，实行学期考核，年度考试，合格者由当地教育部门颁发社会认可的毕业证书。对学历较高者，鼓励其自学，并为她们参加社会举办的成人高等教育及高等教育自学考试提供便利条件。

女性劳动教养人员之所以走上违法道路，不仅仅是由于好逸恶劳、贪图享乐的腐朽思想，其中缺乏劳动和生存技能也是重要原因之一。所以，对女性劳动教养人员不仅要进行思想教育，而且要对她们进行职业技术教育。针对女性劳动教养人员的身心特点和就业方向，劳动教养所要联合社会劳动培训部门，做好女性劳动教养人员岗前岗位培训和实用技能培训，开展职业等级技术培训。在工种的选择上还应考虑到女性劳动教养人员的兴趣、爱好等特殊情况，选择女性劳动教养人员容易接受、易于就业的产生项目。如开办服装裁剪、缝纫、美容美发、电脑技能培训、复印打字班等，考试合格者由社会劳动部门颁发职业资格等级证书，为女性劳动教养人员期满解教后就业谋生打下良好的基础。

4. 加强生理心理知识教育

女性劳动教养人员由于自身的生理特点与特殊的社会环境的压力，心理障碍、心理疾病的出现较男性多，女性劳动教养人员在青春期和更年期更是心理疾病的高发期，而女性情绪稳定性又较男性差，意志也比较薄弱，缓解压力能力又往往不强，导致许多女性劳动教养人员心理障碍、心理疾病的出现。在劳动教养期间，不能很好地调节自己的心理变化和情绪反应，给所内生活及教育改造上带来许多障碍，个别人员因情绪上的波动导致逃跑、自杀、自残等现象。因此，加强对女性劳动教养人员生理心理知识的教育十分必要，通过教育，提高她们的认知水平和心理健康水平，有利于她们正确认识自我，从而改过自新，重返社会。

【延伸阅读】

中华人民共和国禁毒法（节选）

（2007 年 12 月 29 日第十届全国人民代表大会
常务委员会第三十一次会议通过）

第四章　戒毒措施

第三十一条　国家采取各种措施帮助吸毒人员戒除毒瘾，教育和挽救吸毒人员。

吸毒成瘾人员应当进行戒毒治疗。

吸毒成瘾的认定办法，由国务院卫生行政部门、药品监督管理部门、公安部门规定。

第三十二条　公安机关可以对涉嫌吸毒的人员进行必要的检测，被检测人员应当予以配合；对拒绝接受检测的，经县级以上人民政府公安机关或者其派出机构负责人批准，可以强制检测。

公安机关应当对吸毒人员进行登记。

第三十三条　对吸毒成瘾人员，公安机关可以责令其接受社区戒毒，同时通知吸毒人员户籍所在地或者现居住地的城市街道办事处、乡镇人民政府。社区戒毒的期限为三年。

戒毒人员应当在户籍所在地接受社区戒毒；在户籍所在地以外的现居住地有固定住所的，可以在现居住地接受社区戒毒。

第三十四条　城市街道办事处、乡镇人民政府负责社区戒毒工作。城市街道办事处、乡镇人民政府可以指定有关基层组织，根据戒毒人员本人和家庭情况，与戒毒人员签订社区戒毒协议，落实有针对性的社区戒毒措施。公安机关和司法行政、卫生行政、民政等部门应当对社区戒毒工作提供指导和协助。

城市街道办事处、乡镇人民政府，以及县级人民政府劳动行政部门对无职业且缺乏就业能力的戒毒人员，应当提供必要的职业技能培训、就业指导和就业援助。

第三十五条　接受社区戒毒的戒毒人员应当遵守法律、法规，自觉履行社区戒毒协议，并根据公安机关的要求，定期接受检测。

对违反社区戒毒协议的戒毒人员，参与社区戒毒的工作人员应当进行批评、教育；对严重违反社区戒毒协议或者在社区戒毒期间又吸食、注射毒品的，应当

劳动教养学

及时向公安机关报告。

第三十六条　吸毒人员可以自行到具有戒毒治疗资质的医疗机构接受戒毒治疗。

设置戒毒医疗机构或者医疗机构从事戒毒治疗业务的，应当符合国务院卫生行政部门规定的条件，报所在地的省、自治区、直辖市人民政府卫生行政部门批准，并报同级公安机关备案。戒毒治疗应当遵守国务院卫生行政部门制定的戒毒治疗规范，接受卫生行政部门的监督检查。

戒毒治疗不得以营利为目的。戒毒治疗的药品、医疗器械和治疗方法不得做广告。戒毒治疗收取费用的，应当按照省、自治区、直辖市人民政府价格主管部门会同卫生行政部门制定的收费标准执行。

第三十七条　医疗机构根据戒毒治疗的需要，可以对接受戒毒治疗的戒毒人员进行身体和所携带物品的检查；对在治疗期间有人身危险的，可以采取必要的临时保护性约束措施。

发现接受戒毒治疗的戒毒人员在治疗期间吸食、注射毒品的，医疗机构应当及时向公安机关报告。

第三十八条　吸毒成瘾人员有下列情形之一的，由县级以上人民政府公安机关作出强制隔离戒毒的决定：

（一）拒绝接受社区戒毒的；

（二）在社区戒毒期间吸食、注射毒品的；

（三）严重违反社区戒毒协议的；

（四）经社区戒毒、强制隔离戒毒后再次吸食、注射毒品的。

对于吸毒成瘾严重，通过社区戒毒难以戒除毒瘾的人员，公安机关可以直接作出强制隔离戒毒的决定。

吸毒成瘾人员自愿接受强制隔离戒毒的，经公安机关同意，可以进入强制隔离戒毒场所戒毒。

第三十九条　怀孕或者正在哺乳自己不满一周岁婴儿的妇女吸毒成瘾的，不适用强制隔离戒毒。不满十六周岁的未成年人吸毒成瘾的，可以不适用强制隔离戒毒。

对依照前款规定不适用强制隔离戒毒的吸毒成瘾人员，依照本法规定进行社区戒毒，由负责社区戒毒工作的城市街道办事处、乡镇人民政府加强帮助、教育和监督，督促落实社区戒毒措施。

第四十条　公安机关对吸毒成瘾人员决定予以强制隔离戒毒的，应当制作强制隔离戒毒决定书，在执行强制隔离戒毒前送达被决定人，并在送达后二十四小时以内通知被决定人的家属、所在单位和户籍所在地公安派出所；被决定人不讲真实姓名、住址，身份不明的，公安机关应当自查清其身份后通知。

被决定人对公安机关作出的强制隔离戒毒决定不服的，可以依法申请行政复议或者提起行政诉讼。

第四十一条　对被决定予以强制隔离戒毒的人员，由作出决定的公安机关送强制隔离戒毒场所执行。

强制隔离戒毒场所的设置、管理体制和经费保障，由国务院规定。

第四十二条　戒毒人员进入强制隔离戒毒场所戒毒时，应当接受对其身体和所携带物品的检查。

第四十三条　强制隔离戒毒场所应当根据戒毒人员吸食、注射毒品的种类及成瘾程度等，对戒毒人员进行有针对性的生理、心理治疗和身体康复训练。

根据戒毒的需要，强制隔离戒毒场所可以组织戒毒人员参加必要的生产劳动，对戒毒人员进行职业技能培训。组织戒毒人员参加生产劳动的，应当支付劳动报酬。

第四十四条　强制隔离戒毒场所应当根据戒毒人员的性别、年龄、患病等情况，对戒毒人员实行分别管理。

强制隔离戒毒场所对有严重残疾或者疾病的戒毒人员，应当给予必要的看护和治疗；对患有传染病的戒毒人员，应当依法采取必要的隔离、治疗措施；对可能发生自伤、自残等情形的戒毒人员，可以采取相应的保护性约束措施。

强制隔离戒毒场所管理人员不得体罚、虐待或者侮辱戒毒人员。

第四十五条　强制隔离戒毒场所应当根据戒毒治疗的需要配备执业医师。强制隔离戒毒场所的执业医师具有麻醉药品和精神药品处方权的，可以按照有关技术规范对戒毒人员使用麻醉药品、精神药品。

卫生行政部门应当加强对强制隔离戒毒场所执业医师的业务指导和监督管理。

第四十六条　戒毒人员的亲属和所在单位或者就读学校的工作人员，可以按照有关规定探访戒毒人员。戒毒人员经强制隔离戒毒场所批准，可以外出探视配偶、直系亲属。

强制隔离戒毒场所管理人员应当对强制隔离戒毒场所以外的人员交给戒毒人员的物品和邮件进行检查，防止夹带毒品。在检查邮件时，应当依法保护戒毒人员的通信自由和通信秘密。

第四十七条　强制隔离戒毒的期限为二年。

执行强制隔离戒毒一年后，经诊断评估，对于戒毒情况良好的戒毒人员，强制隔离戒毒场所可以提出提前解除强制隔离戒毒的意见，报强制隔离戒毒的决定机关批准。

强制隔离戒毒期满前，经诊断评估，对于需要延长戒毒期限的戒毒人员，由强制隔离戒毒场所提出延长戒毒期限的意见，报强制隔离戒毒的决定机关批准。强制隔离戒毒的期限最长可以延长一年。

第四十八条　对于被解除强制隔离戒毒的人员，强制隔离戒毒的决定机关可以责令其接受不超过三年的社区康复。

社区康复参照本法关于社区戒毒的规定实施。

第四十九条　县级以上地方各级人民政府根据戒毒工作的需要，可以开办戒毒康复场所；对社会力量依法开办的公益性戒毒康复场所应当给予扶持，提供必要的便利和帮助。

戒毒人员可以自愿在戒毒康复场所生活、劳动。戒毒康复场所组织戒毒人员参加生产劳动的，应当参照国家劳动用工制度的规定支付劳动报酬。

第五十条　公安机关、司法行政部门对被依法拘留、逮捕、收监执行刑罚以及被依法采取强制性教育措施的吸毒人员，应当给予必要的戒毒治疗。

第五十一条　省、自治区、直辖市人民政府卫生行政部门会同公安机关、药品监督管理部门依照国家有关规定，根据巩固戒毒成果的需要和本行政区域艾滋病流行情况，可以组织开展戒毒药物维持治疗工作。

第五十二条　戒毒人员在入学、就业、享受社会保障等方面不受歧视。有关部门、组织和人员应当在入学、就业、享受社会保障等方面对戒毒人员给予必要的指导和帮助。

第十四章　劳动教养人员的劳动

【案例导入】

　　王××因盗窃被劳动教养 2 年，投教后，被分配在以机械习艺劳动为主的劳动教养大队。可面对电脑、程控车床，王××一莫愁展，王××的直接管教民警刘某，一直担任该大队机械工程师，就手把手地教他。白天，刘工程师教他看卡尺、图纸，教他怎样在车床上装模具，操纵线切割程序。夜晚，教他学电脑、学绘画，一遍又一遍，不厌其烦，直到他学会为至。一日日地教，一天天地学。功夫不负有心人，经过 6 个多月的教学与实践操作，王××终于可以独立操作了。

　　一天，王××因操作不慎，车床突然发生故障，电脑程序失控，眼看模具将要报废。关键时刻，刘工程师立即切断电源，和王××一道查找原因，并重新设置程序，使车床又开始正常运转。刘工程师语重心长地对王××说："机器操作，千万不可大意，一定要遵守操作规程；做人也一样，要时刻遵纪守法，处处注重公德，才不会失控而走上罪错道路。"

　　一年后，王××成了大队的技术骨干。

　　在王××解教时，刘工程师再三叮嘱："要运用劳动教养期间学到的技能好好谋生，好好服务于社会，为社会多做贡献。"

　　时今，王××已是机械厂的一名技术骨干。他逢人便说，"是劳动教养管理所给了我重新做人的机会，是刘工程师给了我生存的本领。"

第一节　劳动教养人员劳动的特性、依据和分类

一、劳动教养人员劳动的概念

（一）劳动的概念

　　劳动是人类的基本实践活动，是人类自觉地运用自身的智力和体力去作用和改变自然物，使之具有使用价值以满足人类需要的社会性活动。

　　人们可以依据劳动的不同属性对劳动进行分类，目前，基本的分类主要有：体力劳动和脑力劳动；生产性劳动和非生产性劳动；简单劳动和复杂劳动；有效

劳动和无效劳动；必要劳动和剩余劳动等。

（二）劳动教养人员劳动的概念

劳动教养人员的劳动，是指劳动教养机关在执行劳动教养过程中，通过组织劳动教养人员参加生产实践的形式和手段，达到教育改造目的并创造一定物质财富的基本改造活动。

二、劳动教养人员劳动的特性

劳动教养人员劳动不同于普通的一般劳动，它是作为改造手段被引入劳动教养工作的。它虽然也不放弃创造物质财富，但它强调的是劳动改造人、造就人的作用。概括起来，劳动教养人员劳动具有以下几个鲜明特点：

（一）法定性

劳动教养场所组织劳动教养人员劳动的依据、目的、任务和组织原则等都有法律、法规的明确规定。这些规定确定了劳动教养人员劳动的法定性，劳动教养场所组织劳动教养人员劳动是执法活动，必须严格依法进行。

（二）教育矫治性

劳动教养人员劳动的实质是一种教育矫治活动。劳动教养场所必须始终把教育矫治放在首要的、核心的地位，劳动的组织和管理必须紧紧围绕这个中心。劳动教养人员劳动的所有构成要素，都必须充分地考虑改造劳动教养人员的需要而加以设计和安排。

劳动对劳动教养人员的教育矫治作用不是自发产生的。劳动教养场所在组织劳动教养人员劳动的同时，要密切结合教育、管理工作，促使劳动教养人员端正劳动态度，养成劳动习惯，树立与市场经济相适应的思想观念，学习必要的就业知识，掌握一定的劳动技能，为解教后顺利回归社会创造条件。

（三）进步性

劳动教养人员劳动的历史进步性主要表现在：

第一，劳动教养人员的劳动是社会文明的体现。组织违法犯罪分子从事以矫正教育为目的的劳动，是社会进步和法制文明的重要成果，符合我国国情，是促进社会进步的重要因素。

第二，劳动教养人员的劳动是有价值的劳动。劳动教养人员在这种劳动中能够真正体会到劳动的伟大意义，实现自身价值，得到真正的改造。

第三，劳动教养人员的劳动既有教育性也有社会实践性。劳动教养人员的劳动这种社会化生产的组织形式，是从教育矫治劳动教养人员的特殊需要出发，经过精心选择、精心设计和安排的特殊生产。在劳动的各层次诸要素中，特别注重和加强其中改造人的机制，有利于他们的身心健康，提高他们适应社会的综合素质，也使整个劳动实践过程适应了他们回归社会的需要。

第四，劳动教养人员的劳动具有保护性。劳动教养人员的劳动是有益于国家、社会和劳动教养人员身心健康的社会性实践活动，不是惩罚、不是劳役，在劳动中劳动教养人员的合法权益受到有效保护。我国在劳动教养人员劳动项目、劳动时间、劳动强度、劳动条件、劳动报酬和劳动保护等各方面，都制定了相关法律、政策规定，并在实践中注重落实这些规定，保障了劳动教养人员的合法权益。

三、劳动教养人员劳动的依据

（一）劳动教养人员劳动的理论依据

1. 马克思主义哲学依据。马克思主义认为，社会存在决定人的思想意识，人们的意识不是与生俱来的，而是社会环境影响的结果。由此看来，导致劳动教养人员堕落的思想意识是社会上的各种消极因素在其头脑中的反映。这种错误思想意识并不是一成不变的，只要具备一定的条件，便可以通过教育、改造等外界因素的积极影响使其发生改变。社会劳动是人类社会本质形成的基础，也是改造人、造就人的社会实践活动的基础。劳动作为劳动教养人员改造的基本手段，体现了马克思主义的哲学观和历史观，而关于劳动与人的认识和实践、劳动与人类解放、劳动与人的全面发展等原理，为组织劳动教养人员劳动提供了科学依据。

2. 生理学依据。根据生理学原理，劳动是人类生命活动的基本形式。从人类发展史来看：（1）劳动是人类摆脱动作局限的前提；（2）劳动促进了从猿到人转变的身体器官发育；（3）劳动过程中产生的语言是人类区别于动物的重要标志。从现代生理学研究角度分析：（1）劳动促进了人的身心发育和身体技能增强；（2）劳动促进了人的神经系统的发展；（3）劳动促进了人的内分泌系统的生长与调节。因此，组织劳动教养人员参加劳动，有利于促进他们的身心健康，符合他们正当的合理的生理性需要，也是体现其社会性本质、实现改造过程的功能与价值的必要途径。

3. 教育心理学依据。根据教育心理学原理，人的心理是一个不断变化发展的运动过程，具有可塑性。俄国早期的著名科学家巴甫洛夫曾经指出："用我的方法研究高级神经活动，经常得到最主要最强烈的印象，就是这种活动的高度可塑性及其巨大的可能性。任何东西不是不可变化的、不可影响的，只要有相应的条件，一切总是可以达到的，并向好的方面转化。"根据矫正教育心理学，影响违法者改造过程及其效果的心理因素主要包括态度、经验和性格等。劳动的教育心理机制的作用在于，从通过劳动过程转变其态度入手，进一步推动通过劳动和教育产生的认识、情感和意志等方面的积极因素的生长，最终使其整个心理结构发生变化，即"通过生产而发展和改造自身，造成新的力量和新的观念，造成新的交往方式，新的需要和新的语言"。

（二）劳动教养人员劳动的法律依据

1. 宪法依据。我国《宪法》第 42 条规定，中华人民共和国公民有劳动的权利和义务。劳动是一切有劳动能力的公民的光荣职责。《宪法》第 53 条还规定，中华人民共和国公民必须遵守宪法和法律，保守国家秘密，爱护公共财产，遵守劳动纪律，遵守公共秩序，尊重社会公德。

2. 劳动教养法律、法规依据。1957 年《国务院关于劳动教养问题的决定》将劳动能力作为适用对象的重要条件，将劳动作为基本的改造手段和安置就业的必要途径。同时，还根据社会主要分配原则规定："对被劳动教养的人，应当按照其劳动成果发给适当的工资。"1982 年《劳动教养试行办法》进一步就劳动类型、劳动组织形式、劳动保护等作出明确规定。

（三）劳动教养人员劳动的实践依据

劳动教养人员的劳动是我国劳动教养制度的一项重要内容、基本改造手段和重要特色。在近半个世纪的实践中，我们坚持以改造人为宗旨，将劳动生产与政治思想教育有机结合，依法、文明和科学地组织劳动教养人员参加劳动，有效地维护了社会稳定和劳动教养场所稳定，促进了社会主义物质文明和精神文明建设。在改造人、造就人的同时，也为社会创造了一定的物质财富，实现了劳动教养人员本质和生活方式的"回归"，取得了令人瞩目的历史性成就。在新的历史条件下，要在解放思想、实事求是的前提下，继续坚持组织劳动教养人员劳动的基本实践。

四、劳动教养人员劳动的分类

劳动教养人员按照不同的标准可以划分为不同的类型。例如，按照劳动的性质和特点可分为公益性劳动、生产性劳动、自助性劳动和习艺性劳动；按照劳动场所可分为设施内劳动和设施外劳动等。不同类型的劳动各有利弊，劳动教养场所可以从改造劳动教养人员的目的出发，根据实际情况进行选取。

（一）公益性劳动

公益性劳动是为维护社会良好的公共秩序和环境提供服务，使广大民众都能从中受益的劳动，是以谋求社会公共利益为主要目的的劳动。劳动教养场所组织劳动教养人员从事的公益性劳动，包括参加植树造林、挖河修渠、清理街区道路或垃圾、参加抢险救灾或从事社会福利事业等多个项目。组织公益性劳动，可以加强劳动教养人员与社区的联系，增强公众与劳动教养人员彼此间的信任和了解，也能够增强劳动教养人员的社会责任感，提高其自尊、自信、自强、自立的改造自觉性。但由于许多公益性劳动项目属于设施外劳动，对安全防逃工作提出了较高要求。

（二）生产性劳动

生产性劳动是劳动教养场所组织劳动教养人员从事的以市场为导向，以提供物质产品或劳务为主要内容，经济创收占有重要地位的劳动，是劳动教养历史上的主要劳动类型。具体又可以分为：

1. 劳务加工型

劳务加工型又可分为加工型和劳务型两种。加工型是指劳动教养场所承揽社会企业的加工订货或来料加工，组织劳动教养人员参加产品加工劳动。劳务型是指劳动教养场所承揽场所周边地区的中小型建筑、修路、挖渠、铺设管道等工程，组织劳动教养人员参加劳务输出式劳动。

组织加工型劳动具有管教秩序不受影响、投资少、见效快、风险小、灵活性强等突出优点，目前已成为劳动教养人员劳动的主要形式。劳动教养场所可以通过筛选劳动项目，争取更好的社会效益和经济效益。

组织劳务型劳动具有能够发挥劳动教养场所劳动力资源丰富、劳力强壮、管理严格、承包工程质量高、速度快、价格公道、市场信誉度好等优点。但组织劳动教养人员从事设施外劳动，对场所管教秩序影响较大，对安全稳定造成了较大压力，应当加以限制。

2. 固定产品型

固定产品型劳动是指劳动教养场所组织劳动教养人员参加工农业产品生产的劳动，分为工厂式劳动和农场式劳动。

（1）工厂式劳动

劳动教养场所修建工厂，传统的劳动教养农场在新形势下兴办场办工业，组织劳动教养人员参加工业生产劳动。

工厂式劳动的优点是：①劳动场所固定，容易做到隔离式、封闭式管理，有利于安全稳定；②由工艺流程形成车间班组，劳动组织管理方便，可以做到规范化、科学化管理；③专业分工明确、岗位固定、技术相对稳定，可以使劳动教养人员较快掌握技术，获得培训技能；④可以训练和培养劳动教养人员的组织纪律性，提高协作精神和责任意识；⑤劳动时间固定、生活规律，有利于改造活动的安排。

随着社会主义市场经济的不断发展，许多劳动教养工业企业面临产品滞销、开工不足、生产亏损以及技术革新、体制改革等现实问题和制约因素，影响了劳动教养人员劳动的稳定，需要采取有效措施加以解决。

（2）农场式劳动

劳动教养场所组建农场（包括林、牧、水产等），组织劳动教养人员参加内容丰富的各种农业劳动。

农场式劳动的优点是：①吸纳劳动教养人员劳动力能力强；②对劳动力素质、技术要求不高，对短期和农村教养人员参加劳动比较适宜；③所需成本相对较低；④劳动内容丰富多样，有利于培养劳动教养人员取得实用技术；⑤农业是研究开发集约型产业，具有较好的发展前途。

农场式劳动的缺点是：①农场面积巨大，劳动项目零散，给集中管理和安全稳定带来困难；②季节性强，野外劳动自由度大，学习、教育活动难以正规化、制度化；③农场地域偏僻，信息闭塞、文化落后，改造环境较差。

（三）自助性劳动

自助性劳动是为场所内劳动教养人员的生活卫生、环境建设服务的劳动，主要体现场所自我维持性、辅助性、公益性、服务性，一般都规模较小，没有或只有很少直接经济效益。

自助性劳动主要包括：（1）劳动教养人员伙食工作；（2）劳动教养人员卫生工作，如医生、看护、防疫；（3）服装卧具漂洗缝纫工作；（4）卫生及环境建设维护工作，如打扫卫生、养花种草、护路等；（5）零散维修管理等。

上述（并非全部）劳动形式，有的建有专门中队，有的由职能科室指定或随时派遣。自助性劳动表面上没有直接经济效益，但实际上它代替国家承担了维持场所正常运转的大量工作，为政府节约了大笔开支，具有良好的经济和社会效益。

自助性劳动具有服务性、公益性特点，是高尚的劳动，它的优点在于：（1）有利于劳动教养人员专项技能的发挥；（2）有利于劳动教养人员养成尊重他人、服务社会的意识和观念；（3）劳动教养人员容易产生受信任感和自豪感，有利于激发他们的劳动热情和改造积极性。

自助性劳动的缺点在于：（1）劳动岗位分散，独立性强，不利于监督管理；（2）缺乏人际互动，不易形成协作精神和组织纪律观念；（3）有些岗位技术含量低，不利于培养就业技能。

（四）习艺性劳动

习艺性劳动是劳动教养场所针对劳动教养人员回归社会谋生就业的需要而组织的，以培养和提高劳动教养人员劳动素质为主要目的的劳动形式，是劳动教养人员劳动的发展方向。

从组织劳动教养人员习艺的具体方式来看，劳动教养人员习艺性劳动分为以下几种：

1. 所内习艺形式

即以劳动教养场所为主体开办习艺项目。具有模式包括：

（1）"技术培训—实习操作—岗前技术考核—上岗操作"模式。即以符合社会劳动力市场需求，具有一定技术含量的生产项目为基础，经过"技术培训—实习操作—岗前技术考核—上岗操作"的程序，培养劳动教养人员技能。该模式的优点是既能培养劳动教养人员的实用技能，又能为现有生产服务。而且劳动教养场所已经积累了一定经验，便于组织管理。缺点是技术培训的面比较狭窄，对社会的适应性较差。

（2）专项培训模式。即针对某种职业技术（如烹饪、电脑、缝纫、驾驶）进行专门培训。该模式的优点是培训项目可以根据劳动教养人员的情况和社会需要的变化灵活调整，项目丰富多彩，适应性较强。缺点是在财政保障不到位的情况下，受培训费用的严重制约，而且由于实习操作时间短，熟练程度难以保证。

2. 联合办学形式

即劳动教养场所采用社会通行办学模式，与社会上的技术学校联合，利用社会力量培养劳动教养人员劳动技能。

联合办学有利于弥补劳动教养场所的资源不足，扩大劳动教养的社会影响；也有利于打破多年来封闭教育的格局，使劳动教养人员学到先进、适用的技术。但其经济负担较重，组织难度较大，不具有普遍适用性。

3. 重返社会形式

即劳动教养场所结合劳动教养三种管理模式，让符合条件的劳动教养人员到社会企业参加劳动。形式有白天参加社会企业劳动，晚上回所居住；或者将劳动教养人员交社会企业或社区组织代管，参加劳动或其他工作，定期回所汇报改造进程。

重返社会型劳动形式适应了劳动教养人员处遇个别化的发展趋势，可以有效地缩短这些劳动教养人员重新社会化的进程，提高改造质量。但目前缺乏法律依据，适用比例很低。

总的来说，不同形式的习艺性劳动，其共同的优点是适应了劳动教养人员年纪轻、缺少实用职业技术的特点，有利于调动劳动教养人员的劳动兴趣和积极性。其面临的共同问题是投入大、效率低、成本高、经济效益差，在国家不能提供充足财政保障的情况下极易发生异化。

第二节　劳动教养人员劳动的功能和作用

一、劳动教养人员劳动的目的

劳动教养场所组织劳动教养人员劳动的目的，就是通过劳动手段教育矫治劳动教养人员，使他们通过劳动实践，转变思想、矫正恶习、树立劳动观念、养成劳动习惯、培养劳动技能，使他们由社会的破坏者转变为社会主义建设的有用之材。

二、劳动教养人员劳动的功能

劳动教养人员的劳动作为改造手段具有三重功能。

（一）管理功能

管理功能是劳动在建立劳动教养人员生活秩序和维护劳动教养场所正常改造秩序方面所发挥出的功能。其主要表现在：

1. 通过组织劳动，帮助劳动教养人员建立正常的生活秩序，使其有作有息、有张有弛，过上社会上正常人的生活，促进其身心发展，增强劳动教养人员解教后对社会生活的适应能力。

2. 通过组织劳动，建立劳动教养场所正常的改造秩序，避免劳动教养人员由于无事可做而惹是生非，从而有利于场所稳定。

3. 参加劳动的劳动教养人员，可以依法取得劳动报酬，有利于调动劳动教养人员改造的积极性。

4. 通过考核劳动教养人员的劳动态度、劳动技能、劳动习惯、劳动成果等，对教育矫治劳动教养人员的效果与水平进行检验。

（二）矫治功能

矫治功能的实质是教育功能，是劳动在改造劳动教养人员思想、矫正劳动教养人员恶习方面发挥出来的功能。主要表现在：

1. 通过组织劳动，建立矫正劳动教养人员"看不起劳动、看不起劳动人民"错误思想的实践平台，劳动教养人民警察可以针对劳动教养人员表现出来的错误思想进行教育、引导、启发、点拨，使其树立劳动光荣的思想观念。

2. 通过组织劳动，以社会化生产工序间的内在制约关系为基础，建立和执行周密的纪律、制度，有效约束劳动教养人员的行为，改变其好逸恶劳的恶习，使其养成良好的劳动习惯。

3. 以社会化大生产严密的分工、协作关系为基础，辅之以必要的教育，培养劳动教养人员的人际交往能力、协作精神和职业道德。

4. 以严格的生产现场管理制度、奖惩制度为依托，通过生产现场管理，提高劳动教养人员的素养，使他们养成遵规守纪的习惯。

（三）习艺功能

习艺功能是通过组织劳动与相关教育，使劳动教养人员在思维方式、思想观念、就业知识、劳动技能、健康体魄等方面更加适应现代社会对合格劳动者要求的功能。主要表现在：

1. 通过组织劳动与相关教育，使劳动教养人员树立与社会主义市场经济相适应的思想观念，如市场观念、质量观念、效率观念、诚信观念、竞争观念、职业道德，为其解教后顺利就业奠定思想基础。

2. 通过组织劳动与相关教育，使劳动教养人员懂得就业的相关知识，了解就业形势，熟悉就业以及保护政策、克服好高骛远、不切实际或妄自菲薄、心灰意冷的陈旧就业观，树立从实际出发、积极的就业观念，掌握就业程序和就业技巧，为其解教后顺利就业打下知识基础。

3. 通过劳动训练与职业技术教育的有机结合，使劳动教养人员学到符合社会需要的劳动技能，为其解教后顺利就业打下职业技术基础。

4. 通过较长时期的劳动锻炼，培养劳动教养人员的健康体魄，为其解教后顺利就业打下身体基础。

以上三个层次的功能共同构成了劳动教养人员劳动的功能体系。其中，管理功能是基础，无此则不能保证劳动教养人员的身心健康和劳动教养场所的正常运转秩序，矫治和习艺也就无从谈起；矫治功能是主体，这是由劳动教养制度的性质和任务决定的；习艺功能是导向，它的实现关系到劳动教养人员解教后对市场经济的适应程度。劳动教养场所要充分发挥这三重功能，实现教育人、挽救人的目的。

三、劳动教养人员劳动的作用

（一）对劳动教养人员具有教育矫治作用

1. 促使劳动教养人员树立正确的劳动观念

劳动改变了劳动教养人员的生活环境和感知条件，是他们新的实践和认识的起点。特定的劳动组织形式和新的生活方式有助于消除其不劳而获的剥削阶级观念，培养其正确的劳动观念、劳动态度和劳动习惯。劳动观念的转变，归根结底来源于劳动实践之中。

2. 矫正劳动教养人员的恶习

（1）劳动具有矫正好逸恶劳不良习惯的作用。劳动教养人员好逸恶劳的习惯，重要成因在于他们没有参加自觉意义上的劳动，但进入劳动教养场所后他们必须参加劳动。在劳动实践中，劳动教养人员可以从切身感受中，获得一些劳动意义量上的认识。随着量的积累，在劳动教养人民警察精心设计的启发、引导下，就可以逐步发展为对劳动伟大意义的质的认识，从而提高劳动的自觉性。

（2）劳动手段具有矫正目无法纪恶习的作用。劳动教养人员的劳动作为改造活动，同样也需要科学的管理，严格的制度纪律。同样是劳动有定额、生产按工艺、操作按规程、岗位有责任。这些制度、纪律和要求，对劳动教养人员放荡不羁的行为习惯能起到约束和规范作用。这种约束和规范，对目无法纪的恶习起着矫正作用。

3. 培养劳动教养人员劳动技能

劳动教养人员大多缺乏必要的劳动技能。这种缺陷，使他们不能成为合格的劳动者。劳动在培养劳动教养人员劳动技能方面，有其独特的功能。

（1）劳动实践是技能养成之源。人类掌握的改造自然的技能无一不是从实践中来。要把劳动教养人员改造成为建设社会主义的有用之材，无论是零星的劳动技巧还是系统的劳动技能，都需要劳动教养人员在劳动实践中摸索、认识和掌握。

（2）劳动实践推动着劳动技能的发展。自然的挑战和实践的需求，是推动劳动技能发展的动力。同样，劳动教养人员参加的劳动实践活动，也向他们不断提出新的问题和要求，促使他们向更高更深的方向探索。

（3）劳动实践检验着劳动技能的效用。人类的劳动技能是需要不断更新的，这种不断的更新，是以劳动实践中的效用为依据的。劳动教养人员劳动成果的质量、数量、效率及成本也都反映着劳动技能的效用。在严格的劳动奖惩制度下，这种反映也促使他们去追求劳动技能的更新与完善。

4. 增强劳动教养人员体质

许多劳动教养人员在社会上长期过着无规律、无节制的放荡生活，来到劳动教养场所时弱不禁风、面黄肌瘦。在这种情况下，参加劳动就更有必要。即使是身体强壮的人，如果长期缺乏劳动或锻炼，身体也会垮掉。

生命在于运动。劳动教养人员参加劳动，能促进其肌肉、骨骼及身体其他器官的运动。这种贯穿于劳动教养执行整个过程中的运动，将促使劳动教养人员体力充沛，肌肉发达，身体中的潜力得到充分发展，逐步成为体格健壮的劳动者。

（二）对劳动教养场所具有管理作用

1. 它使劳动教养人员的改造活动更加丰富、充实，有利于提高劳动教养人员的兴趣和改造积极性。

2. 它可以使劳动教养场所更加科学合理地安排劳动教养人员的各项活动，

做到有张有弛，劳逸结合，便于劳动教养场所建立正常的改造秩序。

3. 它们避免了劳动教养人员吃闲饭，无事生非，有利于劳动教养所的稳定。

（三）对社会治安具有维护作用

1. 劳动手段的运用，使劳动教养场所的管理、教育活动因具有实践基础而变得生动具体和具有针对性。这使管理、教育手段对劳动教养人员的教育矫治作用大大增强，使劳动教养场所确定成为消除违法犯罪的场所。

2. 劳动手段的运用，有利于解决劳动教养人员解教后就业谋生的现实问题，从而防止因此而导致的违法犯罪。

3. 劳动手段的运用，使绝大多数劳动教养人员在思想意识上得到不同程度的改造，使他们具有法制观念和道德意识，从根本上有效地防止他们重新违法犯罪。

4. 劳动手段的运用，有利于提高和巩固劳动教养人员的改造质量，使社会治安秩序得以维护。

（四）对国民经济具有推动作用

1. 劳动手段的运用，提高了劳动教养人员的改造质量，保证了社会秩序的安定，为发展国民经济提供了良好的社会环境。

2. 组织劳动教养人员劳动使得改造工作直接参加了社会主义经济建设。向社会提供了大量物质产品，为发展经济作出了贡献。

3. 减轻了国家负担，节省了财政开支，并向国家上缴税金。

4. 劳动教养人员在劳动中受到教育，得到改造，学会技能，成为合格的劳动者，这无疑会促进国民经济的发展。

四、劳动教养人员习艺性劳动的理论与实践探索

（一）劳动教养人员习艺性劳动的提出

2004 年年底《司法部关于进一步深化劳教办特色推进管理工作改革的意见》提出了"加大习艺性劳动的比重，发挥劳动的矫治功能"的要求。2006 年年初，司法部劳动教养管理局开始在北京、上海、广东等省、市、自治区的七个劳动教养场所进行劳动教养习艺性劳动的试点工作。

（二）劳动教养人员习艺性劳动的理论研究

1. 劳动教养人员习艺性劳动的内涵

劳动教养人员习艺性劳动的本质属性应该包括：

（1）法定性。"加大习艺性劳动的比重，发挥劳动的矫治功能"是司法部《关于进一步深化劳教办特色推进管理工作改革的意见》中提出的明确要求，这确定了劳动教养人员习艺性劳动的法定性。

劳动教养学

（2）回归服务性。习艺性劳动是针对劳动教养人员解教后就业谋生的需要而组织的，注重劳动过程本身对劳动者素质的培养和提高，本质上是为劳动教养人员顺利回归社会所提供的一种服务，同时也是对提高我国劳动力素质的一种贡献。这反映了习艺性劳动追求社会效益的价值取向，是习艺性劳动与生产性劳动和自助性劳动的根本区别所在。

（3）有效性。我们所主张的习艺性劳动不同于某些国家的那种"装了拆、拆了再装"的纯消耗型"习艺"。劳动教养人员习艺性劳动应该是有效劳动，即通过习艺性劳动也应制造出符合社会需要的产品。虽然它不以赢利为主要目标，但同样要讲究成本效率，要讲究投入产出，这是培养劳动教养人员市场经济观念的需要。产品作为劳动教养人员习艺的成果，主要被反馈和衡量劳动教养人员的习艺效果，而不是主要用来赢利。

（4）教育渗透性。培养劳动教养人员就业谋生的劳动素质，必须做到教育与习艺性劳动的相互渗透和有机结合。两者在其中各自发挥着不可缺少的作用。教育所起的作用主要表现为知识传授和观念灌输，习艺性劳动则为应用这些知识和体会这些观念提供实践平台，使劳动教养人员在实践中熟练掌握所学技术，并通过在劳动中的反复体会和反复实践，实现对这些观念的认同与内化。

2. 劳动教养人员习艺的内容

"习艺"的本质是提高劳动教养人员解教后适应社会的能力。在市场经济条件下，劳动教养人员要达到从业要求，应该打好以下四个方面的基础：

（1）从业的思想基础，即具备与市场经济相适应的从业观念。

（2）就业知识基础，即掌握必要的就业知识与技巧。

（3）职业技术基础，即掌握一技之长。

（4）身体基础，即要有健康的体魄。

劳动教养场所要破除对"习艺"要领的狭隘理解，以促进劳动教养人员就业为目标，科学确定习艺的内容，并使之随着形势的发展和环境的变化不断得到补充。

3. 习艺项目的选择原则

（1）项目技术在当地劳动力市场上有较大的社会需求，并与劳动教养人员年龄、性别、文化程度和技术需求状况相适应，对于劳动教养人员脱离实际的技术需求要及时进行引导。

（2）项目的技术含量要适当。一是要有一定的机械化程度；二是要有与劳动教养人员劳动教养期限相适应的学习熟练期。

（3）项目的规模要适当。项目用工数量最好与场所大、中队劳动教养人员人数呈整数倍比关系，以便于组织习艺。

（4）要与当地区域经济相融合。

4. 建立健全习艺性劳动管理体制与运行机制

（1）劳动教养场所要建立劳动教养人员习艺管理机构，明确管理职责，配齐管理人员，建立规章制度。

（2）淡化直至取消大、中队经济创收指标，建立和完善与"习艺"相适应的新型考核激励机制。

（3）实行有利于调动劳动教养人员习艺积极性的劳动管理制度。

（4）提高管理者的相应素质，将管理的工作重点由"创收"转向"习艺"。

5. 密切结合管理、教育改革工作，积极争取社会支持

劳动教养人员习艺，要与劳动教养三种管理模式实现有机结合。要针对处在不同管理模式下的劳动教养人员的特点及其处遇要求，分别制定习艺目标，在劳动管理制度、管理方式、管理方法和开放程度等方面有所区别。

劳动教养人员习艺，离不开教育工作的密切配合。教育在劳动教养人员习艺中的作用，一是为劳动教养人员接受技术教育打好必要的文化基础，使他们"知数识文"；二是提高劳动教养人员文化素养和理解能力，为进行观念灌输做好准备；三是向劳动教养人员灌输当今社会的主流观念，为劳动教养人员在劳动实践中品味、体会、认同这些观念，直至完成观念内化创造条件；四是对劳动教养人员进行就业形势、就业政策、就业观念、就业知识、就业技巧等方面的教育培训，以利于劳动教养人员解教就业。

组织较大规模的劳动教养人员习艺，对项目、技术、师资、资金多方面都提出了更高的要求，需要较大的投入，疏通劳动教养人员就业渠道也需要社会各界的大力支持。劳动教养场所一定要注意争取当地政府、劳动部门、财政部门、技术学校、社会企业、就业中介机构等有关方面的大力支持，充分利用社会资源。

（三）劳动教养人员习艺性劳动的实践探索

目前，劳动教养人员习艺性劳动的实践探索主要围绕观念转变、理念创新；明确习艺性劳动的意义、目的、作用；正确认识和评价习艺性劳动标准、效果；合理选择生产项目；科学制定生产指标和劳动定额；努力克服超时劳动；实行适度劳动报酬；如何调动劳动教养人员积极性，提高习艺性劳动针对性；如何整顿高危行业、取消所外劳务、为开展习艺性劳动创造条件；如何配合三种管理模式的改革和课堂化教育、职业技术教育改革，做到协调发展，综合发挥作用；如何结合所内生产和充分利用社会资源加大习艺性比重；如何建立习艺性劳动基地，加大与社会就业中介和用人单位的沟通与联系；以及如何解决、协调试点工作中遇到的困难和阻力等方面进行。习艺性劳动已经成为劳动教养人员劳动的重要发展方面。

五、劳动与管理、教育手段的关系

劳动作为改造的基本手段，与教育、管理各自独特的方式共同服务于改造劳动教养人员的目的。作为基本手段，劳动、管理、教育各自独立，不可替代，它们是平等、互补、互相配合的关系。管理是劳动的前提，劳动也是有效的管理方式。教育是劳动真正起作用的前提和动力，没有教育配合的劳动对改造来说或者只能是一种可能性，或者效果有限，甚至作用相反。劳动又是一种作用独特，效用长久的教育方式。

（一）劳动手段和管理手段的关系

1. 管理是劳动改造的前提条件。一方面，管理为劳动的正常工展提供良好的秩序，这是有效发挥劳动手段发行功能的重要前提；另一方面，管理为劳动提供合理的资源配置，没有科学有效的管理，就没有劳动矫治的高效率和物质生产的高效益。

2. 劳动与管理有相辅相容的关系。组织劳动本身就是一种有效的管理方式，这种管理不仅相对容易，而且更人道化，更有利于改造。但劳动的改造作用却不是管理手段可以替代的。管理的改造作用主要体现为改变习惯，规范行为，并养成良好行为定式。劳动则是改变思想、意识，形成新的人生观、价值观乃至世界观。

（二）劳动手段与教育手段的关系

1. 教育是劳动改造切实有效的前提和动力。一方面，只有通过教育引导，才能使劳动教养人员逐步提高认识，克服对劳动的消极态度，为劳动手段发挥积极作用提供前提；另一方面，劳动的改造作用的真正发挥离不开教育的全程配合，没有教育的配合，劳动只有起到罚苦役的作用，充其量再增加一些强身健体和习得技能的作用，而绝对难起到改造思想的作用。

2. 劳动是一种特殊形式的教育。从一定意义上说，劳动是一种"教育"，是一种特殊形式的，以实践、认识、体会为主的自我教育，这种教育的作用是一般意义上的教育无法替代的。

第三节 劳动教养人员劳动的组织与管理

劳动教养人员劳动管理就是劳动教养场所依据法律、法规、方针政策以及劳动教养人员改造规律的要求，对劳动教养人员转变思想认识和改变劳动对象的过程进行的决策、计划、组织和监控活动。

劳动教养人员劳动管理具有法律强制性。在劳动管理过程中，要采取必要的强制措施，制定有法律效力的规则和制度。

劳动教养人员劳动管理是一项综合性的复杂工作，它要求管理者不但要懂法、守法，有较高的执法水平和道德水平，而且要具有一定的文化素养和管理专业知识，并在管理工作中灵活运用。

一、劳动教养人员劳动管理的原则

劳动教养生产的基本原则，是指劳动教养机关在组织劳动教养人员从事劳动生产过程中所必须遵循的基本准则。根据有关法规、文件规定，劳动教养生产应当遵循的原则主要有：

（一）从劳动教养人员改造和解教就业需要出发的原则

这一基本原则是由劳动教养工作的性质和任务所决定的。为了贯彻这一原则，在实践中应做好以下几点：

1. 正确处理教育矫治与经济效益的相互关系。劳动教养场所对劳动教养人员劳动的管理必须紧紧围绕改造劳动教养人员的中心任务来进行。坚决纠正单纯追求经济效益的错误做法，充分发挥劳动手段的教育矫治功能。

2. 在劳动组织、资源配置等方面充分考虑劳动教养人员特点和改造的需要。

3. 要做到管理、教育、劳动等改造手段的协调配合和综合运用，使他们形成合力，共同提高教育矫治质量。

（二）组织劳动与转化思想相结合的原则

劳动与劳动教养人员思想转化的相互依存、相互渗透、相辅相成的关系，是确立这一原则的出发点和依据。

为了贯彻这一原则，在实践中要着重抓好以下两个问题：

1. 在组织劳动的同时，要结合进行政治思想、文化技术教育。这对劳动教养人员转化思想、矫正恶习、起着关键的作用。

2. 加强考核奖惩，是贯彻这一原则的有效措施。通过考核奖惩，把劳动实践与思想转化有机地结合起来，促进劳动教养人员的改造进程。

（三）以人为本、依法管理、保障人权的原则

这一原则主要应体现在以下几个方面：

1. 充分发挥劳动手段的教育矫治功能，提高教育矫治质量，促进劳动教养人员未来发展。

2. 尊重劳动教养人员人格，严禁体罚虐待；严禁超时、超体力劳动；改善劳动条件，保证生产安全。保障劳动教养人员合法权利不受侵害。对于个别劳动教养人民警察的错误思想和违法行为，必须进行坚决斗争。

3. 搞好生活卫生管理工作，依法给予劳动教养人员必要的生活条件和保健卫生待遇。

4. 给予劳动教养人员学习文化、技术的权利和待遇，使他们解教后能够自立于社会，并为他们的继续发展奠定基础。

（四）与劳动教养人员实际情况相适应的原则

对劳动教养人员劳动的管理必须与这一特殊群体的实际情况相适应。

1. 要根据劳动教养人员的不同情况，分别安排在不同的劳动教养场所组织安排劳动。

2. 根据劳动教养人员的不同情况，安排不同的劳动，进行不同的劳动管理。

3. 根据劳动教养人员情况变化和改造需要合理调配劳动力。

4. 由轻到重、循序渐进，使他们逐步适应劳动生活。通过长期劳动，逐渐养成劳动习惯，并学会一技之长。

（五）科学管理，不断强化物质基础的原则

劳动是改造劳动教养人员的基本手段，但毕竟也是一种特殊的经济活动，除了遵循改造规律外，还要遵循经济规律，否则就会受到惩罚。在市场经济条件下，劳动教养场所应组织劳动教养人员从事具有比较优势、有发展前途的劳动项目，争取较好的经济效益。使劳动手段的物质基础得以巩固。

（六）与时俱进、不断创新的原则

对劳动教养人员劳动的管理，应随着形势的发展不断创新。就目前而言，就是要按照 2004 年《司法部关于进一步深化劳教办特色推进管理工作改革的意见》中的规定，对劳动教养人员劳动的管理应达到以下要求：

1. 充分发挥习艺性劳动在劳动矫治中的重要作用。通过加大习艺性劳动的比重，促使劳动教养人员改正恶习，养成劳动习惯，学会一技之长，增强其解教后回归社会的能力。

2. 切实体现劳动的习艺性。选择符合劳动教养人员特点、有一定技术含量的所内劳动生产项目，并配备技术人员现场指导、培训。

3. 科学制定生产指标和劳动定额。生产指标和劳动定额的制定、下达和考

核要科学合理，符合劳动教养人员数量、劳动时间、劳动效率和当地经济发展水平等客观实际。

4. 严禁组织劳动教养人员从事煤矿、非煤矿山和易燃易爆、有毒有害危险化学品的生产。积极引进和发展来料加工生产，创造条件取消所外劳动。

5. 杜绝超时超体力劳动。劳动教养人员每周劳动时间不超过 36 小时，因季节性、临时性任务而延长劳动时间的必须进行补休、补学。未成年教养人员每周习艺性劳动不超过 20 小时。

6. 建立和规范劳动教养人员劳动报酬制度。根据劳动教养人员的劳动态度、劳动效果和当地社会经济发展水平，发给适当的劳动报酬。

7. 加强就业教育、培训工作。通过开展有针对性的教育、教训，使劳动教养人员树立市场观念、质量观念、诚信观念和竞争意识，掌握就业知识，了解就业需求形势，熟悉就业和社会保障政策。

8. 做好安置帮教衔接工作。加强与安置帮教部门、劳动和社会保障部门、再就业指导部门以及用人单位的联系，为劳动教养人员解教后能够利用所学技能自食其力、服务社会创造条件。

二、劳动教养人员劳动管理的内容与要求

（一）劳动教养人员劳动管理的内容

1. 制定劳动管理制度

劳动管理制度是对劳动教养人员劳动进行决策、计划、组织和监控的活动规范。主要包括劳动教养人员培训上岗制度、定员定额管理制度、班组管理制度、岗位责任制度、考勤制度、人员调配制度、考评制度、劳动报酬制度、劳动纪律管理制度等，是进行劳动管理的重要基础工作。

2. 制定劳动定额与考核标准

劳动定额具有组织生产和组织分配的双重作用。既为劳动教养人员的劳动明确了努力目标，又是对劳动教养人员进行考核评价的重要依据。实行定额管理，一定要从实际出发，根据客观实际，科学分类、合理安排，使每个劳动教养人员各尽所能，既完成任务，又得到锻炼和激励。

3. 劳动教养人员劳动集体的管理

劳动教养人员劳动集体是依法强制组成的，由劳动教养人民警察管理的特殊社会群体。健康的劳动教养人员劳动群体具有组织管理作用、教育作用、协调作用和监督控制作用，劳动教养人民警察要努力使上述作用得到充分发挥，并采取有效措施预防和控制不良群体，培养劳动教养人员的集体意识。

4. 劳动教养人员劳动心理调整与积极性的调动

劳动教养场所在分配劳动教养人员劳动时应当充分考虑其个性心理特征

（如气质类型、能力差异），以利于在劳动中塑造劳动教养人员的个人品质和提高劳动生产率。

同时，劳动教养场所要通过教育启发、强制劳动、管理措施引导等手段，培养劳动教养人员的劳动需要，通过目标激励、奖惩激励、竞赛评比、榜样激励等方式激励劳动教养人员的劳动动机，采用劳动教育、强制劳动、创造良好的劳动风气等方法转变劳动教养人员的劳动态度，调动他们的劳动积极性。

另外，劳动教养场所要积极调整劳动教养人员在劳动过程中的心理状态，保证生产劳动顺利进行。

5. 劳动品德与劳动技能的培养

劳动品德是人们的劳动观念、劳动态度、劳动纪律、劳动习惯等表现的总和，它对于人的成长和发展具有重要意义。

进行劳动品德和劳动技能培训，是转变劳动教养人员政治态度和思想认识的重要途径，也是保证劳动教养人员解教后就业谋生的有效措施。

培训的主要内容有：马克思主义劳动学说的教育、现代科学知识和生产技能的教育与培养、实际操作的训练和指导等。

劳动教养场所要建立健全组织机构，坚持联系实际、逐步正规、循序渐进、巩固提高的原则，组织多层次、多渠道的正规培训，培养劳动教养人员的劳动品德和劳动技能。

6. 组织劳动教养人员劳动竞赛

劳动竞赛是培养劳动教养人员劳动品德、强化劳动手段改造功能的重要措施，是调动劳动教养人员劳动积极性、促进完成生产任务和提高经济效益的有力保证。

目前，劳动竞赛的形式有车间、大队之间的竞赛；中队、班组之间的竞赛；劳动教养人员个人之间的竞赛三种。竞赛的主要内容有产品优质、高产竞赛；低消耗、高工效竞赛；劳动技术竞赛；革新、挖潜竞赛；安全生产竞赛；互帮互学、共同进步竞赛等。

劳动教养场所特别是第一线的大队、车间，要根据季节、时令和改造、生产的实际需要，有组织、有计划地开展不同形式、不同内容的劳动竞赛，抓好组织与计划、教育与发动、成果统计和评比总结四个环节的工作，充分发挥劳动竞赛的作用。

7. 组织劳动教养人员劳动协作

劳动协作即采用适当的形式，把从事各种局部性劳动的劳动教养人员联系起来，共同完成整体性的生产任务。

劳动协作包括时间协作和空间协作。空间协作包括车间之间、班组之间以及班组内部的协作；时间协作是各个轮班如何组织的问题。

劳动协作是社会化劳动的一种形式，其功能不仅仅表现在对生产力的提高上，而且还表现在对人的改造上。劳动协作要求劳动教养人员必须以积极的劳动意识关心别人，强制劳动教养人员树立集体主义观念，可以锻炼劳动教养人员的组织性、纪律性，并推动劳动教养人员不断提高劳动技巧。

劳动教养场所组织实施劳动协作，必须从劳动教养人员的改造出发，符合劳动计划管理和规章制度的要求，并要结合劳动指挥调度，进行劳动协作的教育与监督，保证生产过程的连续性和协调性。

8. 劳动考核与奖惩

劳动考核是劳动教养场所对劳动教养人员在劳动过程中的表现和改造成果进行考查、总结、评审的活动。

劳动考核是维护劳动教养生产秩序的中心环节，是提高劳动生产率、增加经济效益的重要因素，对于提高劳动教养人员的改造积极性、促进其思想改造、最终提高改造质量具有重要意义。

劳动考核的内容包括劳动品德、劳动质量、劳动技能和劳动纪律的考核。劳动教养场所要建立和完善考核制度，严格检查、验收、鉴定，科学地制作各种登记、统计报表，坚持定期公布核算，开展总结评比，为劳动奖惩提供可靠依据。

劳动奖惩是劳动教养场所根据劳动教养方针政策、法律法规，以劳动教养人员实际考核的不同表现事实为依据，进行奖优罚劣的一项制度。劳动教养场所要根据有关规定，科学确定奖惩的种类、等级和条件，正确认定、严格掌握、灵活运用，充分发挥劳动考核和劳动奖惩对劳动教养人员改造的激励和震慑作用，促进改造质量的提高。

9. 劳动报酬的发放与管理

劳动教养人员劳动报酬是劳动教养场所根据劳动教养人员对劳动教养生产所作出贡献的大小而以实物或货币形式给予劳动教养人员的物质利益。对劳动教养人员劳动付酬是促进劳动教养人员改造的一项重要措施。劳动教养人员劳动报酬是劳动教养人员与劳动教养场所在改造与被改造关系的基础上产生的一种物质利益。与社会企业劳动报酬有着本质的不同，在法律依据、性质、作用、数量、形式、内容等方面均有明显的区别。

实行劳动教养人员劳动报酬制度的意义在于：（1）有利于保障劳动教养人员的合法权益；（2）有利于矫正劳动教养人员恶习，促进其思想转化；（3）有利于调动劳动教养人员劳动积极性，提高劳动生产率；（4）有利于减轻劳动教养人员家庭的经济负担。

劳动教养学

（二）劳动教养人员劳动现场管理

1. 劳动教养人员劳动现场管理的概念

劳动现场管理，是指劳动教养人民警察运用现代管理技术，对劳动教养人员劳动现场的各种生产要素进行合理配置和优化组合，保证劳动现场安全、有序、高效、低耗的运行状态。它具有多方面的管理内容，既包括劳动现场的组织管理，又包括各项专业管理和管理的基础工作。

2. 劳动教养人民警察在劳动现场管理中的职责

劳动教养人民警察在劳动现场管理中起主导作用，其职责主要包括五个方面。

（1）坚守岗位、及时了解劳动教养人员在劳动现场的各种情况和表现，并有针对性地采取相应措施。

（2）依法组织劳动生产，有较高的政策与业务水平，熟悉劳动现场情况、掌握劳动生产技术，并能亲自示范，指导劳动教养人员作业。

（3）建立良好的劳动生产秩序，及时检查安全防范情况，对劳动现场的人员、物资流动情况心中有数，有及时采取果断措施处理突发事件的能力。

（4）负责对劳动教养人员在劳动现场的出勤、作息时间和分组情况进行管理，对劳动教养人员在劳动定额、操作规程和劳动质量进行检查。

（5）根据有关规定并结合实际进行安全生产教育，开展安全生产和提高劳动效率的评比活动，并根据国家规定发放劳保用品和高温、高空或地下作业津贴。认真做好劳动成本和劳动报酬核算工作，严防各种灾害或生产安全事故，发生工伤事故时，应立即采取有效处置措施，并及时向上级汇报。

三、劳动教养人员劳动安全管理

搞好劳动安全管理是劳动教养方针政策和法律法规的要求，是促进劳动教养人员思想改造的重要条件，也是促进劳动教养生产顺利发展的重要保证。劳动教养场所要重视劳动安全教育、建立健全安全作业规程，做好劳动保护工作。

（一）劳动安全教育

按照"安全生产，人人有责"的原则，劳动教养场所应实行全员劳动安全教育，并特别注重对劳动教养人员的劳动安全教育。劳动安全教育的主要内容包括：

1. 安全思想教育。

2. 安全管理知识教育。

3. 安全技术知识教育。

4. 典型经验教育和事故案例教育。

劳动教养场所应采取有效措施切实做好工厂、车间、班组的"三级安全教育"工作。

（二）安全作业规程管理

安全作业规程是劳动教养场所根据国家劳动保护政策、法规、主管部门的安全作业规程或有关规定，结合本单位的机器设备性能、原材料和产品的特点、工艺过程的要求，对每个工种、每个岗位，一定范围应该注意的安全事项所作的规定。

安全作业规程的主要内容一般应包括：安全操作方法、应注意的安全事项以及发生不安全情况时的临时处置办法等。

安全作业规程是指指导劳动教养人员进行安全作业的规范和准则，是劳动教养场所对劳动教养人员劳动进行管理的重要基础工作。劳动教养场所应该重视这项工作，建立并不断健全场所安全作业规程。

（三）劳动保护工作

劳动保护就是通过采取各种组织措施和技术措施，排除劳动中的不安全因素，或者防止这些不安全因素可能造成的危害，从而保障劳动者的安全与健康。

劳动保护的内容包括安全技术和工业卫生。劳动保护的任务：一是减少或消除工伤事故；二是防止和控制职业病的发生；三是搞好劳逸结合，保证劳动教养人员的休息时间；四是对女性和未成年教养人员实行特殊的保护。

四、劳动教养生产的组织形式

（一）劳动教养生产组织形式的概念及构成要素

劳动教养生产组织形式，是指劳动教养机关为了实现劳动教养生产的特定目标，把构成生产经营活动的基本要素协调起来，进行有秩序、有效率活动的组织行为方式。

劳动教养生产组织形式的构成要素主要是组织机构设置、管理体制和经营机制三个方面。

（二）劳动教养生产组织机构的设置

劳动教养生产组织机构，是指劳动教养机关为了组织生产，按生产管理的专业分工设立的职能部门和按生产需要成立的生产单位的总称。

根据国务院将劳动教养场所列为特殊事业单位、生产上实行企业管理的规定，劳动教养既作为执行劳动教养的行政执法机关，也根据其组织劳动教养生产的类型，确定生产单位的命名。其中，工业生产单位，一般称为工厂；农林牧副业单位，一般称为农场、林场、园艺场、茶场或饲养场；采掘业单位，一般称为矿；加工及工贸单位，现在一般称为公司。

劳动教养学

在生产单位内部，根据生产规模和管理组织的职能分工，划分若干个具体生产单位和职能部门。其机构设置的基本形式主要是直线制、职能制或直线职能制等。

1. 直线制。即各级生产单位从上到下实行垂直领导，各级负责人执行生产管理的全部职能。

2. 职能制（亦称科层制）。即在厂长（场长）之下设专业职能机构个人员，把相应的管理职责和权利交给职能部门，各职能部门在职权范围内可以直接指挥下级单位。

3. 直线职能制。指在厂长（场长）之下设置相应的专业职能部门，下级生产单位负责人下面也设置同上级职能部门对下级职能部门进行业务指导的管理体制。目前，直线职能制是劳动教养生产组织机构设置的基本形式。

（三）劳动教养生产管理体制

劳动教养生产管理体制是指劳动教养生产的组织管理模式和制度，主要包括生产组织机构的设置及其职权划分、所有制结构及其生产经营方式、领导体制及其生产组织内部责任制等。

劳动教养生产管理体制是属于上层建筑的范畴，是在劳动教养工作产生与发展的特定历史条件下形成的。随着社会主义市场经济体制的建立，劳动教养生产管理体制政企不分、高度集权、自我封闭、浪费资源等种种弊端明显地暴露出来。因此，劳动教养生产管理体制的改革已势在必行。

当前，劳动教养生产管理体制的改革正围绕所企分开、双轨运行的管理架构进行改革试点。改革的主要内容是劳教所与生产企业在财务、资产、人员、管理上实行"四个分开"。

（四）劳动教养生产经营机制

生产经营机制是指优化资源配置、激活生产要素、最大限度地实现经济利益的经营管理方式、内容和途径。

当前，劳动教养生产经营机制正处于变革状态之中，其发展方向和目标是建立现代企业制度。而实现这一目标的首要环节是在内部狠抓科学化管理，在推行管理的规范化、现代化和生产标准化上下工夫，使经营管理的各个环节、各项经营指标的制定和奖惩措施的落实等，都纳入科学规范与健康有序的管理轨道，扭转管理粗放的格局，为最终确立现代企业制度奠定基础。

五、劳动教养人员劳动权益的法律保障

（一）劳动教养人员劳动权益的法律依据

我国宪法和劳动法等法律就保障劳动者的权益作出了明确规范。1982 年

《劳动教养试行办法》第六章"劳动生产"第38条至第43条，对组织劳动教养人员劳动问题作出了具体规定。其中，涉及劳动权益保障的内容主要包括劳动目的、劳动定额、安全生产与劳动保护、劳动与休息休假时间、劳动报酬等，则规定于该《办法》的其他相关条款之中。在探索劳动教养习艺新模式的过程中，有关部门进一步就上述有关问题作出了详细的规定。这些规定成为保障劳动教养人员劳动权益的重要依据。

（二）劳动教养人员劳动权益的保障

根据规定，对于丧失劳动能力者，劳动教养场所不予收容。我国坚决反对将劳动作为惩罚手段，严禁用繁重的劳动折磨、虐待劳动教养人员。

劳动教养场所通过教育手段不断提高劳动教养人员对劳动意义的认识，逐步提高劳动教养人员劳动的自觉性。

劳动教养人员每周劳动天数、每天劳动时数、工间休息、加班加点、补休补学、节假日放假等均受到严格的制度约束，严禁组织劳动教养人员超时劳动。

劳动教养场所根据规定，科学、合理地制定劳动教养人员的劳动定额或劳动指标，确保正常的劳动强度。

对于不适宜参加生产劳动的劳动教养人员，劳动教养场所安排与其身体状况相适应的劳动；对女性劳动教养人员，安排适合其生理、心理特点的劳动；对未成年教养人员只安排习艺性劳动，实行半天劳动、半天学习制度。

劳动教养场所努力创造条件，推行劳动教养人员劳动报酬制度；积极改善劳动环境和劳动条件，建立健全安全生产制度，配备安全设施，落实各项劳动保护和卫生保健措施，努力减少生产安全和人身伤亡事故。

劳动教养场所在组织劳动教养人员劳动的实践中，不仅仅局限于保护劳动教养人员的有关权利不受侵犯，而且更加注重通过劳动促进劳动教养人员的未来发展。通过加大习艺性劳动比重，实现劳动手段与管理、教育手段的综合运用，全面提高劳动教养人员的劳动素质。使劳动教养人员在思想、知识、技能、体魄等方面更加适应现代市场经济的要求，为其解教后就业谋生，成为社会主义建设的有用之材奠定基础。

【延伸阅读】

发挥习艺劳动作用，提高教育矫治质量

习艺劳动作为教育矫治劳教人员的重要手段之一，长期以来，在矫正劳教人员的思想行为陋习、提高他们的谋生技能、推进解教就业方面发挥了重要作用，从总体上说，习艺劳动经过多年的发展，取得了明显的成就。但在所企分离改革

情况下，习艺劳动因为具有劳教执法和生产经营的双重性质，如何定位与发展的问题，困惑着基层劳教单位。但不管如何改革，今后的习艺劳动，从其矫正性、强制性、习艺性和双赢性等四个基本属性出发，仍然应该定位于服务劳教人员的解教就业的社会需要，着力强化劳教人员的职业技术教育，提高他们的自食其力能力。

最主要的是，劳教所应结合实际发挥习艺劳动的矫治功能，通过"三个结合"，有效促进管理、教育、习艺三大矫治手段的相互渗透，相互作用，确保习艺劳动持续健康发展，促进教育矫治质量的提高。

结合劳教学员矫治特点准确定位习艺目标。由于劳教人员是违法者，加上教期短、流动性大，劳教所要将劳教人员习艺劳动的目标定位为：通过必要的习艺劳动，矫正劳教人员"好逸恶劳、游手好闲、不劳而获"等不正确的劳动观念和不良恶习，树立起"劳动崇高、劳动光荣、自食其力"等正确的劳动观念，这是习艺劳动的根本目的。

结合劳动激励机制提高习艺劳动效率。针对劳教人员的特点，完善习艺激励机制，加强劳教人员劳动态度、劳动习惯的培养，调动劳动积极性。劳教所要广泛开展劳动竞赛，奖勤罚懒，并使之经常化、制度化，在劳教人员中形成"比、学、赶、帮、超"的良好氛围。同时，充分利用"计分考核"这个杠杆，在科学核定劳教人员的劳动定额的基础上，拉开不完成劳动定额、完成劳动定额、超额完成劳动定额的计分档次，并把计分考核的结果与劳教人员升降级、积假计期、放准假、亲情共餐制、所外三试等处遇紧密结合起来，形成习艺劳动的正确舆论导向，使劳教人员乐于参加习艺劳动、主动提高习艺质量，从而进一步提高习艺劳动效果。

结合技能培训增强劳教人员谋生能力。在习艺项目的设置上，应该采用必修类习艺培训项目与菜单类习艺培训项目同时运行的"双轨制"办法，重视实用技能培训，重点引进具有就业前景和技术含量的项目，使劳教人员在期满时掌握一至二门实用技能，为回归社会自谋职业创造良好条件。必修类习艺培训项目采用"工厂化"的运作方式，对生产成本、经营效益进行必要的核算，既讲究单位时间内的习艺劳动效率，也要努力提高产品的附加值，既保证国有资产保值增值，但又不能"经济效益越高越好"，而应采用"上封顶、下保底"的生产经营指标。菜单类习艺培训是供劳教人员选修的技术课程，应采取"所内办班培训、社会考试取证"的方法进行，可以在所内独立办班，也可以与社会上的职业技校在所内联合办班，丰富职业技术教育的课程，使课程设置更加符合社会就业形势。无论是菜单类习艺培训，还是必修类习艺培训，都要参加社会上的相关职业资格考试，对成绩合格的人员颁发职业资格证书。

第十五章　劳动教养人员的心理矫治

【人物介绍】

罗杰斯

卡尔·罗杰斯（Carl Ranson Rogers，1902—1987），人本主义心理学的理论家和发起者、心理治疗家，被心理学史学家誉为"人本主义心理学之父"。1902 年 1 月 8 日罗杰斯出生于美国伊利诺伊州芝加哥近郊的橡树公园（Oak Park）。他的父亲是工程师，母亲是个家庭主妇、虔诚的基督徒。家中共有 6 名子女，其中男孩占五位，他排行第四。

在严格的宗教性和伦理性的教育环境下成长，使罗杰斯成为一个相当孤立、独立而有纪律的人，并能在一个实践的世界中，学习科学方法的知识及对科学方法的鉴赏。因为宗教上的理由，他第一个选择的职业是农业。在 20 岁那年，到北京参加国际基督徒大会，因为这趟 1922 年的旅行，使得他开始怀疑自己对宗教的奉献；他也参加了一个名为"为什么我成为牧师"的研讨会，这帮助他弄清楚自己的职业选择，之后，他决定要转业。

他在非指导式心理治疗（罗杰斯学派的心理治疗，又被称为当事人中心疗法）的发展上作出了很大的贡献。他的基本治疗态度是：无条件地彻底接纳、真诚、同理地了解。咨询者展现出来的同理心，对于与案主建立关系，帮助案主完全体验他的现象场域（phenomenological field），或完全体验他自身，是必须而且充分的。

他报读了芝加哥的一个心理学课程，并在 1931 年得到了博士学位。他分别在俄亥俄州立大学（1940 年）、芝加哥大学（1945 年）及威斯康星大学麦迪逊校区（1957 年）任教及实习。后因与威斯康星大学心理学系发生一些冲突，罗杰斯对学术不存幻想。直到他突然离世前，他一直在 La Jolla 做研究，同时他继

劳动教养学

续进行治疗、演讲、写作等工作。

罗杰斯是美国应用心理学会的创始人之一，并任该学会 1944—1945 年度主席。还担任过临床和变态心理学分会主席（1949—1950 年）及美国心理学会第 55 任主席（1946—1947 年）。鉴于罗杰斯对心理学的卓越贡献，1956 年他荣获了美国心理学会首次颁发的杰出科学贡献奖。根据吉尔森的一项调查，罗杰斯在第二次世界大战后最有影响的 100 名心理学家中名列第 4 位。

第一节　劳动教养人员心理矫治概述

一、劳动教养人员心理矫治的特点和意义

（一）心理矫治概述

心理矫治亦即一般意义上的心理治疗，它在人类历史上由来已久。早在 2500 年前，古人就认识到了心理因素在治疗疾病中的作用，《灵枢·百病始生篇》中讲到："喜怒不节则伤脏，脏伤则病起。"《素问·宝命全胜形篇》中指出："治病必先治神。"《后汉书》中也有华佗讥讽太守，治愈其痼疾的记载。在古代西方，人类使用心理矫治的历史可以溯源到古希腊时期，希彼克拉底和盖博都谈到过心理和精神卫生的问题。这些表明，早在当时人们就已经认识到了心理与生理协调、平衡、和谐的相互依赖关系。

19 世纪以来，伴随着自然科学的发展，精神分析学说、行为主义心理学等科学理论的诞生，真正科学意义上的心理治疗有了理论和实践基础。1909 年，美国心理学家弗兰克·帕森斯的《选择职业》一书面世，为心理治疗在社会上广泛应用奠定了基石。20 世纪 30 年代，美国明尼苏达大学成立了以心理学知识为基础的心理咨询和治疗的职业机构；20 世纪 40 年代初，个性和学习理论更进一步促进了心理学的发展，以心理测量为基础的指导性谈话的临床咨询模式开始被心理治疗的模式所代替，卡尔·罗杰斯的《咨询与心理治疗》就是这个时代的代表作；20 世纪 50 年代以后，心理治疗在西方社会得到了很大的发展。

心理矫治技术源于西方国家，心理矫治泛指一切运用心理学的原理、方法和技术影响人的心理状态，以改变心理失常的感觉、认识、情绪、性格、态度和行为，使失调的大脑神经机能得到恢复，帮助他们消除心理障碍，解除心理矛盾，从而使被矫治人员的心理趋于健康的方法。我国心理学家张小乔教授指出："心理矫治是心理医生运用心理学的理论、技术对求治者进行帮助，以消除或缓解其心理疾病和精神治疗，是应用心理学的方法对在精神和情感等方面有障碍或疾患的人，通过语言等符合交流的手段进行矫治的技术。"英国《精神学词典》

（1985 年）认为："心理矫治是一类在求治者和治疗者之间针对病人的精神和情绪问题以语言交流进行治疗的技术。"

（二）劳动教养人员心理矫治的概念

劳动教养人员心理矫治是指劳动教养场所系统地运用心理学的理论、技术和方法，帮助劳动教养人员调节不良情绪，消除心理问题，促进心理健康的活动。

劳动教养工作创办 50 多年来取得了辉煌的成绩，但是应当看到，以管理、教育和劳动等传统的改造手段教育矫治新形势下的劳动教养人员，已明显不适应时代的发展和实际工作的需要。犯罪学研究表明：个体违法犯罪的原因是多种多样的，仅从主观上讲，既有人生观、价值观、道德情操等方面的原因，也有认知错误，情绪、情感障碍，人格障碍或不良行为习惯等方面的原因。对于后者而言，传统的三大手段难以有的放矢地把劳动教养人员矫治成为身心健康的守法公民。而心理矫治是针对劳动教养人员的各种心理问题进行的矫治与调适，它有效地弥补了管理、教育、劳动等手段的不足，增强了工作的针对性，从而提高了劳动教养各项工作的实际效果。对劳动教养人员进行系统的心理矫治工作，是教育改造工作的细化和深化，也是劳动教养工作迈向现代化、科学化的重要标志之一。它有助于提高管理工作的科学性，教育内容的针对性和劳动分工的合理性。它和教育、管理及劳动互为条件，互相补充，互相促进，四者共同构成一定意义上的矫治手段体系。因此，心理矫治是教育改造劳动教养人员，提高改造质量的科学手段。

（三）劳动教养人员心理矫治的特点

1. 差异性

劳动教养人员心理矫治的对象是具有较大差异的劳动教养人员。不同类型的劳动教养人员在个性心理、自我意识、心理问题和不良行为习惯等方面有其特殊的心理特点，即使是同一类型的劳动教养人员个体的心理问题也存在较大的个体差异性。

2. 互动性

劳动教养人民警察对劳动教养人员的心理矫治是一个双向互动的过程。在心理矫治的过程中，双方必须建立一种相互信任的、良好的互动关系，只有这样才能取得良好的矫治效果。

3. 情境性

劳动教养人员的心理矫治主要是在劳动教养场所内进行的，这种特殊的矫治环境与社会上的心理矫治环境有较大的差异性，这必然会对劳动教养人员心理矫治的效果产生一定的影响。

4. 技术性

心理矫治不是简单的理论说教，也不同于政治思想工作，它必须以专业的心理学知识和技能为依托，通过科学地运用心理测量、心理咨询与心理治疗技术，矫治劳动教养人员的不良的心理结构和行为习惯。

（四）劳动教养人员心理矫治的意义

劳教人员这个特殊的群体，具有心理问题和心理障碍的人数比例比社会上的一般人群要高得多。这是因为：第一，实践证明，实施违法犯罪活动的人大多具有一定的人格障碍，在其入所后其人格障碍依然存在；第二，有些心理相对健康的劳教人员，在入所后，因环境的变化，人身自由的限制，会诱发一些心理障碍和疾病。因此，对劳教人员进行心理矫治具有非常重要的意义。主要表现在以下几个方面：

1. 能够提高劳动教养矫治工作质量

劳动教养人员走上违法犯罪道路的原因是多方面的，因此，我们对劳动教养人员的教育矫治，也必须多层次、多方位地进行。开展心理矫治工作，能够有效地弥补管理、教育、劳动等手段的不足，更为准确、及时地掌握劳动教养人员的情况，为劳动教养人员提供解决问题的途径和正当的情绪宣泄渠道，防止劳动教养人员因不满情绪的积累而造成矛盾激化，避免不良事故的发生，也能够激发劳动教养人员的积极性，提高教育矫治质量。

2. 能够提高现代化文明劳动教养所的建设水平

尽管我国的劳动教养工作取得了很大成就，但从总体看来，其现代化、文明化、科学化还有待进一步提高。运用现代心理科学的原理和技术，对劳动教养人员进行心理矫治，使劳动教养人员的不良心理和行为得到有效矫治，必将极大地促进其科学化的进程和现代化文明劳动教养所的建设。

3. 能够提高劳动教养人民警察的整体素质

心理矫治是一项技术性、专业性很强的工作，从事这项工作的劳动教养人民警察不仅是管理者和教育者，而且是矫治岗位上的心理医生。他们不但要掌握法律、管理和教育多方面的理论，而且还要学习和掌握心理学和心理矫治方面的知识。不仅如此，心理矫治工作还对从业者在思想认识、职业道德、心理素质等方面提出了很高的要求，这就极大地促进了劳动教养人民警察整体素质的提高。

二、劳动教养人员心理矫治的目标和任务

（一）劳动教养人员心理矫治的目标

我们做每一件事情，都是首先确定其目标。明确目标能够为我们的工作提供方向，同时也有利于我们对工作质量和效果进行评估。劳动教养人员心理矫治也

不例外，它的最终目标是将劳动教养人员矫治成为遵纪守法、自食其力、心理健康、人格完善的新人。而劳动教养人员心理矫治的具体目标有它的特殊性，其主要表现在以下几个方面：

1. 改变劳动教养人员的不良认知结构

研究表明，许多劳动教养人员存在着明显的认知障碍，主要有以下几个方面：（1）智力水平低，分辨是非的能力差；（2）认知选择性偏离、认识的绝对化、片面化、极端化；（3）反社会意识，即与我国社会主义所倡导的思想体系相背离，与正常的社会生活相对立，以极端个人主义为核心的各种错误观念；（4）不成熟或歪曲的自我意识，表现为自我认识、自我评价的幼稚性、歪曲性、盲目性等；（5）不良的认知结构，一些劳动教养人员缺乏必要的生活、劳动知识和能力，但获得了一些从事违法犯罪活动所需的知识和能力。上述认知障碍，不仅是导致他们进一步形成违法犯罪心理的基础，也是阻碍其矫治进程的重大障碍。劳动教养人员心理矫治的目标之一就是通过采取切实有效的措施，使他们的不良认知结构得以改变。

2. 调控好劳动教养人员的不良情绪

良好的情绪状态是心理健康的重要因素，而不良的情绪状态，如焦虑、忧郁、恐惧、沮丧，则会导致各种身心疾病。劳动教养人员由于人身自由受到限制，又被严格管理，强迫学习和劳动，使其个人的许多需要得不到满足，必然会引起他们许多负面情绪的产生。这些负面情绪如果得不到及时疏导和矫治，就会影响他们的心理健康。劳动教养人员心理矫治的另一个目标是通过心理矫治使他们解除焦虑，消除忧郁，保持平静而乐观的心态，防止因激情或绝望而出现突发性事故。

3. 矫正劳动教养人员的不良行为或病态行为

许多劳动教养人员在其违法犯罪经历中，不仅强化了内在的消极体验，而且逐渐形成了不良的意志品质和不良的态度和行为习惯，有些甚至达到了病态的程度。这些不良或病态的行为，不仅是造成他们违法犯罪的直接原因，而且也是他们接受矫治的重大障碍。这类劳动教养人员常常难以适应劳动教养生活，人际关系紧张，经常违规违纪，而且屡教不改。劳动教养人员心理矫治的目的之一，就是要通过运用特定的治疗措施或行为训练技术，达到对劳动教养人员不良或病态行为的矫正。

4. 完善劳动教养人员的不健全人格

调查表明，绝大多数劳动教养人员人格都是不健全的。不健全人格就是经历了错误的内化或不完全的内化而形成的不成熟人格、矛盾冲突人格和反社会人格，是产生违法犯罪行为的心理基础。主要表现为：（1）行为方式与社会规范相抵触，不能自觉地与他人保持良好的、协调的关系；（2）适应社会生活不良，内心经常出现矛盾、冲突、焦虑、紧张和挫折感；（3）社会化水平低或与社会化要求相悖，呈逆向社会化状态；（4）未能掌握一定的社会生活技能，反而获得了反社会的知识与技能。许多劳动教养人员正是由于社会化过程的缺陷，导致了不健全人格的形成，然后经过不良行为的多次反复，引起品德的堕落和质变，最后形成违法犯罪心理。因此，劳动教养人员心理矫治把重塑劳动教养人员的人格作为重要的目标之一。

（二）劳动教养人员心理矫治的任务

劳动教养人员心理矫治的理论体系主要是依托心理科学的原理，同时在汲取精神医学、社会学、劳动教养学等相关学科理论观点的基础上建立起来的。它具有很强的实践性和可操作性，并且形成了较为完备的操作体系。根据劳动教养工作的实际情况和现实需要，劳动教养人员心理矫治的任务包括以下几个部分：

1. 心理健康教育

劳动教养人员心理健康教育，是通过向劳动教养人员宣传心理健康方面的基本知识，让劳动教养人员学会认识自己、剖析自己和接纳自己，从而自觉调整心理状态，积极面对劳动教养生活的一种心理矫治的方法。其主要内容是：（1）向劳动教养人员宣传心理健康方面的知识，帮助他们培养健全的情绪，更好地适应劳动教养生活；（2）引导他们建立良好的人际关系，培养其自我了解、自我接受的态度。

2. 心理测验

劳动教养人员心理测验，是对劳动教养人员个体或群体的心理特性作出有意义的解释和科学的价值判断的过程。它是心理矫治工作的前提和基础。通过心理测验，能获得劳动教养人员较为真实、准确、深层次的信息，为进一步诊断评估、心理咨询以及重新违法犯罪的预测和预防工作提供依据。

3. 心理咨询

劳动教养人员心理咨询，是劳动教养人民警察运用心理学的知识和方法，帮助劳动教养人员发现自己的问题和其根源，挖掘其自身潜在的能力，以促进其成长，提高对劳动教养生活的适应和应对各种事件的能力的心理矫治方法。其内容十分广泛，涉及劳动教养人员在劳动教养过程中的各种问题。通过劳动教养人员心理咨询还可以及时发现劳动教养人员集体中的消极因素和个别劳动教养人员存在的心理危机，起到预防突发事件的作用。

4. 危机干预

劳动教养人员是心理危机的高发类群体，劳动教养场所应当对处于心理危机中的劳动教养人员及时干预，帮助其缓解心理矛盾和冲突、恢复心理平衡、减少和避免极端事件和危及场所安全的事故发生。

5. 心理矫治档案管理

劳动教养场所在劳动教养人员入所后应当为其建立心理矫治档案。其内容主要包括：（1）劳动教养人员的基本情况；（2）心理测验记录；（3）心理健康状况评估报告；（4）矫治建议；（5）心理咨询登记；（6）心理危机干预情况和效果记录。心理矫治档案由心理咨询师和心理辅导员负责填写，由大（中）队负责日常保管，并随着劳动教养人员调动转交，解教后由心理矫治中心存档。

三、劳动教养人员心理矫治的工作原则及要求

（一）劳动教养人员心理矫治的工作原则

1. 平等自愿原则

有效开展心理矫治工作的必要条件之一，就是咨访双方要建立起一种平等的、建设性的、良好的职业关系。这也是心理矫治工作能否取得成功的一个重要前提。只有劳动教养人员感到自己的人格得到尊重，他才会对心理矫治工作者产生信任，才会将自己内心的困惑和秘密毫无保留地向心理咨询人员倾诉。双方进行通畅有效的交流，心理矫治工作才能取得良好的效果。

2. 启发教育原则

在心理矫治过程中，心理咨询工作者不仅要对劳动教养人员在情绪上进行疏导和安慰，通过自己热情的态度、温暖的言语使劳动教养人员感到关怀与力量，减轻他们的孤独感和无助感。而且还应当给予他们积极的、正面的启发和教育，帮助他们调整看问题的角度和方法，从而建立新的认识结构，提高适应环境的能力，改变劳动教养人员不正确的价值观、人生观和世界观。

3. 科学指导原则

劳动教养人员作为一类特殊的群体，较其他人群存在更多的心理问题。但由于他们普遍文化水平较低，同时缺乏心理健康方面的知识，这将使得劳动教养人员不能正确认识和对待自己的心理问题，常常采取一些不恰当的方式来处理。这不仅不利于他们的身心健康，而且还能导致一些突发性事件的发生，影响到劳动教养场所的安全与稳定。因此，劳动教养场所的心理矫治工作者要向他们讲明心理咨询的基本精神和原则，利用自己所掌握的心理学知识、技术和方法，对他们的心理问题进行科学指导，使他们正确认识自己心理上的问题，从而更好地进行心理矫治工作。

4. 安全保密原则

维护场所安全，防止意外事件的发生是劳动教养工作的首要任务。由于劳动教养人员进行心理咨询的目的各不相同，而且他们还存在程度不同的人身危险

劳动教养学

性，因此，在对劳动教养人员进行心理矫治工作时更应该遵循安全性原则。保密性原则是鼓励来访劳动教养人员畅所欲言的心理基础，是对其人格及隐私权的最大的尊重，也是咨询工作取得成功的前提。咨询人员随意泄露劳动教养人员的私人秘密是违反职业道德的行为。当然，在劳动教养人员有明显的自杀倾向或者存在伤害性人格障碍、精神病症时，可以突破此原则，与有关部门联系以保证劳动教养人员和其他人的生命安全。

5. 全面系统原则

劳动教养人员的心理问题涉及认知、情绪情感、意志、行为和人格等各个方面。导致其心理问题发生的原因也是多方面的，心理问题的程度表现也各不相同。因此，对劳动教养人员开展的心理矫治工作是一项涉及领域、层面较广的系统工作，其工作内容包括心理诊断、心理评估、心理健康教育、心理咨询、心理治疗、心理危机干预等。我们要遵循全面系统的原则，做到标本兼治，不能"头痛医头，脚痛医脚"。

（二）劳动教养人员心理矫治的工作人员

1. 任职条件

一般地，从事劳动教养人员心理矫治的人民警察应当具备下列条件：

（1）热爱心理咨询工作，有强烈的事业心和责任感，品行良好；

（2）熟悉劳动教养工作的有关法律法规和劳动教养场所的规章制度；

（3）具有基层管教工作经验，掌握教育纠正知识和技能，熟悉各类劳动教养人员的思想行为特点；

（4）取得国家心理咨询师职业资格。

2. 职业道德要求

从事劳动教养人员心理矫治的人民警察要热爱本职工作，坚定为社会做奉献的信念，刻苦钻研专业知识，增强技能，提高自身素质，遵守国家法律，与求助劳动教养人员建立起平等友好的咨询关系。具体要求如下：

（1）心理咨询师在对求助劳动教养人员进行工作时，应与需求助的劳动教养人员对工作的重点进行讨论并达成一致意见，必要时应与他们达成书面协议。

（2）必须让求助劳动教养人员了解心理咨询的工作性质、特点，这一工作可能出现的局限性以及需求助劳动教养人员自身的权利和义务。

（3）心理咨询师不得因年龄、民族、宗教信仰、价值观、罪错类型、改造表现等任何方面的因素歧视需要求助的劳动教养人员。

（4）心理咨询师与求助劳动教养人员之间不得产生和建立咨询关系以外的任何关系，不得利用需求助劳动教养人员对咨询师的信任谋取私利，尤其对异性不得有非礼言行。

（5）当心理咨询师认为自己不适于对某个需求助劳动教养人员进行工作时，就应本着对他们负责的态度将其介绍给其他合适的心理咨询师。

（三）专业化建设要求

劳动教养人员心理矫治工作是一项专业性、技术性很强的工作，因此，劳动教养机关要十分重视心理矫治工作的专业化建设。除了严格按照要求加强心理矫治工作的队伍建设以外，还要加强工作计划和硬件等方面的建设。其具体内容如下：

1. 制订心理矫治计划

在具体实施劳动教养工作人员心理矫治工作之前，必须制订科学、合理及周密的计划。心理矫治中心要根据上级部门的总体安排，结合本单位实际情况，制订较为详细的工作计划，包括年度计划、月计划、日计划等，使矫治工作有条不紊地进行。

2. 完善心理矫治组织机构

开展劳动教养人员心理矫治工作，必须建立一定的组织机构。这是一种专业机构，其主要职能就是对本部门、本单位的心理矫治工作进行决策、参谋、执行、监督、管理、反馈等，保证工作的有序运作。劳动教养场所要设立心理咨询中心，按照收容人数的3‰以上的比例配备具有国家心理咨询师职业资格的专职心理咨询师，劳动教养场所的（中）队应配备1名经过专业培训的人民警察担任心理辅导员。另外，还可以聘请一些专家、学者，请他们在理论上、技术上给予指导。

3. 提供良好的环境和设备条件

开展劳动教养人员心理矫治工作，尤其是在心理测验、心理咨询与心理治疗过程中，需要有较好的环境条件。例如，心理咨询室、治疗室以及进行心理测验的场所，必须设置在安静的环境中，尽量避免外界声音的干扰；咨询室应当洁净、明亮、幽雅大方，有家庭气氛；每间咨询室、谈话室、宣泄室，应当相对独立，并安装隔音设备。另外，还需要一定的设备条件，主要包括：常用的心理测验问卷、电脑、音响、生物反馈系仪、心电和脑电诊疗仪器、投影仪、录放机、放松椅等。

四、劳动教养人员心理健康教育

（一）心理健康概述

1. 心理健康的概念

心理健康，是指个体在各种环境中能保持一种良好的心理效能状态。它包括两个方面的含义：其一，是指心理健康状态，没有心理疾病，能与社会契合和谐；其二，是指维持心理健康，减少行为问题和精神疾病的原则和措施，具有一种积极发展的心理状态。联合国卫生组织1984年把健康定义为："不仅没有身体缺陷和疾病，还要有完满的生理、心理状态和社会适应能力。"1989年又进一步发展了健康的概念："身体健康、心理健康、社会适应良好和道德健康。"其目的在于预防心理障碍和行为问题，促进人们心理的调节，发展更大的心理效能。

2. 心理健康的意义

（1）促进精神文明。一个人只有心理健康、品德高尚，才会成为具有精神文明的社会成员。而一个心理不健康，具有消极心理的人就有可能情绪忧郁、性格孤僻、性情暴躁、行为野蛮，进而发展到违法犯罪。从某种角度上讲，劳动教养人员所具有的不良个性和犯罪心理，都是心理不健康的直接表现，其违法犯罪行为直接破坏了社会主义精神文明的建设。

（2）促进身体健康。一个人的心理健康与生理健康是互相联系、相辅相成的。实践证明：乐观的情绪，健康的心理，能促进身体健康；而消极的情绪则会导致正常的生理平衡失调，甚至诱发生理疾病，如易怒、攻击性性格易患高血压，急躁、冲动、好胜心强则易患冠心病。

（3）促进人的潜能的开发与发挥。研究表明，人们都有可能发挥与开发的潜能，一个心理不健康的人，他的潜能可能因情绪忧郁、性格孤僻、性情暴躁、紧张惧怕等不良心理因素而被埋没或泯灭；而一个心理健康的人，他的潜能可能因朝气蓬勃、积极向上、冷静机敏等好的心理因素而得到充分的发挥，从而实现自己的价值和理想，为社会作出更多的贡献。

（4）促进学习、工作效率的提高。一个人的情绪状态，会影响到他的智力活动的兴奋程度。良好的情绪能够使智力活动的积极性提高，而消极情绪则会抑制、麻痹甚至降低智力活动的积极性。这就使得不同情绪状态下的智力活动会产生截然不同的效果。实践证明，健康的心理状态可以提高人的学习、工作效率。

（二）劳动教养人员心理健康的标志

心理健康是一个相对的概念，在人的精神正常与异常之间存在着一个巨大的缓冲区域，即心理亚健康状态，世界上大多数人都处于这一区域内。其中包括心理不平衡、心理障碍和变态人格，这类问题中表现程度浅的人，只有心理冲突，没有人格变态，不属于心理疾病的范畴。只有表现程度深的人，整体心理活动瓦解，形成了异常人格和神经症，才属于心理疾病的范畴。结合劳动教养的性质，我们简要介绍一下劳动教养人员心理健康的主要标志：

1. 能够控制自己的情绪，保持健康平和的心态

人的一生不可避免地会遇到很多挫折，劳动教养人员也是如此。在遇到挫折时，心理健康的劳动教养人员应当能够很快从消极的情绪中调整过来，保持愉

快、开朗、自信等积极的情绪体验，成功有效地处理日常生活中的各种紧张状态，保持一种平和、健康的心态而依靠自己的力量战胜困难，顺利地完成矫治任务。而不是在严重的打击下，悲观失望、自暴自弃，甚至铤而走险，实施攻击性行为。

2. 能够面对现实，适应劳动教养环境

一个心理健康的人，应当能够面对现实，接受现实。即使现实不符合自己的信念，也能主动地去适应现实，并在现实中改造自己。劳动教养人员对待劳动教养的现实，应采取成熟的、正确的适应方式，而不是企图逃避。对于自己在劳动、学习和交往中所遇到的问题和困难，应采取切实有效的方法去妥善解决。

3. 能够建立良好的人际关系

人类的心理适应，最重要的是对人际关系的适应。人与人之间的友好往来是维持心理健康必不可少的条件。劳动教养人员在与人相处时能够友好和善，诸如尊敬、关心、谅解之类积极的、正面的态度应多于仇恨、嫉妒、畏惧等消极的、负面的态度。劳动教养人员应能够正确地同劳动教养人民警察和其他的劳动教养人员交往，做到不卑不亢。

4. 生理年龄和心理年龄协调发展

正常的人在不同的年龄阶段，都应有相对稳定的心理特点和行为表现，从而形成不同年龄阶段个体的独特的心理和行为模式，亦即生理年龄和心理年龄协调发展。如果心理严重偏离自己的年龄特征，思想简单，认知范围窄，行为方式幼稚、鲁莽，做事不计后果，则属于心理不健康的表现。

5. 有客观正确的自我意识

能否认识自己、了解自己、正确地评价自己，是衡量一个人是否心理健康的重要标志。心理健康的劳动教养人员既能客观评价别人，更能正确地认识和接受自己，能够看到自己的问题与不足，从而能够通过自我调节来加以弥补和改善，而且要有弃恶扬善、重新做人的决心和信心。

6. 有完整和谐的人格

心理健康的人格应当是统一的、完整的和稳定的，如果一个人言行不一、冷酷无情、偏执狭隘、行为怪异，则其心理在很大程度上就是不健康的。劳动教养人员的人格结构的各要素存在着严重缺陷，致使其思维偏执，表现为对外界反应失调，与集体、社会步调不合拍，从而形成了各种心理问题和人格障碍。

（三）劳动教养人员的不健康心理

劳动教养人员不健康心理按照程度不同分为心理问题、心理障碍和心理疾病三个层次，在实践中三者是一个连续谱，它们之间没有明显的界限。

1. 劳动教养人员的心理问题

（1）认知问题。由于特定的法律地位、文化程度、生活经历和劳动教养环境等因素制约，使得劳动教养人员的认知普遍存在一定的问题，表现为认知范围窄、认知层面浅显、认知方式幼稚，缺乏客观性和理性。劳动教养人员常见的认知问题具体表现为：极端思维、心理过虑、主观猜测、隐藏的假定和不良观念等。

（2）自我意识问题。自我意识是指人们对自己的认识、自我评价、自我情感和自我控制等。劳动教养人员的自我意识问题主要表现为妄自菲薄、妄自尊大、以自我为中心、怨天尤人和麻木不仁等。

（3）意志问题。意志是人们为实现既定目标而采取行动克服困难的心理过程。劳动教养人员不良意志品质主要表现为盲目、独断、优柔寡断、动摇等。

（4）情绪问题。由于劳动教养人员受到的"负性"刺激或挫折较多，其需要不能得到满足，因此其情绪容易受到困扰。其主要表现为：忧郁、孤独、焦虑、空虚、压抑、心理疲劳以及易激怒等。

（5）人际关系中的心理问题。人际关系是影响劳动教养人员心理健康的一个重要问题，多数劳动教养人员在处理人际关系的过程中往往存在一定的问题。其主要表现为：自卑、猜疑、冷漠、嫉妒、自私、自负和干涉心理等。

2. 劳动教养人员的心理障碍

心理障碍是指心理异常或轻微心理变态的一种心理病状。病人初始反应强烈，持续时间长，内容充分泛化，因自身难以克服而形成精神负担。

目前，要准确衡量劳动教养人员的心理活动是否达到障碍的程度，尚无统一的标准与检验方法。实践中一般遵循三个原则：一是从心理与环境的统一上看，他们的所作所为是否符合劳动教养环境对他提出的要求，能否被一般人理解，有没有明显离奇的地方；二是从心理活动自身的完整性和协调性上看，他们的认识过程、内心体验和意志活动是否协调一致；三是从心理活动的自身统一性上看，其个性特征是否具有相对的稳定性，以及稳定的个性在他的各种心理过程中是否得到表现。劳动教养人员的心理障碍主要有：认知障碍、情感障碍、意向与意志障碍、人格障碍、性心理障碍和拘禁性精神障碍。

3. 劳动教养人员常见的心理疾病

心理疾病是以精神活动失调或紊乱为主要形式的一种疾病，它接近于精神疾病的边缘或者本身就是精神疾病的早期阶段。其表现为注意力涣散、意志薄弱、有强迫症状或精神分裂的局部症状，但自知力仍部分保留或基本完整，在精神紊乱的基础上产生某种怪异行为。它与心理问题、心理障碍主要是病理程度上的差异，因而具有一些共同的特征，心理疾病也有重症与轻症之分。劳动教养人员常

劳动教养学

见的心理疾病主要有以下类型：心因性疾病、神经症、智能障碍和精神分裂症。

（四）劳动教养人员的心理防卫机制

心理防卫机制是指个体在遭受挫折时为避免心理紧张和痛苦，减轻心理压力，常常运用一些自己较易接受的理由和方法以保护自我、应付挫折的一种方法。

心理防卫机制既有积极的一面，也有消极的一面。它的积极作用主要在于：能使劳动教养人员受挫时在情绪上产生一种"缓冲作用"，暂时解除内心的痛苦与不安，冷静下来面对现实，找到解决问题的方法；另一方面，大多数心理防卫方式都带有自欺欺人的性质，尽管减轻了因挫折而产生的焦虑和痛苦，但现实存在的问题没有解决，它只能起到逃避现实的消极作用。

其常见的方法有：

1. 文饰。它是指用一种较好的理由来解释自己行为的真正动机，使主体较少受到谴责或不良刺激，从而缓和心理压力、冲突或痛苦的情感、情绪体验等。文饰作用主要有"酸葡萄作用"、"甜柠檬作用"、"怨天尤人"、"理想化"和"投射作用"等。文饰作用的目的在于主体达不到目的受到挫折或有过失时，对自己的行为提供可能接受的动机、理由或解释，使之合理化，以减少挫折感与失望、悲观、痛苦等情绪。

2. 压抑。压抑是主体将那些对自我有威胁性的本能冲动、欲望、情感、思想、经历和记忆等，拒于意识域外或压抑到潜意识内，使之不侵犯自我或使自我避免痛苦的方式。其最常见的形式是遗忘，这样就能避免那些不良的刺激源，因负强化而得到增强，从而防止心理矛盾、压力、冲突的加剧。

3. 表同。表同是指把别人具有的使自己感到羡慕的品质加在自己头上或是将自己与所羡慕的人视为一体，以提高自己的信心、声望、地位，从而减少挫折感。

4. 升华。升华是指通过致力于高尚的社会和文化活动，使其不能满足欲求、愿望、不良的情绪和变态的心理得到发散的心理学方法。这是消除心理障碍最有建设性的心理防御机制。

5. 替代。替代是指将某些不良的情绪反应转到另一个不致引起问题的对象，以减轻心理压力及冲突，减少不良情绪体验的方法。

6. 否认。它是一种比较简单的而又原始的心理防卫方式。是对已经发生的不愉快的事件的否定，认为不愉快的事根本没有发生过，以躲避心理上的痛苦。

7. 抵消。是个体以象征性的事情来抵消已经发生了的不愉快的事情，借以补救其心理上的不舒畅。

8. 退行。当遇到挫折和应激时，心理活动退回到较早年龄阶段的水平，以原始、幼稚的方法应付当前情景。

9. 投射。是个体将自己内心无法接受的而自己又具有的不良性格特点、观念、态度、动机等投射到别人身上，说别人也有这样的动机和欲求，以此来减轻自己的内疚和焦虑，避免心理上的不安。

10. 反向形成。它是指把无意识之中不能被接受的欲望和冲动转化为意识中的相反行为。

（五）劳动教养人员心理健康教育的内容和方法

1. 劳动教养人员的心理健康教育的主要内容

（1）激发他们正当的兴趣和爱好。通过培养和激发劳动教养人员多方面的兴趣，使他们在自己感兴趣的活动中看到自己的成果与进步。这样不仅可以松弛情绪，解除苦闷，使紧张、刻板的生活得到调剂，而且可以陶冶其健康的情绪，并释放多余的能量，以解除心理紧张。

（2）帮助他们树立生活信念。一个对生活失去信心的人不可能有健康的心理，同样，在错误的人生观支配下，其心理内容也不可能是健全的。因此，帮助劳动教养人员树立正确的人生观，培养他们的乐观主义精神，引导他们正确认识生活的意义，对前途充满希望和信心；使他们把精力集中到学习、劳动、文体等健康的活动中去，对于他们健康心理的培养具有十分重要的作用。

（3）教育他们学会排解不良的情绪。怒伤肝、恐伤肾、思伤脾、忧伤肺，古今中外的大量理论和事实都说明了情绪与身体健康具有非常密切的关系，而且情绪还影响着人的学习、工作和生活，改变着人的精神状态与行为方式。劳动教养人员在教养过程中，各种不良的情绪经常困扰着他们，通过我们的教育和训练，使他们学会对紧张、暴躁、忧愁、悲伤、自卑等不良情绪的调节，如提高心理抗压性，建立适度的期望水平，淡化自我形象，学会意念放松和适度的倾诉，培养乐观、豁达的处世技巧。

（4）培养劳动教养人员健康的性格。健康的性格是心理健康的根本标志，一个自私、虚伪、狭隘、猜疑的人，其心理状态是不可能健康的，而这些不健康的性格特征必然影响着个人的身心健康、活动效率及社会适应状况，劳动教养人员恰恰是一群具有不良性格特征的人。因此，培养他们健康的性格，对其心理健康的维护有着非常重要的作用。要培养他们树立坦荡无私的心态，抛弃成见和猜疑，摆脱以自我为中心的态度和思想模式，学会宽容、同情，树立自信心，培养自己良好的心境和果断的性格。

（5）促使他们建立和谐的人际关系。心理不健康的劳动教养人员往往不能正确地处理人际关系，他们不能正确地对待自己和他人。通过心理健康教育使劳动教养人员能够客观、公正、准确地评价自己，认识他人，积极地参与集体活动。主动与其他劳动教养人员交往，才能改善其人际关系，从而使自己的心理状况随之得到改善。

2. 劳动教养人员心理健康教育的方法

（1）开展专题讲座。可针对不同类型及不同阶段的劳动教养人员开展专题讲座，如对初入所的劳动教养人员进行挫折心理与环境适应教育；对矫治中期的劳动教养人员着重进行人格发展与犯罪的关系，人际关系与自我意识等方面的知识教育；对矫治后期的劳动教养人员则主要讲授理想与现实，自我规划，如何适应社会生活的有关知识。

（2）利用传播媒介开展传播活动。利用黑板报、小报、广播、电视及宣传媒介作为阵地，开展灵活多样、内容丰富的心理健康知识的宣传教育。

（3）培训劳动教养人员骨干。各单位要注意选拔一些表现好、文化程度高的劳动教养人员作为心理健康教育的骨干力量，对他们要进行培训，提高他们对心理健康重要意义的认识，然后利用他们现身说法去帮助周围的劳动教养人员。

（4）进行系统化的课堂教育。可以把心理健康与心理卫生教育融入劳动教养人员教育的整体规划之中，作为劳动教养人员的必修课程。每学期安排一定的课时，制订统一的教学计划，编写一定的教材，让劳动教养人员系统地学习心理卫生知识，以提高他们自我调节心理的能力。

第二节　劳动教养人员心理矫治测试及诊断

一、劳动教养人员的心理测试

（一）心理测试的概念和特点

1. 心理测试的概念

心理测试是指施测者通过分析被测者对所测内容的反映，用推理和数量化的分析方法，推测其心理品质的一种测量方法。心理测试是一种心理学技术，是对于可以表现人的个别差异的心理与行为进行客观的标准化测定的方法。心理测试因涉及个体心理品质的推定，因此必须做到客观、可靠、准确、有效，即按照一定的方法和程序编制和使用心理测试量表，同时，测试需要被测试者的合作。

通过心理测试，不仅能够把握劳动教养人员的心理健康状况，了解劳动教养人员心理问题的性质和程度，而且还可以借助这一方法，对劳动教养人员的心理障碍程度和心理治疗的效果进行科学的诊断，以便及时干预和矫治。

2. 心理测试的特点

（1）客观性。这实际上就是测试的标准化的问题，这是对一切测验的共同要求。

（2）间接性。人的心理活动具有内隐性，一般是无法直接测量的，只能通过一个人对测验项目的反映来推论出他的心理特质。

（3）相对性。一方面，心理测试没有绝对的标准，只能通过看一个人处在一个连续的行为序列的位置，与其所在团体的大多数人的行为或某种人为的标准相比较而得出结论；另一方面，心理测试的结果并非是绝对可靠的，其客观性还需要进一步提高，但目前尚无更有效的方法来取代它。

（二）劳动教养人员心理测试的要求

心理测试要求用数字对资料进行描述，其结果就是要把人的心理与行为确定为一定数量的值，并能恰当地反映它所要测试的内容。它是一种科学的测量手段，因此，必须遵守一定的原则和要求。由于劳动教养人员所特有的法律身份，对他们进行心理测试时的技巧和结果的使用，就更应该慎重对待。

1. 对测试者的要求

（1）进行心理测试工作，不仅要求劳动教养人民警察具备严谨的科学态度，还要受过专门的心理从事工作培训，充分了解心理测试的性质和意义，掌握一般的个体测试与集体测试的实施方法和结果的处理方法，而且还要熟练掌握心理测试的程序和指示语。

（2）劳动教养人民警察要和被测试的劳动教养人员建立良好的工作关系，以取得他们的合作。在测试过程中，测试者应当表现出耐心、真诚，并使劳动教养人员对测试感兴趣，诚实坦率，全神贯注地接受测试，应避免测试者的态度影响测试结果的真实性。

（3）测试者对被测试的劳动教养人员要有所了解，应注意观察他们的情绪反应和行为状态，看其是否了解指示语，是否集中注意力。对于不合作的被测试者要具体分析和对待，如果是由于精神紧张，可用事实说明心理测试对他无害，以消除其顾虑，取得他的合作。

2. 测试量表的要求

一个有效的心理测试量表，应包括以下几个方面：

（1）常模。常模是经过大量取样，对被测试集体的标准化样本的施测，而获得的具有代表性的用来进行比较的标准。

（2）效度。亦即真实程度，是指该测试是否准确地测试出了准备测验的东西，测验所得的结果是否符合测试的目的。一个测试的效度越高，即表示它所测试的结果越能代表项目的真正特征。

（3）信度。它是指同一个被测试者在不同的时间内用同一测验重复测试，所得结果的一致性。如果几次测试的分数越接近，也就说明这种测试的信度越高。

（4）标准化。是指经过大量取样和提炼后获得的比较可靠和可用的测试过程。在整个测试过程中，一定要有固定的测验方法、标准的指示语、标准的答案、统一的计分方法等。

（三）劳动教养人员心理测试常用量表介绍

在我国用于对劳动教养人员的心理测试主要是人格测验，其量表大多数是由国外引进并经过专家修订的。因为到目前为止，我国还没有专为劳动教养人员编制的量表。现对常用的人格测验量表择要介绍：

1. 明尼苏达多相个性量表（MMIP）。此表是 20 世纪 40 年代由美国明尼苏达大学教授哈撒韦（S. R. Hathaway）和麦金利（J. C. Mckinley）编制的。本量表由 10 个临床量表、1 个疑问量表和 3 个效度量表组成。

它力求从临床心理学的角度，对每个被测试者的个性特点做出客观评价。它包括对身体状况的体验、社会及政治态度、性的态度、家庭关系、妄想和幻觉等精神病理学的行为症状等 26 类。我国引进后，由宋维真等人作了修订，取得了中国常模。年满 16 周岁、具有小学文化水平，没有影响测试结果的生理缺陷的劳动教养人员均可使用该量表。

2. 艾森克个性量表（EPQ）。艾森克个性量表是英国心理学家艾森克（H. J. Eysenck）夫妇编制的。分成人用、儿童用两式，该量表经湖南医科大学龚耀先和北京大学陈仲庚分别主持修订，并取得了中国常模。经龚耀先等修订的问卷，它由 P、E、N 和 L 四个量表组成，主要调查内外向（E），神经质或情绪稳定性（N），精神质或倔强性（P）3 个个性维度。L 量表主要测试掩饰倾向，并可用来判断问卷的真实性。

运用艾森克个性问卷在劳动教养人员中施测，可测定其性格特点，了解其个人倾向，作为管理和因人施教的依据。

3. 卡特尔 16 种个性量表（16PF）。它是美国伊利诺伊州大学心理学家卡特尔（R. B. Cattell）教授编制的。1981 年辽宁教科所又作了修订，取得了中国大陆常模。卡特尔所确定的 16 种人格结构的"根源特性"，反映了人格的复杂层面和组合，因而能够较全面地展示一个人的人格状况。每一种因素的测试能使主测者对于被测试者某一方面的人格特点有清晰而独特的认识，还能对组成被测试者人格的 16 种不同因素作一个综合的了解，从而判定其复杂而具有多因素组合的人格特点。

除此之外，16PF 还能根据实验统计结果的公式和有关量表的标准分数推算出许多可以形容人格类型的次级因素。如适应与焦虑性、内向和外向、感情用事与安详机警等。

劳动教养学

4. 症状自评量表（SCL-90）。此量表包括90个项目，包含比较广泛的精神病症状学的内容，如思维、情感、行为和人际关系等。它的9个因子分别为躯体化、强迫症状、人际关系敏感、抑郁、焦虑、敌对、恐怖、偏执、精神症状和其他。

5. 气质类型量表。它由张拓基、陈会昌根据希波克拉特的体液论编制，它将人的气质类型分为胆汁质、多血质、粘液质和抑郁质四种。一般来说，某种气质的分数越高，表明受试者越具有该类气质的典型特征。在实际生活中，多数人为混合型气质。另外，适用于劳动教养人员的还有生活事件量表、行为类型问卷、抑郁量表、焦虑量表、Y-G性格量表、情绪稳定性量表等。

二、劳动教养人员的心理诊断

（一）劳动教养人员心理诊断的概念

1. 劳动教养人员心理诊断的含义

劳动教养人员心理诊断是指劳动教养人民警察根据心理测量、晤谈、行为观察和活动产品的综合分析，对劳动教养人员个体或群体的智能状况、人格特征和心理健康状况等心理素质作出的科学价值判断过程。心理诊断使我们对劳动教养人员的考察摆脱了过去那种单纯凭借经验判断的做法，走上了建立在数量化基础上的客观评估的道路，通过心理诊断能够获得劳动教养人员较为真实、准确、深层次的信息。它既是心理矫治工作的前提与基础，同时也为劳动教养人员重新违法犯罪的预测和预防提供了依据。

2. 劳动教养人员心理诊断的类型

心理诊断分为入所诊断和矫治效果诊断两个方面。入所诊断就是对新入所劳动教养人员的心理品质、个性特征，以及心理和行为问题进行诊断的过程。通过诊断，建立劳动教养人员心理档案，制订矫治计划，为进一步实施矫治打下基础。矫治效果诊断又分为阶段性诊断和后期诊断，前者是对劳动教养人员的阶段性的矫治效果进行不定期的评价活动；后者是对即将解教的劳动教养人员进行的综合性心理评价。

（二）劳动教养人员心理诊断的过程

通过劳动教养人员心理诊断，可以为分类教育矫治提供依据，以增强教育矫治工作的针对性和有效性，为心理咨询和心理治疗奠定基础，可以进一步提高劳教工作质量；另外，通过心理诊断，还可以发现具有心理危机的劳动教养人员，以便及时进行干预。

现阶段，我国劳动教养人员的心理诊断过程主要包括四个阶段：

1. 准备阶段。其主要是做好物质上和思想上的准备工作。

2. 资料收集阶段。通过心理测量以及其他多种方法，收集劳动教养人员的有关心理问题资料。

3. 具体诊断阶段。对劳动教养人员的心理品质、心理和行为问题以及导致问题产生的原因作出客观的、准确的判断。

4. 反馈应用阶段。这个阶段的主要任务是将诊断的结果反馈给被诊断的劳动教养人员，把诊断结果应用于心理咨询、心理治疗和教育矫治等工作中去。

第三节 劳动教养人员心理矫治的方法

一、劳动教养人员的心理咨询

（一）劳动教养人员心理咨询概述

1. 劳动教养人员心理咨询的概念

劳动教养人员的心理咨询就是劳动教养人民警察在良好的职业关系基础上，运用心理学的原理和方法，帮助来访劳动教养人员发现自己的心理问题和根源，以提高其应付生活事件和生活适应性的能力的过程。劳动教养人员的心理咨询的内容涉及劳动教养人员在劳动教养执行过程中产生的各种心理问题，如学习问题、交往问题、劳动问题、家庭问题、适应问题、心理健康问题、回归社会问题。心理咨询可以帮助他们明确心理问题的性质，找到问题产生的原因，摆脱心理困扰的条件，达到心理平衡，增强心理素质，提高适应能力，增进身心健康的目的。

2. 劳动教养人员心理咨询的种类

（1）个别咨询。是由咨询人员对单个来访劳动教养人员进行的咨询。个别咨询既可以采用面谈的方式，也可以通过电话、信函等其他途径进行。由于这种咨询没有他人在场，劳动教养人员一般顾虑较少，可以无保留地表达自己的真实思想，倾吐内心的秘密，所以它是最常见的类型。

（2）团体咨询。它是将具有同类问题的劳动教养人员组成小组或较大的团体，进行共同讨论、指导或矫治。其优点是：首先，团体咨询是一种多向性的交流，劳动教养人员看到其他人有与自己类似的痛苦，可以提高自我认识，安定情绪，进而互相支持，互相影响；其次，团体咨询效率高，能够集中解决一些共同的问题。其局限性主要是个体深入的问题不易暴露，个体差异难以顾及。

（3）直接咨询。直接咨询是指咨询人员对来访劳动教养人员直接进行咨询，它有益于咨询人员对他们进行准确的了解和对症下药。

（4）间接咨询。间接咨询是指由咨询人员向劳动教养人员的领导、朋友、家长等了解其心理问题，并通过他们实施指导。间接咨询的特点在于在咨询人员和劳动教养人员之间增加了一道中转媒介，劳动教养人员的问题靠中介人向咨询人员介绍，咨询人员的指导意见也由中介人权衡后付诸实施，其效果取决于如何正确处理好咨询人员与中介人的关系。

3. 劳动教养人员心理咨询的特点

（1）心理咨询解决的是劳动教养人员心理或者精神方面存在的问题，而不是帮助他们处理劳动教养过程中的具体问题。

（2）心理咨询不是一般的助人行为，它是运用心理学的知识、理论与方法从心理上来为劳动教养人员提供帮助的活动。

（3）心理咨询强调良好的人际关系氛围，在劳动教养人民警察和劳动教养人员之间必须有一定程度的相互理解和信任。

（4）心理咨询强调教育和成长模式，它是一种学习和成长的过程，这种学习和成长主要表现为人格或个性方面的成长。

（5）心理咨询是基于劳动教养人员心理需要的自愿行为。只有他们感到心理不适，自愿主动地寻求咨询时，咨询才有意义。

（二）劳动教养人员心理咨询的形式

1. 门诊咨询。它是指劳动教养人员到心理咨询室登门咨询，是个别咨询最常见的和最主要的形式。门诊咨询有许多优越性：它能使劳动教养人员充分详尽地倾诉，将自己的烦恼、焦虑、不安或困惑都直接告诉咨询人员，以便咨询人员对劳动教养人员直接观察，对其心理各方面进行了解和评估。另外，门诊咨询的时间一般比较宽裕，没有旁人在场，容易被劳动教养人员信任和接受。

2. 书信咨询。通过书信的方式进行心理咨询可以打破地域的限制，向心理咨询机构请求书面帮助。其优点是避免当面交谈可能带来的尴尬局面。不足之处是：不易深入交谈，受劳动教养人员文字表达能力的限制或字迹潦草之类原因，咨询人员有时无法把握求询问题的关键而影响咨询效果。

3. 电话咨询。电话咨询是咨询人员通过电话与劳动教养人员进行交谈，这是一种较为方便而及时的心理咨询方式。它对于防止由于心理危机而酝酿的自杀与犯罪方面能起到良好的作用。

4. 专栏咨询。它是指劳动教养人员通过报刊、广播、电视、板报专栏等大众传媒形式对群体的典型心理进行咨询。

（三）劳动教养人员心理咨询的操作规程

1. 劳动教养人员心理咨询的步骤

（1）现象收集阶段。广泛和深入地收集与劳动教养人员心理问题有关的资料，并与其建立初步的信任关系。

（2）心理诊断阶段。根据收集到的资料，结合心理学有关知识，对劳动教养人员的问题进行分析和诊断，辨明来访者心理问题的类型、性质和严重程度等，以便确立遵循的目标，选择帮助的方法。

（3）信息反馈阶段。咨询人员将自己对劳动教养人员的问题的了解和判断反馈给他们，使之作出进一步的决定，考虑是否继续咨询。

（4）目标确立阶段。心理咨询的目标包括最终目标、中期目标和短期目标。最终目标是指心理咨询最终达到的目标，其内容是使劳动教养人员实现自我价值；中期目标是指目前需要解决的主要问题和主要成长需要；短期目标是指当前确立的具体问题的解决。

（5）帮助改变阶段。咨询人员应用心理学的方法和技术来帮助劳动教养人员解决问题。这是一个关键时期，它对心理咨询的效果起着极为重要的作用。

（6）咨询结束阶段。此阶段主要是对咨询情况做一个小结，帮助劳动教养人员重新回顾咨询的要点，检查目标的实现情况，进一步巩固咨询所取得的成绩。

总之，心理咨询是一个过程，是由不同的步骤、阶段组成的，各个阶段都有不同的侧重点，但最终都是为了达到咨询的目标，即解除劳动教养人员心理的困扰，促进其心理健康发展。

2. 劳动教养人员心理咨询的技术

（1）倾听的技术。所谓倾听，是指咨询人员对劳动教养人员的谈话不仅仅是听听而已，还要借助各种技巧，真正听出对方所讲的事实、所体验的奇遇、所持有的观念等。它要求咨询员在听的时候，要包括肌体、感情和智力的全身心地投入，这样才能达到高度的同感。有效地倾听必须掌握下列技能：积极关注，提问，反应，澄清。

（2）观察的技术。非言语行为也是传递信息的主要途径之一，认真观察劳动教养人员的非言语行为，不仅能够揭示人的真实心态，而且有助于发展咨询关系。咨询人员应学会观察和理解劳动教养人员的面部表情、躯体动作、声言特征、自发的生理反应，以及个人的总体印象等。

（3）建立良好咨访关系的技术。咨访关系是贯穿心理咨询始终的重要内容，良好的咨访关系不仅能提供给劳动教养人员一种安全感、温暖感，同时也能促进劳动教养人员对咨询人员的信任，减少其防御心理，使其认真地自我探索，进而提高自尊心和自信心。建立良好咨访关系的具体技术有：同感、尊重、真诚等。

（4）影响的技术。咨询人员要积极主动地通过自己的专业理论和技术、个人的生活经验，以及对劳动教养人员特有的理解来影响对方，促进对方在认知、行为上的改变，进而获得心理的健康。常用的影响对方的技术包括解释、指导、

劳动教养学

— 307 —

掌握暴露、提供信息与忠告、影响性总结、寻找问题的焦点、质疑等。

（5）消除阻抗的技术。心理咨询的过程并非是一帆风顺的，它会遇到各种各样的阻力。因此，分析各种阻力的原因，掌握消除阻力的技术是保证心理咨询有效进行的重要环节。

二、劳动教养人员的心理治疗

（一）劳动教养人员心理治疗的概念

劳动教养人员心理治疗，是指经过专业训练的劳动教养人民警察运用专门的心理学理论和技术，对劳动教养人员各种心理和行为问题进行矫治，以消除或缓解劳动教养人员的心理和行为问题，促进其人格向健康、协调的方向发展的过程。心理治疗和心理咨询在强调在良好的人际关系，遵循的原则、理论和方法等方面有很大的相似性，但两者之间还是有明显区别的。

1. 心理治疗主要是针对有心理障碍的劳动教养人员进行的；而心理咨询的工作对象主要是正常劳动教养人员。

2. 心理治疗适应范围主要是有心理障碍、行为障碍、心身疾病、某些神经症的劳动教养人员进行的；而心理咨询适应范围主要是劳动教养人员遇到的人际关系、婚恋、劳动教养过程中出现的问题。

3. 心理治疗时间较长，而心理咨询时间较短。

4. 心理治疗主要是针对无意识领域进行的，重点在于重建人格；而心理咨询主要是在意识层次上进行，重点找出劳动教养人员自身的内在因素，并使之得到发展。

5. 心理治疗是使劳动教养人员产生改变和进步，目标较模糊；而心理咨询是针对某些有限具体的目标而进行的。

（二）劳动教养人员心理治疗的主要方法

1. 精神分析疗法

精神分析学派理论是由奥地利精神医学家弗洛伊德于 1896 年创立的。其理论中与心理治疗有关的部分主要有人格构成理论、心理水平理论、性心理发展理论以及神经症心理病理理论。

（1）人格构成理论认为，人格结构包括本我、自我和超我三部分。本我是由原与生俱来的本能冲动组成的，是人格中最原始、最模糊、最难接近的部分。它具有强大的非理性的心理能量，不同的逻辑、道德和价值观念，其活动是以感情欲望为标准，受"快乐原则"支配；自我是与真实的外界相接触的部分，是由本我分化发展产生的，是现实化了的本能，自我受"现实原则"的指导；超我是从自我发展起来的代表人格中道德或正义的部分，它能进行自我批评和道德

劳动教养学

控制，是道德化了的自我，受"完善原则"支配。在健康人格中，三者是均衡协调的，本我提供必要的原动力，超我在监督、控制主体按社会道德标准行事，保证正常的人际关系和社会秩序。而自我既秉承了超我的要求，又汲取本我的力量，从而适应现实，保持心理平衡。但是，三者通常是存在冲突的，一个完全由本我控制的人会是冲动的，有可能走向犯罪；一个完全由超我控制的人则是一个道德至上和完美主义者，因需求压抑而易患精神疾病。

（2）心理水平理论认为，人的精神生活包括意识、前意识和潜意识三种水平。潜意识，亦即无意识，其中包含了各种为人类社会伦理道德、宗教法律所不能容许的原始的、动物性的本能冲动以及童年期的大量经验。前意识是指虽非目前意识到，但可以通过认真回忆、搜索时可以进入意识层面的经验的成分，它是意识和潜意识的中介环节。意识是我们能够直接感知到的有关的心理部分，它直接引发人们的行为，但它不是行为的原动力。主体的经历和回忆、各种欲望和冲动保存和隐藏起来，在压抑的作用下存在于潜意识之中。这些东西会以梦、口误、笔误、记忆错误等方式表现出来，病态的压抑则可能导致心理疾病，即以神经症的形式表现出来。

（3）性心理发展理论认为，人的发展即性心理的发展，从婴儿期就已开始。从婴儿到青春期共划分为口欲期、肛门期、性器官期、潜伏期和青春期五个阶段，在不同的阶段中，性欲满足的对象也随之变化。每一阶段的性活动都可能影响人的人格特征，甚至成为日后发生心理疾病的根源。其中，儿童期的经历对一个人其后的心理发展是至关重要的。

（4）神经症心理病理理论认为，人的神经症状是性心理发展迟滞，本我与超我冲突的结果，它是经过化装的，背后有无意识的症结。因此，心理医生要帮助劳动教养人员寻找背后的无意识动机，即通过分析让他们自己意识到其无意识中的症结所在，产生意识层次的领悟，使无意识的心理过程转变为意识的，劳动教养人员真正了解了症状的真正意义，便可以使症状消失。

心理分析主要有以下几种方法：自由联想、诱导退化、释梦、移情分析、阻抗分析和解释等。精神分析学派还提出了心理防御机制的问题，心理防御机制是个体处在挫折与冲突的紧张情境时，在内心中有自觉或不自觉的解脱烦恼、减轻内心的不安，以恢复情绪平衡与稳定的一种适应性的倾向。其主要表现形式有文饰、压抑、投射、倒退、升华、否认、反向形成等。

2. 行为疗法

行为疗法的基本理论主要来自行为主义的学习理论，该理论创始于20世纪初期。俄国心理学家巴甫洛夫是这一理论的奠基人。"行为治疗"一词最早是由斯金纳等人于1954年提出的，华生是行为疗法早期的代表人物。此疗法认为，人的一切行为和习惯，不论是适应性的还是非适应性的，都是通过学习获得的。他认为，人类只有恐惧、愤怒和爱三种原始情绪反应，其他都是条件作用的结果。行为疗法的适用范围包括，一般常见的精神疾病，少年的行为问题，成年的酗酒、吸毒以及性功能障碍等行为问题。其特点是注重人的外在的行为表现，不关心人的深层次心理和无意识动机。

行为疗法的常用方法有系统脱敏法、厌恶疗法、松弛疗法、强化疗法、代币管制法、思维阻断疗法、生物反馈疗法等。

3. 人本主义疗法

人本主义疗法亦称个人中心疗法，是由卡尔·罗杰斯于 20 世纪 60 年代首创的一种心理疗法。人本主义疗法注重以人为中心，相信每个人都有作为成长的潜能，注重良好医患关系的建立，采用启发和促进求治者内部成长而非灌输的方法指导求治者。人本主义疗法的基本做法是鼓励来访者自己解决问题，依靠动员他们自身的潜力来治疗他们的"疾症"。心理医生在治疗的过程中，不为来访者解释过去被压抑在潜意识中的经验和欲望，也不对他们的自我报告加以赞许或批评；只是适当重复他们的话，帮助他们自己澄清思路，逐步克服自我概念与理想概念之间的不协调，接受和澄清当前的行为态度，达到自我治疗的效果。由于人本主义治疗从根本上来讲是一种以关系为导向的方法，因此，在罗杰斯的治疗策略中，并不包括为来访者做什么的技术。具体说来，人本主义治疗主要有三种技术：一是促进设身处地的理解技术；二是坦诚交流的技术；三是无条件积极关注的技术。

4. 合理情绪疗法

合理情绪疗法是认知疗法的一种，它由美国心理学家艾里斯在 20 世纪 50 年代创立的。这是一种主动的、指导式的心理治疗方法，它的治疗方向是改变患者的不合理信念，注重观念体系对情绪和行为的影响，帮助患者建立正确的人生观和价值观。因此，此法也叫"理性心理疗法"。

合理情绪疗法的认识基础是艾里斯的人性观。他认为，人生来就有一种很重要的特性，那就是欲望、要求和期待，如果这些东西在生活中得到满足，他就可以发展顺利，否则就会责备自己或他人。情绪是伴随人的思维而产生的，情绪和心理上的困扰是由于不合理的思维造成的，神经症是非理性思维和行动的产物。艾里斯认为任何人都不可避免地具有或多或少的不合理的思维和信念，比较典型的非理性信念有"绝对化的要求"、"过分概括"和"糟糕至极"三个方面。

ABC 理论是合理情绪疗法的核心理论，它是艾里斯关于非理性思维导致情绪障碍和神经病的主要理论。他认为，思想、情绪和行为三者是同时发生的，极少有不受思想支配的情绪和行为，他强调为了了解个体的情绪困扰和不适应行为，就要首先了解个体是如何思想、感受以及如何领悟和行动的。他认为，情绪和不良行为并非是由外部的诱发事件本身引起的，而是由于个体对这些事件的评价和解释造成的。合理情绪治疗的过程，实质上是用 ABCDE 模式来表明。A——诱发性事件，B——由 A 引起的信念，C——情绪和行为的后果，D——与不合理的信念辩论，E——通过治疗达到新的情绪及行为的治疗效果。在实践中，常用的合理情绪治疗的方法主要有与不合理的情绪辩论、合理情绪想象技术、认知作业等。

【实训设计】

一、示范案例

【案情简介】劳教人员关某，男，23 岁，因酒后滋事殴打他人致轻伤被送劳动教养 1 年 5 个月。入所以后，各方面表现都很好，对自己的将来充满信心。可一个月前突然变了，变得沉默寡言，内心封闭，不愿与同教交往，表情呆滞，双眼无神，集体活动中总是一个人待在没人注意的角落里独自伤神，虽然也像过去一样能遵守所规队纪，但在生产劳动中不能集中注意力，动作缓慢，生产效率很低。带班民警和队领导多次找他谈心，他的表现都很被动，几乎是问一句答一句，自我防御本能强烈，不愿讲真心话；生活上的关心也不能打动他。无奈之下，大队民警把他带到了心理咨询室。

【心理咨询步骤】

1. 诊断

鉴于关某的防御意识很强，我们必须首先取得他的完全信任后才能触及问题的本质。因为防御意识很强的人往往把事情主观地扭曲了，在找出问题原因上很难与咨询员合作。然后，我们运用技巧找到他出现问题的原因。

原来，关某是一个很孝顺的人，与父母的感情相当好，对弟弟、妹妹也很关心。父亲是一个老实的农民，在建筑工地做工，母亲患有间歇性精神分裂症，不但不能做事而且需要天天吃药来控制病情，家境非常困窘。关某认为自己作为长子，责无旁贷地应承担起维持家庭的责任。为了减轻沉重的经济负担，让母亲坚持服药，弟妹能继续上学，关某念完初中就主动辍学到社会上打工。被劳教后，他对自己酒后打伤他人的事后悔不已，感到很对不起父母、弟妹。决心好好改造，争取早日回归社会，多为家里做事，以此来弥补自己的过错。然而一个月前的一天，他给家里打电话汇报自己在劳教所的表现时，父亲告诉他：其母一个人在家时突然病情复发，并用砖头砸、用菜刀砍自己的脑袋，幸亏他人及时发现送医院抢救才保住性命，本来困窘的家境更是雪上加霜，弟弟也不得不辍学了。听到这个不幸的消息，关某当时就如五雷轰顶，悲痛万分，认为家里发生的一切变故都是因己而生，他无法原谅自己。自责感就像一个沉重的包袱一样压在他心上，消耗了内心过多的能量，以致精神恍惚，情绪低下，对生活失去了信心。虽然带班民警多次找他进行个别谈心，但他总觉得根源在自己，旁人是无法帮助解决的，所以一直深藏在心不愿与人诉说。

了解这些情况后，我们认为关某现在的问题是一种情绪障碍——陷入自我责难中不能自拔，根源是他的信念系统里存在错误的信念。要使他走出现在的困扰，关键就是要改变他错误的信念（即对家庭变故的态度）。

2. 咨询过程

在改变关某错误信念的咨询中，咨询人员采用了五步咨询法，帮助他运用语言把自己从困扰中摆脱出来，树立起更清晰的改造目标和方向。具体做法是：首先就信念的含义及其与情绪、行为之间的关系做了一个详细的说明，直到他完全领悟。然后分步进行。

第一步：让关某用一句话概述出自己遭受的困扰——"我走不出自我责难的阴影。"

经过一段时间的交流，咨询人员要求关某用一句话概述自己现在面临的困扰。"我走不出自我责难的阴影。"他说。咨询人员："我非常理解你因为家庭的变故，心里难受，所以用了一句负性语句来表达自己的内心感受。但事情已经过去一个多月了，你的实际情况应该是，'到目前为止，我走不出自我责难的阴影'，因为没有时间限制，所以'我走不出自我责难的阴影'这个信念，就像真理一般盘踞在你大脑里，让你无法突破。"

关某回应说："我内心里也不想长久这样下去，因为对家里对我自己都没有一点好处。如果家里知道了我现在的情况，只能让父母更担心，让母亲的病情加重，但我对不起家里的念头总是挥之不去。我该怎么办？"

第二步：启发关某对自己的困扰进行改写——"到现在为止，我尚未走出自我责难的阴影。"

咨询人员："你不想明天更好吗？"

关某说："我当然想。"

咨询人员："既然想，就应该对自己的问题'我走不出自我责难的阴影'，进行时间划定，因为那只是过去的事，未来有未来的事要做。如果把'走不出'，改为'尚未走出'，前面加上'到现在为止'岂不是更好一些，这就暗示自己的内心：这个问题是可以改变的。"

关某想了想说："我应该把困扰'我走不出自我责难的阴影'改为'到现在为止，我尚未走出自我责难的阴影'，是这样吗？"

咨询人员："是的。现在你再仔细体会一下，当你这样对自己说的时候，是不是感觉要好一些。"

关某沉思了一会儿后说：“是的。但我还是不能完全摆脱。”

咨询人员：“这很正常，因为它还是一个负性语句。”

第三步：帮助关某弄清自己陷入困扰的因果关系——“因为我认为家里发生的一切变故都是由于自己的原因造成的，所以到现在为止，我尚未走出自我责难的阴影。”

咨询人员：“你之所以摆脱不了自我责难的困扰，原因是你认为母亲的精神分裂症发作并发生自杀行为、弟弟的辍学，完全是由自己引起的。事实上，你母亲患的是间歇性精神分裂症，任何外界或内心的矛盾冲突都有可能导致症状的复发，甚至在某个特定时间都有可能习惯性发作，这种情况你也许看到不止一次，我说得对吗？”

关某用惊讶的眼光看着咨询人员，略作思索后说：“情况确是这样，我母亲的病每年至少要发作一次。你是怎么知道的？”

咨询人员：“这是由你母亲的病因决定的，你无法左右它，最多也只是延缓它。因此，你用不着为此感到如此内疚和自责。就算确定是因为你被劳教的事而复发的，这也是无法改变的既成事实，你无法改变它，长久纠缠下去，只会让你背上沉重的心理包袱，让自己陷入自责的泥潭中不能自拔，同时也让家人为你担心，甚至导致母亲的病情加重；而你能把握的是它对你的影响。因此，你应该理智地对待它，从自我责难的阴影中尽快走出来，用自己的良好表现向家人汇报，安慰家里，母亲的病情可能恢复得更快。”

关某顿有所悟地说：“我之所以到现在为止尚未走出自我责难的阴影，是因为我认为家里发生的一切变故都是由于自己的原因造成的。”

咨询人员：“是的。正是因为你对事情主观上的扭曲，才有了今天的困扰。”

关某脸上露出了久违的笑容，说：“你让我感觉轻松了许多。”

第四步：引导关某做出假设：“当我认识到家里发生的变故不是因为自己的原因造成时，我便可以走出自我责难的阴影。”

咨询人员：“现在，我们把前面的负性语句改为正性词句，另外把连接词“因为”改为“当”。你再仔细体会，感觉会有什么不同。”

关某回答得很干脆：“把前面的负性语句改为‘当我认识到家里发生的变故不是因为自己的原因造成时，我便可以走出自我责难的阴影。’确实与前面的感觉大不同，虽然不能说自己对家里发生的事不能没有一点内疚感，但无论如何也不会深陷其中不能自拔。”

咨询人员：“因为‘当’已经暗示你一定做得到，所以感觉自然不一样。”

第五步：鼓励关某对未来做出测试：“我把自己的困扰跟心理医生说了，已经得到他的帮助，我已经从自我责难的阴影中摆脱出来，从现在开始，我就以新的姿态展现在民警、学员们面前，我会把对家庭的责任感作为改造的动力，比过去表现得更好，这也是家人希望看到的。"

通过五步咨询法，关某很快脱离了困扰。又像过去一样积极地投入到改造中，多次受到民警的表扬奖励。

二、习作案例

劳教人员刘某，女，21 岁，未婚，大学肄业，身体健康，无重大躯体疾病史。因利用邪教组织破坏法律实施被劳动教养 1 年。父亲是乡镇干部，母亲是农村家庭妇女，本人是独女。母亲曾信奉基督教，2006 年经人介绍加入"血水圣灵全备福音教会"邪教组织。刘某受母亲影响于 2007 年加入该组织，2008 年退学专门从事"传福音"工作，2009 年 2 月在参加该组织的"冬令会"时被抓，同年 3 月被送至劳教所。

刘某称：自己不适应劳教生活，感到节奏太快，生活太紧张。与其他劳教人员不好相处，也不想和她们交往。干什么都觉得没意思，感到人生很失败，对未来感到迷茫，觉得自己什么也干不了。心里总觉得很压抑，晚上睡眠不好，担心自己会得抑郁症。

刘某不能积极地认识自己的错误，对信教问题不愿多谈。但担心自己劳教会连累父亲，不愿与家人联系。看不起同班组的劳教人员，与其他劳教人员关系疏远。对所规所纪要求都能做到，但劳动、学习不积极、不主动。

请运用认知行为疗法，帮助刘某调整认知观念，制订一个合理的心理治疗方案，使其走出邪教的精神控制。

第十六章　劳动教养解教人员的社会保护

【案例导入】

桃花镇的徐某在 2000 年因寻衅滋事被劳动教养，2002 年解教。徐某父母双亡，家中只有一个年近八旬的奶奶，解教后生活没有着落，对前途感到迷茫，情绪波动很大。

桃花镇司法所工作人员了解上述情况后，迅速启动安置帮教工作机制，通过镇民政办和客浦村帮教小组给他提供了 800 元过渡生活费和必要的生活用品，并建议他通过开办水果摊自食其力。工作人员与当地工商、税务部门协调联系，为他办理了证照登记和税费减免手续。徐某全身心投入到水果摊经营上，很快有了一定的收入，走出了生活困境。

近年来，随着桃花镇旅游业的发展，当地饭店排档的生意也日见红火，徐某发现桃花镇本地蔬菜品种有限且价格较贵，打算通过给各个饭店排档代办采购业务，扩大经营范围，但苦于缺乏启动资金。镇司法所得知消息后，再次向他伸出援助之手，帮助他解决了资金和业务上的困难。社会的温暖让徐某对生活充满了希望，现在他积极参与各种公益活动，并用自己的行动配合并支持安置帮教工作。另外，他还帮助解决了 2 名社会闲散人员的安置问题，以此回报社会。

第一节　劳动教养解教人员社会保护的意义

一、解教人员社会保护的概念及特点

（一）解教人员社会保护的概念

解除劳动教养，简称解教。我们可以在双重意义上来理解这一概念：一是指劳动教养管理机关对劳动教养期满的人，依法结束其劳动教养，使其回归社会的活动。它的含义在于解除劳动教养的活动过程，是某一劳动教养人员由劳动教养人员身份恢复为一般公民的必经法律程序，是一个动态的概念。二是指劳动教养机关对劳动教养期限已满的劳动教养人员，恢复其人身自由并准予返回社会的法律制度。在这种意义上，强调的是解除劳动教养作为一种法律制度的存在，是一

个静态的概念。

解教人员的社会保护，是指国家和社会对解除劳动教养的人员在生活上的关心、就业的安置、思想的帮教、行为等方面的管理，以使其能够平等地享有公民权利和平等地履行公民义务，并且不致再危害社会的活动。

对解教人员进行社会保护，对于维护他们作为公民的基本权利，预防和减少他们重新违法、甚至犯罪，维护社会稳定、保障社会主义经济建设、促进社会和谐发展具有十分重要的意义。

（二）解教人员社会保护的特点

1. 解教人员社会保护工作的广泛性。解教人员社会保护工作涉及的部门和内容是很广泛的，单靠任何一个部门或某一个方面的努力是不会收到很好的效果的。它要靠全社会的力量，即包括全社会的各种组织、各个部门、各种力量。从组织上看，有政党组织、政府组织、经济组织、文化教育科研组织和群众组织。从力量上看，有国家政权的力量和全体人民的力量。从部门上看，有上至中央、省、自治区、直辖市，下至街道乡村的各个部门。另外，解教人员社会保护的措施也是十分广泛的，它是一个涉及面很广、由众多对策群有机组合起来的对策系统，涉及政治、经济、文化、法律、思想、教育等方面。因此，我们要认真协调各种因素，以确保解教人员社会保护的一致性和有效性。

2. 被解教人员的自主性。解教人员社会保护主要是通过社会进行的，而社会具有复杂性、多样性、开放性等特征。在当前开放的社会环境中，如果单纯采用封闭的、隔离的保护方法不仅是消极的，而且是很难奏效的。因此，我们认为，对解教人员的社会保护，还必须注重被解教人员的自主性，提高其自主能力，帮助其提高识别能力及增强自身的"免疫力"。

3. 被解教人员的社会适应性。解教人员社会保护目的主要在于使被解教人员能够很快适应社会发展，成为能够适应社会不同阶段、不同层次需要的守法公民。所以解教人员社会保护组织的结构和功能要服从外部社会政治经济发展的需要，社会保护本身要通过内部自动调节适应外部环境，也就是适应社会主义物质文明、精神文明及政治文明的发展要求。

4. 解教人员社会保护工作的复杂性。所谓复杂性就是指在对解教人员的社会保护工作中，某一方面或某一个部门的工作可能会出现的相互抵触、相互干扰的矛盾现象。这主要是由于解教人员社会保护的机构、层次、途径、内容庞杂烦琐造成的。所以，我们在实际工作中，应当十分重视这一特性，以避免社会保护工作产生负面影响。

二、解教人员社会保护的意义

对解教人员进行广泛、全面的社会保护工作，不仅能够切实维护被解教人员享有作为公民的基本权利，而且能够很好地预防他们回归社会以后重新违法，甚至犯罪，对于当前我们国家倡导的"以德治国"，构建社会主义和谐社会都具有十分重要的意义。

（一）对于解教人员的社会保护，能够很好地维护被解教人员作为公民的基本权利

只要具有中国国籍，都是中华人民共和国公民。无论是对于正在实行劳动教养的人员，还是已经解除劳动教养的人员，均应如此，这是我国宪法的规定。作为中国公民，除了依法应当剥夺或停止行使的权利外，都应当按照《中华人民共和国宪法》规定，享有平等权、政治经济权利、人身自由、社会经济权利、文化教育等方面的权利。因此，解教人员应和其他公民一样，行使作为中华人民共和国公民依法应当享有的一切权利，其在社会物质、文化生活水平上也应与其他公民一样得到基本保障和不断提高。但是，由于被解教人员曾有过违法犯罪的劣迹，有受劳动教养处罚的经历，其身份不同于普通公民，所以在行使公民权利方面，往往属于弱势群体，在社会物质保障和文化生活提高方面容易被忽略。这主要是由于一少部分人员的错误观念所导致的。因此，对解教人员进行社会保护，并给予他们一定的帮助和支持，才能切实维护他们的公民权利，使他们得到物质生活的基本保障和文化水平的不断提高。

（二）对于解教人员的社会保护，能够使在所劳教人员顺利地接受劳动教养

对于劳教人员来说，最关心、最实际的问题就是被解教回归社会后是否会遭到社会、家庭的歧视，是否有就业的机会，生活上能否有保障。如果在所劳教人员看到被解除劳动教养走向社会的人员，回归社会以后，迟迟不能就业，生活又没有着落，有的因生活无着落或者为了享有较好的物质生活，再次违法，甚至走上犯罪道路。他们会感到前途暗淡，悲观失望，产生抵触情绪，不认真接受劳动教养，甚至消极对抗，这就极大地削弱了劳动教养的作用。反之，如果对解教人员的安置就业工作解决得好，劳教人员就会看到解教后的光明、美好前途，看到党的给出路政策能够得到贯彻落实，就会减少对立对抗情绪，安心接受劳动教养，增强重新做人的信心和决心，积极参加学习和劳动，争取早日回归社会。只有这样，我们的劳动教养工作才能得以顺利进行，取得良好的效果。

（三）对于解教人员的社会保护，能够很好地预防和减少违法犯罪发生

据有关资料统计表明，我国每年大约有 10 多万劳动教养人员被解教回归社会，这部分人绝大多数经过教育改造，有弃旧从新、重新做人的良好愿望。但

是，他们的心理十分脆弱，思想也不稳定，回归社会以后，如果得不到妥善的安置，没有生活出路，缺少必要的教育和监督，极有可能重蹈覆辙，再次走上违法犯罪的道路。根据各地的调查表明，凡是安置、帮教工作做得好的地区，解教人员的重新犯罪率就低，反之，其重新犯罪率就高。有统计资料显示，我国的解教人员中"多进宫"现象一直在呈现不断增长的趋势。我们认为，其中很重要的一个原因就在于对解教人员的社会保护不力，这充分反映了我国的解教人员社会保护工作的贯彻落实可能存在很多问题。实践表明，"多进宫"劳教人员在解教之后，大多数都是因为基本生活保障如经济保障、家庭、就业等问题不能得到很好的解决，使他们对现实生活感到不满，所以导致其反社会性的加剧，从而重新违法甚至犯罪。由此可见，如果我们对解教人员的社会保护工作做得好，使解教人员得到很好的安置和帮教，可以在很大程度上预防和减少违法犯罪现象的发生，促进社会的稳定发展。

（四）对于解教人员的社会保护，能够促进社会和谐健康地发展

解教人员在经过了一段时间的劳动教养之后，他们的恶习和罪错思想得到了很大程度的矫正，而且在自身的文化素质和技术方面均有所提高。他们中的大多数人在回归社会时，是怀有理想和抱负的。他们不仅要成家立业，也要为社会作出自己的贡献。如何实现其理想和抱负？主观努力固然重要，而客观环境和条件也很关键。国家的政治、经济形势要有利于解教人员回归社会的发展。如果解教之后，他们回归社会能够在工作和生活方面得到很好的安置，他们的劳动教养成果就可以得到巩固。这样他们能够安心工作和生活，同正常人一样，为社会作出应有的贡献。因为他们之中的大多数人，不愿意平平淡淡、碌碌无为。他们不仅希望家庭和谐幸福，而且希望自己能够为社会作出一定的贡献，以弥补自己过去的过失和证明自己对社会的价值。但是，在一些具体问题上，解决不好也会影响他们的发展，甚至使他们背道而驰。如果我们对解教人员的社会保护工作做得好，并且给予被解教人员更多的关心和帮助，使他们发挥自己所长，不断完善自己的人格，正确地认识社会，适应社会，在社会主义经济建设中贡献自己的力量，他们就做到了"浪子回头金不换"，社会也减少了不安定因素，我们的社会就能达到真正的和谐发展。

（五）对于解教人员的社会保护，能够很好地巩固劳动教养成果

被解教人员在劳动教养场所经过劳动教养之后，重新回归社会，如果能够安排适当的工作和劳动，使他们有业可就，有家可安，并辅之以经常性的思想教育，其劳动教养成果就能得到巩固。解教人员也能够在政府和社会的帮助和保护之下尽快地适应社会、认识社会，不断完善自己的人格，真正成为社会的守法公民和社会主义建设的有用之材，由危害社会的消极因素转变为改造社会的积极力量，为国家和社会的发展作出自己应有的贡献。

第二节　劳动教养解教人员社会保护的内容

对解教人员社会保护的内容，主要是指社会保护工作的范围、任务以及要达到的目标。做好这些具体的工作，劳动教养解教人员社会保护工作才能够真正落实。具体内容包括以下几个方面：

一、对劳动教养解教人员合法权利的保护

我国宪法第二章专章规定了公民的基本权利和义务。其中规定了广泛的公民基本权利，有公民参与政治生活方面的权利、人身自由权利、社会经济教育和文化等方面的权利。我国的行政法、刑法、民法等法律也对公民权利的实现，依据宪法作出了具体的规定。解教人员被解教之后，作为一个普通公民也应当依法享有这些权利。只是他们作为一个被劳动教养过的人，作为一个特殊的群体，在社会上很容易被一些带有偏见的人所忽视。他们最关心与之生产、生活关系最密切也是影响其顺利回归社会而亟须加以保护的权利。因此，我们应当对于他们享有的权利给予特别的保护。这些权利主要有：

（一）参与政治生活方面的权利

1. 平等权

我国《宪法》在"公民的基本权利和义务"一章中首先明确规定了公民在法律面前一律平等的原则。公民在法律面前一律平等，是我国公民的一项基本权利，也是社会主义法制的一个基本原则。它表明，已恢复人身自由的解教人员和其他公民一样享有"公民在法律面前一律平等"的权利。我国公民在法律面前一律平等，是指公民不分民族、种族、性别、职业、家庭出身、宗教信仰、教育程度、财产状况、居住期限等，都一律平等地享有宪法和法律规定的权利，也都平等地履行宪法和法律规定的义务。就广义而言，平等权还包括民族平等、男女平等、经济、政治、社会、家庭等方面的平等。我们不因民族和性别的不同而获得法律以外的特权，也不能因为解教人员接受过劳动教养而使他们的权利受到歧视。解教人员只有获得了平等权，其各方面的权利才可以得到基本的保障。

2. 选举权和被选举权

我国《宪法》第 34 条规定："中华人民共和国年满十八周岁的公民不分民族、种族、性别、职业、家庭出身、宗教信仰、教育程度、财产状况、居住期限等，都享有选举权和被选举权；但是依照法律被剥夺政治权利的人除外。"劳动教养人员无论是在劳教过程中还是被解教回归社会，都不是法律规定的权利除外

的人员，所以他们也理所当然地享有选举权和被选举权，参与国家管理。

3. 政治自由

我国《宪法》第 35 条规定："中华人民共和国公民有言论、出版、集会、结社、游行、示威的自由。"政治自由是民主政治的基础，是公民参与国家管理的基本形式。因此，我们对敌对分子和严重破坏社会秩序的犯罪分子，应依法剥夺其政治自由权利。而劳动教养人员和被解教人员均不受上述限制，所以应当享有以上政治自由。

4. 批评建议、申诉、控告或者检举的权利

我国《宪法》第 41 条规定："中华人民共和国公民对于任何国家机关和国家工作人员，有提出批评和建议的权利；对于任何国家机关和国家工作人员的违法失职行为，有向有关国家机关提出申诉、控告或者检举的权利，但是不得捏造或者歪曲事实进行诬告陷害。"公民通过这项权利的行使，既可以对国家机关和国家工作人员实行监督，同时又可以维护自己的合法权益，免遭国家机关和国家工作人员的不法侵害。解教人员有资格也有能力享有这项政治权利。

（二）人身自由和信仰自由

这类权利是公民参加各种社会活动和享有其他权利的前提条件，主要包括以下几个方面：

1. 人身自由

人身自由是指公民的人身（包括肉体和精神）不受非法限制、搜查、拘留和逮捕。公民的人身自由是公民最基本、最起码的权利，没有了人身自由，其他权利和自由就无从谈起。对于解教人员来说这项权利同样重要。

2. 人格尊严不受侵犯

这项权利对于解教人员来说尤其重要。因为在现实生活中，解教人员最容易受到的侵犯就是人格尊严。常常有些人把他们和监狱释放改造犯人一样看待，给与"低人一等"的蔑视，或者在名誉上诋毁他们。这都是由于人们的错误观念和片面认识所引起的。我们认为，即使是对于监狱释放者，也不应歧视，何况是解教人员？因为违法犯罪已是他们的过去，他们已经受到了应有的惩罚。我们应该给他们改过自新、重新做人的机会，不应当在人格上加以歧视。

3. 住宅不受侵犯

公民的住宅不受侵犯是和公民的人身自由密切相连的一项权利。我国《宪法》第 39 条规定："中华人民共和国公民的住宅不受侵犯。禁止非法搜查或者非法侵入公民的住宅。"我们在保护所有公民的住宅不受侵犯的同时，也要保障解教人员的住宅不会无端受到其他人的侵扰，这样就有利于他们回归之后的生活、学习和工作，有利于社会的安定团结。

4. 通信自由和通信秘密受法律保护

公民的通信自由和通信秘密，是指对于公民的通信（包括电报、电话和邮件），他人不得隐匿、毁弃、拆阅或者窃听，这是宪法对公民权利的规定。但是在一定条件下，公安机关和检察机关为了国家安全或者同犯罪作斗争的需要，可以依法对公民的通信进行检查，对于解教人员也不例外。

5. 宗教信仰自由

我国宪法规定，公民有信仰宗教的自由。我们知道，宗教是一种社会意识形态，其本质是和马克思主义世界观相对立的。但在我国目前，社会还没有发展到使宗教赖以存在的历史条件完全消失，所以我们应当从实际出发，实事求是地对待宗教问题。解教人员和其他公民一样都有宗教信仰自由。

（三）社会、经济、教育、文化方面的权利

这一方面的权利主要包括公民的私有财产权，劳动的权利和义务，劳动者的休息权，获得物质帮助权，受教育的权利和义务，进行科学研究、文学艺术创作和其他文化活动的自由等方面。在这些权利里面，解教人员的私有财产权和劳动权最重要。解教人员在进行劳动教养之前的合法财产，如有他人代为保管，在他解教之后，应当如数归还，任何人不得侵占。而劳动权的实现对于广大解教人员具有最直接、最现实的意义，因为劳动是他们回归社会得以合法生存的最起码条件。

（四）合法的婚姻家庭权利

家庭是婚姻的结果，是社会结构的细胞，是和社会生活密切相关的，而婚姻是家庭的条件，是以两性结合为基础构筑成家庭的基本形式。国家保护公民合法的婚姻家庭。我国《宪法》第49条规定："婚姻、家庭、母亲、儿童受国家的保护。""禁止破坏婚姻自由，禁止虐待老人、妇女和儿童。"《婚姻法》规定了实行"婚姻自由"即结婚和离婚自由的制度。《刑法》也规定了各种妨碍婚姻、家庭关系的罪名以及相应的刑事处罚措施，以维护社会稳定的婚姻、家庭关系。解教人员和其他公民一样，其合法的婚姻、家庭关系理应受到我国宪法和法律的保护。如果这方面的权利得不到保护，他们的劳教成果也不容易得到巩固，势必增加社会不安定因素。

（五）特定人的权利

我国宪法除了对一切公民所应普遍享有的权利和自由作出明确规定外，还对具有特定情况公民设置了专条，给予特别保护。宪法中的这些特定人员具体是指妇女、退休人员、军烈属、母亲、儿童、老人、青少年、华侨等。如果被解教人员属于以上这些特定人员，还应当享有这些特定人员应该享有的权利。如保障妇女同男子平等的权利，退休人员的生活受到国家和社会的保障等。

二、对劳动教养解教人员的物质帮助和生活救济

解教人员回归社会以后，常常会遇到无家可归、无业可就、身体病残等情况，难以维持正常的生活。此时，给予他们一些物质方面的帮助与救济，能够使他们渡过难关；给予他们心理上的安慰，能够促使他们更好地进行将来的社会生活。其主要内容包括以下几个方面：

（一）提供住所

主要是对一些无家可归，无亲可投的解教人员。给他们提供临时住所，以解决无处栖身的困难。时间一般是在 3 个月左右，属于暂时借住。在此期间，协助其积极寻找工作，安置就业，解决长期住房问题。

（二）衣食馈赠与资金借贷

衣食馈赠主要是解决少数解教人员刚刚出所回归社会时生活上的困难。有些解教人员回归社会以后，因没有亲人和正常工作而导致生活上的经济来源无着落，此时，给予他们及时的衣食馈赠是很必要的。资金借贷，主要是针对部分解教人员回归社会后，因有一技之长准备从事某一方面的生产和经营，但缺乏资金，给予他们小额资金借贷，以帮助其发展生活和经营。

（三）医疗和生活救济

医疗和生活救济，主要是针对个别年老体弱或身体有残疾的解教人员，通过民政部门，按照有关规定解决疾病治疗和生活困难方面的救济。

三、加强劳动教养解教人员的身心指导和监督

（一）对劳动教养解教人员的身心指导

对解教人员的指导，在于培养和增强解教人员适应社会的能力。解教人员重返社会继续社会化的过程中，会遇到来自各方面的问题：一是由于社会变化带来的问题。我国正处于巨大的政治、经济变革之中，解教人员尽管不像那样较长时间限制人身自由；但毕竟也有几年与社会基本隔离的状态，当他们重新置身于现实社会中时，他们会在诸多方面感到不理解、不习惯。二是生活环境变化带来的问题。他们在劳教期间，是在法律和行政强制的力量管理下学习、劳动，生活紧张而有规律，吃穿住等基本生活有保障，而重返社会之后则主要靠自我管理，生活、就业是否能得到保障，在一定程度上需要通过自身努力去争取，这中间难免有人感到茫然、空虚、无所事事，甚至在困难面前退却。三是解教人员的错误心态对继续社会化的不利影响。解教人员重返社会心态各异，他们当中的绝大多数都渴望新生，渴望得到理解和帮助，但都不同程度存在着羞愧、戒备、紧张、疑虑的心理。解教人员重返社会后的上述种种不适应表现，需要社会给予关怀和帮

劳动教养学

助。同时，通过对其身心指导，培养解教人员的挫折容忍力和社会调适力，提高他们对挫折的心理承受力；教育解教人员不断优化自己的需要及心理结构，懂得人的需要的生理性与社会性的特点，明白需要的满足根本上取决于社会生产的发展；指导解教人员正确对待婚姻家庭、文化教育、就业安置等问题。

（二）加强劳动教养解教人员的社会监督

解教人员回归社会以后，我们除了给予其物质的救济和指导外，还必须加强对解教人员的不良行为的监督或管束。调查资料表明，解教人员有许多是处于生活的十字路口，往往经不起歧视的打击，抵制不住引诱和拉拢。如果稍稍放松对他们的关心和继续教育，他们就很容易再次走上违法犯罪的道路。因此，对于解教人员以自身努力求得自新、自立和自强时，社会就应当及时地给予鼓励和认同。相反，当解教人员的行为偏离法律及纪律、道德的要求时，我们就应当及时制止、批评和纠正，并对不良行为加以约束，以防止其重新滑入违法犯罪的轨道。

第三节　劳动教养解教人员社会保护的原则及方法

一、劳动教养解教人员的社会保护原则

对劳动解教人员的社会保护是一项有益于解教人员这一特殊群体，也有益于社会的事业。但是这项工作很复杂，涉及面很广，要做好这项工作，必须坚持综合治理的方针，坚持实事求是、一切从实际出发的指导思想，同时，在开展社会保护工作中还应坚持以下原则：

（一）区别对待的原则

区别，就是分别、不同、有差异的意思。区别对待，是根据矛盾的特殊性，不同的矛盾用不同的方法去解决的原理提出的政策原则。解教人员情况复杂，回归社会后，所遇到的问题和困难不同，有的是衣食住有困难，有的是就业、上学有困难，有的是婚姻家庭有困难，有的表现好，有的表现差；有的甚至重新违法和犯罪等。社会保护工作必须根据不同的情况、不同的需要，不同的表现有针对性地解决问题和进行帮教。

（二）协调发展的原则

由于解教人员社会保护工作的广泛性和复杂性，因此，没有各有关单位和部门的协调行动，单靠某一个部门或某一个方面的努力，解教人员的社会保护工作是很难全面实现的。解教人员的社会保护工作中，各个方面的协调发展是很必要的，有利于促进解教人员社会保护工作的真正落实，取得良好的收效。协调发展

的原则具体体现在两个方面：有关部门的决策和行动应当彼此协调，统一在有利于解教人员健康成长的这个总体目标之下。倘若这些部门之间在目标上产生矛盾，则应该与指挥机构进行协调解决，以确保社会保护工作的整体效能。

（三）坚持专门机关与群众路线相结合的原则

专门机关，是指专门从事某一项事业或某一项工作的机构；群众路线是指工作中相信群众、依靠群众，从群众中来，到群众中去，在集中群众意见的基础上制定方针、政策，这是中国共产党在长期革命斗争和建设中的经验总结和伟大创造。

专门机关与群众路线相结合，是指在做解教人员社会保护工作的时候，既要发挥专门机关的职能作用，又要充分依靠群众，调动群众的积极性，将两方面的力量结合起来，使工作进展更快、更顺利，成效更大。解教人员的社会保护是一项复杂的、涉及面很广的系统工程，关系到社会各方面、各地区，坚持专门机关与群众路线相结合的原则显得更为必要。要搞好解教人员的社会保护工作，必须在各级党和政府的领导下，一方面设置专门机构，配备专职人员，负责解教人员的社会保护工作，做到组织落实，使这项任务有基本的保障；另一方面要充分利用社会各方面的力量，包括吸收政法机关、工会、共青团、妇联、学校等企事业单位以及社会上一切关心和愿意参与此项工作的各界人士，将各方面的人员组织起来，协助专门机关做好解教人员的社会保护工作。

（四）坚持相互平等、互相信任的原则

从事对解教人员的社会保护工作的人员，既包括专门机关的工作人员，也包括一般群众，都是我们这里的社会保护工作者。解教人员基本上是经过劳动教养机关教育改造的人员，从总体上说是属于人民的范围。因此，社会保护工作者与解教人员的关系是社会主义国家人与人之间互助互爱的平等关系。对重返社会的解教人员不应歧视，打入"另册"，甚至侵犯他们的合法权益，而是应该以诚相待，互相信任，社会保护工作者应尊重被帮教对象的人格，保障他们的合法权益，这样，社会保护工作才能得以顺利进行。

（五）坚持教育管理与解决实际问题相结合的原则

对回归社会的解教人员进行教育，加强管理，是为了预防其中一部分人重新违法犯罪，是很有必要的。但是，教育管理不能脱离实际，不能搞空洞说教，不能只提要求，不解决问题。解教人员回归社会后面临着生活、就业、婚恋、家庭、疾病等一系列实际问题，这些实际问题如果得不到一定程度的解决，对他们的思想教育进行很难奏效，对他们的管理也会受到抵触。因此，我们在对解教人员进行思想教育和加强管理的同时，要了解他们的实际困难，了解他们需要什么样的帮助，做一些实实在在的工作，哪怕是一件两件也能使解教人员体会到社会

劳动教养学

对他们的关心、爱护，从而受到感化，看到前途和希望，不仅能接受教育、指导，而且能积极向上，去创造新的生活。

二、劳动教养解教人员社会保护的方法

（一）给予劳动教养解教人员生活方面的安置

1. 帮助劳动教养解教人员办理落户手续

解教人员被收容劳动教养后，一般注销了户口，回归社会时，首先面临的是落户问题。目前，我国仍然实行户籍管理，解决好解教人员的落户问题，无论是对社会治安的维护，还是对解教人员基本权利的行使及正常生活都是十分必要的。根据我国有关法律、法规的规定，解教人员回归社会后必须在劳动教养所在地或直系亲属所在地落户。

第一种情况是回劳动教养之前所在地落户。劳动教养人员解教后，有下列情形之一的，回劳动教养之前所在地落户：

（1）本人直系亲属户口在劳教前所在地的，或在劳教期间直系亲属户口迁往劳教前所在地的；

（2）在劳教期间家庭发生变故，解教时已无直系亲属，但本人在劳教前所在地有自己的房产并有居住条件的；

（3）原系劳教前所在地的固定职工，劳教期满后按规定可以回单位安置工作的或者当地其他单位愿意接受安置的。

第二种情况是回直系亲属所在地落户。凡不属于回劳教前所在地落户规定范围而又有直系亲属的，不论劳教前是否与直系亲属同处，均回直系亲属所在地落户。回直系亲属所在地落户是指：有配偶的，放回配偶处；未婚的，回父母或抚养人处；丧偶或离婚的，回子女处（包括曾经由本人抚养的非婚生子女、养子女或继子女）。农村和城市都有子女的，尽可能回农村子女处；如果农村子女无力赡养，也可以回城市子女处。

原系农村户口的，解教时已无直系亲属在农村，只要本人不丧失劳动能力，均应回原户口所在地落户。原系城市户口，解教时已无直系亲属的，但在农村、本市或同类城市有本人的同胞兄弟或其他亲友愿意收留的，所在劳教单位在事先取得亲友愿意收留的证明材料后，允许其到愿意收留的亲友处落户。

对符合前述规定的人，当地公安机关凭劳教单位发给的《解除劳动教养证明书》给予落户。

2. 帮助劳动教养解教人员安排就业

目前，我国对解教人员的社会保护工作，在就业安置办法上，主要以社会安置的形式解决他们的就业问题。社会安置采取多渠道、多形式进行：

（1）原单位安置。劳动教养人员解除劳动教养之后，原来有工作单位并保留公职的，介绍其回原单位工作。

（2）单位招聘。即由国有企业、事业、社会团体、街道、乡村、个体经营管理部门等用人单位，对那些有技术专长的劳动教养解教人员，经考核合格，进行录用。录用当工人的，一般要报县以上劳动部门批准；录用当干部的，需报地、市人事部门批准。

（3）劳动部门和街道就地安置。劳教前无职业或不符合原单位安置条件的，回城镇后，应和一般待业人员同样对待，由当地劳动部门或街道按现行就业政策，予以安置。

（4）过渡性安置。暂时无业可就的，由司法行政和劳动部门共同开办以第一产业为主的经济实体，予以就业前的过渡性安置，并积极帮助其就业，防止流落社会重新违法犯罪。

（5）回农村，由乡（镇）村安置。对于劳动教养之前在农村生活的人员，解教之后一般由乡（镇）村安置。

（6）自谋职业。根据国务院有关规定，有城镇正式户口又有经营能力的解教人员可以申请个体工商户登记，经工商部门核准，发给营业执照，从事个体经营。

随着市场经济的发展，社会经济结构的变化，整个社会的劳动就业格局也会发生变化，与之相适应，解教人员的就业方式也在发生变化。这主要表现为：由政府安置为主向个人自谋职业转化；由原单位安置为主向社会多渠道、多层次谋求职业转化。因此，必须鼓励、帮助解教人员面向社会，走向劳动力市场，在市场竞争中寻找适合自己的岗位和工作。

（二）组织社会力量进行帮教

对解除劳动教养人员的帮教，又称接茬帮教，是指社会有关部门对解教人员继续进行教育和挽救，使社会帮教与劳动教养场所的教育改造衔接起来。其目的是为了巩固劳动教养成果，防止他们重新违法犯罪。对解除劳动教养帮教对象的确定，按照中央综治委等六部委发布的《关于进一步加强对刑满释放、解除劳教人员安置和帮教工作的意见》的规定，应为"解除劳教 3 年内……有重新犯罪倾向的人员"。

帮教工作的主要内容应包括：一是帮助帮教对象解决一些实际困难，如恢复学籍，安排就业，解决住房，治病，关心婚恋等；二是教育他们遵纪守法，提高道德修养，加强社会责任感；三是帮助他们学习文化技术知识，掌握劳动本领，使他们成为自食其力的新人。

帮教的形式多种多样，是多种形式并存的全方位多层次辐射、齐抓共管的社会帮教体系。概括起来，主要有以下几种：

1. 家庭和亲属进行帮教。管理教育解教人员是社会的任务，同时也是家庭的责任，家庭帮教既可以实现社会要求，又能调动亲情，被帮教者也乐于接受这种方式。当然，有一定文化程度、思想进步、品德端正、作风正派、有管教能力的家长和近亲属负责帮教，才能受到较好的效果。反之，效果不好。

2. 组成帮教小组积极帮教。即在解除劳动教养人员所在单位或基层组织的领导下，组织由单位、街道（乡镇）、家庭和民警相结合的帮教小组，对特定的对象进行帮教工作。这是各地普遍采用的方式。这种帮教，具有广泛的群众性，便于吸收社会各方热心帮教工作的人参加帮教活动，集思广益，广开渠道，便于解决各种实际问题。开展各种形式的帮教活动，使被帮教者从多方面、多角度得到帮助。

3. 签订合同支持帮教。是指在双方自愿的前提下，帮教人员与被帮教人员签订帮教合同，合同明确规定帮教的内容、条件、要求、双方的权利义务、奖惩标准等，对双方具有约束力，必须遵照执行。这种帮教形式体现了平等原则和从严要求、正面教育的精神，受到社会的广泛支持。

以上只是列举几种较为普遍采用的帮教形式，在实践中，还有办班帮教，公开帮教，社会名人帮教，社会志愿者结对帮教，部门企业安置帮教，专业人员法律、心理帮教，专业户、个体户帮教等形式。我们知道，形式是为内容服务的，不管采用何种帮教形式，都应将帮教的措施落实到人，落到实处，要注重实际效果。

（三）培养劳动教养解教人员进行自我保护

解教人员回归社会后，不仅会遇到社会的偏见与歧视，不被社会所接纳，面临着各种障碍和困难，而且自身也有心理素质、思想观念等种种障碍。负疚、苦闷、自卑，把自己看做是社会的劣等公民，对人对事极为敏感，处处设防，一旦在就业、婚恋等问题上遇到挫折，就自暴自弃，悲观失望，甚至破罐子破摔。因此，对解教人员的社会保护，只考虑社会方面的工作，只强调社会的调适是远远不够的，必须有解教人员的配合，即解教人员自身要树立起自我保护意识，要主动自我调适、自我保护，积极适应社会生活。

解教人员的社会保护，也是一个自我教育、自我完善和约束的过程。首先，要接受违法处罚的教训，培养法制观念，树立正确的人生观、道德观；其次，要正确对待社会舆论，培养挫折耐力和良好的心理素质，在思想上和行为上做到自尊、自爱、自立；最后，要严格地约束、规范自己的行为。

（四）对部分解教人员回访考察

回访考察，是指解教人员原劳动教养单位对解教人员采取回访、跟踪了解、帮助的方法。鉴于劳动教养机关本身的任务很重，不可能对所有的解教人员都进行回访考察，但在有条件的情况下，对部分解教人员进行回访考察是很有必要的。一方面，通过回访考察了解解教人员回归社会后的就业情况、表现情况，从而总结、反思对在所劳教人员的管理、教育改造工作，提高改造质量；另一方面，通过回访考察可以协助社会保护机构及解教人员所在单位和部门进一步做好对解教人员的教育、管理，以及更有针对性地解决实际问题；同时，对解教人员的心理和行为进行辅导，帮助他们适应社会、认识社会。

三、未成年劳动教养解教人员社会保护

未成年劳动教养解教人员社会保护也是我国劳动教养解教人员社会保护的一个方面的内容，而且是很重要的一项内容。因为，未成年人违法犯罪是世界各国面临的共同性社会问题。现阶段我国对未成年人犯罪的处罚和矫正措施尚跟不上形势，因而效果并不明显，他们的重新犯罪率有所上升。因此，如何降低我国的未成年人劳动教养和犯罪者的重新犯罪率，是我国理论和实践中需要高度关注的问题。

在我国，对未成年劳动教养解教人员社会保护，除了遵循对成年劳动教养解教人员的原则和方法以外，还要给予他们特别的重视。并且遵循相应的法律法规，主要有：《未成年人保护法》、《联合国少年司法最低限度标准规则》（《北京规则》）、《联合国预防少年犯罪准则》（《利雅得准则》）、《联合国保护被剥夺自由少年规则》等一系列与未成年人的保护相关的法律法规。

第四节　劳动教养解教人员社会保护机制

解教人员的社会保护工作是一项复杂的、涉及面很广的系统工程，面临着许多的困难及问题，涉及很多方面、很多部门，因此我们只有建立一整套的保障机制，做好各方面的工作才能保障这项工作的顺利展开和圆满完成。

一、强化政府保护机构的职能

强化政府保护机构的职能，主要表现在两个方面：一是建立社会保护的专门机构，发挥专门机构的作用机制；二是充分发挥政府各主要部门的职能作用。

（一）建立健全专门的组织机构

解教人员的社会保护工作的实施和任务的完成必须依赖保护机构及其组成人员，建立起科学的体制和机制，要把解教人员的社会保护工作落实到基层。由于解教人员居住分散，情况各异，而解决他们的问题需要采取多种手段、各种方

法，涉及全社会的各种力量和各个单位，具有高度的广泛性和综合性，要把解教人员的社会保护工作落实到基层，就必须建立和健全专门的组织机构。

对解教人员的安置、帮教工作，是社会治安综合治理工作中的一项重要内容。1991 年 2 月 19 日，中共中央、国务院作出了《关于加强社会治安综合治理的决定》，随后，全国人大常委会也审议通过了这项决定。自此，各地普遍建立了社会治安综合治理委员会及其办事机构。中央综治委等六部委在联合下发的《关于进一步加强对刑满释放、解除劳动教养人员安置和帮教工作的意见》（以下简称《意见》）中明确规定，各级党委、政府要把对解除劳动教养人员的安置、帮教工作列入社会治安综合治理的工作目标，作为落实社会治安综合治理领导责任制的一项重要内容。1995 年 4 月，在中央社会治安综合治理委员会主持召开的刑满释放、解除劳动教养安置和帮教工作经验交流会上决定，由中央社会治安综合治理委员会牵头组成刑满释放、解除劳动教养安置和帮教工作领导小组，并且在司法行政机关内部设立安置帮教工作指导办公室。目前，各地的机构设置及管理体制主要有两种模式：一是由综治委或政法委出面协调，各有关部门负责人参加组成领导小组；二是以司法行政部门为依托，建立安置帮教网络的管理体制。

（二）发挥政府主要部门的职能作用

根据中央综治委等六部委下发的《意见》，专门机构的作用在于组织和协调，许多工作要靠政府各职能部门去落实。《意见》规定，各级政府职能部门在对解教人员的安置、帮教工作中，肩负着重要任务，具有义不容辞的责任，应当将这项工作纳入社会发展总体规划和各有关部门工作计划之中，统筹安排，抓好落实。其具体要求为：

1. 劳教单位对即将回归社会的劳教人员要加强法制教育和社会主义市场经济知识的教育，因地制宜地进行就业技能培训。在解除劳动教养人员离所前半个月，需将他们劳教期间的表现情况及其他有关材料移交给其户口所在地公安机关，并严格履行交接手续。对离所 3 年之内的解除劳教人员要建立定期考察和情况反馈制度。

2. 劳教部门要积极协助街道、乡镇党政基层组织对尚未就业的解除劳动教养人员开展就业指导和技能培训，并做好各项就业服务工作，为其创造就业条件。对参加过待业保险的，劳动部门应按规定核发失业救济金。

3. 工商行政管理部门对尚未就业的解除劳动教养人员依法申请从事个体工商业经营和开办其他经济实体的，应一视同仁，保护其合法权益；并通过有关组织加强教育、管理，落实治安责任制。增强他们守法经营的观念，提高职业道德水平。

4. 司法行政部门和劳动部门要按照中共中央（1992）7号文件的要求，继续做好"过渡性"安置实体的试点工作。各地要不断解决试点工作中出现的新的问题，认真总结推广经验。

5. 民政部门要鼓励乡镇、街道、村（居）委会兴办的经济实体安置解除劳动教养人员，并把做好安置、帮教工作作为基层政权组织参与者社会治安综合治理的一个重要任务，作为评选先进的一项重要条件。

6. 公安机关要会同基层司法所做好解教人员的帮助教育工作。特别是对那些恶习较深、改造效果较差的具有重新违法犯罪倾向的，要加强管理，密切掌握他们的思想动态和行动方向，努力做到不脱管、不失控；对重新违法犯罪的，要依法从重处罚。公安派出所要建立对解除劳动教养人员的帮教责任制，与民警工作实绩考核、晋级晋职、政治荣誉和物质奖励切实挂钩。

二、动员全社会力量积极参与

解教人员的社会保护除了需要专门机构的组织、协调，有关部门的积极工作之外，还需要有关社会力量积极参与。大力提倡工厂、企业和各种经济实体接受、安置解教人员，主动承担社会责任。有关部门要对劳动教养解教人员安置工作作出突出成绩的单位予以表彰，并在生产经营上给予支持，政策上实行优惠，比如，对企业实行减免税优惠时，以其招收的劳动教养解教人员的数量作为一项衡量指标等。工会、共青团、妇联、关心下一代委员会、个体劳动者协会以及各种社会群团组织要共同关心、支持、参与这项工作。

（一）创办安置帮教基地

在我国目前状况下，创办安置帮教基地大致有两种形式：

1. 专为刑满释放人员、劳动教养解教人员组建安置帮教基地。例如，浙江省宁波市海曙客货车队，经过几年艰苦创业和政府的引导扶持，从8名失足回归人员、2部手拉车起步，发展到现有职工500多人，其中失足回归人员占84.2%；拥有固定资产1500多万元，经营效益好，职工经济收入超过当地企业平均水平，社会安定，好人好事不断涌现，多年来，仅有一人重新犯罪。因此，深受社会好评，屡受政府的表彰。又如，辽宁省大连市，由柏力老太太创办的长兴机电安装工程队，专为安置回归人员，融思想教育、技术培训和劳动实践为一体，先后接受回归人员137名。现拥有固定资产300多万元，创利润240多万元，无一人重新犯罪，取得较好的社会效益和经济效益。

2. 从原有的社会企业中确定为安置基地。例如，四川省成都市青白江、龙泉驿两区和双流县，通过调查研究，选择经营好、有帮教能力的社会小型企业29家，作为回归人员安置帮教基地；在回归人员安置到一定比例时，经有关部门批准，享受社会残疾人企业一样的减免税待遇，为本地区刑释解教人员安置帮教打下基础。

（二）发挥社区的保护作用

社区是进行一定的社会活动，具有一定的互动关系和共同文化维系力的人类生活群体及其活动区域。所谓社区保护，主要是指在城市和乡村的社区范围内，由基层政权组织、群众自治组织及社会各有关方面，依据国家法律规定和社区公约规章，对劳动教养解教人员所实施的教育、保护、照料、帮助等。

构成社区的要素主要有：（1）一定数量的、以一定社会关系联结起来的、参与共同社会生活的人群；（2）有一定的区域环境限制；（3）有一套相对完善的科学知识设施；（4）有一套相互配合的制度和管理机构；（5）生活在其中的社会成员在情感上或心理上具有一定的认同感和归属感。解教人员作为个人或者群体，总要在一定社区内生活、学习、工作、活动、交往，其所在的家庭、学校、单位也都处于或设置在特定的社区内，所以他们将不可避免地受到所在社区的影响，社区的作用不容忽视。社区保护实质上是运用法律手段，创造、改善有利于解教人员健康成长的区域性微观社会环境，并依靠社区组织和群众保护其合法权益，调整社区环境与解教人员的关系，协调家庭、学校、单位对解教人员的教育保护工作。

社区对解教人员回归社会的保护作用主要体现在以下几个方面：

1. 社区的空间环境能够为回归社会的劳动教养解教人员提供因地制宜的安置条件。

2. 社区人口及素质发展有利于劳动教养解教人员重返安定团结的社会生活。

3. 以一定的文化为主的社区人们的精神、文化生活方式的健康发展，能够为劳动教养解教人员的行为规范、生活方式产生约束机制和积极的影响。

4. 社区人们的互助关系和认同感，能够促使劳动教养解教人员的社会化，起到预防犯罪的作用。

（三）建立群众性的保护协会

建立群众性的保护协会，是动员社会力量保护解教人员的重要措施。目前，我国部分地区已建立起群众性的刑满释放人员、劳动教养解教人员保护协会，如陕西省回归研究所、辽宁省刑释解教人员帮教协会、黑龙江省公平安抚协会、丹东市刑释解教人员协会、中国监狱协会回归社会学专业委员会等。这些社会团体组织，在党和政府的领导下，协助有关部门搞好刑释解教人员回归社会后的保护工作，并配合有关部门做好帮教工作，对促进社会的安定及和谐发展起到了积极的作用。

（四）加强社会舆论的教育影响

良好的社会舆论环境是做好劳动教养解教人员保护工作的重要保证。舆论环境建设得好，就会对解教人员社会保护工作起到积极的推动作用，否则会产生消极的影响。我们现在的社会舆论环境从主流上看是好的，但同时存在先进的思想文化和落后的思想文化相互碰撞的现象。这一切使许多人理想信念失衡，找不到正确的方向。所以，我们在对劳动教养解教人员的社会保护工作中，坚持正确的导向，加强舆论引导尤为重要。运用报刊、广播、图片、展览、电影、电视等多种形式，宣传解教人员社会保护工作的重要意义和先进事迹；宣传解教人员回归社会后，成为守法公民等典型事例。加强社会舆论的教育影响，目的就是为了营造一个良好的社会舆论环境。有了这样好的环境，解教人员才能积极表现，安心工作，真正成为具有一定文化知识和劳动技能的守法公民。

三、健全和完善社会保护工作的法律制度

对解教人员的社会保护，作为人权保护、作为公民权利保护内容的一部分，有关国际准则、国内立法都有相关规定。我国的宪法、有关的刑事法律、民事法律、行政法律等，对包括解教人员在内的公民权利都给予了充分的保护，有关部门对此还专门作出政策性规定。如1948年12月10日联合国大会通过的《世界人权宣言》（以下简称《宣言》）规定公民的政治权利包括：生命、自由和人身安全的权利以及免遭奴役和酷刑的权利；在法律面前人格得到承认的权利以及享有司法补救办法和得到公平审判的权利；离开包括其本国在内的任何国家的权利；婚姻和成立家庭的权利以及拥有财产的权利。《宣言》还宣布所有人"作为社会的成员"有权享有的经济、社会和文化权利，这些权利包括：工作和同工同酬的权利，受教育的权利以及参加社会和文化生活的权利。为使《宣言》规定具有法律的约束力，1966年联合国大会通过了《经济、社会、文化权利国际公约》和《公民及政治权利国际公约》，这两个《公约》我国都已签署，它们也成为我国公民权利保护的法律依据。同时，《中华人民共和国宪法》对中国公民的权利和义务也作了具体的规定，是劳动教养解教人员社会保护的法律依据。而国家制定的有关刑事、民事、行政等普通法律，对劳动教养解教人员的合法权利也是给予保护的。特别是1991年第七届全国人大常委会第十八次会议通过的《关于加强社会治安综合治理的决定》专门规定了要"做好刑满释放、解除劳动教养人员的帮教工作"。作为政策性、法规性文件就更多了，如1983年5月公安部、司法部发出的《关于犯人刑满释放后落户和安置的联合通知》（也适用于解教人员），1984年11月公安部、司法部发出的《关于加强对刑满释放和解除劳动教养人员教育管理工作的通知》，1994年2月中央综治委等六个部门提出的

《关于进一步加强对刑满释放、解除劳动教养人员安置和帮教工作的意见》，1999 年 2 月中央综治委、公安部、司法部、民政部发出的《关于进一步做好服刑、在教人员刑满释放、解除劳教时衔接工作的意见》等。

以上法律、法规及政策性文件对于劳动教养解教人员的社会保护起到了保障作用，使解教人员的社会保护工作有法可依、有章可循。但是，也要看到，作为专门的、系统的规范解教人员或广义的出狱人员保护的法律至今还没有出台。劳动教养解教人员的社会保护工作，是一项复杂的社会系统工程，也是一项长期性的工作，涉及面广，仅仅依靠行政命令和一般号召是不够的，必须使之规范化、法律化，制定一部具有中国特色的、与我国社会政治经济形势相适应的解教人员（或者叫广义的出狱人）保护法已势在必行。

【实训设计】

一、示范案例

【案情简介】

李某在某地一带可谓是出了名的人物。1999 年，李某因交友不慎染上了毒瘾，半年之内吸光了所有家产，接着被劳教一年，住进了河南省第三劳教所，妻子一气之下抱着小孩回了娘家。2000 年年底，李某期满解教后回到了家乡，他踌躇满志、满腔热忱，下决心要干一番大事业以弥补过去的损失。可当他走进空荡荡的家，看到卧病在床的父亲满脸愁容，瘦弱的妻子正抱着儿子在啃窝窝头时，顿觉无地自容，惭愧万分。面对穷困潦倒的家和痛苦不堪的妻儿，他咬破食指写下血书：一定要戒掉毒瘾，重新做人，早日改变家庭现状，让家人过上幸福生活。

为了筹得做生意的本钱，李某厚着脸皮向亲戚朋友借钱。曾经的吸毒分子，如今的解教人员，想换得亲朋的信任，难啊！一个个蔑视的眼光，一句句躲避的话语，一天天连续的碰壁，真是"叫天天不灵，哭地地不应"。

帮教工作：

万般无奈之下，李某抱着一线希望找到了劳教所纪委张书记的办公室，服教期间张书记曾多次找李某谈心，给予他许多帮助。热心的张书记听了他的苦诉，十分同情，表示愿意为他担保贷款。

山穷水尽疑无路，柳暗花明又一村。在张书记的帮助下，李某又重新点燃了生活的希望，鼓起了创业的信心，他利用张书记担保借贷的 10000 元贷款做起了烧石灰的生意。从此，李某浮下身去，狠心大干，一干就是三年。有了一定资本积累后，他又投资做起了煤矿生意，由于他踏实肯干，勤学习善经营，加上对待工人关心爱护，他所经营的煤矿、石灰窑等企业红红火火，利润逐年翻番。

劳动教养学

　　自己富裕起来后，李某没有忘记张书记的恩情和嘱托，没有记恨乡亲们的歧视和责难。通过市场考察和调查研究，他迅速带领乡亲们搞起了大棚蔬菜种植、家禽生猪养殖、水泥制品生产等快速致富项目，同时大搞科技兴农，调整农业结构，使乡亲们在短短两年时间内摘掉了穷帽子，走上了致富道路。

　　李某解教回乡五年间，像换了个新人，不但自己彻底改掉了坏习气，还帮助乡亲们走上了富裕路。乡亲看在眼里，记在心上，谈到他都翘起了大拇指。在2005年村班子换届选举中，他以95%的选票当选村长。当选村长后，他又把目光放得更远了：投资30万元兴建的希望小学马上就要竣工，投资5万元扩建的村敬老院已完工，他还打算在2006年把全村的道路硬化一遍……

　　二、习作案例

　　17岁那年，小王因盗窃公共财物被判处3年劳教，3年劳教生涯让自己静下心来，面壁思过，在教官的苦心教导下，积极改造，重新做人。

　　解除劳教后，她回到家里，在办理户口迁入后，发现有一行"解除劳教，由某看守所迁来本市（县）"的记录，这让她感到难堪，家里本已为她联系了一家工厂打工，但厂方看了户口簿后对她百般质问，她脸红耳赤，跑回家痛哭一场。后来，她又陆续在几家公司上班，等要签合同时，她就谎称户口簿丢了，做了一年后又得落荒而逃，因为"我怕招来别人异样的眼光"。

　　几年来，她把户口簿藏了起来，不敢给任何人看。去年夏天，已到了婚嫁年龄的她，为了不让男方知道自己过去的经历，就偷偷到派出所换了本新户口簿，但新领的户口簿还有那行刺眼的字样，她苦闷不已。今年1月，小王又到了派出所更换户口簿，户籍民警说，那行迁入记录无法删除。她悻悻而回。

　　"为什么解除劳教人员无法享受正常人的同等待遇，我不知道未来的丈夫知道我的过去后，还会不会原谅我，接纳我？我不知道我的孩子知道我的过去后，会不会认为他妈妈是个坏妈妈？"小王对此一筹莫展。

　　请结合本章理论，制定一个适合的帮教方案，帮助小王解决目前困境，使其重新做人，和正常人一样地走好以后的工作和生活之路。

第十七章　国外相关制度介绍

【至理名言】

☆法律的目的并不是废除或限制自由，而是保护和扩大自由。

——洛克

☆一切法律所具有或通常具有的一般目的，是增长社会幸福的总和，因而首先要尽可能排除每一种趋于减损着幸福的东西，亦即损害排除。

——边沁：《道德与立法原理导论》

☆没有合适的法律和制度，市场就不会产生体现任何价值最大化意义上的"效率"——因为法律和制度包括明确受尊重或强制执行的私有财产权和保证实行契约的程序。霍布斯学派无政府状态的自发秩序不使个人价值最大化，可能会趋向价值最小化。

——布坎南：《自由、市场和国家》

☆接受外国法律制度的问题并不是一个国家性的问题，而是一个简单明了的符合目的和需要的问题。任何人都不愿从遥远的地方拿来一件在国内已有同样好的或者更好的东西，只有傻瓜才会因为金鸡纳霜（奎宁）不是在自己的草原里长出来的而拒绝服用它。

——K.茨威格特：《比较法总论》

☆法律者，非创造而发达的也。然则非徒具外国之法律智识，而遂足以语于立法事业。而本国法律之沿革，与夫社会之需要，皆不可不深厝意焉。

——梁启超：《梁启超法学文集》

☆同一个机关，既是法律执行者，又享有立法者的全部权利。它可以用它的"一般的意志"去蹂躏全国；因为它还有司法权，它又可以用它的"个别的意志"去毁灭每一个公民。

——孟德斯鸠：《论法的精神》

劳动教养学

第一节　国外轻罪制度介绍

一、国外轻罪制度概述

轻罪制度是根据国家法律规定对实施了轻微犯罪行为的人予以相应处罚的法律制度。轻罪制度是在对犯罪分类不断深化的基础上产生和发展的。

最早的犯罪分类源自 14 世纪的英国，当时依照刑罚的轻重将犯罪分为叛逆罪、重罪和轻罪三类。后来，法国 1810 年颁布的刑法典和德国 1871 年颁布的《德意志帝国刑法典》均根据刑罚的严厉程度将犯罪划分为重罪、轻罪和违警罪。当前，除法国仍保留重罪、轻罪和违警罪的三分法外，世界上多数国家都采用了犯罪的"二分法"，即将犯罪划分为重罪和轻罪两种。如美国、德国、意大利、俄罗斯等国家均采取此种做法。重罪适用于普通的司法程序，轻罪制度有点类似于我国的劳动教养制度，但是前者适用于简易的司法程序，后者通过行政性强制措施剥夺公民的自由长达 1 到 3 年甚至 4 年。目前实行轻罪制度的国家主要有美国、法国、德国、意大利、瑞士、俄罗斯等。

关于轻罪的定义和处罚，各国的规定不尽相同。美国、德国规定，轻罪是指判处一年以下监禁或者判处罚金刑的所有犯罪行为。许多国家规定，轻罪适用于简易司法程序。韩国制定了专门的轻罪处罚法，俄罗斯规定轻罪犯人在赔偿了受害人损失的情况下可以免除刑事责任，德国规定轻罪犯人在履行了一定的义务后可以对其作出不起诉的决定，美国、法国等规定轻罪犯罪可以假释和缓期执行，法国规定轻罪犯人可以交与社会考察，督促其从事公益性的劳动。我们以法国和德国为例，对轻罪罪犯的处罚作一简要介绍：

法国对轻罪罪犯可判处收监、收监缓期执行。被判缓期执行的，常附带有 18 个月、2 年或 3 年的考验期，考验期内轻罪罪犯要承担刑罚适用法官选择要求其履行的禁止进酒馆、赔偿受害人、禁止出国、参加公益劳动等义务。受刑罚适用法官委托负责监管的人员要定期向刑罚适用法官报告情况，若被监管人在考验期内没能履行义务，刑罚适用法官视情况结束其考验期并将其收监。对收监罪犯，刑罚适用法官随时了解情况，召集由刑罚适用法官、检察官、监狱长组成的监狱委员会会议，根据罪犯表现，决定是否给其每年 3 个月内的减刑、减多少刑，是否给其假释。

德国对轻罪罪犯，70% 判处财产刑，20% 判处自由刑并缓刑，只有 10% 判处自由刑并立即执行。对这 10% 被判处自由刑并立即执行的轻罪罪犯，一部分送开放式监狱执行，罪犯白天出去工作，晚上回监狱睡觉；一部分送封闭式监狱执行。在开放式监狱执行的罪犯，如违反监规（例如携带毒品回监狱、逃跑等），则被转入封闭式监狱关押；在封闭式监狱执行的罪犯，若经过一段时间改造，成效明显且不会逃跑，则可被转入开放式监狱完成剩余刑期。

第二次世界大战以后，受刑罚人道主义思潮的影响，发达国家进行了一场轻罪非刑罚化的刑罚改革运动。如规定监禁刑可以以社区服务、公益劳动、罚金、半自由刑等替代，同时取消了预防性拘禁措施，缩短了监禁刑的刑期，扩大了罚金刑和缓刑、假释的适用范围等。

二、国外轻罪制度与我国的劳动教养制度之间的差异

轻罪制度在适用对象上与我国劳动教养的适用对象有一定的相近性，都是针对轻微犯罪的人适用的一种制度。由于多数国家在刑事法律中没有像我国一样对犯罪作了定量限制，因此，对于在我国适用劳动教养的不够刑事处分的轻微犯罪和严重违法行为，国外一般按轻罪处理。

另外，国外的轻罪制度与国内劳教制度所调控的行为有其可以比较的成分，主要表现在二者在行为"品质"上确有可比较因素。即其都是社会危害性程度相对较低的、有悖国家法治或社会基本道德准则的行为。但其中，中国之被劳教行为，从纯客观意义看，其大都具有轻微的刑事违法或治安违法性，而西方部分"轻罪"，在中国充其量仅属悖逆道德规范者。比如小偷小摸、小敲小骗行为，在国外完全可能构成犯罪。因为不少西方国家对犯罪只定性不定量，偷一辆自行车、暴力恐吓、深夜喧嚣、大道上便溺、甚至使用不合格磅秤等行为，都可能构成犯罪。而在我国，小额诈骗、小偷小摸、轻微伤害、一般性的交通肇事、醉酒驾车等都够不上刑事犯罪，充其量构成治安违法。至于大道上便溺、深夜喧嚣等则连严格意义的"违法"都谈不上，仅是触犯了社会公认的道德准则而已。

尽管两者在适用对象上有相近性，但是，它们之间也存在着一些差异，主要表现在以下几个方面：

（一）在适用程序上有很大不同。轻罪制度一般适用简易司法程序，属于刑事诉讼范畴，劳动教养适用的是行政程序。

（二）轻罪制度在处置结果上与劳动教养也有所不同。轻罪制度适用的结果是判处刑罚，通常在轻刑犯监狱执行，而劳动教养不属于刑事处罚，属于一种行政性的强制措施。

（三）执行机关不同。国外的轻罪制度一般适用简易司法程序，所以其执行机关是司法机关，是法官，而我国的劳动教养制度是由行政机关，即公安机关和劳动教养管理委员会共同执行的。

我们认为，国外的轻罪制度与国内之劳动教养制度所调控的行为既有可比较

劳动教养学

的地方，又不是对等的。说它们不可比，是因为至少从处分性质上看，在我国，劳教只是违法行为，绝对够不上犯罪。虽然国内有关劳动教养决定上，确曾说过劳教"适用于轻微违法犯罪"，而且，从理论上看，一般认为，目前我国的劳教对象主要包括治安违法在教人员、戒毒在教人员、卖淫嫖娼在教人员、一般参赌人员以及轻微刑事犯罪人员等。然而，实际上，如前所述，在我国只有人民法院有审判权力，未经人民法院作出有罪判决的都不是犯罪。因而劳教不是刑法规范意义上的犯罪。而何况，国内诸项实行劳教的依据——各项"劳教决定"等，虽曾经过全国人大批准颁行，但其制定机构毕竟不是立法机关本身而是国务院，因而此类劳教决定并非严格意义上的"法律"。据此，根据《中华人民共和国立法法》第 8 条的规定，上述"准法律"无权设置"犯罪与刑罚"。因而严格说，劳教决定中所称的"轻微违法犯罪"，既欠缺刑事程序法规范性，又欠缺刑事实体法规范性。而国外的"轻罪"则不然，它不仅仅是犯罪学概念，更是有其经典意义的法律概念——它是经由其法律、法典或英美法上的刑事普通法、制定法所明文规制或确认的。

第二节　国外保安处分介绍

一、保安处分概述

（一）保安处分的提出

保安处分是指国家基于维护社会秩序的必要及满足社会大众的保安需求，在行使刑罚权之外，对于特定的行为人，以矫治、感化、医疗、禁戒等手段，实行具有司法处分性质的保安措施。18 世纪末叶，德国学者克莱因就保安处分进行了理论论证。在《保安处分的理论》一书中，克莱因将刑罚与保安处分相区别，认为刑罚是根据现实的犯罪程度而定的，具有确切的内容；保安处分则是根据行为者的犯罪危险性而科处的、具有不定期的内容。克莱因还指出：两者都是由法院判处的。[1]

保安处分的构想被提出后，由于受到费尔巴哈等人提出的依法治国思想的抑制，没有在刑事司法领域产生大的影响。直至 19 世纪后半叶，在欧洲大陆随着经济的快速发展，犯罪率急剧增长，特别是青少年犯罪、惯犯、累犯以及精神异常的犯罪激增，似乎证明报应刑作为遏制犯罪的手段疲软无力。李斯特在《刑法的目的与思想》一书中张扬了社会防卫的思想，因此，奠定了当代保安处分

---

[1]　［日］木村龟二：《刑法学词典》，上海翻译出版公司 1991 年版，第 465 页。

理论的实践基础，再加上菲利的社会防卫理论提供的助力，保安处分乃有了坚实的理论基础。最早把保安处分系统引入刑法的，是瑞士人卡尔·斯托斯，1898年瑞士刑法预备草案采纳了斯托斯的建议，以保安处分制度来补充以往的刑罚体系，创造刑罚与保安处分的二元体系。后来这一制度影响到其他国家，许多国家在刑法中确立了保安处分制度。

（二）保安处分的概念和内容

纵观各国立法例，保安处分有广义和狭义之分。广义的保安处分既包括对人的处分，也包括对物的处分。对物的处分一般包括解散法人、封锁营业场所、没收违禁物品。对人的保安处分包括剥夺自由的处分和限制自由的处分两类。

1. 所谓剥夺自由的保安处分，乃指剥夺受处分者的人身自由，而收容于保安处分执行机构或社会治疗机构，接受监护、治疗、禁戒、感化教育、强制工作与保安监禁等保安处分。剥夺自由的保安处分措施主要有以下七种：

（1）疗护处分，即对于无刑罚适应性的心神丧失人及限制责任能力的精神耗弱人所为的治疗与保护的处分。德国、意大利、日本及我国台湾地区有此规定。

（2）强制禁戒处分，即强制吸食烟毒或使用麻醉药品及兴奋剂等成瘾者以及酗酒者所为的戒除处分。德国、意大利、瑞士、日本有此规定。

（3）强制治疗处分，即强制患有某种传染病的特定犯罪人接受医药治疗的处分。

（4）感化教育处分，即对于未成年人触犯刑法，或有触犯刑法之虞，或有影响社会治安之虞者，基于防患于未然与社会保安之需要所为的强制教育的矫治处分。各国刑法大多有此规定。

（5）强制工作处分，即对于一切出于怠惰与游荡成性，厌恶从事正当工作而致犯罪者的一种劳动训练的处分。德国、瑞士、奥地利刑法有此规定。

（6）保安监禁处分，指采取刑罚与保安处分二元制的国家刑法中对于惯犯和常业犯所设的处分手段，其内容是对于已受长期刑罚执行而未能矫正的习惯犯与常业犯予以不定期的预防性监禁，是最严厉的保安处分手段。德国、瑞士、英国刑法规定有此种处分。

（7）收容于社会矫治机构，即成立专门的社会矫治机构，以特别的社会处遇与辅导以及精神医学的治疗方法对罪犯进行治疗和再社会化的工作。丹麦、荷兰和德国刑法有此规定。

2. 限制自由的保安处分主要有下列四种：

（1）剥夺驾驶许可处分，即对于欠缺驾驶能力，显然不适宜驾驶机动车、对参与道路交通的犯罪人所为的一种驾驶许可的剥夺处分。德国刑法有此规定。

劳动教养学

（2）禁止执业处分，即对于滥用其职业或营业上的专业知识或特有关系而为故意犯罪或破坏其职业或营业上的义务者，禁止其在一定时期内或永久从事该项职业或营业的处分。

（3）累行考管处分，即对于具有再犯危险的累犯，在其刑满出狱后进入自由社会生活前的一种辅导、考核与管理的处分，以防止其在释放后的危险时期内再犯新罪。

（4）保护管束处分，即对于有较轻社会危险性的犯罪人，委托其所在地的警察机构、自治团体、慈善团体、本人的亲属或其他的适当人员予以保护或赦免后强制其离境或遣送回国的处分。

二、保安处分与我国的劳动教养制度的差异分析

（一）产生的历史背景不同

保安处分的发展史表明，其所以在特定的时间、特定的历史条件下成为刑法的特定内容，根本原因在于它适应了当时资本主义社会的客观要求。当时，一方面，犯罪率激增，原有的惩治方法和制裁体系失灵；另一方面，社会动荡引起群众强烈不满，统治者急需找到有效遏制犯罪、巩固其统治地位的良策。这样，强调以犯罪人的个性为基础，实行个别处遇、改善教育、防卫社会的保安处分理论应运而生，成为统治者在特定历史条件下的济世良方。

而我国的劳动教养制度是在新中国成立之后针对当时特殊的政治情况设计的特殊法律制度。如前所述，从1955年8月25日中共中央发表的《关于彻底肃清暗藏的反革命分子的指示》的规定中可以看出，劳动教养制度的初衷不是针对犯罪率的上升，不是一种惩罚手段，而是为了避免社会动荡，解决特殊人群的失业问题而采取的一项安置就业措施。

（二）理论基础不同

保安处分的理论基础是实证主义哲学观，其基本精神是社会连带主义原则和经济主义原则。社会连带主义原则以科学实证为基础，观察人们的社会连带关系，但不能从本质上揭示人与人之间的阶级关系。经济主义从实用主义出发，为了维护周围统治阶级即资产阶级的权益，不惜牺牲个人权益。所有这些都说明保安处分体现了资产阶级的意志，只体现"个体"不能够损害和威胁社会群体的利益，而没有真正本着人本主义的情怀，既关注社会群体利益，又关注被采取保安处分者本人的根本利益。

我国的劳动教养制度从产生之初就以马克思主义、毛泽东思想为自己的指导思想，在后来的发展历程中还注重用邓小平建设中国特色的社会主义理论为理论基础，本着人本主义的精神，从中国的实际出发，替特殊人群安置就业，努力坚

持教育、矫正处于人民内部具有"边缘行为"的"轻微患病者",对社会公共安全负责,更对"轻微患病者"本人负责,同时关注社会和个体的双重利益。

（三）适用对象和性质不同

从国外保安处分的种类来看,其适用对象十分广泛,不仅包括人,还包括物。这在我国未来的劳动教养立法中是很难想象的。

就单从人的角度来说,国外的保安处分针对的对象有精神病人、吸毒酗酒者、传染病人、少年犯罪者（少年犯）、有影响社会治安之虞者、游荡成性厌恶劳动者、已受长期刑罚而未能矫正的习惯犯与常业犯、欠驾驶能力者、偷漏税者等。其性质,无论是以保安处分代替刑罚的一元论观点,还是以保安处分作为刑罚补充的二元论观点,多认为保安处分属于刑事制裁而非行政处罚。

而我国的劳动教养是收容那些轻微违法犯罪人员的一种强制性教育改造措施。如果在未来的劳动教养立法中（或者将劳动教养保安处分化）把精神病人、酗酒者、少年犯、欠驾驶能力者、偷漏税者等诸类人等都纳入劳动教养当中,社会接受能力的抵触性可想而知。而且从性质上来说,将劳动教养制度改造成中国的保安处分,就不可避免地会扩大"犯罪"的概念,而犯罪概念泛化的不利影响（我们在前文中已经论述）又是我们所不能接受的。

（四）理论支持各有缺陷

在资产阶级刑法理论中,关于保安处分的性质与地位,一直存在一元论与二元论之争。一元论从否定刑罚的报应性立场出发,认为刑罚的本质在于预防犯罪,矫正改造犯罪人,使其复归社会。刑罚和保安处分都是实现社会防卫目的的手段,二者之间并无本质的区别,因而刑罚与保安处分应该统一起来,而不应并存。二元论强调,刑罚是对过去的应受社会谴责之犯罪行为的报应,是罚于后;而保安处分则是对具有将来犯罪危险性的人实行的一种处置,是防于前,二者具有本质的差别。因此,保安处分和刑罚应该并存,前者对有危险性的人适用,后者对实施犯罪行为的人适用。应该说,一元论突出强调了刑罚与保安处分在实现社会防卫方面的目的一致性,二元论则着重表明刑罚与保安处分在适用上的区别,二者各有所长。但是,一元论容易混淆罪与非罪的界限,二元论则易造成适用上的困难,因而又都各有自己的局限性。在保安处分自己的理论根基都存在巨大分歧的前提下,把我国的劳动教养制度改造成保安处分岂不是要建楼阁于空中吗?

当然,劳动教养制度现有的理论支持也不是很完善,完善劳动教养制度的理论支撑正是我们重构劳动教养制度所要做的第一步,也是关键的一步。对于保安处分,我们只能吸收其可取之处加以改造,使其本土化,变得适合我国的实际情况,而不可能以其为蓝本照猫画虎,否则就可能给我国的法制化进程增加负面影响。

（五）适用期限不同

我国相关法律文件规定劳动教养的适用期限为 1—3 年，必要时可以延长 1 年，而国外的保安处分可以无限期地延长，在实际上成为一种"不定期刑"（例如在德国就有许多类似的情形发生），这也是不能为我国的社会公众所接受的。①

第三节　少年司法制度简介

少年司法制度一般是指以青少年为对象、预防和处理青少年违法犯罪进而保护青少年的有关司法制度的总称。青少年违法犯罪，是世界各国普遍存在的社会问题。许多国家就这一问题进行了广泛的研究，并制定了各种专门的法规，由此形成了不同于成年人的少年司法制度。青少年专门立法最早开始于美国，美国伊利诺伊州 1899 年颁布的《少年法庭法》是世界上第一个少年专门法规，该法被许多国家仿效进行立法。目前，国外的少年司法制度已经比较成熟，绝大多数国家都有比较完备的少年司法制度。

我国的少年司法制度不是单纯地为了惩办违法犯罪少年，而是为了预防少年违法犯罪，为了保护、挽救他们，使他们能够健康成长。因此，我国的少年司法制度坚持预防为主、教育为主、处罚为辅的原则，并根据《未成年人保护法》、《刑法》、《刑事诉讼法》等有关规定，实现司法保护制度。

少年司法制度与我国的劳动教养制度的差异主要体现在以下几个方面：

（一）在适用对象上，少年司法制度与我国劳动教养制度有一定相似性，只是范围不同。少年司法适用的对象主要是违法犯罪的"少年"和有犯罪危险的"少年"。我国劳动教养适用的对象还包括成年违法者。

（二）在适用程序上，少年司法制度与我国的劳动教养制度不同。对少年案件的处理，一般经过司法程序，由专门的少年法院（法庭）或家庭法院（法庭）进行审理，而劳动教养的适用不经过司法程序，由行政机关决定。

（三）在处置结果上，少年司法制度与我国的劳动教养制度具有相似性。在国外，除严重犯罪外，少年司法制度中对违法犯罪少年适用的都是非刑罚性的保护性处置措施，劳动教养也是如此。

（四）在适用目的上，二者具有一致性。国外的少年司法制度"采取教育感化和矫正方式，旨在保护"的宗旨与我国的劳动教养制度的"教育、感化、挽

---

① 余凌云主编：《违法行为矫治措施》，中国人民公安大学出版社 2005 年版，第 82—85 页。

救"方针与宗旨趋于一致。

由上可知，在适用的行为、对象和功能以及处置结果上，我国劳动教养制度应当说与国外保安处分、轻罪制度和前苏联的医疗性和教育性强制方法、少年司法制度具有一些相似性，它们对于我国劳动教养制度的发展与完善具有一定的借鉴意义。

我们在借鉴国外相关法律制度成功经验的同时，也需要对国外与我国的劳动教养相关或类似的法律制度加以系统考察并进行比较研究，因为这些国家的基本国情、立法思想和具体做法等诸多要素毕竟有异于我国国情。只有经过鉴别、扬弃的东西才能够拿来为我所用，重构我国的劳动教养制度。

【延伸阅读】

违警罪

违警罪（Police Offense）这一犯罪类型产生于 1810 年《法国刑法典》，① 该刑法典第 1 条明确规定：法律以违警刑处罚的犯罪是违警罪。违警罪刑包括 1 日以上 2 月以下的拘禁、3 法郎以上 2000 法郎以下的罚金。在法国，犯罪被区分为重罪、轻重和违警罪，如此区分犯罪颇有实益：首先犯罪三分法与刑事裁判所的管辖完全相适应。重罪由重罪法院裁判，轻罪由轻罪裁判所裁判，违警罪由违警裁判所裁判。程序也因案件是重罪、轻罪或违警罪而有所不同。预审对重罪是义务地进行的，对轻罪是裁量地进行，对违警罪只是在检察官请求时方进行。公诉时效时间，重罪是 10 年，轻罪是 3 年，违警罪是 1 年。刑罚时效时间，重罪是 20 年，轻罪是 5 年，违警罪是 2 年。未遂，重罪的，常常处罚；轻罪的，法律规定时才处罚；违警罪的，不处罚。共犯，重罪、轻罪的，常被处罚；违警罪只有例外情况才处罚。现在某些大陆法系国家刑法典已经废止了违警罪这一概念，但少数国家刑法典仍然采用这一概念。

国外的违警罪和我国治安处罚之间，有着微妙的关系，相同之处，都是针对轻微危害社会行为的一种制裁措施。不同之处，违警罪是作为犯罪行为而进行的一种处罚，治安处罚则是针对违法行为而实施的处罚；因此其又带来了一种程序上的区别，违警罪的处罚须由法官参与才能作出，是作为一项国家的司法活动；而治安处罚则是行政部门作出，是作为一项行政活动而存在的，只有在事后才能提出行政诉讼，法官在特殊情况下才能对行政决定进行变更。

应该说两者各有侧重，治安处罚侧重于效率，而违警罪则以程序为重，侧重

① 郑伟：《重罪与轻罪研究》，中国政法大学出版社 1998 年版，第 3 页。

于权利的保护，因此我国的行政处罚虽然有着行政拘留、劳动教养等限制人身自由的措施，但其是以行政为主导作出的，操作中难免给人行政主体既当指控人又当法官的印象，缺乏司法机关的直接有效的监督制约，使得行政相对人处于相对不利的位置。而违警罪的好处是一开始就是作为犯罪处理的，由法官裁定，行政官员只作为指控人，因此具有程序上的公正性，不会出现行政官员成为自己法官的情况。

劳动教养学

参考书目

1. ［日］木村龟二：《刑法学词典》，上海翻译出版公司 1991 年版。

2. 云山城：《劳动教养研究》，警官教育出版社 1996 年版。

3. 夏宗素、张劲松主编：《劳动教养学基础理论》，中国人民公安大学出版社 1997 年版。

4. 姚喜平主编：《劳教学基础理论》，法律出版社 1998 年版。

5. 郑伟主编：《重罪与轻罪研究》，中国政法大学出版社 1998 年版。

6. 高宪杭主编：《劳动教养教育学》，中国人民公安大学出版社 1999 年版。

7. 常兆玉主编：《劳动教养管理学》，中国人民公安大学出版社 1999 年版。

8. 姜金方主编：《劳教管理学》，法律出版社 1999 年版。

9. 夏宗素主编：《劳动教养制度改革问题研究》，法律出版社 2001 年版。

10. 储槐植、陈兴良、张绍彦主编：《理性与秩序——中国劳动教养制度研究》，法律出版社 2002 年版。

11. 邹瑜主编：《新时期监所管理大全》（上），黑龙江人民出版社 2003 年版。

12. 夏宗素主编：《劳动教养学》，群众出版社 2003 年版。

13. 张建伟主编：《多元价值与制度配置》，人民法院出版社 2003 年版。

14. 李亚学主编：《少年教养制度比较研究》，群众出版社 2004 年版。

15. 司法部政治部、司法部劳动教养管理局编：《劳动教养专业基础知识》，2004 年版。

16. 郑刚：《最高人民法院公报案例评析（国家赔偿·行政·执行卷）》，中国民主法制出版社 2004 年版。

17. 余凌云主编：《违法行为矫治措施》，中国人民公安大学出版社 2005 年版。

18. 郑霞泽、张乡：《劳动教养执行制度改革研究》，法律出版社 2005 年版。

19. 冯德文主编：《警察学》，中国人民公安大学出版社 2005 年版。

20. 司法部劳教局、中国劳动教养学会主编：《劳动教养执行制度研究》，法律出版社 2005 年版。

劳动教养学

21. 王金香：《中国禁毒史》，上海人民出版社 2005 年版。

22.《公安机关办理劳动教养案件规定》，中国法制出版社 2006 年版。

23. 尹晋华主编：《法律的真谛》，中国检察出版社 2006 年版。

24. 夏宗素主编：《劳动教养学》，群众出版社 2007 年版。

25. 王文成：《监狱劳教专业基础知识》，中国民主法制出版社 2007 年版。

26. 高莹主编：《劳动教养学》，法律出版社 2007 年版。

27. 赵秉志、杨诚：《中国劳动教养制度的检讨与改革》，中国人民公安大学出版社 2008 年版。

28. 黄太云：《中华人民共和国禁毒法解读》，中国法制出版社 2009 年版。

29. 钱章喜：《劳动中队工作实务》，浙江警官职业学院。